应用型本科高校系列教材

市场营销学

主　编　夏清明

副主编　赵　芸　陈　勇　陈品冬　文小羽

参　编　吴明琴

西安电子科技大学出版社

内 容 简 介

　　本书系统介绍了市场营销的内涵、现代营销观念和现代营销理论，主要内容有导论、营销环境分析、营销调研与市场预测、消费者市场行为分析、市场营销战略规划、目标市场营销与竞争战略、产品策略、定价策略、渠道策略、促销策略、营销礼仪与沟通、市场营销策划、市场营销管理和市场营销发展动态等。每一章都安排有学习目标和引导案例，章后除了复习思考题外还精心设计了适量的案例讨论、技能训练等内容。全书内容丰富、重点突出、实用性强，适应当前高等教育应用型本科教育的要求。

　　本书可作为高等教育应用型本科工商管理、广告策划、营销策划、市场营销、公共关系、商务管理等专业的教材，也可供市场营销工作人员参考使用。

图书在版编目(CIP)数据

市场营销学/夏清明主编.—西安：西安电子科技大学出版社，2017.9(2021.7 重印)
ISBN 978-7-5606-4715-9

Ⅰ.①市… Ⅱ.①夏… Ⅲ.①市场营销学 Ⅳ.①F713.50

中国版本图书馆 CIP 数据核字(2017)第 227690 号

策　　划	毛红兵
责任编辑	马武装
出版发行	西安电子科技大学出版社(西安市太白南路 2 号)
电　　话	(029)88202421　88201467　　　邮　　编　710071
网　　址	www.xduph.com　　　　　电子邮箱　xdupfxb001@163.com
经　　销	新华书店
印刷单位	咸阳华盛印务有限责任公司
版　　次	2017 年 9 月第 1 版　　2021 年 7 月第 11 次印刷
开　　本	787 毫米×1092 毫米　1/16　　印　张　22
字　　数	516 千字
印　　数	17 701～21 700 册
定　　价	55.00 元

ISBN 978-7-5606-4715-9/F

XDUP 5007001-11

如有印装问题可调换

序

    2015 年 5 月教育部、国家发展改革委、财政部"关于引导部分地方普通本科高校向应用型转变的指导意见"指出：当前，我国已经建成了世界上最大规模的高等教育体系，为现代化建设作出了巨大贡献。但随着经济发展进入新常态，人才供给与需求关系深刻变化，面对经济结构深刻调整、产业升级加快步伐、社会文化建设不断推进，特别是创新驱动发展战略的实施，高等教育结构性矛盾更加突出，同质化倾向严重，毕业生就业难和就业质量低的问题仍未有效缓解，生产服务一线紧缺的应用型、复合型、创新型人才培养机制尚未完全建立，人才培养结构和质量尚不适应经济结构调整和产业升级的要求。

    因此，完善以提高实践能力为引领的人才培养流程，率先应用"卓越计划"的改革成果，建立产教融合、协同育人的人才培养模式，实现专业链与产业链、课程内容与职业标准、教学过程与生产过程对接。建立与产业发展、技术进步相适应的课程体系，与出版社、出版集团合作研发课程教材，建设一批应用型示范课程和教材，已经成了目前发展转型过程中本科高校教育教学改革的当务之急。

    长期以来，本科高校虽然区分为学术研究型、教学型、应用型又或者一本、二本、三本等类别，但是在教学安排、教材内容上都遵循统一模式，并无自己的特点，特别是独立学院"寄生"在母体学校内部，其人才培养模式、课程设置、教材选用，甚至教育教学方式都是母体学校的"翻版"，完全没有自己的独立性，导致独立学院的学生几乎千篇一律地承袭着二本或一本的衣钵。不难想象，当教师们拿着同样的教案面对着一本或二本或三本不同层次的学生，在这种情况下又怎么能够培养出不同类型的人才呢？高等学校的同质性问题又该如何破解？

    本科高校尤其是地方高校和独立学院创办之初的目的是要扩大高等教育办学资源，运用自己新型运行机制，开设社会急需热门专业，培养应用型人才，为扩大高等教育规模，提高高等教育毛入学率添彩增辉，而今，这个目标依然不能动摇。特别是，适应我国新形势下本科院校转型之需要，更应该办出自己的特色和优势，即，既不同于学术研究型、教学型高校，又有别于高职高专类院校的人才培养定位，应用型本科高校应该走自己的特色之路，在人才培养模式、专业设置、教师队伍建设、课程改革等方面有所作为、有所不为。经过贵州省部分地方学院、独立学院院长联席会多次反复讨论研究，我们决定从教材编写着手，探索建立适用于应用型本科院校的教材体系，因此，才有了这套"应用型本科高校系列教材"。

    本套教材具有以下一些特点：

    一是协同性。这套教材由地方学院、独立学院院长们牵头，各学院具有副教授职称以上的教师作为主编，企业的专业人士、专业教师共同参编，出版社、图书发行公司参与教材选题的定位。可以说，本套教材真正体现了协同创新的特点。

    二是应用性。本套教材编写突破了多年来地方学院、独立学院的教材选用几乎一直同一本或母体学校同专业教材的体系结构完全一致的现象，本套教材按照应用型本科高校培养人才模式的要求进行编写，既废除了庞大复杂的概念阐述和晦涩难懂的理论推演，又深入浅出地进行了情境描述和案例剖析，使实际应用贯穿始终。

三是开放性。以遵循充分调动学生自主学习的兴趣为契机，把生活中、社会上常见的现象、行为、规律和中国传统的文化习惯串联起来，改变了传统教材追求"高、大、全"、面面俱到，或是一副"板着脸训人"的高高在上的编写方式，而采用最真实、最符合新时代青年学生的话语方式去组织文字，以改革开放的心态面对错综复杂的社会和价值观等问题，促进学生进行开放式思考。

四是时代性。这个时代已经是互联网＋的大数据时代，教材编写适宜短小精悍、活泼生动，因此，本套教材充分体现了互联网＋的精神，或提出问题，或给出结论，或描述过程，主要的目的是让学生通过教材的提示自己去探索社会规律、自然规律、生活经历、历史变迁的活动轨迹，从而提升他们抵抗风险的能力，增强他们适应社会、驾驭机会、迎接挑战的本领。

我们深知，探索、实践、运作一套系列教材的工作是一项旷日持久的浩大工程，且不说本科学院在推进向应用型转变发展过程中日积月累的诸多欠账一时难还，单看当前教育教学面临的种种困难局面，我们都心有余悸。探索科学的道路总是不平坦的，充满着艰辛坎坷，我们无所畏惧，我们勇往直前，我们用心灵和智慧去实现跨越，也只有这样行动起来才无愧于这个伟大的时代所赋予的历史使命。由于时间仓促，这套系列教材会有不尽如人意之处，不妥之处在所难免，还期盼同行的专家、学者批评斧正。

"众里寻他千百度，蓦然回首，那人却在，灯火阑珊处。"初衷如此，结果如此，希望如此，是为序言。

应用型本科高校系列教材委员会
2016 年 8 月

应用型本科高校系列教材编委会

前　言

随着市场经济的迅猛发展，企业之间的竞争日趋激烈，市场营销已成为现代企业发展过程中的重头戏。很多国家、政府组织，以及大学、社团和其他非营利性组织也开始运用营销策略来提升其知名度，越来越多的行业在运用营销知识，越来越多的人在学习营销知识，以至于有人说我们生活在一个营销的世界里。

本书是为培养"应用型、专业型、复合型"人才而编写的，具有以下几个特点：

(1) 强调营销基本理论。本书对市场营销学的基本概念和原理进行了梳理与界定，准确阐明了市场营销学基本理论。

(2) 强调实用性。本书介绍了市场营销学常用的分析工具或分析方法，便于读者的实际应用。

(3) 突出重点，思路清晰。本书在不影响整体结构的前提下，使用适量的大小标题，以增强知识的逻辑性与层次性，突出基本概念与基本问题，同时还尽量使用图表、插图的形式，使内容清晰明了、浅显易懂，便于理解。

(4) 案例丰富，有所创新。在遵循传统体系的前提下，编者根据实践应用的需要，不完全拘泥于"权威范本"，经过精心选择，引用了许多案例与资料，力求兼顾时效性与典型性。

(5) 强调可读性。在每章前都设计了学习目标、引导案例，对每章内容进行引导；理论表述简单扼要、通俗易懂、化繁为简；每章后设有复习思考题、案例讨论和技能训练。

本书由夏清明任主编，赵芸、陈勇、陈品冬、文小羽任副主编。全书编写分工如下：第1、3、14章由贵州大学科技学院陈勇编写；第2、10章由贵州民族大学人文科技学院陈品冬编写；第4、7章由贵州大学明德学院赵芸编写；第5、9章由贵州大学科技学院吴明琴编写；第6、8、12章由贵州大学科技学院夏清明编写；第11、13章由贵州财经大学商务学院文小羽编写。夏清明负责全书的策划与统稿，并设计了大部分课堂讨论题和技能训练题。

本书在编写过程中，参考了大量资料，并从公开发表的书籍、报刊和网站上选用了一定的案例和资料，在此特向有关单位和个人表示诚挚的谢意。

由于编者学识、眼界及经验的局限，书中不足之处在所难免，敬请读者批评指正。来函请发至 xiaqm100@126.com。

编　者
2017 年 6 月

目　　录

第一章

导　　论

~※~※~※~※~※~※~※~※~※~※~※~※~※~※~※~※~※~※~

◆ 学习目标

1. 理解市场营销的内涵
2. 了解市场营销观念的演变及传统营销观念与现代营销观念的区别
3. 理解并初步掌握市场营销理论
4. 了解市场营销学的产生与发展进程

◆ 引导案例

　　如果你有在屈臣氏的购物经历，那么你对屈臣氏销售员的营销手段一定十分熟悉，这是我国各大城市中屈臣氏连锁店的营销模式。当你进入屈臣氏门店，在某个产品柜台前多停留几秒钟时，马上就有销售人员向你推销相关的产品，并且向你介绍与该产品配套产品搭配使用效果，以此形式向你推荐购买配套产品。如果你对价格产生犹豫，他会以第二件半价或买一送一等商场活动的形式继续向你推销。如果你还在犹豫不决，他就会对你说："这次的活动只有最后两天，错过这次的活动就是错过了最低价！"此刻你的内心就会动摇并产生购买欲望，因为你捡到了一个"大便宜"。你还能不买么？

　　本案例中屈臣氏的营销人员没有吹嘘欺诈，也没有强买强卖。只是正确应用了市场营销的手段，在满足了顾客自身购买欲望的同时激发了顾客对其他产品的购买欲望，从而提高了自身的销售业绩。可以看出，市场营销与我们的生活息息相关。市场营销不仅仅是企业经营方式的体现，更是对市场的核心价值的分析和挖掘。想要真正领悟市场营销学的内在魅力，了解市场营销的内涵和市场营销的观念，掌握市场营销的理论，了解市场营销的产生与发展过程，就必须对市场营销学有一个全面的认识。

第一节　市场营销的内涵

　　想要正确地认识和学习市场营销学，首先要了解市场以及市场营销的含义。只有确切地掌握了市场营销的内涵，才能正确认识到市场营销对于企业的重要性，从而更好地运用市场营销学知识，这对提高企业竞争力和企业经济发展具有重大意义。

一、市场概述

(一) 市场的含义

市场起源于古时人们对买卖双方固定交易的场所的称呼。通俗来说，市场就是指固定的商品交易场所。但是市场的含义随着社会经济的发展而不断变化，在不同的社会背景和经济阶段具有不同的含义。现代社会给了市场较为具体的定义，我们可以把市场的含义细分为以下几种：

1. 市场是商品交换的场所

我国古代文献中的记载"日中为市，致天下之民，聚天下之货，交易而退，各得其所"就是市场最原始的概念。因为商品生产者与消费者之间需要通过交换或买卖的形式取得自身所需要的产品，从而促使商品交换逐步在一定时期、地点形成市场，因此也就形成了商品交换的场所。

2. 市场是商品交换关系的总和

这通常被称为广义的市场。列宁曾说："哪里有社会分工，哪里就有市场。"因为在商品的背后存在着人与人的交换关系，即商品生产者与消费者的交换关系，并且彼此的经济利益各有不同。所以从本质上来说，市场是商品交换关系的总和。

3. 市场是供求双方相互作用的总和

从商品的供求关系角度来看，市场是供求双方相互作用的总和。供求双方相互作用就是共同决定物品或服务，价格与数量的过程。通常来说"买方市场"和"卖方市场"就是用来反映市场上供求力量的相对强度。"买方市场"是指商品供大于求时，市场上的商品价格有下降的趋势，这时买方可以任意挑选商品，在交易上享有优势，所以这时买方在市场中就处于支配地位。"卖方市场"是指当商品供不应求时，商品价格有上升的趋势，买方不能任意挑选商品，这时卖方在交易上享有优势，所以这时卖方在市场中处于支配地位，如图 1.1 所示。

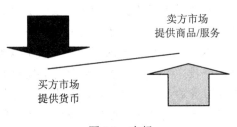

图 1.1　市场

市场的形成和发展与社会生产力的水平有着密不可分的关系。社会生产力既决定了市场的规模和容量，又决定了市场的社会性质。当社会生产力发展到形成商品交换的程度时才能形成市场。因此可以发现市场与商品经济的发展有着密切的联系。

(二) 市场的构成要素

随着社会的不断发展，市场的定义在不断更新。但构成市场的三大要素仍未改变，即消费者、购买力和购买欲望，这三大要素既相互联系又相互制约。根据市场构成的要素得出以下公式：

$$市场 = 消费者 + 购买力 + 购买欲望$$

(1) 消费者。国际标准化组织(ISO)认为，消费者是以个人消费为目的而购买使用商品和服务的个体社会成员①。消费者是构成市场最基本的要素，消费者的多少决定了市场的大小，人口的增长或减少影响了市场需求的构成或变化。哪里有人，哪里就有消费者，就有形成市场的可能。因此消费者是市场构成要素中最重要的一部分。

(2) 购买力。顾名思义，购买力就是当消费者取得收入之后购买商品和服务的能力。它反映了该时期社会市场容量的大小。购买力也是构成市场三要素中物质的要素。在一定时期内消费者可支配收入的多少决定了消费者购买力的高低。消费者收入越高购买力越大，所以具有购买力的需求才能形成真正意义上的市场。

(3) 购买欲望。购买欲望是指消费者购买商品或劳务的动机、愿望和要求，它是使消费者的潜在购买力转换为现实购买力的必要条件，也是构成市场的基本因素。购买欲望是由消费者的心理需求和生理需求引起的购买商品的动机、意图和欲望。一般而言，价格越低人们的购买欲望越强烈，反之，价格越高人们的购买欲望越低。大多数企业抓住了消费者的这一购买心理，采取折扣、降价等促销方式来刺激消费者的购买欲望。本章的引导案例中，屈臣氏公司的营销手段就说明了这一点。

二、市场营销

(一) 市场营销的含义

对于市场营销的含义，有着许多不同的表述。市场营销的含义不是一成不变的，它会随着企业市场营销活动的发展而发展。

近几十年来，对于市场营销的含义还没有形成共识，不同的学者对于市场营销都有着自己不同的见解。下面是具有代表意义的几种观点：

美国市场营销协会(AMA)：市场营销既是一种组织职能，也是为了组织自身及利益相关者的利益而创造、沟通、传递客户价值，管理客户关系的一系列过程。

菲利普·科特勒(Philip Kotler)：市场营销是个人和集体通过创造、提供、出售，并同别人交换产品和价值，以获得其所需所欲之物的一种社会和管理过程。

彼得·多伊尔(Peter Doyle)：真正的市场营销是一门管理哲学，它认识到只有比竞争对手更有效地满足顾客当前与未来的需要，企业的成功才可持续。

英国特许营销协会(CIM)：市场营销是以盈利为目的的，进行区分、预测和满足顾客需求的管理过程。

彼得·杜拉克(Peter Drucker)：市场营销是如此基本，以致不能把它看成一个独立的功能，从它的最终结果来看，也就是从顾客的观点来看，市场营销是整个企业活动。

张瑞敏(海尔集团公司总裁)：促销只是一种手段，但营销是一种真正的战略。

那么到底什么才是市场营销的含义呢？大多数人认为，平日我们生活中的电视广告、销售海报、电话营销等一系列营销活动就是我们所说的市场营销。但是这些销售活动仅仅是市场营销的冰山一角。所以，为了让大家更好地理解市场营销的含义，我们选择了菲利普·科特勒的观点，他的观点不仅具有权威性，而且浅显易懂，能让我们更好地学习并理

---

① 消费者的含义解释. 法律教育网. 2014-4-11

解市场营销的含义。

菲利普·科特勒提出，广义上，市场营销是一种通过创造和与他人交换价值实现个人和组织的需要和欲望的社会的管理过程。在狭义的商业环境中，市场营销涉及与顾客建立价值导向的交换关系。于是，我们将市场营销定义为，企业为了从顾客处获得利益回报而为顾客创造价值并与之建立稳固关系的过程。菲利普·科特勒给出了最简单的定义，市场营销就是管理有价值的客户关系。而且市场营销是有双重目的的，通过承诺卓越的价值吸引新顾客以及通过创造来留住和发展顾客[①]。

除此之外，我们还可以从以下几个方面来理解市场营销的概念。

1. 市场营销的目的

市场营销的目的是达成交易并取得良好的经济效益[②]。企业进行经营活动的直接目的是获利，所以，企业必须将自己的产品或提供的劳务利用市场销售出去，在收回投资成本的同时又要保证生产经营活动能够继续进行下去。

2. 市场营销的中心

市场营销的中心是发现消费者的需求并设法满足他们，也就是在满足消费者现实需求的同时也要满足消费者的潜在需求；在满足消费者物质需求的同时也要满足消费者的精神需求；在满足消费者商品性需求的同时也要满足消费者劳务性的需求。更重要的是不仅要满足消费者个人的需求，更要满足社会的需求。

3. 市场营销的内容

市场营销的内容主要包括发现、分析及评价市场机会。寻求市场机会一般可以通过以下几种方法：

(1) 通过市场细分寻求市场机会。

(2) 通过产品/市场发展矩阵图来寻找市场机会。

(3) 通过大范围搜集意见和建议的方式寻求市场机会。

找到市场机会后，需要细分市场和选择目标市场，确定企业及其产品准备投入哪些市场和如何投入这些市场。目标市场范围确定后，企业就要在目标市场上进行定位。最后，选择一个目标市场，并试图为目标市场提供一个有吸引力的市场营销组合。市场营销组合包括产品策略、定价策略、分销策略和促销策略。整个过程要以消费者的需要为出发点，然后回归消费者，即按照一定的程序和方式进行并现实交易，如图 1.2 所示。

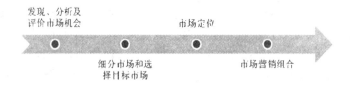

图 1.2　市场营销的内容

---

① 菲利普·科特勒，加里·阿姆斯特朗. 市场营销：原理与实践. 16 版. 楼尊，译. 北京：中国人民大学出版社，2015.

② 谭俊华，李明武. 市场营销学. 北京：清华大学出版社，2013.

(二) 市场营销的作用

市场营销不仅对百姓日常生活产生影响，对企业也有较大影响。市场营销就像消费者和企业之间的一条纽带，让二者相辅相成。其作用主要表现为以下几点：

1. 市场营销的任务是解决生产与消费的矛盾

在商品经济条件下，社会的生产和消费之间存在着空间和时间上分离、产品价格双方信息不对称等一系列矛盾。而市场营销就是要解决这一系列矛盾，使生产和消费的不同需求及欲望相互适应，实现消费与生产的统一，细化矛盾，解决矛盾。

2. 市场营销需要实现商品的价值与升值

市场营销通过产品的创新、产品的分销、产品的定价、产品的促销、实现方便服务等营销手段达成买卖双方相互满意的交换关系，促使商品中的价值和附加价值得到消费市场的认可。在满足买方市场产品功能需求的同时，也满足卖方市场的利益需求。

3. 避免了社会资源和企业资源的浪费

市场营销从顾客的需求角度出发，根据市场需求的多少来安排企业的生产计划，最大限度地减少通货膨胀和通货紧缩的产生，避免产品滞销，最大程度上为企业减少风险，避免社会资源和企业资源的浪费。

4. 满足顾客需求，提高人民生活水平和生存质量

市场营销活动的目的就是通过各种营销手段最大限度地满足顾客需求，并且引发顾客更深层次的需求，最终实现社会总体生活水平和人民生存质量的提高。

5. 促使企业改进各方面工作，提高经济效益

通过商品在市场上的销售情况，可以发现本企业的优、劣势，从而促进企业内部修整，提高员工涵养，巩固并提高企业经营管理水平，改进生产技术，最大限度地降低成本，减少物资消耗，节约能源，提高产品质量，加速新产品的开发和促进老产品的更新换代，争取生产出物美价廉、适销对路的产品，从而提高企业的行业竞争力和社会生存能力，提高企业的经济效益，促进社会经济的发展[①]。

三、市场营销的相关概念

市场营销学包括了许多的相关概念，其中主要有：需要、欲望和需求，产品及相关效用、费用和满足，交换、交易和关系，市场和行业，营销管理。下面主要分析几个基本概念。

(一) 需要、欲望和需求

消费者的需要、欲望和需求是市场营销的出发点，满足消费者的需要、欲望和需求也是市场营销活动的主要目的。人们为了生存，需要阳光、空气、水和食物，但是人们除了物质需求之外对精神上的需求，如娱乐、教育等也有强烈的欲望。心理学家马斯洛(Abraham

---

① 谭俊华，李明武. 市场营销学. 北京：清华大学出版社，2013.

Maslow)在其提出的需求层次理论中把人类需求分成生理需求(Physiological needs)、安全需求(Safety needs)、爱和归属感(Love and belonging)、尊重需求(Esteem)和自我实现(Self-actualization)五类，依次由较低层次到较高层次排列，如图 1.3 所示。

图 1.3 马斯洛需求层次理论

需要是指人们没有得到某种基本满足的感受状态，既包括物质和生理上的需要，也包括精神上的需要。需要不是社会和市场营销者能够控制的，也很少受到市场营销者的营销。需要存在于人类自身的生理结构和情感条件中。

欲望是指人们想要得到某种更为具体的东西以满足某种需要的特定愿望。欲望是具体的概念，必须同具体的东西相联系，欲望会经常在多种选择之间变换并且会受到广告、推销和相关群体的影响。例如，一个人需要食品，想要得到某种具体的食物；需要引人关注，想要好看的服装；需要娱乐，想要去看一场电影。

需求是指当人们有能力或者有意愿购买某个产品时的欲望。当人们有意愿并且有能力购买某种产品时，就称为对这种产品有需求。有能力购买但没有购买意愿，或是有购买意愿却没有购买能力，都称为没有需求。例如，许多人都想有一辆轿车，但是真正有能力购买轿车的只是少数人。因此汽车公司在做市场调查时不仅要估量有多少人愿意购买本公司的汽车，更重要的是应该了解有多少人有意愿并且有能力购买。

人的需要和欲望是市场营销学的出发点，但营销者并不创造需要，营销者或社会上的其他因素只能影响人们的欲望。营销者只是指出某种产品能够满足消费者哪些方面的需要，他们通过各种营销手段使产品富有吸引力，并且适应消费者的购买能力来满足其需要。

(二) 产品及相关效用、费用和满足

产品是用来满足客户相关效用的物体。市场营销用"产品"这个词来泛指商品和劳务，因此产品包括有形的和无形的。有形产品是为顾客提供服务的载体，例如食物、服装、化妆品等。无形产品是通过其他载体，诸如人、地、活动、组织和观念等提供的。市场营销者应切记产品是用来满足顾客的某种需求的，如果企业过分注重产品本身而忽略顾客对产品的需求就会产生"营销近视症"（"营销近视症"是由美国著名市场营销学者哈佛大学的西奥多•莱维特教授于 1960 年提出的一个概念），即在市场营销管理中缺乏远见，只看到自己产品的优势，却看不见市场需求的变化，最终失去市场。

消费者选择自己所需的产品主要是根据对满足自身需要的每种产品的效用进行估价而决定的。若消费者要决定一项最能满足自身要求的产品，要将最能满足其需求到最不能

满足其需求的产品都要进行排列，再从中选择出最接近理想的产品，才能满足对顾客效用最大这一要求。消费者在选择产品时除了效用因素外还有产品价格因素也是不能忽视的。当消费者追求效用最大化时，就不会只看产品表面的价格高低，而是分析每一元钱能够产生的最大效用，如汽车比电动车价格昂贵，但由于汽车的速度快、质量好、安全性能高，所以汽车效用可能比电动车的效用要大，从而更能满足顾客的需求。

（三）交换与交易

1. 交换

所谓交换，是指通过提供某种东西作为回报，从别人那里获取所需物品的行为。人们对某一产品有了需求和欲望，而企业根据此需求和欲望将产品生产出来，或者是人们通过自身努力自给自足，又或者通过非法手段获取所需物品，这些都不能解释为市场营销。买卖双方通过等价交换的方式来获取彼此所需的物品，这样才产生了市场营销。所以说，交换是市场营销中最核心的概念，当人们以交换的方式来满足需求或是欲望时，市场营销便悄无声息地产生了。但交换的发生，必须具备以下五个条件：

(1) 交换的过程，至少需要有两方参与交换，否则交换不成立。

(2) 每一方都不受束缚，拥有自由意愿来决定接受或是拒绝对方产品。

(3) 每一方都拥有被对方认可并可以满足对方需求或是欲望的有价值的东西。

(4) 每一方都能获取对方产品信息，能良好地沟通和传送物品。

(5) 每一方都认为与另一方的交换是彼此适当的或是称心如意的。

若具备了上述五个条件，双方就有可能发生交换的行为。但双方的交换关系能否真正地发生，这还要取决于双方能否从另一方的身上找到满意的交换条件，比起不交换来看，交换可以更好地满足双方的需求。所以说，交换应该被看做市场营销的一个过程，而不是一个事件。当买卖双方正在进行交涉，并且双方对于另一方条件相对比较满意，趋于达成协议时，这就意味着他们之间产生了交换的行为。

2. 交易

所谓交易，是指买卖双方通过谈判，认为双方都能满足彼此的欲望或需求而达成协议，这时交易便产生了。交易是交换的一个基本组成部分。交易是指交易双方的价值交换，以货币作为媒介是交易产生的前提。但是交换不限于用货币作为媒介，它可以是物物交换。交易的产生包括了交易物品、协定好的时间地点以及交易条件，还需要用来约束双方执行承诺的法律制度。一个交易的产生必须包括下列三个条件。

(1) 交易的产生，至少需要有两个有价值的事物。

(2) 该次交易必须具有买卖双方都同意的条件。

(3) 双方要协定好交易的时间和地点。

要注意交易和转让的区别，比如馈赠情况，张某把某物品转让给李某，但是不要求并不接受李某任何形式的回报，这就不是交易。一名优秀的营销人员，不仅要了解和掌握买方的需求或欲望，还要能够刺激顾客更深层次的需求或欲望，提供顾客所需的有价值的物品，从而找到双方的交易基础，然后在实施各种营销手段或措施后达成协议，最终实现交易。

交换和交易，不能混为一谈。交换与交易都是市场营销的一个过程，而不是事件。如果买卖双方正在洽谈并初步达成协议，称为在交换中。如果买卖双方通过洽谈并达成协议，交易便发生了。交易是交换的基本组成部分，交换是市场营销的核心概念。因此我们要清楚地认识交换和交易的不同含义，还要分清交易与转让的区别。

第二节 市场营销的观念

学习市场营销观念就先要了解市场营销哲学，市场营销哲学是指企业的经营者在组织和谋划企业的营销活动时所依据的指导思想和行为准则[①]。市场营销的观念随着时间的推移产生了变化，从传统的生产观念、产品观念、推销观念过渡到市场营销观念和社会营销观念。

在市场营销学中，生产观念、产品观念和推销观念被称为传统的三大基本观念，市场营销观念和社会营销观念被称为现代营销观念。

一、生产观念

生产观念(Production concept)是指导销售者行为的最古老的观念之一，这种观念产生于 20 世纪 20 年代前。生产观念认为，消费者喜爱那些可以随处买得到并且价格低廉的产品，企业作为生产者应该致力于提高生产率，扩大生产并拓展市场，进行广泛的分销覆盖。这种观念是最古老的营销管理导向。迄今为止，生产观念在某些情节下依然是具有可行性的。就好比我国知名的食品制造商老干妈通过利用廉价劳动力、较高的生产效率和有效的大众分销，在竞争激烈和价格敏感的调味品市场中独占鳌头。虽然生产观念在有些情节下是有效可行的，但是生产观念却容易导致企业过于狭隘的聚焦于自己的运营，而忘记了真正的营销目标是满足顾客的需要和建立与客户的关系。

二、产品观念

产品观念(Product concept)也被称为产品导向观念，它是生产观念的延续和发展，也是一种较为陈旧的营销观念。产品观念认为，消费者都偏好高质量、多功能的产品，该类产品都具有性价比较高，富有创新特点的优势。社会的进步发展促使了人们的生活水平逐渐提高，买方购买产品已不再仅仅满足于产品的基本功能，而是更加注重产品的质量和功能等方面的差异化。注重于产品观念的企业认为只要产品足够好顾客就会自动上门，因此过度迷恋自己的产品看不到市场需求的变化。产品观念的本质就是"生产什么销售什么"，使得企业在市场管理中缺乏远见，迷失自己，导致企业患上"营销近视症"。

三、推销观念

推销观念(Selling concept)也叫做销售观念，是一种以推销商品核心的为企业经营管理思想。推销观念认为，消费者都是具有惰性的，通常不会根据自身的需求、想法和愿望主

---

① 谭俊华，李明武. 市场营销学. 北京：清华大学出版社，2013.

动地去选择购买产品，如果顺其自然的话，消费者也不会大量购买某一企业的产品。企业应该采取主动销售和积极促销的营销策略，只有通过企业推销刺激，才能诱导消费者产生购买商品的行为并且刺激消费者大量购买本企业产品。这种观念的本质是"我只要努力推销好我所生产的产品，消费者就会自动上门主动购买"。它的目的就是促进消费者的购买欲望，提高企业产品的社会承认度。

但是这种以诱导消费和刺激消费为核心的推销观念也是具有较高风险的。它关注的是如何刺激消费者产生购买行为，目的就是达成销售交易，而不是建立长期的、稳定的、有价值的客户关系。其目的导致企业只关注销售自身所生产的产品，而不是关注如何制造市场和消费者所需要的产品。奉行推销观念的企业通常以为它们成功规劝顾客购买它们的产品，顾客潜意识就会喜欢它们产品，即使对产品有不满意的地方也会忘记或者忽略不计，但这仅是企业自己的假设和幻想而已。

四、市场营销观念

市场营销观念(Marketing concept)是继传统观念之后的一种新型的营销哲学，是对传统营销观念的挑战。市场营销观念认为实现企业经营目标的关键在于比竞争对手更加正确地认识目标市场的需要和欲望，并且更有效、更有力地传送目标市场所期望满足的东西，从而使顾客感到满意。市场营销观念主要是以顾客为中心，它的目的不是为企业的产品发现并寻找合适的顾客，而是为顾客制造出所需要的恰当产品，在市场营销观念指导下，顾客导向和创造价值是通往销售和利益的必经之路。

市场营销观念这一新型的企业营销哲学是以满足顾客的需求为出发点的，即"市场上的顾客需要什么，我们企业就该生产什么"，它与"我只要努力推销好我所生产的产品，顾客就会自动上门主动购买"的推销观念是不同的。市场营销观念产生于 20 世纪 50 年代，当时社会生产力发展迅速，市场趋势开始由卖方市场转为买方市场，社会的进步促使居民个人收入迅速提升，人们开始有选择性地购买自己所需的产品，企业之间的竞争开始逐渐加大。许多企业开始意识到旧的营销观念是不可行的，必须要转变企业营销哲学，才能在激烈的竞争市场上求得生存与发展。企业如果想要在竞争中处于有利地位来吸引更多潜在顾客，就必须提供比竞争对手具有更多给顾客让渡价值的产品，继而比竞争对手更能满足顾客的需求和欲望。企业可以从以下两个方面来改善自己的工作：一是通过改进产品、服务、人员与形象，提高产品的总价值；二是通过降低生产与销售成本，减少顾客购买产品的时间、精神与体力的耗费，从而降低货币与非货币成本[①]。

市场营销观念的出现是企业营销哲学性质上一次根本的变化，也是市场营销学上的一次革命，它与推销观念产生了本质上的区别，如表 1.1 所示。

表 1.1 推销观念与市场营销观念的区别

	出发点	中心	措施	目的
推销观念	工厂	已有商品	推销和促销	通过产品销售来获取利润
市场营销观念	市场	顾客需求	整合营销	通过满足顾客需求来获取利润

---

① 郭国庆. 市场营销学通论. 6 版. 北京：中国人民大学出版社. 2014.6.

推行市场营销观念通常要求企业要对市场上顾客明确表示的愿望和显而易见的需求做出迅速的反应。作为顾客导向的企业应当充分了解市场上顾客的需求或愿望，并对此进行深入研究，及时地改善企业所生产的产品，使之更好地迎合市场的需求。当市场上的顾客明确地表达出自己的需求或愿望时，企业应积极地做出反应，由此更好地获取利润。

五、社会市场营销观念

社会市场营销观念(Societal marketing concept)是对市场营销观念的补充和调整。这种观念认为，企业的任务是明确每个目标市场的需求、欲望、利益，在更好地保护或提升消费者利益和社会公共利益的基础上，比竞争对手更有效地向目标市场消费者提供其所要求的需求或满足其愿望。社会市场营销学与市场营销学的不同之处在于社会市场营销学更加注重营销活动中社会与道德的问题。因此营销者必须平衡和评判公司(利润)、消费者(满足欲望)和社会(公共利益)三者之间的关系，如图1.4所示。

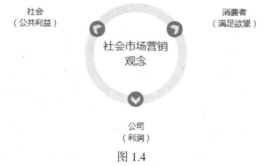

图 1.4

社会市场营销观念的产生是源于社会经济环境的变化，人们意识到一味地遵循市场营销观念虽然给社会、企业和消费者带来了巨大的利益，但对我们的生活环境造成了污染，破坏了社会生态的平衡，使社会和消费者的整体利益与长远利益产生了矛盾，因此企业在发展自身利益的同时也应该维护全社会的公共利益，促使消费者需求、公司利润和社会公共利益平衡发展。所以一些有远见的企业家和学者对此提出了社会营销观念，现代的企业应该要做到同时满足社会发展、消费者需求、企业发展和职工利益四个方面的需求，在追求利益最大化的同时兼顾社会效益。

阿里巴巴集团旗下的第三方网上支付平台支付宝就推出了蚂蚁森林这一公益活动。只要你通过支付宝的网络交易平台进行低碳行走、绿色办公、线下支付、生活缴费、网络购票等低碳行为，就可获取一定的绿色能量。当绿色能量达到一定量时就可以通过支付宝平台实名认证换取一株耐旱植物，并由阿里巴巴集团为中介将其捐赠在阿拉善、库布其等一些偏远的沙漠地区，用来改善当地的环境，为环保事业作出一份贡献。阿里巴巴集团这一活动不仅在消费者心中建立了好感，让大多数消费者参与到低碳行动中来，而且阿里巴巴集团在无形中增加了一定的客户量，也为企业获取更多利润。阿里巴巴集团实施的这一绿色营销观念，实质上就是社会市场营销观念的体现。

第三节　市场营销的理论

市场营销理论是企业把市场营销活动作为研究对象的一门应用科学。它是研究把适当的产品，以适当的价格，在适当的时间和地点，用适当的方法销售给尽可能多的顾客，最大程度满足市场的需要。营销管理的实质就是公司创造性制订适合环境变化的营销战略[①]。市场营销的八大基本理论工具包括 STP 分析、SWOT 分析、PEST 分析、4P 理论、4C 理论、4R 理论、4I 理论、波特五力模型。本章主要介绍常用的三大理论即 SWOT 分析、4P 理论和 4C 理论。

一、SWOT 分析

（一）SWOT 分析法的含义

SWOT 分析法是用来确定企业自身的竞争优势、竞争劣势、机会和威胁，从而将公司的战略与公司内部资源、外部环境有机结合起来的一种科学分析方法[②]。SWOT 分析法又称为态势分析法或优劣势分析法。

SWOT 分析法中的 S(Strengths)是指优势、W(Weaknesses)是指劣势、O(Opportunities)指是机会、T(Threats)是指威胁。优势和劣势是企业的内部要素，机会和威胁是企业的外部要素。企业要将内部资源和外部环境有机地结合起来形成企业的营销战略，使企业在越来越激烈的竞争市场中准确找到自己的发展定位和切入点，如图 1.5 所示。

图 1.5 SWOT 分析

（二）SWOT 分析法的特点

SWOT 分析法从某种意义上来说属于企业内部分析方法，即根据企业自身的既定内在条件进行分析。SWOT 分析有其形成的基础。著名的竞争战略专家迈克尔·波特提出的竞争理论从产业结构入手，对一个企业"可能做的"方面进行了透彻的分析和说明，而能力学派管理学家则运用价值链解构企业的价值创造过程，注重对公司的资源和能力的分析。

SWOT 分析是在综合了前面两者的基础上，以资源学派学者为代表，将公司的内部分析(即 20 世纪 80 年代中期管理学界权威们所关注的研究取向，以能力学派为代表)与产业竞争环境的外部分析(即更早期战略研究所关注的中心主题，以安德鲁斯与迈克尔·波特为代表)结合起来，形成了自己的结构化的平衡系统分析体系。与其他的分析方法相比较，SWOT 分析从一开始就具有显著的结构化和系统性的特征。就结构化而言，首先在形式上，SWOT 分析法表现为构造 SWOT 结构矩阵，并对矩阵的不同区域赋予了不同分析意义。其次在内容上，SWOT 分析法的主要理论基础也强调从结构分析入手对企业的外部环境和

---

① 郭国庆. 市场营销理论. 北京：中国人民大学出版社，1999.

② 马仁杰，王荣科，左雪梅. 管理学原理. 北京：人民邮电出版社，2013.

内部资源进行分析[①]。

(三) SWOT 分析法的构成

首先运用各种调查研究方法，分析出公司所处的各种环境因素，即之前提到的外部环境因素和内部环境因素。将调查得出的各种因素根据轻重缓急或影响程度等排列方式运用 SWOT 分析法构造出 SWOT 矩阵，把影响大的、重要的因素先排列出来，次要的、影响小的因素排在后面。SWOT 矩阵构造完成之后就可以得出相应的行动计划。制订行动计划的主要思路是，发挥企业自身优势，克服劣势，利用机会因素化解威胁。把握以往的发展优势，在立足于当前发展形势的前提下放眼未来。根据 SWOT 矩阵得出的行动计划有以下四种对策，如图 1.6 所示。

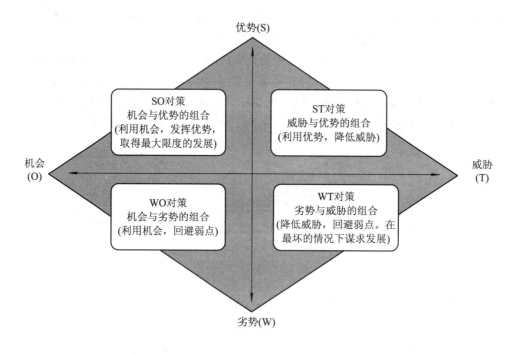

图 1.6　四种对策

(1) WT 对策，即最小与最小对策。该对策侧重考虑企业自身劣势和外部威胁因素，采用相应对策努力使劣势趋于最小，威胁趋于最小。

(2) WO 对策，即最小与最大对策。该对策侧重考虑企业自身劣势和外部机会因素，采用相应对策努力使劣势趋于最小，机会趋于最大。

(3) ST 对策，即最大与最小对策。该对策侧重考虑企业自身优势和外部威胁因素，采用相应对策努力使优势趋于最大，威胁趋于最小。

(4) SO 对策，即最大与最大对策。该对策侧重考虑企业自身优势与外部机会因素，采用相应对策努力使优势趋于最大，机会趋于最大。

[①] 资料来源：http://baike.baidu.com/link?url=44U-wmNXFCNdD9t5PtR4Z6edvu8by9jPwbxnRyN1jLSys_C8QZbKp1B8-9DfMrIhnmjczYd4T2NYL5irf4inXYkz5L-slDJbXS2u1ZCeL8vtxvkf_O5snFzxJv5JDVXC

由以上几种对策可知，SWOT 分析可以对不同的研究对象和目的，提出不同的方案对策。WT 是一种最为消极的对策，是企业处于最困难的情况下必须采取的对策；WO 对策和 ST 对策是好坏参半的对策，是企业处于一般情况下所采取的对策；SO 对策是对企业来说最为理想的一种对策，是企业处于发展情况下采取的对策。总而言之，企业在选择这些对策时需要根据企业当下所处的情况而定，只有准确地采用相对应的对策，企业才能更好的发展。

二、4P 理论

(一) 4P 理论的含义和构成

市场营销学中的"市场营销组合"是一个十分重要的理论，1953 年，尼尔·鲍登(Neil Borden)在美国市场营销学会就职演讲上就对"市场营销组合"做出了较为详细的解释，"市场营销组合"是指市场需求的多少在一定程度上受到"营销要素"或者"营销变量"的影响，为了掌握一定的市场反应，企业要对这些要素或变量进行有效的排列组合，从而使企业尽最大努力满足市场需求，获取最大利润。

4P 理论是随着市场营销组合发展而逐渐出现的。4P 是美国著名营销学学者麦卡锡(McCarthy)教授在 20 世纪 60 年代提出的。4P 理论是指企业在市场营销策划时依据产品(Product)、价格(Price)、渠道(Place)、促销(Promotion)四大要素进行企业策略整合以满足市场需求为导向的基础理论，如图 1.7 所示。

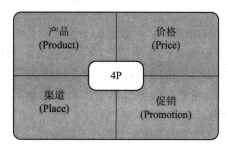

图 1.7　4P 理论

1．产品(Product)

产品是指企业能够提供给消费者使用并能满足消费者的需求或愿望的任何东西，产品也分为有形产品和无形产品，包括了有形的产品、服务、人员、组织、观念或它们的有效组合。

2．价格(Price)

价格是指市场上消费者在购买其所需产品时的价格，包括折扣、支付预期、信用条件等。企业的利润、成本、补偿、盈亏以及产品的销售、促销等方面都受到价格决策的影响。影响定价的三大因素分别是需求、成本、竞争。最高价格取决于市场需求，而最低价格不能低于生产成本，在这个价格区间内，企业根据自身因素和外部竞争因素，制订产品的定价。

3．渠道(Place)

渠道是指商品从企业转到顾客手中的全过程。简单来说，就是企业为使其所生产的产品流转到目标顾客手上所进行的各项活动。它包括中间商选择、流转渠道管理、储物、运输以及物流配送等一系列的流转活动。

4．促销(Promotion)

促销是指企业为向目标市场介绍自己的产品、服务、形象和理念等优点，说服和提醒目标市场对其产品或是企业本身产生信任的一系列活动。促销包括广告、销售促进、人员推销、公共关系这四大要素。

(二) 市场营销组合是一个复合结构

产品、价格、渠道和促销中各自又包含了许多小的因素，这些小的因素是形成各个 P 的组合。因此市场营销组合至少是两个层次组合起来的复合结构。企业在运用市场营销组合时，不仅要考虑 4P 之间形成的最佳搭配，并且要注意调整好每个 P 内部的最佳搭配，使所有的因素都能够灵活地运用和有效地组合，帮助企业更好地满足目标市场的需求，获得更多的利润。

(三) 市场营销组合是一个动态的组合

形成 4P 的每一个组合因素都不是一成不变，每一个组合因素都是一个变量。每个组合因素在相互影响的同时，也可能是另外一个因素的潜在替代者。在产品、价格、渠道和促销这四个大的变量中，又各自包含着许多小的变量。不管是大的变量还是小的变量，只要其中一个变量产生变动，都会造成整个市场营销组合的变化，从而又形成一个全新的市场营销组合。

另外，企业市场定位战略是制约市场营销组合的一个因素，因此企业应该根据自身的市场定位战略来设计和安排与自身相适应的市场营销组合，帮助企业在竞争激烈的市场中，准确地找到企业自身的定位和市场切入点[①]。

随着市场营销理论的不断完善，许多杰出的市场营销学者在 4P 理论的基础上提出了 4Ps 理论、6P 理论、7P 理论、10P 理论等一系列市场营销组合，为不同企业的不同发展方向提供了适合自身企业发展的市场营销组合。

三、4C 理论

(一) 4C 理论的含义和构成

20 世纪 90 年代，美国学者罗伯特·劳特朋(Robert Lauterborn)教授从买方市场角度出发，提出的与市场营销组合 4P 理论相适应的市场营销组合 4C 理论，4C 理论包含了顾客(Customer)、成本(Cost)、便利(Convenience)、沟通(Communication)在内的四大要素。4C 理论的提出引起市场营销界和工商界的极大反应。1970 年，美国著名的未来学家阿尔文·托夫勒(Alvin Tohler)曾预言："未来的社会将要提供的并不是有限的、标准化的商品，而是有史以来最大多样化、非标准化的商品和服务。"随着市场的发展，大规模定制和生

---

① 郭国庆. 市场营销学通论. 6 版. 北京：中国人民大学出版社，2014.

产开始成为当代的管理和生产模式，将二者有效地结合起来，以低成本向多元化市场提供可以满足目标顾客需求的产品和服务，最终形成"生产—销售—服务"的一体化模式。4C理论瞄准消费者的需求和愿望，是一种以消费者为导向的市场营销组合，如图1.8所示。

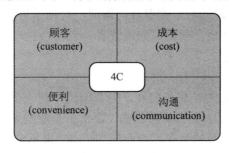

图 1.8　4C 理论

1．顾客

顾客(customer)是指消费者的需求和愿望。消费者是企业经营活动的核心，影响着企业的一切营销活动。企业想要进一步发展，首先要了解消费者的需求，根据消费者的需求来提供商品与服务。企业要明白"创造顾客要比创造产品更重要，顾客的需求要比产品的功能更重要"，通过提供产品和服务更好地满足消费者的需求，从而产生对企业有帮助的客户价值。

2．成本

成本(cost)包括了企业的生产成本和消费者的购买成本两大要素。

(1) 企业的生产成本，即企业生产目标市场所需要的产品所需要耗费的成本。价格是企业营销活动的核心，价格归根结底来说还是由企业的生产成本所决定的，最低也不能低于企业的生产成本。

(2) 消费者的购买成本。消费者的购买成本不仅是指消费者的货币支出，还包括了购物时所耗费的时间、体力和精力的消耗以及所需要其承担的购买风险。值得一提的是，近几年出现了一种新的定价思维。以往传统的企业定价模式是"成本+适当利润=适当价格"，而新的定价模式是"消费者所接受的价格–适当利润=成本上限"。这种新型的定价模式是传统定价模式的革命，把过去由生产商指示定价，转变成了"消费者接受的价格"，也成为定价的决定性因素，这也是营销手段的一个新的发展。

3．便利

便利(convenience)就是为顾客提供最大的购物和使用便利，方便顾客，维护顾客的利益，为顾客提供最好的最全面的服务。企业应该考虑的是顾客的便利，而不是企业自身便利，努力做好售前、售中、售后的工作，让顾客在自由购物的同时也能享受到购物便利，这也是创造客户价值的一个不可缺少的部分。与传统的营销组合相比，4C 组合更加看重服务环节，强调企业在出售商品的同时也要出售服务，让顾客在购买商品的同时也享受到了便利。

4．沟通

4C 组合用沟通(communication)来取代 4P 组合中的促销，认为企业应该重视与顾客的双向沟通，以积极主动的方式去了解并适应顾客的情感，建立基于共同利益的新型的企业、顾客关系。企业不再是单向地促销和规劝顾客，而是通过双方的沟通找到能同时达到各自目标的途径。著名学者克里斯廷·格罗鲁斯(Christian Gronroos)认为，企业营销不仅仅是企业提出承诺，单向劝导顾客，更重要的是追求企业与顾客的共同利益，"互利的交换与承诺的实现是同等重要的"。同时，强调双向沟通，有利于协调矛盾，融合感情，培养忠诚的顾客，而忠诚的顾客既是企业稳固的消费者，也是企业最理想的推销者[①]。

(二) 4C 理论的不足

4C 理论虽然是 4P 理论的补充和发展，但是仍然存在一些不足。4C 缺乏一定的可操作性，4C 是站在顾客的角度去看市场营销的，决定了企业的未来；而 4P 是站在企业的角度看市场营销的，把握了企业的现在。企业应当用 4C 来思考，用 4P 来行动，帮助企业取得更好的发展。

4C 理论的不足可以归纳为以下五点：

(1) 4C 理论是以顾客为导向的营销组合，而现在市场是以竞争为导向的。前者看到了目标市场的需求并将其作为营销工作的重点；后者不仅看到了目标市场的需求，同时也注意到竞争因素，将二者有效结合起来制订相应战略，在竞争中谋求发展。

(2) 伴随着 4C 组合进入到企业营销战略中，推动了企业的发展。但是很快又会使企业在一个新的层面上形成统一化，不能形成企业自身的个性化竞争优势，不能很好地保证企业在市场中的发展性。

(3) 4C 理论是以顾客为导向的，但是消费者都有一个共同的愿望，在需求得到满足的同时希望产品或者服务的价格越低越好，在这种顾客导向的营销组合中，企业需要付出更多的成本，时间一长，就会影响甚至阻碍企业的发展。从长远利益来看，这是一个较为严肃的问题，需要得到改进。

(4) 就目前状况来判断，4C 营销组合中没有完全体现双赢局面(即赢得顾客的同时又赢得长期的客户价值)，还是存在着一些操作性的问题，如何提供集成解决方案、快速作出反应等问题。

(5) 由以上分析可知，4C 理论虽然是 4P 理论的补充和发展，但是被动适应顾客需求的特点较为明显。从市场营销实践的发展来观察，企业需要采用更有效的方法从更高层次上与顾客建立一些如双赢关系、互利关系、相互关联关系等一系列新型的主动性关系，让企业更好地与顾客联系起来。

第四节　市场营销学的产生与发展

在 20 世纪初，市场营销学作为一门独立的学科逐渐从经济学中脱离出来。随着社会经济和市场经济的发展，市场营销学也逐步开始发展起来，经过了初时的萌芽期和后来的规范期与成熟期，市场营销学也从原来的市场营销发展为现代的市场营销。市场营销学的应用不再是单纯地为了企业盈利，而是正确地利用市场营销理论为公司获取最大的经济和

---

① 郭国庆. 市场营销学通论. 6 版. 北京：中国人民大学出版社，2014.

社会效益，增强企业的市场竞争力，实现企业的营销目标。

一、市场营销的产生

　　企业的市场买卖活动由来已久，但是真正意义上的市场营销学科是在 20 世纪初才开始逐渐开始形成的。进入 19 世纪后，资本主义经济的发展导致资本主义矛盾日趋激烈，经济危机频发导致企业越来越关心产品销售，并且处心积虑地与对手竞争，在市场竞争中不断探索市场运行的规律。19 世纪末 20 世纪初，随着美国社会经济环境发展的变化，西方的某些发达国家先后完成了工业革命，自由资本主义开始向垄断资本主义过渡，社会环境发生了深刻的变化。工业化发展迅速，专业化程度提高，人口数量增长，国民收入提高。随着生产与供求之间矛盾进一步的尖锐，以及因生产过剩导致的商品销售危机，各个企业为了自己的产品销售开始注重市场销售的研究，因此在当时的西方国家曾出现过一批总结商业经营的著作。在 20 世纪初，泰罗以提高劳动生产效率为目的推出了"科学管理"理论与方法，使商品的生产效率大大提高，并受到大多数企业的重视。然而生产能力的增长速度超过了市场需求的增长速度，产品销售的问题日益严重。一些经济学家便根据企业销售方面的需要，开始系统性地从理论上研究商品的销售问题。

　　市场营销成为学术界的研究领域后，又进入到企业经营管理的范畴中。1902 年，密歇根大学开设了"美国工业分销和管理"课程，课程的内容不仅涉及对产品的分类、分等和品牌，还有产品的批发和零售等方面。同时期加州大学和伊利诺伊大学的经济系也开设了市场营销学的课程，这是市场营销学作为一门单独的学科第一次出现在大学讲台上。1904 年，克鲁希(W.K.Kreusi)在宾夕法尼亚大学开设了"产品市场营销"课程，使"市场营销"这个名词首次成为大学课程的名称[①]。1912 年，哈佛大学的教授赫杰特齐(J.E.Hagertg)在对市场营销学深入调查的基础上，编写了世界上第一本以《Marketing(市场营销学)》命名的教科书。虽然这本书侧重于研究广告和商业网点的设置，并没有像现代的市场营销学一样既研究生产经营又研究市场销售，但是这本书成为了市场营销学(Marketing)从经济学(Economics)中分离出来作为一个单独学科的标志。自此以后，关于市场营销学的著作不断出版，但是这时的市场营销学还没有形成一个较为成熟且完善的体系，内容注重于研究推销方法，因此当时的市场营销学并未在社会上引起大规模的重视，相关的研究活动局限于高等院校中。在市场营销学的发展中美国的大学教授起到了不容忽视的作用，虽然当时的市场营销学发展得并不完善，但是这些市场营销教授却洞察到了市场营销未来发展的趋势，并且为市场营销学的发展作出了历史性的贡献[②]。

二、市场营销学的应用

　　20 世纪 20 年代到 40 年代末，经济危机的爆发影响了整个资本主义世界。企业生产过剩导致了商品的大量积压，严重威胁企业的生存。从 20 世纪 30 年代开始，许多资本主

---

① 郭国庆，钱明辉. 市场营销学通论. 北京：中国人民大学出版社，2011.
② 李晏墅，李金生. 市场营销学. 2 版. 北京：高等教育出版社，2015.

义国家市场进入了供过于求的买方市场，因此，企业和经济学家们不再关心如何扩大生产和降低成本，而是重点研究如何才能够把产品销售出去这一课题。在这一契机下市场营销学才得以从高校课堂走向社会实践，同时市场营销学的理论体系也逐步建立起来，市场营销也引起了社会的进一步重视。

在市场营销学引起了社会重视的同时，美国也陆续成立了全国市场营销学与广告学教师协会和美国市场营销学会，通过这些机构来大规模地开展对市场营销学的研究。一些高校的教授将对市场营销的研究更加深入到各个问题当中，经过调查和运用大量的实际资料也形成了许多新的原理。1932 年，弗莱德·克拉克和韦尔达出版了《农产品市场营销》一书，书中对美国农产品的营销进行了一番全面的论述。书中指出：农产品市场的营销系统包括了农产品收购、调节供求关系和化整为零销售这三个相互关联的过程，营销者在这其中需要执行七种市场营销的职能，包括集中、储存、融资、承担风险、标准化、销售和运输，并指出了市场营销的目的是"使产品从种植者那里顺利地转到使用者手中"。拉尔夫·亚历山大(Ralph S.Alexander)等一些学者在 1940 年出版的《市场营销》一书中强调了市场营销的商品化职能应该适应顾客需要的过程，认为销售就是"帮助或说服潜在顾客购买商品或服务的过程"。

1937 年美国全国市场营销学与广告学教师协会以及美国市场营销学会合并组成了现在的美国市场营销学会(AMA)。该学会设有数十个分会用于从事市场营销研究和人才的培训工作，并且出版市场营销专著和市场营销的调研专刊，这对市场营销学的发展起到了非常重要的作用。在此期间，市场营销学开始为企业提供咨询服务，咨询的内容包括广告、推销员培训、开拓流通渠道、加强促销等一系列关于销售的问题。理论与实践的结合在促进企业营销活动发展的同时也促进了市场营销学的发展，在第二次世界大战结束之后，市场营销学已经得到了长足的发展并且在企业市场营销实践中得以广泛使用。但是这一阶段的市场营销研究主要集中在产品的销售推广方面，其应用范围仍局限于商品流通领域，如产品的推销、广告宣传、推销策略等。

三、市场营销学的变革

20 世纪 50 年代初至 20 世纪 70 年代初，市场营销学产生了变革并最终得以确立，并由传统的市场营销学转变为现代市场营销学。第二次世界大战后，现代科技的进步使劳动生产率大大提高，产品的花色品种不断更新变化，企业之间的竞争加剧使得销售矛盾日益尖锐。西方国家的政府吸取 20 世纪 30 年代经济危机的教训，试图推行所谓的"三高"政策，即高工资、高福利、高消费，刺激社会购买力，想要以此缓解生产与消费之间的矛盾。但是这并没有引起实际购买量的上升，只是使消费者的需求和欲望往更高层次变化，这对社会供给也提出了更高的要求。传统的市场营销学已不能满足社会形势的要求，这才导致了此次市场营销学的变革。

许多市场营销学的学者经过潜心研究提出了一系列新的观念。例如麦卡锡在 1964 年出版的《基础市场营销学》中就对市场营销管理提出了新的见解，他将消费者视同为一个特殊的群体，也就是企业的目标市场，强调企业应该制订正确的市场营销组合策略，用来适应外部市场环境的变化，即把过去的"市场是卖方与买方之间的产品或劳务的交换"的传统观念，发展成为"市场是卖方促使买方实现其现实的和潜在的需求的任何活动"，满足目标客户的需求，实现企业经营目标。

因为消费者的需求与欲望开始变化，传统的市场营销学已无法适应市场形势的变化，开始打破了流通领域的局限性，进入了生产领域和消费领域。企业想要在竞争中赢得优势，只是注重销售技术已是远远不够的，必须事前调查、分析和预测消费者的购买意愿，依据消费者的购买意愿来组织生产和销售，从而使得产品在市场上受到更多消费者的欢迎。因此市场营销学的研究范围和重心从市场推销转为市场营销。市场推销是在产品生产出来后利用广告宣传和产品推销等方法来销售产品，而市场营销是在产品生产出来之前，根据消费者的意愿来确定企业应该生产什么、生产的数量和生产的方法；产品生产出来之后再研究如何销售产品的策略从而实现销售目标；产品销售之后企业再提供售后服务，确保顾客满意的同时更能提高回购率，售后服务回访的同时也能收集到消费者对产品的反馈信息，为再次生产提供更多信息。

这也就要求将传统的"生产—市场"关系转换过来，即将市场从生产过程的终点倒置为生产过程的起点。这一观点从根本上解决了以市场需求来决定企业生产活动的问题，使企业的经营观点从"以生产者为中心"转变为"以消费者为中心"。这一观点的确立，不仅改变了市场营销学的基本指导思想，更使市场营销学的地位得到确认。自此以后，市场营销学的理论不断创新，市场营销学也逐步建立起以满足顾客需求为核心的框架和体系。以消费者为中心的观点不仅在工商企业得到运用，也在事业单位和行政单位得到广泛使用。市场营销学术界层出不穷的新概念推动了市场营销学从策略到战略、顾客到社会、外部到内部、国家到全球的延伸，得到了全面化、系统化的深入发展。

四、市场营销学的发展

20 世纪 70 年代至今，市场营销学已经逐渐发展成熟。第四次科技革命使西方发达国家社会生产加速并更加科学化、自动化、高速化和连续化。从市场营销学的发展来看，在过去的几十年里市场营销学的基本理论、营销体系、传播渠道、营销组合等方面都取得了重大的突破与发展。这主要是因为科学技术的不断进步，社会政治经济体系的不断完善，市场营销学在实践中不断得到发展、提高。市场营销学作为一门专注于研究企业的生产经营活动和市场营销战略的学科，更加受到专业学者和企业管理人员的重视，在这种情况下使得市场营销学的内容不断充实，体系逐渐成熟和完善。在现代，市场营销学不再局限于企业营销实践中的经验概括和总结，而且与经济学、管理学、社会学、心理学、行为学科和计量学等专业学科的相关知识相结合、渗透，成为一门相对成熟且实用性很强的专门的市场营销学学科。

在我们所生活的 21 世纪，互联网科学发展进程非常迅速，互联网的应用开始渗透到社会各个领域之中。其中也包括了市场营销这一大领域，给市场营销带来了许多新的发展契机。比如我们所熟知的互联网营销、微信营销、大数据营销等等，都是互联网在进入市场营销学后所带来的一些新的营销模式。互联网在市场营销中的发展和运用推动了网络营销的飞速发展,阿里巴巴集团在 2003 年所创立的淘宝网就是网络营销最成功的一个案例。我们有充分的理由可以相信,这种新型的观念带来的新方法势必会将现代市场营销学推向一个新的发展阶段。

五、市场营销学在我国的引进和发展

20 世纪 70 年代末,我国开始进行改革开放,开始接受并引进西方一些对经济发展有益的思想观点、理论方法和实践经验,并且在社会经济环境的变化和企业意识的增强下逐渐被我国的企业所接受。在这种背景下市场营销学开始进入我国。从 20 世纪 80 年代初至今,在不断地研究、应用和发展的情况下,我国的市场营销学从传统的理论学习阶段进步为全面创新和拓展的阶段。市场营销学在我国的传播与发展经历了以下四个阶段:启蒙阶段(1978—1983 年)、传播阶段(1984—1991 年)、普及阶段(1992—2002 年)、国际化时期(2002 年至今)。

(一) 启蒙阶段

1978 年至 1983 年市场营销学开始进入我国,形成了初步传播时期。改革开放后,我国确定了以经济建设为中心的活动方针,逐步明确了以市场为导向,建立社会主义市场经济体制的改革目标。这为我国引进市场营销学和研究市场营销学创造了有利的社会条件。在此期间,我国涌现出了一大批研究市场营销学的优秀人才,这些学者对市场营销学的研究与实践推动了市场营销在我国国内的传播。

(二) 传播阶段

1984 年到 1991 年是市场营销学在我国进一步传播和应用的时期。1984 年初,为了促进营销理论在我国的普及和发展,我国高等财经院校综合大学市场学教学研究会在长沙正式成立。该研究学会的成立标志了市场营销学在我国学术地位的确立,市场营销学开始进入各大高校的教学中,并且开始得到各大高校的重视。不仅如此,各界人士也纷纷参与到市场营销学的研究和讨论之中,促使市场营销学在我国得到了飞速的发展。众多的市场营销学的研究学会相继成立,著名的市场营销学会——中国市场学会于 1991 年 3 月在北京正式成立。在此期间,许多市场营销的理论与方法都取得了成功,给许多企业带来了效益。市场营销理论在我国的应用越来越受到重视。

(三) 普及阶段

1992 年到 2002 年是市场营销理论研究与我国的实际情况结合、提高、创新的时期。这一期间,国内的经济结构有了进一步的变化。大量外资企业涌入国内,消费者市场特征逐渐明显,国内的市场竞争形式也逐渐明显。我国展开了以"从计划经济向市场经济转变,从粗放经营向集约化经营转变"为主题的新的市场营销研究讨论方向。由于市场竞争进一步加剧,越来越多的企业和研究组织开始重视营销理论在实践中的运用。营销人开始借助网络平台、公共媒体等一些渠道向大众传播营销的基础知识、经典且成功的营销理论以及最新的营销观念。市场营销开始进入全面普及时期。

（四）国际化时期

2001 年我国加入世界贸易组织(WTO)，标志着我国在国际上的经济地位得到了进一步的提升，与他国之间进行的商业贸易活动逐渐增多。国内的各类企业都在根据国际形势调整自己的营销战略以随时面对新的挑战，我国企业开始走上国际化的大舞台。因此，国内市场营销学的优秀学者们也开始登上国际化的大舞台，进一步加强了与国际营销学术界、企业界的合作。

复习思考题

1. 什么是市场？市场的本质是什么？
2. 市场营销的构成要素有哪些？
3. 市场营销管理哲学的演变经过了哪些阶段？
4. 传统观念、市场营销观念和社会市场营销观念有哪些区别？
5. 4P 市场营销组合有哪些特点？

◇ 案例讨论

老干妈的生存发展之道

1994 年 11 月，"贵阳南明陶氏风味食品店"成立，辣椒酱系列产品开始成为这家小店的主营产品。尽管调整了产品结构，但小店的辣椒酱产量依旧供不应求。龙洞堡街道办事处和贵阳南明区工商局的干部开始游说陶华碧，放弃餐馆经营，办厂专门生产辣椒酱，但被陶华碧干脆地拒绝了。

陶华碧的理由很简单："如果小店关了，那这些穷学生到哪里去吃饭。""每次我们谈到这个话题的时候，她都是这样说，让人根本接不下去话，而且每次都哭得一塌糊涂。"时任龙洞堡街道办事处副主任的廖正林回忆当时的情景说。

让陶华碧办厂的呼声越来越高，以至于受其照顾的学生都参与到游说"干妈"的行动中，1996 年 8 月，陶华碧借用南明区云关村村委会的两间房子，办起了辣椒酱加工厂，牌子就叫"老干妈"。

推广产品——陶华碧用了一个"笨办法"：她用提篮装着辣椒酱，走街串巷向各单位食堂和路边的商店推销。一开始，食品商店和单位食堂都不肯接受这个名不见经传的辣椒酱，陶华碧与商家协商将辣椒酱摆在商店和食堂柜台，卖出去了再收钱，卖不出就退货。商家这才肯试销。一周后，商店和食堂纷纷打来电话，让她加倍送货；她派员工加倍送去，竟然很快又脱销了。

无论是收购农民的辣椒还是把辣椒酱卖给经销商，陶华碧永远是现款现货，"我从不欠别人一分钱，别人也不能欠我一分钱"。从第一次买玻璃瓶的几十元钱，到现在日销售额过千万始终坚持。"老干妈"没有库存，也没有应收账款和应付账款，只有高达十数亿元的现金流。

很快陶华碧发现，装辣椒酱的玻璃瓶不合适。她找到贵阳市第二玻璃厂(以下简称贵阳二玻)，但当时年产1.8万吨的贵阳二玻根本不愿意搭理这个要货量少得可怜的小客户，拒绝了为她的作坊定制玻璃瓶的请求。面对贵阳二玻厂长，陶华碧开始了她的第一次"商业谈判"。软磨硬泡了几个小时后，双方达成了如下协议：玻璃厂允许她每次用提篮到厂里捡几十个瓶子拎回去用，其余免谈。陶华碧满意而归。当时谁也没有料到，就是当初这份"协议"，日后成为贵阳第二玻璃厂能在国企倒闭狂潮中屹立不倒，甚至能发展壮大的唯一原因。"老干妈"的生产规模爆炸式膨胀后，合作企业中不乏重庆、郑州等地的大型企业，贵阳二玻与这些企业相比，并无成本和质量优势，但陶华碧从来没有削减过贵阳二玻的供货份额。现在"老干妈"60%产品的玻璃瓶都由贵阳第二玻璃厂生产，二玻的4条生产线，有3条都是为"老干妈"24小时开动的。

在员工福利待遇的制订上，考虑到公司地处偏远，交通不便，员工吃饭难，她决定所有员工一律由公司包吃包住。当公司发展到1300多人时，这个规矩仍然没有废止。公司现在拥有1300多个员工，她竟然能叫出60%的人名，并记住了其中许多人的生日；每个员工的生日到了，都能收到她送的礼物和一碗加两个荷包蛋的长寿面；每个员工结婚时，她必定要亲自当证婚人；每当有员工出差，她还总是像老妈妈送儿女远行一样，亲手为他们煮上几个鸡蛋，一直把他们送到厂门口，直到他们坐上了公交车后，才转身回去。

"老干妈"包装相对"太土"，假冒产品泛滥。为了更精准了解北方调味酱产品的消费需求、竞争态势和潜在的市场机会，受老干妈公司委托，上海炒药狼策划选择河南这个调味酱产品大市场做了一次专项、深入的市场调研。调查结果让炒药狼全体队员大吃一惊，原来老干妈在河南的知名度非常高，几乎可以说是妇孺皆知。遗憾的是，老干妈系列产品虽然摆进了大卖场，却没有足够的销量，而很多当地的辣酱品牌，将老干妈的客户都截走了，北方其他几个市场亦是如此。老干妈说："弄了半天，我花了那么多钱做广告，原来一直都在替别人养孩子"。

"老干妈"创立初期，陶华碧的儿子李贵山就曾申请注册商标，但被国家工商总局商标局以"干妈"是常用称呼，不适合作为商标的理由驳回。这给了仿冒者可乘之机。凭着诚信，陶华碧在同行业中赢得了广泛的信誉，企业不断壮大，品牌广为人知，利润逐年增加。有些人眼红了。一时间，全国各地的市场上竟然每年都有50多种假冒的"老干妈"！

老干妈的回击："老干妈就是老干妈。"她当即否定了上海炒药狼策划的换包装提案，她说："我卖的是味道，不是包装。我的辣椒调料都是100%的真料，每一个辣椒，每一块牛肉都是指定供货商提供的，绝对没有一丝杂质，每卖一瓶辣酱，我只赚几毛钱。我不能昧着良心将价格涨上去，而消费者多付了钱只是多了个好看的包装。"虽然每瓶只赚几毛钱，但2010年保守估计："老干妈"系列每天卖出130万瓶辣椒酱，一年销售额高达25亿。

2001年，有一家玻璃制品厂给"老干妈"公司提供了800件(每件32瓶)酱瓶。谁知，公司装上麻辣酱刚销售到市场上，就有客户反映："有的瓶子封口不严，有往外漏油现象。"不巧，一些对手企业很快知道了这事，马上利用这事攻击"老干妈"。陶华碧知道后非常重视，要求相关部门迅速查处。一些管理人员向她建议说："可能只是个别瓶子封口不严，把这批货追回重新封口就行了，不然损失就太大了，这可是 800 件货呀！"陶华碧却坚决地说："不行！这事关公司的信誉！马上派人到各地追回这批货，全部当众销毁，一瓶也不能漏掉！损失再大，也没有在市场上失信的损失大！"结果，虽然使公司损失巨大，却让人们看到了"老干妈"信守质量的决心，坏事变成了好事。

有一次，她的公司急需豆豉原料，重庆的一家豆豉酿造厂紧急运来了 10 多吨豆豉，因为是"等米下锅"，检验员收货时也没仔细检验，谁知卸货后，才发现外面摆放的豆豉质量好，而里面的豆豉居然都馊了！虽然这批豆豉经过特殊处理后也可用，但陶华碧哪能容忍对顾客有一点儿欺骗！她坚持退货，公司也因缺原料被迫停产两天，造成了比较大的损失。这件事传开后，陶华碧为顾客真诚负责的精神感动了人们，"老干妈"在市场上的信誉更好了。

恰当而及时地利用法律，再加上炒药狼运用娴熟的网络营销技巧，将《老干妈：一个不懂品牌的人创建的大品牌》铺天盖地地推向网络，老干妈那些"土"得掉渣的创业故事、对内管理故事、对外拓展故事、商标官司故事一波又一波涌向消费者，让消费者一遍又一遍地流着眼泪向老干妈致敬……货真价实，这就是老干妈的无形资产……

"老干妈"派出的炒药狼策划团队决定：缺点当特点，将特点当卖点！除了"土"，还是"土"。那就卖"土"，我们要将"土"卖出水平来！包装"土"，那就挖掘出"土"对消费者的利益点，包装便宜，那就意味着消费者花钱买到的实惠更多，一分价钱一分货，这个货可是真材实料的"辣酱"啊，百姓居家过日子，不就是图个实惠吗？辣酱又不拿去送礼，自家吃根本用不着考虑好看不好看的问题，味道好就行了。现在想想"桃园 XX"那句"就算拿去送给领导，也不掉价"的推销术语挖的陷阱真是深啊，有多少消费者因为要这个面子而瘪了钱袋子……最后，老干妈将原来广告方案全部换成了：老干妈手举一个辣酱瓶子说：我卖的是味道，不是包装！我的包装只花 3 毛钱！

不断研发，满足不同需求。"老干妈"主要生产风味豆豉、油辣椒、鲜牛肉末、水豆豉、风味腐乳等 20 余个系列产品，满足不同年龄段、不同地区的口味需求，是目前国内生产及销售量最大的辣椒制品生产企业(资料来源：https://rc.mbd.baidu.com/36rhzv3)。

问题讨论：

1. 从案例来看，老干妈采用了什么样的营销观念？
2. 分析案例，老干妈企业属于顾客导向还是市场导向？
3. 从营销组合要素角度出发，老干妈为什么能取得如此巨大的成功？
4. 随着竞争日益激烈，老干妈怎样才能继续在市场竞争中取得胜利？
5. 试运用本章所学的市场营销学的知识，给老干妈企业的营销提供建议。

 **技能训练**

(1) 商业谚语是在商品交换活动过程中广为流传的定型短句，它用简练通俗的白话反映出深刻的经营之道。分析下列我国民间商业谚语，各反映了哪种营销观念？你还知道哪些民间商谚，说出来与大家分享。

酒好不怕巷子深；萝卜快了不洗泥；皇帝的女儿不愁嫁；旱则资舟，水则资车；行情摸得准，生意做得稳；身有实货，不用吆喝；不怕不识货，就怕货比货；王婆卖瓜，自卖自夸；挂羊头卖狗肉；货真价实，童叟无欺；因客制宜，货随其愿；君子爱财，取之有道；生意好做，伙计难搁；独店不成市，独木难成林；一招鲜，吃遍天；会走路的不怕路窄，会经营的不怕店多；买卖不成仁义在，这次不买下次来；进门是笑脸，出门不思量；来的都是客，人走茶就凉；进门是客，出门是友；笑口常开，生意常来；好店三年不换客，好客三年不换店。

(2) 史料记载：晋商十分重视同业交往中的"慎待相与"。某一商号欠祁县乔映霞在包头的商号6万两白银，无力偿还，后来欠账商号财东给乔映霞磕了一个头了事；另有商号欠其他商号几千两白银，为照顾债主商号的自尊心，还把斧头了事。类似记载还有很多。有人认为，这是讲求信义的体现。但也有人认为，资本是商业的命根子，这显然是商人缺乏资本意识的一种体现，与现代市场经济并不相融。你认为，现代市场营销该如何处理好义利关系？

第二章
营销环境分析

❖❖❖❖❖❖❖❖❖❖❖❖❖❖❖❖❖❖❖❖❖❖❖❖❖❖❖❖

◆ 学习目标

1. 了解影响企业顾客服务能力的环境因素
2. 理解经济环境和人口因素变化如何影响营销决策
3. 能确定自然环境和文化技术环境中的主要趋势
4. 掌握政治环境和经济环境中的关键变化
5. 掌握公司应该如何应对市场营销环境的变化

◆ 引导案例

提起国酒茅台，中国人都有一种特殊的感情。1915 年，茅台酒代表中国民族工商业进军巴拿马万国博览会并荣获殊荣，从此跻身世界三大蒸馏名酒行列，奠定了中国白酒在世界上的地位，亦将其自身确立为中国白酒之至尊。新中国成立后，茅台酒又被确定为"国酒"，一直处于中国白酒领头羊地位，更因其在日内瓦会议以及中美、中日建交等外交活动中发挥了独特作用而蜚声海内外。改革开放后，茅台酒业获得长足发展，自 1985 年至 1994 年又在国际上荣获多项荣誉。茅台酒厂在全国同类企业中率先跨入国家特大型企业行列。

(一) 中国贵州茅台酒厂集团的由来

中国贵州茅台酒厂集团即中国贵州茅台酒厂(集团)有限责任公司是贵州省政府确定的 22 户省现代企业制度试点企业之一。1996 年 7 月，贵州省政府批复同意贵州茅台酒厂改制为国有独资公司，更名为中国贵州茅台酒厂(集团)有限责任公司，同时，以该公司为核心企业组建企业集团，并命名为中国贵州茅台酒厂集团，成为全国白酒行业唯一的国家一级企业，获全国优秀企业(金马奖)、全国驰名商标第一名，是全国知名度最高的企业之一。贵州茅台酒与苏格兰威士忌、科涅克白兰地同列为世界三大名酒。自 1915 年巴拿马万国博览会获得国际金奖以来，连续 14 次荣获国际金奖，并获得"亚洲之星"、"国际之星"包装奖、出口广告一等奖，蝉联历次国家名酒评比之冠，是中华人民共和国国酒。企业分布在北京、上海、海南、深圳等地，分别从事酒店业、包装材料制造、内外贸易等跨行业经营管理；先后开发了涵盖多种度数的茅台酒、汉帝茅台酒、茅台女王酒、茅台不老酒、贵州醇、贵州特醇、茅台醇等系列产品，形成了多品开发、多种经营、多元发展的新格局，各项经济技术指标均呈两位数增长。1994 年，茅台酒厂质量管理一次性通过 GB/T 19002—ISO9002 质量体系认证，在白酒行业中率先与国际质量标准接轨；1995 年，在美国纪念巴拿马万国博览会金奖80周年名酒品评会上，茅台酒再次夺得特别金奖第一名。

（二）质量求生存，管理出效益

改革开放以后，与其他许多传统品牌一样，茅台酒遇到了老牌子如何跟上飞速发展新形势的问题，首先是如何对待产品质量。在产品质量问题上，茅台酒确定并坚持了"质量第一，以质促效"的方针。在这个方针指导下，茅台人从三个方面诠释"质量"：

（1）质量就是企业的长远效益。领导班子对此保持高度共识。茅台酒是世界名酒，中国国酒，自从1915年夺得巴拿马万国博览会金奖后，在海内外市场上一直是"奇货可居"，"皇帝女儿不愁嫁"，特别是在市场经济中，在茅台的金字招牌下，只要企业愿意增加产量，就意味着随时可增加效益。但是，时任集团党委书记兼董事长的季克良和总经理袁仁国说："面对来自市场的各种诱惑，茅台人始终头脑清醒。茅台酒之所以近百年金牌不倒，创造出如此的市场信誉度，根本原因即在于其拥有卓尔不群的品质。酒是陈的香，如果目光短浅，丢掉这个根本去杀鸡取卵，无疑最终反过来会葬送企业长远效益。"

（2）质量先于产量、效益和发展速度。强烈的质量意识已浸入每个茅台人血脉。近20余年间，茅台集团生产能力由原来不足千吨攀升至5000余吨，但是，产品必须经过5年以上的酿造窖藏周期才能出厂的规定，以及相应的质量否决制却不折不扣地得以执行。每道工序、每一环节的质量都要与国酒、"中国第一酒"的身份地位相符合。当产量、效益、发展速度与质量发生矛盾时，都要服从于质量。茅台酒厂借助于现代化的科学仪器，从辅助材料、原材料、半成品到成品；对几十个项目要作科学严密的分析检验，使每一个项目都符合产品质量要求。与此同时，不丢掉在长期实践中形成和传授下来的品评茅台酒的绝招，使用"眼观色，鼻嗅香，口尝味"的传统方法，凭人的感觉器官检验产品质量。将科学检测手段与专家品评绝招相结合，恰似给茅台酒质量检测上了双保险。

（3）质量的稳定和提高需要创新。茅台人很重视先进质量管理方法和手段的引进、创新。早在20世纪80年代中期，茅台酒厂就引进了日本全面质量管理办法，一改长期以来主要靠师傅把质量关的管理方法为全体员工都参与。经过全员培训，规范操作程序和操作工艺，使质量有了全面提高。继80年代中期推广了全面质量管理方法，90年代又通过了ISO 9000国际标准产品和质量保证体系认证，结合企业特点建立起一套行之有效的质量检评制度。迄今，集团一直坚持每年按季作内部质量审核，每年主动接受权威质量保证机构的审核。生产工艺基本上变成机械化、现代化的操作；同时，发挥技术中心的作用，大量更新科研管理设备，加大科技成果转化力度，为产品质量的稳定、提高，提供了坚实的基础。

（三）及时转观念

从1997年开始，白酒市场格局发生了新的变化，形成了多种香型、多种酒龄、不同酒度、不同酒种并存，各种品牌同堂竞争、激烈争斗的格局，我国酒业的生产也进入了前所未有的产品结构大调整时期，啤酒、葡萄酒等发展迅猛，风头甚劲。一批同行企业异军突起，后来居上，产量和效益跃居同类企业前列；同时，消费者消费习惯也发生了改变，传统的白酒生产面临着严峻的挑战。

第一节　市场营销环境概述

无论个体抑或组织，都在一定的环境中生存和发展，都受到周围其他因素的影响。因而，任何一个企业的发展，也都相应受到其他企业、组织和社会公众等因素的影响，是在与这些因素的相互协作、影响、竞争和监督中开展市场营销活动的。环境的改变，对市场中各类主体的决策和行为都将带来机会或威胁。如何正视环境、分析环境、认识环境，把握环境变化的规律，成为企业营销行为的基本前提。

对市场营销环境的认识是随着经济社会的发展而不断发展完善的。20 世纪初，工商企业仅将销售市场看做营销环境；到了 20 世纪 30 年代以后，政府、工会、竞争对手等与企业有利害关系者也被看做营销环境；到了 60 年代以后，进一步把自然生态、科学技术、社会文化等作为重要的营销环境因素。70 年代以来，随着政府角色的深化，企业开始重视政治、法律环境的作用。因此，对营销环境认识的深化，是随着经济社会的发展而不断扩展的，在这一过程中，企业也越来越重视对营销环境的研究[①]。尤其迈入 21 世纪后，随着经济社会环境的快速变化，国际间交往关系的进一步深入，科学认识和把握市场环境，以制订正确的战略和策略，成为企业持续发展的重中之重。

整体来看，企业市场营销环境是指影响企业营销活动和营销目标实现的各种力量、因素和条件的总和，且它们的存在、发展和变化不以企业意志为转移。需要明确的是，这里所指的力量、因素和条件并不是指整个的外部环境，而是指那些能够影响企业营销活动和目标实现的有关联的要素的集合。

根据市场营销环境中各种力量对企业市场营销的影响，可以将市场营销环境分为微观环境和宏观环境两大类：微观环境是指与企业关系紧密，能够直接影响企业营销活动及目标实现的组织和个人(如企业、供应商、中间商、竞争对手、顾客和公众等)。宏观环境是指在更大层面上影响企业营销活动的各种因素的总和，包括政治、法律、经济、文化、社会、技术和人口等。通常情况下，这些因素主要起间接影响。因此，市场营销环境是一个多因素、多维度且不断变化的综合体，要把握好市场环境，就必须首先了解它的特点。总体来说，企业市场营销环境具有以下几个特点：第一，变化性。企业营销环境深受社会经济发展的影响，加之环境构成因素的多样和相互间的密切联系，使得任一部分的改变都会导致整体环境的变化，这就要求企业在营销实践中结合具体环境因素，洞察环境变化，及时调整营销策略。第二，整体性。环境构成因素的多样性，决定了企业难以完全掌握市场环境的每一要素，因此，在营销中，企业应当从整体出发，综合掌握环境的变化，抓住主要因素，因地制宜，更好地适应环境。第三，差异性。市场营销环境的差异性不仅表现为不同的企业受不同环境的影响，而且，同样一种环境因素对不同企业的影响也是不同的。市场营销环境的差异性，要求企业采取差异化战略，根据自身实际应对市场环境。

第二节　微观营销环境分析

提供有吸引力的产品和服务，在目标市场中快速成长和发展，获取最大利润，是每个公司营销管理的基本任务和战略目标。企业成功与否，目标能否实现，除了自身因素外，还会受到企业内部其他部门、中间商、竞争者和社会公众等众多市场主体的直接影响，他们往往是决定企业营销活动的关键主体，因此，企业在进行营销管理时，必须关注这些主

[①] 万晓. 市场营销[M]. 北京：清华大学出版社，2012.

体的影响，应当同他们建立紧密的联系，促成企业价值递送网络的建立[①]。

一、企业内部因素

企业展开市场营销管理时，领导层需要首先兼顾内部的其他各管理层次、相关部门和团队——诸如高层管理者、财务部门、研发部门、采购部门、运营部门和会计部门等。所有这些相互关联的群体构成了影响企业营销的内部环境力量。因此，这些群体之间分工是否明确，协作是否有效，直接关系到营销活动的效率和实施效果。首先，要考虑诸如采购部门、研发部门、运营部门等团队的情况，营销部门要与其进行密切协作以共同制订营销计划。其次，高层管理者制订公司的使命、战略和政策，营销部门要在这一框架内进行营销活动的制订，总之，在营销理念的指导下，所有部门都应共同负责理解客户需求和创造顾客价值，为营销战略的实施奠定坚实的内部基础。

二、供应商

供应商是公司整体价值递送网络中重要的一个节点，它们向公司提供制造产品和服务所需的各种资源。选择合适的供应商，对企业营销实践产生重要的影响。如果供应商选择失误或其自身产生问题，必将严重阻碍公司营销任务的实施，甚至会对公司造成巨大的损失。因此，市场营销部门必须关注供应商的供应全过程，包括稳定性和成本。供应商发生供应链问题、内部管理问题、道德风险及其他事件都将会影响公司的短期营销目标的实现，长期来看，会极大损害公司在目标市场和潜在市场的竞争优势。导致供应成本提升事件发生的概率，将直接威胁公司的销售量。

当前，随着营销管理的深入，众多公司逐渐与供应商建立了合作伙伴关系，共同创造和递送顾客价值。例如，瑞典家具零售商宜家公司不仅仅从它的供应商那里购买货品，它还把供应商纳入为宜家顾客传递风格化和可负担的生活方式的深层过程。

◇ 案例 2.1

宜家是世界大型家具零售商，是典型的全球知名品牌。每年，来自北京、莫斯科、俄亥俄州米德尔顿的顾客都纷纷涌入宜家。这个斯堪的纳维亚零售商在 40 个国家开了超过300 家大型商店。人们在这些商店内抢购超过价值 280 亿美元的家具。但是，宜家最大的增长障碍并不在于新店面数量或顾客吸引力，而是在于能否找到足够多的合适的供应商来帮助宜家设计并制造顾客愿意购买的产品。目前，宜家依靠全球 50 个国家超过 2000 家供应商去填充他们的货架。宜家不能仅仅寄希望于那些在它需要的时候可能会有空的暂时的供应商，与之相反，它必须系统开发出一套稳固的供应商——伙伴网络，以便能够稳定提供其储存的超过 12 000 个品种的产品。因此，宜家所做的不仅仅是从供应商那里购买产品，它还让供应商深入到产品质量、设计、价格等各个问题中，从而开发出能让顾客持续光临宜家的产品。

---

① 吕一林，陶晓波. 市场营销学[M]. 北京：中国人民大学出版社，2014.

三、营销中介

营销中介是帮助企业进行促销、销售和分销产品及服务，满足终端消费者需求的各种商业实体。随着市场发展的完善，营销中介的数量和规模呈递增式成长，加之其因为专攻营销中的某一方面或对区域市场进行长期跟踪而凸显出显著优势，逐渐成为市场经济的一个重要力量。具体来看，营销中介由承担不同职能的多样化组织构成，包括中间商、物流公司、营销服务机构以及金融机构。

中间商在企业营销活动中起着重要作用，是连接企业与客户之间的桥梁，它实现企业产品最终与客户进行交易，完成产品的价值转移。企业营销目标的实现，除具备满足客户需求的优质的产品和服务外，中间商这一环节也是完全不能忽略的。中间商主要由批发商和零售商组成，它们主要承担转销售的职能。

物流公司主要承担仓储和运送职能，即将企业生产的产品进行专业化储存并及时地运送到目的地，是企业实现商品实体形态转移的重要载体。在我国，随着公司规模的扩大，物流成为一个重要的部门，逐渐与公司合二为一，当然，也存在着诸多独立的物流公司，成为企业市场营销的重要中介。物流公司仓储及运送成本、及时性、有效性、安全性等因素，成为影响企业市场营销的重要方面。

营销服务机构包括咨询公司、广告公司、新闻媒介、市场调查公司等。这些实体单位主要协助企业更好地认识市场现状、把握市场规律，运用多元手段，展开市场营销，以更专业化的服务、更高效率的方法，实现企业营销战略。当然，在具体实践中，企业应审慎选择这些服务机构，尤其在我国市场经济发展仍未完善的前提下，企业更应综合考量，选择适合的服务机构，并能定期评估，以便获得优质服务。

金融机构即银行、信贷公司、保险公司、财务公司等机构，是企业资金融通的重要中介。企业市场营销的过程，也必须依赖这些机构，进行融资、管理资本、防范风险、更好地利用资金等，因此，企业应重视与这些金融机构建立紧密的联系，成为互惠的合作伙伴。

四、竞争者

营销学认为，企业在竞争激烈的市场上取得成功，必须提供高于竞争对手的顾客价值，为顾客带来更高的性价比和服务满意度。当前，在市场产品同质化日趋严重的现实下，如何为顾客带来对自己产品的忠诚度，使得客户对自身产品的定位完全不同于竞争产品，以获得自身的竞争优势，成为各市场主体进行营销的关键。

在市场发展变化加快的背景下，没有任何一种战略具有普适性，也没有任何一种方案能够一成不变。每家公司在市场营销中，必须充分评估自身的力量以及所处行业的地位和现状，与竞争者进行对比。如果自己规模较大，在某一领域发展较为成熟，那么，可以采用与小规模企业或新进企业完全不同的竞争策略；如果自己规模较小，发展时间较短，抑或在某一行业经历时间较长，但自身规模仍然弱小，那么，就应该充分考虑适合自身的竞争策略，采取不同于大企业的竞争手段，结合自己的实际，展开市场营销竞争。基于上述分析，根据行业主体地位，可将竞争者分为新进入者、业内竞争者和潜在进入者。

1. 新进入者

新进入者是一个行业的"新人"。对于一个发展成熟且进入资格要求较高的行业，新进入者一般自身实力比较强大，往往具有一定的竞争优势，以其自身的实力，可为这一行业带来新的生产和经营模式，打破原有行业的平衡，对原有经营企业造成一定的压力和威胁。对于一个准入门槛较低或基本没有准入门槛的行业，新进入者的威胁并不明显，毕竟这一行业内的经营者数量较多，没有一定的特殊要求，"新来旧往"是一种常态。对于一个发展中的行业来说，新进入者往往看准了该行业的商机，目的主要是获得即期收益，因此，这一行业的新进入者短期内未必会对先前进入者造成威胁，大家都是在摸索中前进。总之，企业对于新进入者的关注，首先必须明确自身所处行业的状况和地位，如果处于成熟行业，那么，就应当集中精力关注新进入者，在结合自身实际的基础上，学习和借鉴新进入者的技术和经验，不断创新，保持自己的竞争优势。

2. 业内竞争者

业内竞争者是一个企业所面临的产品、服务具有同质化且发展程度较为相当的企业。业内竞争者与企业的竞争最为直接，且竞争压力也最为强大，我们日常所说的竞争对手主要就指这一类企业。对于市场中的每个竞争者，企业最应当关注的就是业内竞争者，其主要目的就是占据优势的市场地位，在既有市场中稳固自身的利益，并适时扩大自己的利益。在一个高盈利性的行业，如果企业不能持续占有市场，达到一定的占有量，企业将很难分享行业提供的机会；反之，在一个处于发展中的市场，如果企业能够占据有利位置，那么将获得高于同业的较为稳定的利润。当然，任何一个行业，同业竞争都是激烈的。因此，在以下几种情况下，企业将极易陷入恶性竞争的漩涡，使自身面临危机：第一，行业准入门槛较低，竞争对手数量众多，"蛋糕"分割面临众多挑战；第二，市场进入成熟化，需求增速放缓，企业发展面临瓶颈；第三，降价策略成为企业必须选择的手段之一；第四，产品或服务同质化严重，创新步伐举步维艰。整体来看，企业在面临业内竞争的时候，必须进行全面分析，充分估量自身实力，避免陷入恶性竞争中。

3. 潜在进入者

潜在进入者主要是指那些当前未进入而未来有可能或必然进入这一领域的主体。分析潜在进入者，将对制订企业长期发展战略具有关键作用。如果企业所处行业进入壁垒较低，那么，企业极有可能在很短的未来遇到数量众多的竞争者，这将对企业利润的获得产生重大影响；反过来，如果企业所处行业进入壁垒较高，限制条件苛刻，那么，短期内，该行业的竞争对手数量将保持固定态势，企业只需将精力投入业内竞争对手方面，加速自身的发展。因此，企业应当分析行业态势，尽早采取相关措施，使自己占有可能大的优势。

五、公众

公众是企业营销活动中与企业发生关系的各种群体的总称。企业与各群体发生的关系亦可称之为公众关系。

公众关系是商品经济高度发展的产物。商品经济的发展，打破了自然经济的束缚，使封闭的自然经济转变为开放的社会化大生产，产品也从个人的产品转变为社会的产品，随着商品经济的高度发展，商品交易日益复杂，商品流通频率极大地加快，人与人之间的相互交往及社会联系更为频繁和多样化，这就出现了一种作为社会现象的公众关系，而处理好公众关系，就成了企业营销活动顺利进行所不可缺少的重要因素。

公众对企业营销的影响广泛，不仅仅限于现实的和潜在的顾客对营销的影响，而且还涉及企业对外关系的一切方面。政府各职能部门、其他企业、商业和物资部门、银行和其他金融机构、群众团体、新闻出版部门、运输部门、外贸部门、信息部门以及其他有关部门都会影响企业营销。例如，企业与银行及其他金融机构关系融洽，企业生产和经营所需的资金得到保证，就使企业的营销顺利进行，反之，营销则受到影响。

所以，企业要取得营销成功，就要处理好与公众的关系，并且要及时地、负责地向公众宣传介绍企业和产品情况，在消费者和顾客中建立良好信誉，获得政府机关、金融机构的支持，流通部门和运输部门的协作。同时在企业之间开展交流、协作和竞争，为出口商品、吸引外资、开拓国内外市场等方面创造良好环境。企业在内部要处理好与广大员工的关系，企业要听取他们的意见，据以改进工作，使职工产生在本企业工作的光荣感和自豪感，调动企业广大员工开展市场经营活动的积极性和创造性。

第三节　宏观营销环境分析

任何企业都是依赖一定的环境生存和发展的，离开环境因素，企业将寸步难行。微观环境对企业产生直接的影响，而营销理念强调企业由外向内的经营策略，要求企业也需关注外部环境的变化，从外部环境中发现机会和威胁，在此基础上，制订相应战略，运用多种手段和方法，利用和把握机会，降低和规避风险。宏观环境往往充斥着不可预测性，诸多因素难以把握，即使实力强大的公司，也往往在宏观营销环境的持续变化中面临诸多困境。因此，充分认识宏观环境，尽最大所能理解并适应宏观环境的变化，才能更好地发展，反之，公司将举步维艰。

影响企业营销的宏观环境主要包括几种因素：人口因素、经济因素、政治法律因素、社会文化因素、自然环境因素和科学技术因素[①]。

一、人口因素

人口因素是市场营销面临的首个环境因素，也是最为重要的外部环境因素。市场是由众多具有需求和购买力的人组成的，企业营销的最终对象也是这些人。人作为社会存在物，本身具有其客观的需求，需要各种产品和服务促使自身的延续和发展，如衣食住行的需求、医疗服务需求、教育需求等等。因此，人口的数量、结构和属性直接决定了市场潜在容量，人口特征将影响企业的营销环境。

1. 人口规模和增长率

人口规模决定了现有市场的容量，人口增长率影响着未来市场的增长潜力。从世界范围来看，人口正经历着递增性增长，且区域人口增长差异性状况更加突出，人口增长最快的地区恰恰是经济欠发达或经济落后地区。从我国国情来看，人口数量第一是我国的基本

---

① 菲利普·科特勒，加里·阿姆斯特朗. 市场营销[M]. 北京：中国人民大学出版社，2015.

国情，且这一现状依然将持续。同时，我国市场经济发展的加速，也使得越来越多的人口摆脱贫困，逐步向小康迈进。因此，人口规模的巨大，加之经济条件的好转，使得我国的市场尤其是消费品市场仍然表现出巨大的发展潜力。目前，众多国际厂商争相涌入我国市场，也恰恰是被我国巨大的市场潜力所吸引。作为企业尤其是本土企业，更应抓住市场机会，充分利用较国外公司更加熟悉市场这一优势，迅速展开市场营销，占据市场有利地位。

2．人口年龄结构发生显著变化

人口年龄结构往往决定市场的结构。不同年龄段的群体对产品的需求也表现出巨大的差异：儿童、青年人、中年人和老年人，每个年龄层都会对产品和服务产生不同的需求。我国市场目前表现出两种完全不同的消费趋势。第一，90后年轻人逐渐成为市场消费主力军。近些年，随着90后年轻群体大量进入社会，对市场消费结构产生了重要影响。这一群体年轻化、知识化和个性化的特征，决定了他们对产品和服务的选择较之前人有重大的差异，因此，企业应当适时调整营销策略，将目标对准这一新生群体，保持市场竞争优势。第二，老龄化趋势明显。综合各方面的统计结果，我国自2020年将全面进入老龄化社会。当前，老龄化趋势愈发显著，老年人这一群体比重不断增加，加之他们生活压力较小、具有一定的储蓄等优势，企业市场营销应当充分考虑这一群体的需求，实施"精准营销"。无论企业产品所针对的是年轻人还是老年人，都应充分了解目标群体的需求，结合他们的需求提供相应产品，同时，老龄化必须成为企业所关注的问题，以便制订相关战略，应对未来的发展。

◇ **案例 2.2**

随着老龄化进程的加快，中国老龄化问题日益严峻，老年人服务市场需求不断增长。国家统计局数据显示，至2015年末，中国60周岁及以上人口达2.2亿，占总人口的16.1%。根据预测，到2050年，中国65岁以上老年人口将达到4.83亿，占总人口的34.1%。届时，每3个人当中就有1个老年人。

老龄化进程的进一步加快也催生养老产业迸发巨大的发展机遇，各资本纷纷抢占这一尚未成熟的"银发"领域。人口结构的变化引发社会需求变化，老龄化使得全社会面临着巨大的养老压力，同时催生了对养老产业的巨大需求。国泰君安的研报显示，我国养老产业2020年将迎来5万亿元的市场空间。中国老龄科学研究中心副主任党俊武在第十届中国品牌节新闻发布会暨2016品牌联盟高峰论坛上指出，我国60岁以上的老龄人口去年已经超过2亿，未来将近40年时间，我国60岁老年人的数量大概是10亿。未来这个行业潜力巨大，到2053年产值将超过106万亿元。在此背景下，不少企业纷纷布局养老产业[1]。

3．人口分布及流动性

人口地理分布的差异，决定了其消费行为的差异，受所处地区的地理环境、气候等因素影响，不同地区消费者的需求表现出明显的差异，例如，处于凉爽地区的消费者对于空调的需求远低于炎热地区的消费者。企业在营销过程中，应当研究人口地理分布特点，这

---

[1] 银发产业迸发巨大潜力　养老服务成资本新蓝海，新浪财经，2016-05-24
http://finance.sina.com.cn/roll/2016-05-24/doc-ifxskpkx7721196.shtml

对于企业找准产品营销市场具有重大意义。人口的地理分布随时间的推移会发生一定的变化，这就是人口流动。目前世界上许多国家的人口流动都具有两个趋势：① 从农村流向城市；② 从城市中心流向城市郊区。这两个流动方向对企业的营销活动产生重要的影响：城市人口的增加使城市市场尤其是中心城市市场成为企业营销的必争之地，众多企业争相前往，加之已有企业的存在，极易形成激烈竞争的局面；城市人口向郊区流动的趋势，使得企业必须考虑其营销网络必须向郊区蔓延，稳定和扩大其市场占有率。

4．家庭规模

不仅单个消费者对企业市场营销具有重要影响，家庭这一个体的联合体对企业营销同样产生着巨大的作用。家庭规模将影响家庭购物和消费模式。一般来说，家庭规模较大，则需要大体积的用具、大包装的食品，反之，小家庭则主要对小型体积用具和小包装的食品产生需求。因此，企业的营销必须关注目标群体的规模，相应地推出适宜的产品。现代家庭结构变化的主要特征是小型化趋势，当然，我国当前二胎政策的放开，未来家庭规模将会适中化。企业的营销活动应更多地考虑不同规模家庭的需求，例如，五座汽车为主导，七座汽车逐渐投放市场的汽车行业的营销战略，就是根据家庭规模的变化而丰富自己的产品，满足不同家庭消费的需求。

5．教育程度

社会人口接受教育的程度大致可分为文盲、小学、中学、大学和大学以上。受教育程度的不同，导致所接受的营销方式也具有一定差异。通常来说，受教育程度越高，越重视产品本身的价值。这就对企业如何恰当地开展营销活动提出了要求。近些年，随着我国大众教育程度的不断提升(2011 年中国大学文化程度人口约为 1.2 亿，与 2000 年相比，10 万人中具有大学文化程度的人口由 3611 人上升为 8930 人)，这对企业营销提出了新的机会和挑战。教育程度高的人口的增加，将对产品和服务提出更高的要求，企业也会在这一过程中获得更高的收益。这一现实决定了企业应当更注重商品本身的性价比，采用更多的技术，获取这一部分消费群体的信任和青睐，加速占据年轻人市场。

二、经济因素

经济因素是企业与外部环境的经济联系，也是影响企业营销活动最为重要的外部环境因素。市场是由具有购买力的人构成的，而购买力深受经济环境的影响，能够反映经济环境。营销人员的各种营销活动都以经济环境为背景，能否依照经济环境进行营销决策，是企业营销成败的关键。那么，考察市场的经济因素主要是分析影响人们购买力的各个因素。

1．居民收入

经济学理论表明，消费支出在很大程度上受居民收入的影响，两者呈正相关关系，即收入增加会带动消费的提升，收入减少则引起支出的降低。因此，考察经济因素对营销的影响，应当首先关注居民收入状况。整体上来看，人均国民收入、人均个人收入和个人可支配收入三个指标能够最大程度反映一定时期内居民收入的整体状况。

(1) 人均国民收入。人均国民收入是一定时期内一个国家物质生产部门的劳动者人均所创造的价值，它主要反映一个国家的经济发展水平。近年来，随着经济不断增长，人均国民收入也持续提高，收入的攀升，必然联动消费的增加。

(2) 人均个人收入。人均个人收入等于全社会个人收入总和除以总人口。全社会个人收入的主要来源为社会总的消费基金，即用国民收入减去用于扩大再生产的支出，再减去用于行政、国防、文教、其他公用事业以及社会保险的支出的余额。人均个人收入大体上反映了市场的购买力水平。当然，人均个人收入受国民收入的影响，两者成正比。

(3) 个人可支配收入。个人可支配收入指在个人收入中扣除税款、非税性负担以及维持生活的必需品(如房租、水电费等)支出后的余额，它是影响消费结构的重要因素，也是决定市场购买力的主要因素。生活必需品企业受该项因素的影响较小，其他大多数市场主体受此项因素影响较大。

2. 消费的支出结构

消费的支出结构是指一定时期消费者消费支出中各项商品的比例关系。新中国成立后的一段时期里，我国居民消费结构中食品占主要部分，而随着市场经济的开放和发展，教育、娱乐、文化、交通、通信等方面的支出比例大幅提升，了解居民消费支出结构，有助于企业把握所处市场领域的容量，为未来营销提供战略支撑。

消费支出结构的变化，成为企业把握市场的关键，也是成功营销的基础，反映了市场需求和购买力的强弱。目前，我国市场消费结构已经逐渐摆脱食品为主导的状况，居民家庭消费升级趋势不断加强，对于高级商品的需求不断扩大，整体呈现出由最初的百元级小型商品向千元级的中型商品到万元级甚至是数十万元级的大型商品升级。消费者购买需求和购买能力的升级，为企业提供了机遇，能否满足消费者日趋多元化的商品需求，成为企业营销的关键。

3. 储蓄和信贷

在市场发展程度较为完善的阶段，居民消费支出除受传统的收入因素影响之外，还受储蓄状况和信贷条件的影响。在收入一定的前提下，居民对储蓄的偏好将意味着消费支出的减少；反之，储蓄数量的降低，则促使消费支出增加。对于我国消费者来说，受传统思维以及当前保障体系的影响，储蓄偏好较强，个人基于未来生活保障和维持足够购买力的需要，往往会进行一定比例的储蓄，但是，如果储蓄比例较高，则会导致市场需求不足，缺乏有效的购买，对企业营销产生副作用。我国银行的降息行为，目的之一是促进市场活力，提升市场购买力，这也说明了储蓄对市场行为的影响较大。

信贷是消费者凭借良好的信用提前取得商品使用权，然后按期归还贷款的消费方式。信贷行为也是随着市场的发展而不断发展的，从以往主要的房贷发展到品类繁多的商品贷款，如车贷、车位贷、手机贷等。信贷是在有需求且缺乏有效购买力的条件下实现商品销售的有效手段。对于个体或家庭消费者来说，当需求强烈但购买力不足时，信贷提供了相应支持，减轻了消费者短期的支出压力，越来越受市场的欢迎。因此，企业在营销时，也应根据自身产品特性，适时推出信贷手段，提高产品的销售力。目前，越来越多的汽车厂商推出信贷手段，就是企业应对购买力不足的有效方式。

三、政治法律因素

企业作为处于某一国家或地区的成员，必然受到所在国家或地区政治环境和法律因素的影响。政治环境由社会中影响和制约各种组织和个人活动的法律、政府机构和压力集团构成。

1．法律规范市场行为

世界不存在绝对的自由，尤其是市场经济所存在的道德缺失、投机、利益第一等问题，必须要制订相应的法律制度进行规范，有效地应对市场失灵。恰当地管制有利于竞争并且保证市场的公平交易。因此，政府需要制订法律、制度、政策等来规范指导商业活动。在市场活动中，几乎每一项营销活动都会受到诸多法律法规的约束。随着世界经济的增长，国家之间、地区之间的交流日益密切，国家内部市场也异常活跃，在此背景下，商业法律持续增加，不断完善。例如，美国、英国等欧美发达国家都制订了数量繁多、内容齐全的法律，这些法律涵盖了竞争、商品交易、环境保护、公共安全、广告传播、客户信息安全、价格等诸多领域。

了解和熟悉所处行业相关的法律法规并非易事，例如在我国，虽然制订法律是在国家层面，但是各级政府有权力推出本地区的相应制度和指导文件，这些共同构成了内容繁多的法律规定，同时，制度也会根据经济社会实际发展状况有所改变，以前鼓励或允许的行为，现在有可能禁止，以前禁止的行为，现在可能被允许，例如鞭炮的燃放已被许多地方政府禁止。因此，企业必须付出一定的精力了解相关的法律法规，才能更有效地开展营销。

商业法律的推出，是促进市场良好运转的需要，主要包括以下目的：第一，保护企业的经营。放任市场的发展，极易导致企业之间的不正当竞争，造成垄断的出现，损害市场诸多主体的利益，因此，法律的推出就是阻止不正当竞争，维护企业的利益。第二，保护消费者权益。在市场交易中，信息不对称和道德风险，都会导致企业欺诈消费者利益的事件发生，价格虚高、出售假冒伪劣商品等，都是侵害消费者权益的行为。因此，商业法律的出台，能够有效地制止这些行为，保障消费者的权益。第三，维护公共利益。企业的趋利行为，必会使得企业不惜牺牲公共利益，环境污染、生态破坏等都是企业趋利行为的写照。针对这种情况，商业法律必须对企业进行管制，建立奖惩机制，对于损害公众利益的行为进行惩罚，维护社会全体公众的利益。

法律属于上层建筑的范畴，它反映了经济基础，又作用于经济基础。我国在改革开放后，市场经济高度发展，迫切需要相应的法律制度进行保障。近些年，我国在经济立法方面取得了很大的进展，制订和颁发了众多法律法规。但是，在保护公平竞争和维护消费者权益方面的法律还有待完善，执法力度还需加强。如果没有完善的法律体系，社会主义经济就难以持续发展。

2．政府参与

政府参与主要表现为政府直接参与经济活动，提供支持或制约，保障经济活动的良好运行。政府参与通常发生在公共领域或自然垄断领域，技术领域也成为政府参与的重点。政府参与公共领域，是为公共物品的持续供给提供支撑，尤其是纯粹公共物品领域，政府占绝对主体地位。政府参与自然垄断领域，是为避免垄断对社会经济发展产生负效应，如价格机制失灵、技术创新受阻等。当前，随着科学技术日新月异，技术创新成为社会发展的一大动力，政府参与科技创新活动就是为了降低企业创新风险，并提供相应的产业指引，促进企业正向发展。

市场经济发展中种种问题和矛盾的出现，表明市场不仅需要完善的法律，更需要这些法律被有效地贯彻，而政府是贯彻法律的唯一主体。政府为适应经济社会的发展，会不断建立和完善自己的职能部门，这些职能部门对企业的营销决策有极大的影响。

3. 社会团体力量增强

社会团体在西方也被称为"压力集团"，在市场中的地位和影响力逐渐增强，它们往往能够凭借自身的影响力，直接或间接影响企业的营销决策。因此，企业营销人员在熟悉法律的基础上，还应了解有关社会团体的动向。利益集团最先出现在西方国家，它们数量众多，成员庞大，对立法、执法和舆论都有很大影响力。我国从 1984 年开始，在各个城市成立了不同层次的消费者协会，尤其是近些年，随着经济发展和民主化进程的加速，社会团体数量激增，它们往往对某一领域进行重点关注，如环保协会、消费者协会等。随着我国市场经济的发展，企业的营销应具有更充分的准备和远见，既要善于应付社会团体的挑战，又要善于捕捉商机，把握社会团体发展前提下所提供的机会。

四、社会文化因素

社会文化是指企业所处的社会及其文化形态，如信仰、价值观、风俗等，是一个民族区别于另一个民族的主要特征。社会文化既是社会中每一个人的、每一个企业的，是一种个体现象，又是社会整体的，是一种群体现象。每个人、每个企业都处在一定的社会文化环境中，他的思想和行为必定受到这种社会文化的显性的或潜移默化的影响和制约，人们的社会文化一经形成便不会轻易改变。

1. 价值观

价值观是人们认识事物的方式，并对实践产生深刻影响。同样的商品，不同价值观会导致不同的偏好和不同的评判。随着经济联系日益紧密，商品在国际市场的交易愈加频繁，企业在营销过程中，必须准确把握消费者的价值观，以目标客户具体的价值观来判断产品的可推广性，以符合实际价值观的方式进行营销，而不是不注意消费者偏好，导致营销的失败。

2. 传统风俗

不同地区和民族都保留着自身独特的民族传统和风俗。研究民风习俗，不但有利于组织好消费用品的生产和销售，而且有利于正确、主动地引导健康消费。企业在营销过程中，应当充分掌握民风习俗，尊重这些习俗，利用积极方面，避免消极方面。

3. 亚文化群

亚文化群是社会结构的主要表现。亚文化群是指社会各阶层、各种子团体，亚文化群既遵从所处上一层亚文化群体的文化传统，同时也有自己的文化、消费特征。亚文化群是相对而言的，如相对于中国人的概念而言，北方人可以看做一个亚文化群，而对于北方人来说，东北、华北、西北等概念又可视作一个亚文化群。亚文化群对消费特征和需求的影响，使得企业必须重视这些需求，依照相应的标准对市场进行划分，采取差异化战略，提供适合的产品和服务。

4. 教育状况

教育状况既是社会文化的一个方面，也是影响社会文化传承和演变的主要因素，教育状况同时还是划分亚文化群、影响社会生产力、生产关系和经济发展的重要变量。教育状况通常用受教育程度、文盲率、在校大中小学生比率等指标来衡量。

教育程度不仅影响着劳动者的收入水平，而且影响着消费者对产品的鉴赏力、消费心理、购买的理性程度以及消费结构等，从而影响着企业营销策略的制订和实施，即对于不同教育程度的消费群体，要提供不同的产品和服务。

五、自然环境因素

自然环境是营销者需要作为投入，或被营销活动所影响的自然资源和物理环境。在最基本的层面上，物理环境中无法预期的事件都会影响到公司的营销战略。例如，暖冬会使保暖市场出现不景气，但却会增加户外运动品的需求量。同样，不可预计的自然灾害如地震、暴雪、海啸等，都会给企业的营销带来重创。虽然企业无法准确判断这些自然突发事件的发生，但是应当据此制订应急计划，以有效地降低自然灾害带来的损失。

从普遍性来看，近些年，随着经济的发展以及所造成的严峻的环境污染形势，国际社会对环境可持续发展的关注度越来越高。世界上许多城市的大气污染和水污染已经达到了危险的程度，很多环境专家担心未来人类将被自己制造的垃圾所埋葬。自然环境随着经济的发展，呈现出以下趋势：第一，资源的枯竭。空气和水是人类赖以生存的条件，但是，当前，水资源枯竭正日益加剧，在一些国家和地区日趋明显。可再生资源和不可再生资源都面临着过度开发使用问题，即使当前依靠技术所获取的新能源正在被利用，但需要企业付出更大的成本，加剧企业成本压力。第二，大气污染加剧。工业的发展极大地污染了空气，化学品等过度使用，导致土壤、空气污染恶化，自然环境承载着巨大的污染物净化压力。第三，自然资源保护意识增强，政府干预度提升。面对日益恶化的环境问题，大多数国家和地区政府都进行了严格的资源开采限制。同时，越来越多的国内外环保组织也对企业提出了更高的要求，带来了更大的压力，因此，传统行业，如煤炭、化学、钢铁等企业，面对的限制因素越来越多，压力越来越大，市场生存空间不断被挤压，亟需进行转型。

基于此，越来越多的企业开始从内部寻求变革，营销方向也适时调整，提供更为环保的产品满足客户的需求成为发展的主线。因此，企业营销中，环保问题成为必须关注的领域，如何生产社会可接受的产品，降低污染，保证企业的可持续发展，成为大多数企业思考的首要问题。当前，企业越来越多地认识到健康的生态系统与健康经济之间的关系。它们正在意识到对环境负责的行为也能带来更丰厚的利润。

六、科学技术因素

科学技术是第一生产力，能够推动经济社会的巨大变革。今天，技术已经成为决定人类命运和社会进步的关键因素。技术是一种带有破坏性的创造力量，也就是说，一项新技术在给一些企业带来机遇的同时，可能威胁另一些企业的生存和发展。快速发展的技术带给企业的可能是新的、具有广阔商机的市场，也可能是严重的甚至是毁灭性的威胁。因此，企业营销人员应当时时关注技术的变化，发现所处行业有新的技术手段出现和应用时，应及时反馈，以便企业迅速调整，紧跟新技术。技术因素中对企业影响最大的是互联网技术。网络已经进入人们的日常生活，尤其是对人们的日常生活产生了极大影响。手机网络的普及，使得人们能够随时随地获取网络资源，为企业带来了更大的商机，也伴随着一定的挑战。企业通过互联网能够快速、便捷、低成本地同客户、供应商、分销商交流信息。借助网络电商平台，企业能够完善自己当前的交易活动方式。此外，网络强大的信息功能也为规模化的"一对一"定制生产提供了可能。通过技术的变革和新技术的使用，企业营销成本在逐渐降低，未来，随着技术的成熟和市场的完善，"营销成为不必要"的设想将逐步实现。

技术自身所具有的破坏性，即新技术不断替代旧技术，原有产业会随之被新技术产业所取代，决定了企业必须认真关注技术因素的变化，当原有产业抵制或无视新技术时，它们必将被市场所淘汰。不能赶上技术变化的企业将会丧失新的产品和市场机会。

第四节　营销环境分析方法

任何企业都是在一定的环境中生存和发展的，无论宏观环境抑或微观环境，都对企业市场营销具有重要的影响，在为企业提供机遇的同时，也可能给企业带来威胁。随着经济社会的快速发展，技术创新步伐的加速，企业的生存和发展对环境的依赖度越来越高，企业适应环境的能力对企业营销起着关键作用。因此，企业对营销环境的分析，探索适合自身的方法，成为企业必须面对的现实。

整体上来看，企业主要从两个方面对环境进行分析。一是分析环境中的有利因素，即企业的机遇；二是环境中的不利因素，即企业的威胁。也就是说，企业对营销环境的分析，主要从机会和威胁两个方面着手[①]。

一、市场机会分析

市场机会就是指能够展现企业营销的优势，并能为企业带来丰厚利润的领域。市场机会可以分为两个指标进行衡量：吸引力和获得机会的概率。运用这两个指标，可以构建出分析市场机会的矩阵图(见图 2.1)。市场机会矩阵图的横坐标为"潜在的吸引力"，表示企业潜在的盈利能力；纵坐标为"获得机会的概率"，表示取得成功可能性的大小。

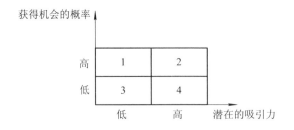

图 2.1　市场机会矩阵图

区域 1：处于这一区域的企业，属于吸引力低、获得市场机会概率高的一类企业。对于规模较大的企业来说，在这一区域中，遇到机会往往是观察其变化的趋势，而不是盲目

① 万晓. 市场营销[M]. 北京：清华大学出版社，2012.

地加以利用。但是对于中小型企业来说，这一区域中的机会往往能够被加以利用，因其产生的利润能够促使中小企业生存和发展。

区域2：处于这一区域的企业，属于潜在吸引力较高、获得成功的概率较高的"双高型"企业。企业一般应尽全力发展，因为这是企业最有利的市场机会。

区域3：处于这一区域的企业，属于潜在吸引力较低、获得机会的概率也较低的"双低型"企业。企业应设法改善企业本身的不利条件。比如获得机会的概率低，可能是企业管理不善、技术水平低、产品质量差、人员素质低等各方面的原因造成的。企业就要想方设法来扭转不利因素，使企业自身条件加以改善。这样的话，该区域的市场机会也会逐步转移到区域2，成为有利的市场机会。

区域4：处于这一区域的企业，属于潜在吸引力较高、获得机会的概率较低的企业。企业一方面应积极改善自身的条件，以准备随时抓住一现即逝的市场机会；另一方面应观察市场的发展趋势。

二、市场威胁分析

市场威胁是指环境中一种不利的发展趋势所形成的挑战。如不采取果断的市场营销行动，这种不利趋势就会伤害到企业的市场地位。企业市场营销人员应善于识别所面临的威胁，并按其严重性和出现的可能性进行分类，之后，为那些严重性大且可能性大的威胁制订应变计划。对于市场威胁，可按其威胁程度和出现威胁的可能性大小列成威胁分析矩阵进行分析。

在图2.2中，纵坐标表示出现威胁的概率；横坐标表示威胁程度，即威胁出现后给企业带来的利益损失的大小。

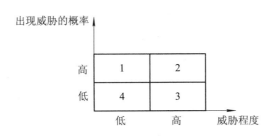

图 2.2　市场威胁矩阵图

区域1：威胁出现的概率高，但出现后对企业造成的损失小，企业的管理者应加以注意。

区域2：威胁出现的概率高，一旦出现，企业的利益损失也是很大的，应该引起特别的重视。

区域3：威胁出现的概率低，但是一旦出现，会给企业带来较大的利益损失，不可以掉以轻心。

区域4：威胁出现的概率低，即使出现，对企业造成的损失也小，是最佳的市场营销环境。

对于企业来说，应特别重视区域2的营销环境，把主要的精力放在对这种环境的监测和改变上，同时，对于区域1的市场环境也应予以一定的重视。

复习思考题

1. 分析营销环境有什么重要意义？如何进行分析？
2. 企业的微观环境有哪些影响因素？宏观环境有哪些影响因素？
3. 影响消费者支出模式的因素有哪些？是怎样影响消费者支出的？
4. 新技术对市场营销有什么重要影响？
5. 面对市场营销环境分析所提供的机会和威胁，企业可以采取哪些有针对性的策略？

◇ 案例讨论

奥迪品牌"去官化"与联想品牌"国际化"

互联网时代改变了组织和社会的结构与形态，也令商业社会进入了前所未有的动荡期，很多在人们心中永远不会倒下的品牌巨头，如柯达、诺基亚、索尼等等，在面对新技术时反应迟缓，错失时机而轰然倒塌。曾在传统行业风光无限的品牌如何在互联网时代应对自如？传统行业品牌如何在互联网时代重获新生？或许需要的不仅是策略的调整，还有思维方式的变革。

一、奥迪：讨好年轻用户，带动品牌减龄

作为最早进入中国市场的高端车之一的奥迪，最早的营销策略是"有计划"地进入领导人乘坐的专供车市场。据统计，奥迪A6在高端公务用车领域一度占比超过八成，久而久之便在人们心中形成了"官车"的品牌形象。

当汽车进入平民化的消费市场，其受众不再是讲究官派的企业和个人消费者，即便有能力购买此类车的高级白领，通常也不会考虑购买奥迪。奥迪在政府采购公务用车方面的胜利带来的是个体消费市场的裹足不前。

虽然就市场销量来看，奥迪仍牢牢占据中国豪华车市场的霸主地位，但随着政府对公务用车的限车令出台，公务车采购逐渐向自主品牌倾斜，面对市场不断分化稀释，竞争对手步步紧逼，奥迪感受到了前所未有的威胁。随着汽车消费群体的日益年轻化，以"80后"为代表的消费人群逐渐成长为车市中不可忽视的力量，如何愉悦并赢得新用户成为奥迪最为重要的议题。

从奥迪的种种动作来看，奥迪高层对这一问题已经做出思考与行动。从线下产品的设计与研发到品牌传播的策略与执行，核心受众已从成熟稳重的商务精英转化为追求时尚的新贵一族，"愉悦用户"成为未来品牌用户形象锐化的战略出发点。以往的奥迪广告中多半是为消费者描绘出"高大上"的生活形态，强调"突破科技 启迪未来"的核心价值主张。而现在奥迪在事件营销和互联网媒体平台上投入更多。奥迪斥巨资打造了专属于奥迪用户的"世界好声音"演唱会，汇集五国好声音舞台上的明星导师及人气学员进行全球首次跨国同台演唱，并在互联网媒体上传播推广，将尊贵与时尚需求完美结合，极大地愉悦了奥迪的年轻用户。奥迪通过满足年轻群体的情感需求，进而完成目标受众的顺利转化，全方位地锐化了年轻时尚的品牌形象，借此改变市场上对"官车"缺乏个性时尚、固执、保守的传统认知。

如果目标受众与产品主流消费人群相偏离，造成目标受众和品牌价值背道而驰，很可能给品牌形象和市场销量造成沉重打击。提前预测和把握未来数年后中国主流汽车消费人群的变化，才是保持品牌经久不衰的奥秘所在。目前在中国，个人顾客占奥迪顾客总人数的比例已经达到80%以上，从政府公务车占八成到个人顾客占八成，奥迪无疑走出了一条成功的品牌重生之路。

二、联想：四两拨千斤，与大象共舞的秘密

2013年的最后一天，联想爆出了以29亿美元从谷歌手中收购摩托罗拉智能手机的重大新闻，收购内容涵盖3500名员工、2000项专利以及全球50多家运营商的合作关系，当然也包括摩托罗拉移动品牌和商标组合。这一举动顿时激起千层浪，不少人认为，此举令联想收益最大的并非摩托罗拉的技术，而是品牌。

虽然无法与巅峰时期相比，但摩托罗拉移动依然是美国第三大Android智能手机厂商和拉丁美洲第三大智能手机厂商，在高端手机市场上占有一席之地。虽然在这次并购中联想没有拿到核心专利，但是享誉世界的摩托罗拉移动的品牌，以及Moto X、Moto G和DROIDTM超级系列产品的商标组合资产，却能有效协助联想大幅提升在高端智能手机市场的占有率，更为其打入北美和欧洲的高端产品市场，实现全球化发展奠定了良好的品牌基础。可以说，这次并购案中摩托罗拉智能手机的两块最大价值被瓜分，谷歌留下了专利，而联想获得了品牌。

如同2004年联想并购IBM Thinkpad引发的轰动一样，不少人开始预测联想将如何玩转摩托罗拉移动品牌。从品牌运营上讲，并购后的品牌运行模式主要有小品牌淡化模式、大品牌背书模式、双品牌联合模式和新品牌模式。联想并购IBM的Thinkpad后，采用了品牌联合的模式，希望借助Thinkpad的品牌资产建立Lenovo品牌在国际市场上的声誉，但过度相信Thinkpad易主后的品牌影响力而强攻美国市场，导致销量大幅下滑。这就好像一辆还没有经过磨合期的新车就被司机一脚把油门踩到底。最终复出的董事会主席柳传志决定悬崖勒马，将重心重新转移回中国市场，稳扎稳打做实市场。十年后联想终于站上全球PC销量第一的位置，成功地度过了品牌融合期。

实现两个不同品牌的融合是一个漫长而具有挑战性的过程。在IBM的历史上，Think不仅代表着一个产品系列(Thinkpad，ThinkCentre)，更代表着一种独特的价值观，包括用户至上、极富创新、充满竞争、生气勃勃等，将这些鲜明的个性融入到联想的文化之中，并且做到毫无违和感，是一件难度不小的事情。但是联想最终实现了Think和Lenovo的融合，就像"ThinkPad之父"内藤在正所说的一样："我觉得联想的加入使ThinkPad更像ThinkPad。"这次联想与摩托罗拉的联手如何操作不得而知。但不能忽略的是，相比个人电脑，智能手机市场变化更为迅速，对产品迭代率、专利技术储备等的要求更加苛刻，无法再给联想一个十年进行品牌的融合与过渡。如何处理两个品牌之间的关系，让联想在赢得海外市场份额的同时也在高端移动产品领域树立领军地位，恐怕是联想要面临的下一个挑战。(资料来源：王鲁生. 奥迪"去官化"与联想品牌"国家化"[J]. 商学院，2014.)

问题讨论：

1. 奥迪对中国市场的营销环境分析是否存在遗漏？请详细阐述。

2. 竞争对手对奥迪品牌"去官化"会做出何种反应？

3. 联想公司收购摩托罗拉智能手机业务的原因是什么？

4. 为了更好地适应营销环境，联想公司未来应如何调整其营销工作？

 技能训练

(1) 选择最近修订的一部商业法律，找出其对企业的营销行为都进行了哪些调整。为什么要做出这种调整？

(2) 联系实际，分析 21 世纪企业的营销环境有哪些变化趋势？

(3) 选取身边的例子，看看四种竞争类型下企业行为都有什么差别并分析其原因。

(4) 分别从消费需求和市场地位的角度分析永久牌自行车生产经销企业的竞争对手有哪些？

(5) 展望未来我国居民家庭单元的变化，预计一下这种变化会带来哪些市场机会？

第三章
营销调研与市场预测

✺◦❀◦✺◦❀◦✺◦❀◦✺◦❀◦✺◦❀◦✺◦❀◦✺◦❀◦✺◦❀◦✺◦❀◦✺◦❀◦✺◦❀◦✺

◆ 学习目标

1. 了解市场营销的内涵、作用及特征
2. 熟悉市场营销调研的过程
3. 掌握市场营销调研的问卷设计方法
4. 掌握市场预测的方法

◆ 引导案例

　　"2003 年年初，经过一个月的定位研究，营销顾问公司为我们(加多宝公司)制订了红罐王老吉的品牌定位战略，将其定位为预防上火的饮料，并且帮助我们确立了'怕上火，喝王老吉'的广告语。从今天看来，这项工作成果成为红罐王老吉腾飞的一个关键因素。"这是加多宝集团总裁阳爱星做出的对王老吉定位的评价。

　　凉茶在广东地区很是盛行，不过对于广东以外地区的人来说，对这个问题认同感不是很高，由于王老吉之前所用广告语中提及凉茶有中草药成分，所以在推广上会让人觉得其并不是饮料，红罐王老吉虽然在这之前销售了 7 年，但品牌却从未经过系统、严谨的定位，企业都无法回答红罐王老吉究竟是什么，消费者就更不用说了，完全不清楚为什么要买它，这是红罐王老吉缺乏品牌定位所致。

　　在对大量的市场调研数据的研究后得出了这个经典的广告语，使红罐王老吉成功地实现品牌定位和传播，给这个有 175 年历史的、带有浓厚岭南特色的产品带来了巨大的效益：2003 年红罐王老吉的销售额比去年同期增长了近 4 倍，由 2002 年的 1 亿多元猛增至 6 亿元，并以迅雷不及掩耳之势冲出广东，2004 年，尽管企业不断扩大产能，但仍供不应求，订单如雪片般纷至沓来，全年销量突破 10 亿元，以后几年持续高速增长，2010 年销量突破 180 亿元大关。(资料来源：http://www.chengmei-trout.com/case_detail.aspxsid=85)

第一节　市场营销调研概述

一、市场调研行业概述

　　在企业的发展和政府的管理中，调研的意义非凡。企业在发展的过程中要做出一个重大的决策时，首先要做的就是对市场进行调研，同理，政府在推行某项政策时也会对所涉及的人群做调研，这样有利于企业做出对市场有针对性的产品，政府或者其他单位推出的决策也可以深入人心。

针对市场营销的调研成了一个研究的方向，各国学者针对市场调研都有着不同的定义，也是源于研究的出发点不同才有了这些不同的定义，国际商会、欧洲民意和市场营销调查学会在《市场营销和社会调查业务国际准则》中对市场营销调研的含义是这样表述的："市场营销调研指个人和组织对有关其经济、社会、政治和日常活动范围内的行动、需要、态度、意见、动机等情况的系统搜集、记录、分类、分析和提出数据资料的活动。"[①] 从职能来说，市场营销调研是一个有组织、有计划的活动，在活动目的上特别明确，就是要得到企业所需要的市场信息。企业通过将所得信息和发展相结合，把自身的产品同消费者建立联系，去适应市场的变化。

在解读市场营销调研的定义时需要注意的问题：

第一，市场营销调研是众多营销管理当中的一个工具和手段，其目的是提高自身产品的市场适应能力和管理效果及运行效果，对应的是某一市场活动的全过程或者单一市场的所有问题。

第二，具有协助解决问题的功能，为营销部门提供调研所得的丰富而又精准的信息，使得决策者的决策建立在有数据可信的基础上。

第三，市场营销调研在进行中需要符合客观实际，尽可能地站在客观的角度去看待问题，不可以以主观思想来定位问题所在，所用方法也应该符合科学要求。

二、市场营销调研的特征

市场营销调研是以提高营销效益为目的，根据一定的知识理论原则，采用科学方法，有组织有计划地去收集整理和分析市场信息资料，并提出解决问题的建议的一种科学的方法。同时，市场调研也是一种以消费者为中心的研究活动。市场营销调研具有以下特征：

1. 客观性

市场营销调研是对调研过程中所收集的市场信息进行客观公正、实事求是的记录，所有数据不受任何主观因素的影响。

2. 目的性

企业进行市场营销调研都是为了收集市场的某方面的具体信息，存在明显的目的性。市场营销调研的最终目的是为有关部门和企业制订战略规划、政策或者是策略、经营管理决策提供信息支持。

3. 全程性

在竞争激烈的市场中，市场营销调研工作不能只停留在生产或者是销售活动的前阶段，而是应该进行全过程的调查研究，包括事前、事中和事后的市场调查研究。而市场营销调研活动也不仅是对市场信息资料进行收集，还包括市场营销调研方案的设计、资料的收集整理分析和提出调查报告。

---

① 罗洪群，王青华. 市场调查与预测. 2 版. 北京：清华大学出版社，2016.

4. 社会性

市场营销调研是面向社会的调研活动，涉及社会经济生活的各个领域。市场营销调研的对象是市场环境和营销活动。随着市场营销范围的不断拓展和营销观念的转变，市场调查研究的内容和应用的范围也随之扩大。

5. 不确定性

市场是一个受众多因素综合影响和作用的场所，而这些影响市场的因素本身就具有不确定性和多样性，所以市场营销调研的误差是在所难免的。市场营销调研仅是预测和决策的基础，不能保证通过市场营销调研作出的预测和决策就一定能行。

6. 科学性

市场营销调研是采用一系列科学的方法去收集市场信息，不是主观的臆断。在市场营销调研中，无论是对资料的收集整理和分析都是在一定的科学原理指导下进行的，如运用统计学、数学、概率论等学科的知识去对市场信息进行汇总分析，所用方法都在实践中被证明是切实可行的。

7. 时效性

市场调研是在一定的时间、地点等条件下进行的，反映市场在特定情况下的信息，具有一定的时效性。随着时间的推移，市场又会出现新的情况，产生新的问题，如果按照自己已有的过去的市场信息去安排营销活动，必然会偏离实际。市场是在不断变化和发展的，必须根据市场的发展情况再进行市场调研活动，才能使决策更符合实际。

三、市场营销调研的作用

市场营销调研是企业经营活动的起点，同时又贯穿于企业的营销全过程，一方面对市场的信息进行全方位的调查，了解消费者的喜好、市场的消费者数量及消费能力、消费的流行趋势等具体的市场信息，为企业的营销推广和决策提供参考。另一方面，市场营销调研是企业制订营销计划的重要依据。通过市场营销调研，使企业掌握较为完整的和准确的市场信息，并通过对这些信息进行合理的分类和研究，做出科学的营销策略，从而减少企业决策的失误和风险。

对企业来说，通过市场营销调研，有利于企业制订科学的营销规划，有利于企业改进营销组合，有助于企业开拓新的市场。其重要作用主要体现在以下几个方面：

(1) 企业通过市场营销调研，有助于企业的生产和发展。一个企业要能生存和发展，其中很重要的部分就是其产品能满足市场的需要。要想了解市场、了解消费者，最有效的方法就是做市场营销调研，这样能获取市场真实的信息，把握市场的动态，从而使得企业在竞争激烈的大环境下得以生存和发展。

(2) 市场营销调研是企业进行市场预测和制订营销战略的基础。市场竞争的残酷迫使企业要随时关注瞬息万变的市场信息，并对未来的市场状况作出合理的判断。企业只有根据市场营销调研所得的信息资料，对未来的市场作出预判，制订合理有效的营销策略规划。

(3) 市场营销调研是企业制订合理的市场营销策略的保证。企业制订营销策略主要在于扩大市场和提高利润率。那么，这个企业选择在什么位置、什么时间、以何种方式进入市场，怎样才能快速地在这个市场占有自己的位置，用什么产品去打市场，价格怎样制订，促销的手段又有哪些等，都是企业需要考虑的问题。企业通过市场调研来分析这个市场，了解企业的内在条件和外在市场的情况，才能保证市场营销策略的实施。

(4) 市场营销调研是企业增强竞争力和应变能力的重要手段。市场竞争很激烈，情况也是瞬息万变的，市场上的各种变化因素间相互联系和影响。企业通过市场营销调研及时地掌握市场信息的变化，及时对自身做出调整，才能在市场中占有一席之地。同时预测未来的市场，提高自身的应变能力。如果不去做市场调研，到需要对自身做出改变的时候将是被动的，抑或是在需要改变的时候就会被淘汰。

四、市场营销调研的种类与内容

(一) 市场营销调研的种类

市场营销调研按照不同的标准可划分为各种不同的类型，了解市场营销调研的分类，就可以针对不同类型的市场营销调研来选择合适的手段和方法，达到市场营销调研的目标。

1. 根据市场营销调研的目的划分

根据市场营销调研的目的不同，可将市场营销调研划分为探测性营销调研、描述性营销调研、因果性营销调研和预测性营销调研。

(1) 探测性营销调研是为了界定问题的性质以更好地理解问题的环境而进行的小规模的调研活动，是一种非正式的市场营销调研。其主要目的是对市场进行初步探索，为后面集中调研做准备。探测性市场营销调研的主要功能是在正式的大规模的调研前，帮助企业将问题定义得更加准确，将解决问题的方案定义得更加明确，为问卷设计提供更好的思路等。它既不回答市场机会与问题产生的原因，也不回答市场机会与问题导致的结果。它所要解决的是"是否可以"的问题。其基本特征是简单易行。常见的探测性营销调研方法有专家咨询法、个案调查法、二手资料分析法、定性调查法等。

(2) 描述性市场营销调研是指对研究的市场现象的客观实际情况，收集整理和分析其资料，反映现象的表现，是一种正式的市场营销调研。这种市场营销调研的目的就是客观反映市场的情况，它是对市场现象的客观描述。描述性市场营销调研的基本功能是对特定的市场信息进行系统收集与汇总，以达到对市场情况准确、客观的反映与描述。它回答的是市场现象"是什么"的问题。常见的描述性市场营销调研方法有文案调查法、访问调查法、观察调查法等。

(3) 因果性市场营销调研是对市场现象发生的因果关系进行解释和说明，分析原因与结果，并指明何者为决定性变量。因果性市场营销调研通常是在描述性市场营销调研的基础上，对影响市场现象的各种因素收集资料，研究现象之间的相互联系的趋势和程度。因果性市场营销调研的主要方法是实验调查法。

(4) 预测性市场营销调研是对市场未来情况所做的调查研究，属于市场预测的范畴。它是在描述性市场营销调研和因果性市场营销调研的基础上，对市场的潜在需求进行的预测和推断。在市场竞争日益激烈的今天，为了避免企业决策失误，就必须进行市场营销调研并对市场的潜在需求进行预测，这样才能把握市场机会。

2．根据市场营销调研的范围划分

根据市场营销调研的范围不同，可将市场营销调研分为全面市场营销调研和非全面市场营销调研。

(1) 全面市场营销调研是指对构成市场总体的全部单位无一例外地进行调查。全面市场营销调研属于专门组织的一次性调查，其获得的市场信息资料多属于时点信息资料，反映特定市场总量情况。通过全面市场营销调研可以了解市场总体的详尽信息资料，把握市场发展变化的程度和方向，以利于企业的经营决策。但全面市场营销调研要耗费大量人力、物力、财力和时间，企业难以承担，一般由政府部门组织实施。

(2) 非全面市场营销调研是指对构成市场总体的部分单位进行的调查。其主要目的是了解市场现象的基本情况或据此推断市场总体情况。常用的非全面市场营销调研方式有重点调研、抽样调研和典型调研。非全面市场营销调研方式灵活、省时、省力、费用少，适用面广，因而被企业广泛采用。

3．根据购买商品的目的划分

根据购买商品的目的不同，市场营销调研可分为消费者市场营销调研和产业市场营销调研。

(1) 消费者市场的购买目的是为满足个人或家庭的生活需要。消费者市场营销调研的目的是了解消费者的需求数量和结构及其变化，而消费者需求数量和结构的变化又受到诸如人口、经济、社会文化、购买心理和购买行为等因素的影响。所以，对消费者市场进行营销调研，除了调查消费者需求数量及结构变化以外，还应该对影响消费者需求及结构变化的诸因素进行调研。

(2) 产业市场又称生产资料市场，产业市场的购买目的是生产出新的产品或进行商品转卖。产业市场营销调研主要是对商品供应量、产品的经济寿命周期、商品的流通渠道等的调研。

(二) 市场营销调研的内容

市场营销调研的内容十分广泛，涉及市场营销活动的整个过程，但因行业性质、企业经营方向、经营范围和经营环境的不同，具体进行市场营销调研的内容也不尽相同。即使同一企业，由于所面临的营销任务侧重点不同以及营销活动所处的阶段不同，其市场营销调研的内容也就不同。从研究商品销售的角度来看，市场营销调研的主要内容包括以下几大方面：

1．市场基本环境调查

企业的一切生产经营活动都是以市场营销环境为条件的，虽然企业不能对市场营销环境进行控制，但所制订的营销策略必须与之适应。企业只有认识和利用市场营销环境，密切关注市场营销环境的变化，及时制订和调整经营策略组合，才能不断提升服务目标市场的能力。市场基本环境主要包括政治法律环境、经济环境、文化环境、科学环境和自然环境等。对市场基本环境调查的具体内容可以是市场的购买力水平、经济结构、国家的方针、政策和法律法规、风俗习惯、科学发展动态、气候等各种影响市场营销的因素。

1) 政治法律环境调查

政治法律环境调查是指对约束企业营销活动的现在和未来的国内、国际的政治态势和走向，以及有关出台或即将出台的方针、政策、法规、条例、规章制度等方面信息的调查。如企业要进入国际市场，就必须对 WTO 的有关规则和每个国家制订的经济法规进行调查和了解。

2) 经济环境调查

经济环境调查是指对企业开展营销活动所面临的外部社会经济条件及其运行状况和发展趋势等信息的调查。经济环境对市场活动有着直接的影响。企业对经济环境的调查，主要包括经济制度、经济发展水平、经济收入、消费水平、储蓄与贷款等方面的信息。

3) 文化环境调查

每一个地区或国家都有自己传统的思想意识、风俗习惯、思维方式、宗教信仰、价值观等，这些就构成了该地区或国家的文化并直接影响人们的生活方式和消费习惯。文化环境调查是指对在一定社会形态下所表现的文化教育、价值观念、审美观念、宗教信仰、道德规范和风俗习惯等方面的各种行为规范的调查。企业进行的营销活动只有适应当地文化和传统习惯，其产品才能得到当地消费者的认可。

4) 科技环境调查

科学技术是生产力，科学技术的发展促进了生产力的发展。科学技术的发展会不断给企业原有的经营活动带来威胁，同时又给企业创造出大量的市场机会。现代科学技术从开发到应用的时间都大大缩短，从而导致产品更新换代的速度也大大缩短。因此，产品质量和技术水平的高低，日益成为决定许多企业经营成败的关键因素。所以，企业只有对新技术、新工艺、新材料的发展趋势和发展速度、新产品的技术状况以及引进、改造和生产的条件等所有技术环境因素进行大量细致的调查研究，才能赶上现代科学技术的发展步伐，不断以更新的技术、更新的产品去抢占新的更广阔的市场。

5) 自然环境调查

自然环境决定了企业的生存方式，包括自然资源、地理和气候环境等。因此，自然环境调查的主要内容包括自然资源、地理环境、气候环境等的调查。

2. 市场需求调查

市场需求调查是企业在一定时期和特定的范围内，围绕社会对某商品(或服务)有货币支付能力的购买量的市场调查，又称为市场潜力调查。市场需求调查是企业寻找目标市场，确定生产经营规模和制订营销策略的重要依据，调查内容主要包括消费者为什么购买、购买什么、购买数量、购买频率、购买时间、购买方式、购买习惯、购买偏好和购买后的评价等。

1) 消费需求量调查

消费需求量一般受到两个因素的直接影响：一是人口数量。一般来说，人口数量多，市场规模就大，对产品的需求量就必然增加。当然，在考虑需求量时，也要分析人口的属性状况，如年龄、性别、受教育程度等因素。二是消费购买力。在拥有一定的消费购买力条件下，人口数量与消费需求量才有密切相关关系。消费购买力分析主要包括消费者的货币收入来源、数量、需求支出方向以及储蓄情况等。

2) 消费结构调查

消费结构是指消费者将其货币收入用于不同产品支出的比例,它决定了消费者的消费投向。对消费结构的调查尤其应关注恩格尔系数。恩格尔系数越小,说明消费者用于食品方面的支出就越小,其他方面的支出就越多。

3) 消费者购买动机、行为的调查

购买动机就是为了满足一定的需要而引起的购买行为的愿望和意念。影响消费者购买动机的因素很多,有客观方面的原因,也有主观方面的原因,故对购买动机进行调查难度较大,需要通过直接调查与间接调查相结合来进行。

3. 市场供给调查

企业在生产过程中除了要掌握市场需求情况外,还必须了解整个市场的供给状况。市场供给调查主要包括商品供应来源的调查、商品供应能力的调查和商品供应范围的调查等,具体为某一产品市场可以提供的产品数量、质量、功能、型号、品牌等,生产供应企业的情况等。

1) 商品供应来源的调查

商品供应量来源有多种,对商品供应量进行调查,除了要对全部供应量的情况进行调查外,还应对影响各种来源的供应量的因素进行调查。

2) 商品供应能力的调查

商品供应能力的调查内容主要有:企业商品供应能力,包括商品的流转规模、速度、结构状况是否满足市场的需求;企业设备供应能力,包括设备条件、技术水平和更新状况等;企业资金供应能力,包括资金来源、构成、分配和使用状况等;企业员工的工作能力,包括现有员工的数量、构成、素质以及人才储备情况等。

3) 商品供应范围的调查

商品的供应范围及其变化会直接影响到企业的营销目标的变化。商品的供应范围实际上就是企业营销的目标市场,在一定时期内目标市场的定位是稳定的,但是随着市场环境和消费者需求偏好的变化,企业的营销目标也会发生相应的变化。因此,及时调查企业产品供应范围的变化,就可以及时调整企业的营销策略。

4. 市场营销因素调查

市场营销因素调查主要包括产品、价格、渠道和促销的调查。

1) 产品调查

一个企业要想在激烈的市场竞争中求得生存和发展,就必须以消费者的需求为中心,生产和销售顾客需要的产品。所以,企业应了解生产和销售什么样的产品才能满足顾客需求,这对企业制订营销策略至关重要。产品调查的主要内容有:市场上新产品开发的情况、设计的情况、消费者使用的情况、消费者的评价、产品生命周期阶段、产品的组合情况等。

2) 价格调查

在市场经济条件下,价格是影响产品交换的主要因素,价格直接影响企业的产品销售量和利润。因此,通过市场调查制订合理的价格策略对企业营销活动具有重要意义。产品价格调查的主要内容有:制约企业价格变动的相关因素、产品需求的价格弹性、各种可能价格制订对产品销售和营销目标的影响、新产品和替代品价格的确定、消费者对价格的接受情况和对价格策略的反应等。

3) 渠道调查

分销渠道研究是企业从其分销策划的目的出发,对特定的中间商和未来的销售渠道所做的进一步了解,分销渠道调节着生产和消费之间产品和劳务的数量、结构、时间、空间上的矛盾,渠道是否合理,将直接影响营销效益。渠道调查的主要内容包括渠道的结构、中间商的情况、消费者对中间商的满意情况等。

4) 促销调查

促销是企业营销活动的重要内容。促销研究不仅能对促销组合诸要素进行规划,形成有效的营销方案,而且能指导促销活动的有效展开。促销调查主要包括各种促销活动效果的调查,如调查广告实施的效果、人员推销的效果、营业推广的效果和对外宣传的市场反应等。

5. 市场竞争情况调查

竞争可分为直接竞争和间接竞争两种。一般而言,直接竞争是指经营同类或类似产品的行业之间的竞争。间接竞争则是指经营种类不同但用途相同的企业间的竞争。在竞争调查中,需要查明市场竞争的结构和变化趋势、主要竞争对手的情况以及本企业产品竞争成功的可能性。其具体主要包括以下内容:

(1) 是否存在直接竞争。

(2) 主要竞争对手是谁,占有多少市场份额,其生产规模和扩大销售的计划又如何。

(3) 主要竞争对手的产品成本优势和劣势是什么,价格优势以及对市场的控制能力如何。

(4) 除主要竞争对手外,其他竞争对手的情况。

(5) 是否存在间接竞争。

(6) 目前市场上还存在什么样的空白等。

企业只有了解了这些情况,做到知己知彼,才能制订出有效的竞争策略。

五、市场营销调研的原则

1. 客观性原则

客观性原则就是要求在市场调查中,对每一要素或环节都必须真实地、准确地描述其特征,排除人的主观倾向和偏见的影响。市场调查只有获得真实、准确的信息,才能有效地为经营管理决策提供信息支持。

2. 时效性原则

时效性原则就是要求在市场调查过程中,做到按调查设计的时间进程,及时收集、整理和分析资料,及时反映目标市场情况,及时依据信息资料进行营销决策,抓住时机,赢得市场营销活动的主动权。在市场调查中,无论多么准确的市场信息资料,如果不能迅速反馈给企业,也会造成错失时机,降低或失去资料的价值。

3. 全面性原则

全面性原则就是要求在进行市场调查时,要全面收集有关企业生产和经营方针方面的信息资料,不单纯就事论事地进行调查。企业进行的市场调查是对目标市场各种现象信息的收集,而市场现象又与其他社会现象之间有着千丝万缕的联系,各种现象之间相互联系、相互影响。因此,在进行市场调查时,必须坚持全面性原则,对市场现象发展变化的全过程进行系统调研,全面反映市场现象及其特征,为企业市场策划提供系统信息资料。

4. 经济性原则

经济性原则就是要求在进行市场调查时,必须考虑经济效果,本着节约的原则,以尽量少的耗费获得最全面的市场调查资料。市场调查是一项系统工程,要耗费一定的人力、物力和财力,所以,在进行市场调查时,必须根据调查的目的,选择适当的调查方式,力争用较少的费用获取更多、效果更好的资料。

5. 科学性原则

科学性原则就是要求在进行市场调查时,要运用科学的方法去定义市场调查课题,界定市场调查内容和项目,设计市场调查方案,对市场信息的收集、整理、分析等都应充分体现科学性。市场调查不是一项单纯收集市场信息的活动,为了保证调查时间和经费许可的情况下获取最准确的市场信息,就必须对调查的全过程进行科学的安排和整体策划。只有这样,市场调查的结果才能对企业经营管理决策起到应有的作用。

第二节　市场营销调研实务

一、新产品测试调查

(一) 产品测试的必要性

产品测试是市场研究的主要内容,任何新产品的推出只有迎合消费者的需求才可能创造市场,才能为企业创造利润。新产品测试可以检测出可能造成新产品上市失败的产品缺陷,所以在新产品开发上市前企业需要先提炼产品的概念,测试消费者是否愿意购买这个产品。从而降低新产品上市的风险,提高新产品上市的成功率。

(二) 产品测试的过程

1. 设计产品概念

新产品提出前都需要设计其概念,而这个概念是否能被消费者所接受是需要进行调研测试的,比如生产糖果就要先调查现在儿童喜欢什么样的糖果,家长们更倾向于买什么样的糖果,那么就需要请小朋友和家长来参加座谈会,了解他们的想法。

2. 选择确定产品概念

一个新的产品上市前的概念绝不是随便提出就完事的,还需要把所确定的概念进行筛选,然后制作问卷进行定量调查。调查消费者最容易购买的概念和最不会购买的概念和原因。

3. 产品样品测试

确定概念之后,便可以开始产品样品的测试,同样可以采取问卷调查的方法,测试产品是否将概念很好地转化为实物。实物是否具备一定的市场，如果可行就可以进行下一步的开发，如果不行可以改进，如果不能改进就只有放弃该产品。

4. 产品品牌形象测试

产品品牌主要是指产品的象征性符号，即当人们一提到这个品牌名称就能想到这个产品，比如老干妈、百雀羚、王老吉等。

产品品牌形象的测试一般就是调查这个品牌的消费者认知度，包括消费者对品牌的认识，对品牌的好感度或厌恶度等方面。

◇ 案例 3.1

"润妍"的营销

宝洁公司始创于 1837 年，是世界最大的日用消费品公司之一。宝洁公司在全球雇员近 10 万，在全球 80 多个国家设有工厂及分公司，所经营的 300 多个品牌的产品畅销 160 多个国家和地区，其中包括洗发、护发、护肤用品、化妆品、婴儿护理产品、妇女卫生用品、个人清洁用品等。自 1987 年宝洁公司登陆中国市场以来，在中国日用消费品市场可谓是所向披靡。仅用了十余年时间，就成为中国日化市场的第一品牌。世界著名消费品公司宝洁的营销能力被营销界所传颂，但 2002 年宝洁在中国市场却打了败仗。其推出的润妍洗发水一败涂地，短期内就黯然退市。

润妍是宝洁公司在中国本土推出的第一个也是唯一的一个原创品牌。因此，无论宝洁公司总部还是宝洁(中国)高层都对"润妍"寄予了厚望，满心希望这个原汁原味倡导"黑发美"的洗发水品牌，能够不负众望在中国市场一炮而红，继而成为宝洁向全亚洲和世界推广的新品牌。宝洁公司为这个新品牌的推广倾注了极大的心力和大量的推广经费。为了扩展"润妍"的产品线，增加不同消费者选购的空间，润妍先后衍生出 6 个品种以更大程度地覆盖市场，可是市场的反应却大大出乎宝洁的意料。据业内的资料显示，润研产品在 2001—2002 两年间的销售额大约在 1 亿元左右，品牌的投入大约占到其中的 10%。两年中，润妍虽获得不少消费者认知，但据有关资料，其最高市场占有率不超过 3%，这个数字不过是飘柔市场份额的 1/10。一份对北京、上海、广州和成都女性居民的调查也显示，在女性最喜爱的品牌和女性常用的品牌中，同样是定位黑头发的夏士莲排在第 6 位，而润妍榜上无名。润妍上市的半年之后，另一份来自白马广告的调查则表明，看过夏士莲黑亮去屑洗发水广告的消费者中有接近 24%愿意去买或者尝试；而看过润妍广告的消费者中，愿意尝试或购买的还不到 2%。2001 年 5 月，宝洁收购伊卡璐，表明宝洁在植物领域已经对润妍失去了信心，也由此宣告了润妍的消亡。2002 年 4 月，在经历了中国市场两年耕耘后，润妍全面停产，逐渐退出市场。

润妍的退市是宝洁在中国洗发水市场的第一次整体失败，面对染发潮流的兴起，在"黑头发"这块细分市场中，润妍没能笑到最后。润妍的失利真的意味着宝洁引以为豪的品牌管理能力开始不适应新经济时代的需要了吗？我们可以回过头去看当时的市场背景。1997 年，重庆奥妮洗发水公司根据中国人对中药的传统信赖，率先在全国大张旗鼓地推出了植物洗发全新概念，并且在市场上表现极为优秀，迅速取得了极为显著的市场份额。其后，夏士莲着力打造黑芝麻黑发洗发露，利用强势广告迅速对宝洁的品牌形成新一轮的冲击。一些地方品牌也乘机而起，就连河南的鹤壁天元也推出了黛丝黑发概念产品，欲意争夺奥妮百年润发留下的市场空白。在"植物"、"黑发"等概念的进攻下，宝洁旗下产品被竞争对手贴上了"化学制品"、"非黑头发专用产品"的标签。为了改变这种被动的局面，宝洁从1997年调整了其产品战略，决定为旗下产品引入黑发和植物概念品牌，提出了研制中草药洗发水的要求，并且邀请了许多知名的中医，向来自研发总部的技术专家们介绍了传统的中医理论。在新策略的指引下，宝洁按照其一贯流程开始研发新产品。先做产品概念测试，找准目标消费者的真正需求，研究全球的流行趋势。为此，宝洁公司先后请了300名消费者进行产品概念测试。在调查中，宝洁公司又进一步了解到，东方人向来以皮肤白皙为美，而头发越黑，越可以反衬皮肤的白晰。经过反复3次的概念测试，宝洁公司基本上了解了消费者心目中的理想护发理念：滋润而又具有生命力的黑发最美。

经过了长达三年的市场调查和概念测试，宝洁公司终于在中国酝酿出一个新的产品：推出一种全新的展示现代东方女性黑发美的润发产品，取名为"润妍"，意指"滋润"与"美丽"。在产品定位上，宝洁舍弃了已经存在的消费群体市场而独辟蹊径，将目标人群定位为18~35岁的城市高阶女性。宝洁认为，这类女性不盲目跟风，她们知道自己的美在哪里。传统与现代融为一体、最具表现力的黑发美，也许就是她们的选择。但是，重庆奥妮最早提出了黑头发的概念，其经由调研得出的购买原因却是因为明星影响和植物概念，而夏士莲黑头发的概念更是建立在"健康、美丽夏士莲"和"黑芝麻"之上，似乎都没有着力强调"黑发"。并且，润妍采用的是和主流产品不同的剂型，采取洗发和润发两个步骤，将洗头时间延长了一倍。然而，绝大多数中国人已习惯使用二合一洗发水，专门的护发产品能被广泛接受吗？宝洁公司认为，专门用润发露护发的方法已经是全球的趋势，发达国家约有80%的消费者长期使用润发露。在日本这一数字则达85%，而在中国专门使用润发露的消费者还不到6%。因此，宝洁认为润发露在中国有巨大的潜在市场。针对细分市场的需求，宝洁的日本技术中心又研制开发出了冲洗型和免洗型两款"润妍"润发产品。其中，免洗型润发露是专门为忙碌的职业女性创新研制的。产品研制出来后，宝洁公司并没有马上投放市场，而是继续请消费者使用测试，并根据消费者的要求，再进行产品改进。

最终推向市场的"润妍"倍黑中草药润发露强调专门为东方人设计，在润发露中加入了独创的水润中草药精华(含首乌)，融合了国际先进技术和中国传统中草药成分，能从不同层面上滋润秀发，特别适合东方人的发质和发色。宝洁还通过设立模拟货架让消费者检验其包装的美观程度。即将自己的产品与不同品牌，特别是竞争品牌的洗发水和润发露放在一起，反复请消费者观看，然后调查消费者究竟记住什么、忘记什么，并据此进行进一步的调整与改进。在广告测试方面，宝洁让消费者选择她们最喜欢的广告。公司先请专业的广告公司拍摄一组长达6分钟的系列广告，组织消费者来观看；然后请消费者选择她们认为最好的3组画面；最后，根据绝大多数消费者的意见，将神秘的女性、头发、芭蕾等画面进行再组合。广告片的音乐组合也颇具匠心，现代的旋律配以中国传统的乐器古筝、琵琶等，进一步呼应"润妍"产品的现代东方美的定位。在推广策略上，宝洁公司润妍品牌经理黄长清认为，杭州是著名的国际旅游风景城市，既有浑厚的历史文化底蕴，富含传统的韵味，又具有鲜明的现代气息，受此熏陶兼具两种气息的杭州女性，与"润妍"要着力塑造的既现代又传统的东方美一拍即合。

于是，宝洁选择了从中国杭州起步再向全球推广，并在"润妍"产品正式上市之前，委托专业的公关公司在浙江进行了一系列的品牌宣传。例如举办书法、平面设计和水墨画等比赛和竞猜活动，创新地用黑白之美作为桥梁，表现了现代人对东方传统和文化中所蕴含的美的理解，同时也呼应着润妍品牌通过乌黑美丽的秀发对东方女性美的展现。从宝洁的产品研究与市场推广来看，宝洁体现了它一贯的谨慎。但在三年漫长的准备时间里，宝洁似乎在为对手创造蓄势待发的机会。联合利华便不失时机地将夏士莲"黑芝麻"草本洗发露系列推向市场，借用了奥妮遗留的市场空间，针对大众人群，以低价格快速占领了市场。对于黑发概念，夏士莲通过强调自己的黑芝麻成分，让消费者由产品原料对产品功能产生天然联想，从而事半功倍，大大降低了概念传播难度。

而宝洁在信息传播中似乎没有大力强调润妍的首乌成分。并且，宝洁因为四大品牌的缘由，已经成为主导渠道的代表，每年固定6%左右的利润率成为渠道商家最大的痛。一方面，润妍沿袭了飘柔等旧有强势品牌的价格体系；另一方面，经销商觉得没有利润空间而不愿意积极配合宝洁的工作，致使产品没有快速地铺向市场，甚至出现了有广告却见不到产品的现象。润妍与消费者接触的环节被无声地掐断了。

二、目标消费者调查

1. 消费者的概念

我国《消费者权益保护法》将"为了生活需要购买、使用各种商品或者接受服务"的行为界定为消费者的消费行为。所以所谓的消费者，便是指为满足生活需要而购买、使用商品或接受服务的受到国家专门法律保护其消费权益的个人。

2. 消费者的特征

要对消费者进行调查，消费者的特征便是不能忽略的。消费者的特征主要有以下几个方面：

(1) 非盈利性，消费者购买商品是为了获得某种使用价值，满足自身的生活需要，而不是为了盈利。

(2) 非专业性和可诱导性，消费者对商品知识和市场知识不是特别了解，选择商品时很容易受广告、促销、包装以及服务态度的影响。

(3) 层次性，由于消费者的收入水平以及生活环境不同，其消费层次也是不同的，一般来说，根据马斯洛需求理论，人们通常是先满足生存和安全的需求才会考虑更高层次的需求。这就要求企业在选择目标消费者时要有明确的细分。

(4) 替代性，消费品中大多数商品都可以找到替代品或者说可以转换的商品。

(5) 广泛性，不管是什么年纪、什么地位、什么身份，人只要是还活着就需要消费，所以消费者的市场是无处不在的。

(6) 流行性，消费者购物不仅仅受到内部因素的影响，还受外部环境的影响，比如时代、价值观的影响。

除了上面这些还有差异性和复杂性、经常性和重复性、伸缩性和季节性等等。

3. 消费者调查问卷

问卷是常用的调查方式，是调查者为了一定的目的，按照一定的理论假设出来的一些问题。对消费者的调查主要是从消费行为和消费需求两个方面进行。例如某水果销售商的调查问卷如下：

亲爱的先生/女士，我们是××水果卖场的销售员，为了更好地制订水果卖场的营销计划，我们希望通过这次调查了解水果市场的消费状况。现我们采取的是问卷调查方式，您被我们抽选为调查对象，希望您能真实反映情况，谢谢您的配合！

1. 你的性别是( )。

    A. 男   B. 女

2. 你每月花费在水果上的钱大概是多少？( )

    A. 10～20元   B. 20～30元   C. 30～40元   D. 50元以上

3. 你的月工资是多少？( )

    A. 2000～3000元   B. 3000～40000元   C. 4000～5000元   D. 5000元以上

4. 如果超市或者市场有免费品尝的水果，你会品尝吗？( )

    A. 会   B. 不会

5. 你比较喜欢当季水果还是反季水果？( )

    A. 当季   B. 反季

6. 你平时买水果都去什么地方？( )

    A. 超市   B. 水果卖场   C. 路边摊

7. 超市有高价的有机水果和普通的廉价普通水果，你会买哪一种？( )

    A. 有机水果   B. 廉价普通水果

8. 你买水果时最注意的是什么？( )

    A. 价格   B. 包装   C. 功效   D. 质量

9. 如果对水果进行创意制作加工，您对以下哪些形式感兴趣？( )

    A. 鲜榨果汁   B. 水果拼盘   C. 水果蛋糕   D. 水果沙拉

    E. 果醋   F. 其他

10. 你认为哪种促销方式更吸引你？( )

    A. 每日或节假日   B. 会员   C. 处理价   D. 其他

三、销售渠道调查

销售渠道调查是市场调查中的重要环节，其原因有两点：新产品上市(或进入新市场)、增加现有产品的占有率/提高利润率水平。销售渠道调查是统计全部市场不同销售渠道的比例或销售量，更详细的则可分析个别产品各销售渠道的利润率水平。由于通常缺乏足够的统计数据，因此销售渠道调查很困难，但仍然可以进行。

一次完整的销售不仅仅是卖家和买家一手交钱一手交货就完成的。销售的链条应该是从制造商到消费者的一个过程。其中还会包含中间商(批发商、代理商、零售商)。如果从制造商就直接到零售商一般我们称之为制造商直销。但大部分制造商都会找寻适合的经销商，比如百货商店、零售部、便利店、大型商场等。当然近几年随着互联网的发展和共享经济的兴起，网络营销也成了我们不可忽略的一部分。对销售渠道的调查主要就是零售商调查和经销商调查。

◇ **案例 3.2**

贵阳益佰贸易的销售之道

贵阳益佰贸易有限公司成立于 2001 年 7 月，注册资金 300 万元，实有资本 2000 余万元。公司是一家专业从事快销品销售的配送公司，自成立以来，凭借雄厚的资金实力，以及近十五年食品行业丰富的销售经验，不断适应市场发展的需要，努力拓宽销售网络，健全市场销售体系，现今已发展成为一家年销售额过亿元，代理知名品牌二十余个(如达利圆、可比克、乐事、好吃点、卡夫、芝麻官、妹幺、雅客肉松饼、洁伶、ABC、中顺洁柔等)。益佰公司主要是针对贵阳各大超市批发零食，与此同时，益佰公司还和很多直销便利店合作，主要是选择分布在学校、马路边的零售铺。就是这样一些小店的集合，使得益佰的销量一直持续增长，范围也不断扩大。

四、促销调查

促销，全称是促进销售，指企业通过员工或网络等各种各样的方式，将其商品的优惠之处告知消费者，使消费者更加关注自己的产品，并产生消费欲望，从而产生购买行为的一种活动。促销的方式主要有广告、人员推广、营业推广、公共关系等。

促销调查主要是对影响企业促销活动的有关资料进行收集、整理、分析，了解企业促销的状况，为企业新的促销活动提供决策依据，保证促销活动圆满完成。

对于广告促销，要进行广告事前测试调研，比如组建广告测试座谈会。对于其他的促销方法要进行一个调查，看看最适合的促销方法是什么，常见的促销方法有降价促销、有奖销售、积分赠送、以旧换新等。这些都需要在促销活动开始前进行一个测试。因为促销的最终结果和企业经营的其他方式一样，都是要进行评估的，要对一次促销带来的效益进行分析，对其评估的调查是必不可少的。

五、顾客满意度调查

1. 什么是顾客满意度

根据顾客让渡价值理论，创造顾客最大价值的关键是顾客的满意度。所谓顾客满意度就是指顾客通过对某项产品或者服务的消费所感知的效果或结果，与他的期望值相比较后所形成的感觉状态，简单来说就是顾客对某项产品或服务的消费经验的情感体验。

2. 调查顾客满意度的作用

顾客满意是企业能持续发展的重要因素，能使企业适应市场的需求变化，更容易创立自身的品牌价值，还可以了解到顾客对产品或者说是服务的评价程度。

3. 顾客满意度的决定因素

(1) 顾客的期望。顾客的期望值取决于他自己认为花多少钱购买这个东西或者服务是不吃亏的，花的钱多表示他对该商品的期望越大。

(2) 顾客的成熟度。成熟的顾客作出的判断一般是理性的，不会有太多不合实际的需求，而不成熟的顾客，他对商品提出的要求可能会有很大的不合理性，这种情况下做出的反馈也是不准确的。

(3) 竞争对手的服务水平。竞争对手如果做得比自己好，那么自己的顾客就会把他自身得到的服务与对方作比较，很容易产生不满足的感觉。

(4) 顾客自身的感觉。顾客对于自己得到的服务是有其自身的感觉的，如果他感受到的和企业表达的不一样，那么也会影响到顾客的满意度。

4. 怎样调查分析顾客满意度

(1) 要确立调查的目标以及要调查的类型。

(2) 要有一个测量的标准，常见的标准有评价量表、等级量表、语义差异表、李克特量表。

(3) 进行测试。

(4) 分析结果，针对结果提出对策。

例如，某超市顾客满意度调查表如下：

1. 您的性别是( )。
       A. 女   B. 男

2. 对于商品的价格( )。
       A. 很不满意   B. 无感   C. 一般   D. 满意   E. 很满意

3. 对于商品种类的多样性( )。
       A. 很不满意   B. 无感   C. 一般   D. 满意   E. 很满意

4. 对于商品的质量( )。
       A. 很不满意   B. 无感   C. 一般   D. 满意   E. 很满意

5. 对于超市的卫生环境( )。
       A. 很差   B. 无感   C. 一般   D. 好   E. 很好

6. 对于超市购物的气氛( )。
       A. 很不满意   B. 无感   C. 一般   D. 满意   E. 很满意

7. 对于超市的促销活动( )。
       A. 很不满意   B. 无感   C. 一般   D. 满意   E. 很满意

8. 对于超市销售人员的服务( )。
       A. 很不满意   B. 无感   C. 一般   D. 满意   E. 很满意

9. 对于超市的支付方式( )。
       A. 很不满意   B. 无感   C. 一般   D. 满意   E. 很满意

10. 对于商场的售后服务( )。
       A. 很不满意   B. 无感   C. 一般   D. 满意   E. 很满意

第三节 市场预测的程序与方法

一、市场预测概述

(一) 市场预测的概念

所谓市场预测，就是指企业通过在市场上进行一定的调查之后，根据调查的数据，针对企业的实际需要和相关的现实环境因素等等，运用科学的方法，对影响市场供求变化的诸因素进行调查研究，针对企业和市场未来发展的变化做出一定的分析、判断，分析和预测企业的未来发展趋势，为企业经营提供一个可靠的依据。

（二）市场预测的作用

由于社会的发展以及人们收入水平的提高，各种各样的市场已经逐渐扩大，商品的供求关系和价格变化多样。企业如果想在这种激烈的竞争中立于不败之地，就必须留意市场信息，并且要了解供求关系的变化趋势。

1．能够帮助企业科学地确定营销目标和制订市场营销发展战略

只有当企业分析和了解所调查的市场信息之后，才可以避免在制订营销策略时发生错误。从另一方面来说，也可以帮助决策者了解当前营销策略以及营销活动的得失，为经营决策提供进一步建议。

2．有利于企业改善经营管理

进行市场预测，企业就可以了解与企业有关的各种市场与环境的变化。能有针对性地制订一些措施和利用环境策略，保证经营的顺利发展。

3．有利于企业主动适应市场变化，提高企业竞争力

对市场进行调查后，有利于企业了解市场环境，并根据市场环境的变化做出决策，也能很好地进行市场预测，这样，才能让企业在激烈的竞争中提高自身的竞争力。

4．有利于企业选择营销方案，提高管理水平，实现经济效益和社会效益最大化

进行市场预测后，企业可以根据市场的变化，选择适合自身的营销方案，最低成本和最大限度地实现高于市场上平均利润的利润。

（三）市场预测的原则

1．相关原则

事物之间一定会有关联，一种事物发生变化时，另一种事物有可能会随着发生变化，相关原则一般分为正相关和负相关。

(1) 正相关：正相关是事物之间的一种相互促进性，比如，人们的收入水平与空调的购买量；开放二胎的政策，会影响玩具厂家、教育服务的相关市场，它们都成正相关的关系。

(2) 负相关：也就是说事物之间有一种相互制约的关系，一种事物发展导致另一种事物受到限制。最典型的代表就是替代品。比如加油摩托车的竞争对手就是电动车，电动车环保、便宜，可以替代加油的摩托车，企业就可以敏锐地抓住机遇。

2．惯性原则

惯性原则就是说客观事物的发展具有一定的连续性。一切社会现象和经济现象都有过去、现在与未来，在一定的情况下，事物的现在就是过去的延续，未来只是过去和现在的继续。事物发展的这种连续性，就表明它本身是有一定的规律的。那么就可以依照这个原则预测事物的未来，当然也必须充分了解事物的过去和现在。

3．类推原则

许多事物之间都存在着一定的相似之处。预测对象与其他事物在发展变化时间上虽然

不同，但这些事物有类似的特点，人们就可以在某一事物发展变化的基础上，通过类推的方法来预测相似事物未来可能发展的趋势。比如智能手机和普通手机的发展就有某些相似之处，我们就可以利用普通手机的发展规律来类推智能手机的发展规律。事物之间的相似性就是类推原则的基本依据。在市场预测时，我们采用样本推断总体，就是因为同类事物之中，具有代表性的样本和总体存在的结构是相似的。一般来说，越是相似的事物，类推的效果也就越好。

4．经济性原则

首先要保证预测工作的结果要精确，其次就是要合理地选择样本容量、预测的模型、预测的方法，要以最短的时间和最低的成本来获得最实用的预测结果。市场预测是企业经营管理中的重要内容，而企业经营管理中最重要的原则就是经济性原则，那么市场预测也就毫不例外地要把其纳入之中。

二、市场营销预测的类型

市场预测可以按不同的标准进行分类。

1．按预测的时间分

市场预测按预测的时间可以分为短期、中期、长期预测。

(1) 短期预测，指根据市场上需求变化的现实情况，以季度或者周为时间单位，预计一个季度内的需求量(销售量)。

(2) 中期预测，是指三至五年的预测，一般是对经济、技术、政治、社会等影响市场长期发展的因素，经过深入调查分析后，所得出的未来市场发展趋势的预测。

(3) 长期预测，一般是五年以上的预测，是为制订经济发展的长期规划预测市场发展趋势，为综合平衡、统筹安排长期的产供销比例提供依据。

2．按预测的空间范围分

(1) 按地理空间范围，分为国内市场预测和国际市场预测。

(2) 按经济活动的空间范围，可分为宏观的市场预测和微观的市场预测。

3．按预测的性质分

按预测的性质分，市场预测可以分为定性预测和定量预测。

(1) 定性预测，是由预测人员凭借知识、经验和判断能力对市场的未来变化趋势做出性质和程度的预测。

(2) 定量预测，是以过去积累的统计资料为基础，运用数学方法进行分析计算后，对市场的未来变化趋势做出数学测算。

三、市场预测程序

(一) 确定市场预测目标

所谓的确定市场预测目标，就是进行市场预测主要解决的问题是什么，为什么要进行市场预测。在市场预测中，只有有了明确的预测目标后，才能进一步落实预测的内容范围、空间以及选择适当的预测方法,才能达到所希望的目标,否则市场预测就是盲目的,也是没办法进行的。预测目标是整个预测的主题,最重要的就是要做到目标具体明确。

(二) 拟订市场预测方案

企业在进行市场预测时,要有计划、有组织地进行。要根据预测目标的内容和要求,个性化地制订市场预测的计划,包括人员的安排、预测方法的确定、各阶段的任务以及资金的投入,为全方位开展预测工作做好各项准备。

(三) 收集和整理市场预测所需要的各种资料

市场预测的资料是整个市场预测的基础,在市场预测中,预测结果准确程度的高低,很大程度上是取决于预测是否具有充分可靠的历史和现实的市场资料。市场预测所需要的资料的收集是一个非常重要的步骤。

1. 历史资料

历史资料是指预测期以前的各种有关的市场资料。这些资料反映市场或者影响市场的各种历史状况和其发展变化的规律。正是由于市场的发展是连续的,所以预测者就必须对市场及其影响因素的历史资料进行收集和研究,才能对市场的未来趋势做出准确的估计。

2. 现实资料

现实资料是指预测时或者在预测期内市场及各种影响因素的资料。市场现实资料的收集不仅仅是为了能遵循市场的发展规律,还可以及时对市场的变化做出反应。预测者在对现实资料的收集中,应该要在比较小的市场范围内进行,才能对资料进行细致和深入的分析,才能更准确地把握商品的趋势。

预测者在资料的收集过程中要做到全面、客观、可靠,以保证预测的真实性。

(四) 选择适当的预测模型

市场现象不尽相同。在市场预测中,只有建立了合适的预测模型、选择了正确的预测方法,才能对未来做出可靠的预测。

首先是要进行资料分析,比如分析供求关系、国家政策、产品的价格变化关系、市场竞争的关系、商品的流通渠道、社会生产能力、消费者的心理、消费者的变化趋势等等。在进行一系列的分析之后,就可以选择适当的预测方法,建立合适的预测模型。

市场预测模型也就是用数学方程式来描述市场预测对象发展变化趋势和规律。当然,在建立市场预测模型的同时还要选择适当的预测方法。市场预测模型具体包括三种,表示预测对象与时间之间关系的时间关系模型;表示预测与影响因素之间关系的相关关系模型;表示预测对象与另外的预测对象之间关系的结构关系模型。

建立预测模型的三点要求:

第一,模型应该服从于预测目标,要满足经营决策者对具体信息的要求。

第二,要了解预测对象本身的特点。不同的对象有不同的特点,比如说服装、电子产品等,如果大众认可,那么发展的速度就很快,同时也很容易被淘汰,可以采用类比法进行预测。而对一些技术性比较强的商品,一旦被社会接受和认可,他们淘汰的过程就会很慢，所以就可以采用趋势延伸外推法。

第三，在预测时还要考虑现有的条件和基础，当财力、物力、人力已经没有办法满足预测的需要时，就要选择合适的预测方法。

（五）要根据市场预测模型，确定其预测值

在建立适当的预测模型之后，运用所建立的市场模型就可以进行计算与测试了。当然不能只是机械地运用预测模型，还必须结合预测者对未来市场的估计。因为预测值只是一种估计值而不是实际的观察结果，所以出现误差是必然的。预测者只能通过各种努力让预测误差尽可能地减少。出现误差的原因可能是因为自身资料收集的欠缺或者是工作中处理不当、工作人员的喜好偏差等等，因此每次预测后都要利用预测值与实际观测值进行比较，便于对预测模型做出改进。

（六）修正预测值

由于市场现象随时都在发生变化，那么市场预测的方法就不能一成不变。预测者要根据现实的变化情况对预测值进行修正，当变化较大时，还有可能会重新建立预测模型。

（七）撰写预测报告

预测报告是对整个预测工作的总结。报告的内容除了列出预测结果外还要包括资料的收集、模型的选用、对预测结果的评价、其他需要说明的问题等等。预测报告的表述要尽可能地利用统计图，数据要做到准确、可靠。

四、市场营销预测的方法

（一）经验预测法

经验预测法指预测者在以各种方法获取市场资料后，对这些资料进行整理和加工，运用自己的实践能力和分析判断能力，对市场未来的发展趋势做出一定的预算。它是一种以定性分析为主，定性分析和定量分析相结合的预测方法。

1. 主观概率市场预测法的概念

该预测法是指预测者对预测事件发生的概率做出主观的估计，然后计算平均值，并以此平均值作为预测试卷的结论。这是一种定性的预测方法。

2. 主观概率市场预测法的特点

(1) 每个人认识事物和分析的能力是不一样的，不同的人对同一事物在同一条件下发生的估计可能会有很大程度的差异。

(2) 主观概率的数值是否正确，一般是很难核对的。

3. 主观概率市场预测法的步骤

第一，说明预测的目的和要求，提供预测所需的资料。

第二，制订主观概率调查表，并发给每个预测者填写。

第三，整理汇总主观概率调查表。

第四，根据汇总的情况进行预测和判断。

(二) 专家意见预测法

1. 专家意见预测法的概念

在市场预测中，预测者为了对市场现象进行合理的预测，往往可以向各方面的专家进行调查，了解他们对市场的意见，这就是专家意见预测法。而专家意见预测法又分为会议调查和通信调查，也分别被称作专家会议法和专家小组法。本节着重介绍专家小组法中的德尔菲法。

2. 德尔菲法

德尔菲法是采用征询意见表，利用通信方式对一个专家小组进行调查，将专家小组的判断预测加以集中反馈，并反复调查多次，最终利用集体的智慧，得出市场现象未来预测结果的定性预测方法。

3. 德尔菲法的步骤

第一，组成预测领导小组。因为德尔菲法采用书面形式，所以工作量较大，必须建立一个领导小组，负责拟定预测的课题、确定预测的对象以及收集整理有关数据和资料、设计表、选择专家、对预测的结果进行分析和处理。

第二，选择专家。预测结果的准确性很大程度上取决于参加预测的各种专家的水平，专家的知识直接影响预测结果的准确程度。

第三，向专家提出所要预测的问题及有关要求，并附上这个有关问题的所有背景材料。

第四，专家根据他们所收到的材料，提出自己的意见。

第五，将专家们上交的第一次判断意见进行汇总，列成图表进行对比，再发给各位专家，让专家比较一下别人不同的意见，从而对自己的意见进行修改和判断。

第六，将所有专家的修改意见收集起来、汇总，再次分发给各位专家进行再次修改。直到每一个专家都不再改变自己的意见。

第七，采用科学的方法对专家的意见进行综合处理，一般都是采用平均数作为最终的预测结果、用中位数来表示专家意见的集中程度、用极差或者标准差来反应专家意见的分散程度，极差和标准差越小，说明专家的意见越统一。

4. 德尔菲法的特点

(1) 匿名性：专家小组不会像专家会议调查法那样把专家集中起来发表意见，所以，专家们可以不受任何干扰，独立地对预测的事物发表自己的意见。匿名性保证了专家意见的充分性和可靠性。

(2) 反馈性：由于专家小组采用匿名形式，所以仅靠一轮调查，专家们的意见往往比较分散，所以组织者要对每一轮咨询的结果进行整理和分析，并反馈给每一个专家，让他们进行修改。反馈也是专家小组的核心，每一次反馈专家都可以参考别人的意见。

(3) 量化性：这些预测不是个别专家给出的，而是由一批有关的专家给出的，所以对诸多专家的回答，必须进行统计和处理。

(三) 时间序列预测法

1．时间序列预测法的概念

时间序列预测法就是根据时间序列对现象发展变化的过程进行观察和分析，认识现象发展过程中所蕴含的变化规律，并将其向未来外推，就可以预测现象未来的发展水平的方法。

2．时间序列预测法的特点

(1) 时间序列预测法是一种定量预测方法，要将反映现象历史和现状的数据按时间顺序来编制成时间序列，以此为依据，用一系列定量分析技术来预测现象的可能值。

(2) 时间序列预测法依据的是所研究现象自身的时间序列数据，不依靠其他现象资料。时间序列预测法是把影响现象发展变化的所有因素归结为时间，关注的是现象本身会随着时间的变化而发展的规律。

(3) 时间序列预测法的前提是假定现象过去所呈现的规律会延至未来，只有当以前的规律延续下去，才能按同一规律去预测现象的未来。

(4) 时间序列预测法通常只适合短期预测，不适合中长期预测。

(5) 时间序列预测法采用的是预测模型，主要包括平均预测法、平滑值预测法、趋势方程预测法、趋势与季节变动的综合预测法。

(四) 回归预测法

1．回归预测法的概念

在这个世界里，每一种现象都不是孤立存在的，现象之间总是相互依存、相互影响的。按它们数量上能否确定，可以分为函数关系和相关关系。函数关系是指现象之间确定性的数量依存关系。相关关系是指现象之间不确定性的数量依存关系。对于变量之间的相关关系，如果可以找到一个合适的数学表达式(回归方式)来近似地描述，我们就可以利用这个回归方程由一个或者一些变量的未来值对预测的目标变量做出预测，这就是回归预测。

2．回归方程的种类

根据回归方程中自变量的个数，回归方程分为一元回归方程和多元回归方程。根据回归方程的不同形态，回归方程可分为线性回归方程和非线性回归方程。

3．回归预测的一般步骤

(1) 明确预测的目标变量与自变量。

(2) 分析变量之间的关系类型，选择回归方程的形式。

(3) 利用观察值估计回归方程的参数，对回归方程及其参数进行检验和评价。

(4) 利用回归方程求出预测值。

4．回归预测法的特点

(1) 回归预测法是一种定量预测方法，不只是对现象未来的发展趋势做出判断，还要根据各变量之间的依存关系，由变量的变化来预测目标变量未来的发展水平。

(2) 回归预测是依据目标变量与其相关变量之间的数量依存关系——回归方程进行

预测的。

(3) 回归预测的假定前提是回归方程所反映的变量之间的数量依存关系将在预测期保持不变，未纳入预测模型考虑的其他影响因素在预测期的影响作用下，也不会有太大的变化，这样才能预测因变量的数值。

(4) 回归预测模型中自变量数值应该是可控的，或者比较容易预测的。

复习思考题

1. 什么是市场营销调研？
2. 市场营销调研的种类有哪些？
3. 市场营销调研的特征有哪些？
4. 市场营销调研的作用是什么？

◇ **案例讨论**

二月"菇市"风波

浙江庆元县是我国香菇主要产地之一，在每年春节前后，该县大约有60%的香菇销往外地，且售价总保持在 30～40 元/kg。1990 年 12 月份，该县收购站派人员到外地强力推销，香菇价格竟达 68～72 元/kg。

收购站认为，庆元县的香菇全国闻名，1990 年底产品供不应求，行情看涨，因而 1991 年初又是销售旺季，售价可能会更高。所以他们盲目收购香菇，到 1991 年元月初收购价达 46～48 元/kg，比往年高出近一倍。农民们见收购价一天天看涨，误认为 2 月份价格会更高，因而持观望态度。

然而，1990 年全国各地香菇丰收，产量大增；再加上香菇的替代品黑木耳的售价仍然未变。庆元的香菇虽质优但价高，消费者难以接受。到 1991 年元月底，庆元县各地收购站仓库的香菇均未卖出去。1991 年二月，大批农民推车进城要求收购站收购香菇。一时间，香菇收购价连续下跌，香菇收购价跌至不足 20 元/kg。由于收购站仓库容量有限，只得将新菇露天堆放。几场暴风雪后，香菇成垛霉烂，收购站出现大量亏损。

分析思考：

庆元收购站为什么会出现亏损？这个案例对你有何启示？

技能训练

1. 以你所在学校学生为调查对象，就某一问题组织开展一次调查活动。
2. 超能是纳爱斯集团继"纳爱斯"推出的第二个高端品牌，产品线主打天然皂粉。超能洗衣液自请当红明星孙俪助阵发动"超能女人"营销战役以来，给国内洗衣液市场带来较大的冲击，超能的市场份额稳步提升，该战役也获得"金投赏"、"艾菲奖"、"广告门年度十大传播案例"等业界的肯定。除了发动"超能女人"第三季营销活动,冠名《金星秀》更是浓重的一笔,"超能女人"金星与超能洗衣液一起发扬超能精神,得到消费者广泛的关注。超能除了在广告上面下工夫以外,还进行了大规模的促销活动,从2016年至今我们总是能在各大超市看到超能的促销活动,主要是降价促销、搭配纳爱斯其他产品的联合促销以及购买双份送礼品的促销,而这些促销也得到很好的反馈效果,活动期间超能的销售量一直居于各大超市洗护产品的榜首。

分小组到各大超市调查不同促销活动下超能洗衣粉的销售情况。

第四章
消费者市场行为分析

◆ **学习目标**

1. 了解消费者市场的概念及其特点
2. 掌握影响消费者购买行为的因素
3. 掌握消费者购买行为类型及企业营销对策
4. 掌握消费者购买决策过程的主要参与者
5. 理解消费者购买决策过程

◆ **引导案例**

"95 后"的特点是工作即生活。以前人们工作是为了解决吃饭问题，现在工作是为了享受更好的生活。作为职场新人的"95 后"除了继承前辈们用脚投票的性格之外，对待工作的方式其实也有些变化。他们不会只适应问题而不解决问题，他们会把自己的兴趣融入工作之中，这才是产生持久动力的源泉。例如，看直播、打游戏等在工作期间一般是被禁止的，但"95 后"可以将在直播平台直播打游戏变成为一项工作，实现了我们多年以前想通过打游戏打出"五子登科"(房子、车子、票子、妹子、孩子)的梦想。

"95 后"特点之"懒癌"患者。许多过来人都觉得年轻人太懒，吃饭喊外卖，出门叫滴滴，支付用微信，购物上淘宝，然而，正因为年轻群体有这方面的需求，提供这些服务的公司才迅速发展起来的。简而言之，便是"懒"这一人类的天性加速了商业社会发展的进程，这一点年轻的"95 后"功不可没。

"95 后"特点之节约注意力。作为热播网剧、电影的忠实爱好者，他们为庞大的电影电视剧市场贡献了大量银子。他们也是众多会员的贡献者之一，目的既是方便追剧，也是为了去掉片头那 low 到爆的广告片。他们喜欢看书，但又不愿意整本地看，而是希望有人将书籍的精华内容整理好后直接为他们所用。他们会加入各种各样的社群、交友、电影、生活、游戏、吃货、八卦、运动健身等应有尽有，为的是能找到志同道合的朋友，减少沟通成本。

"95 后"特点之认知力爆棚。作为互联网时代的他们，另一特点是反毒鸡汤、反假励志。他们讨厌"不转不是中国人"，鄙视"男人看了会沉默，女人看了会流泪"的标题党；抵制"今天是马化腾的生日，转 10 个群就可以升级为 QQ 会员"的脑残；反感"苹果手机地图把钓鱼岛划给日本，是中国人就要抵制苹果"的假爱国行为，等等。但是，他们对于那些真正有才华的人会义无反顾地支持。他们除了追明星之外，对于在某些领域轻松碾压他人的牛 X 闪闪的草根英雄与大神也会真心地拥戴。

"95 后"特点之模仿超越。一个时代的人总会比上一个时代的人同时期所知道以及所掌握的东西要多，这才符合社会发展的趋势。他们在大学校园里的社群营销、兼职群、微商、代理甚至相亲交友群等多得我们无法想象，年轻的"95 后"发现商机并去实施的能力远超前辈的预期。他们不会吝惜加入付费群学习更多免费群学习不到的知识。不过，他们加入各种付费群学习不仅仅是提升自己，还会在提升自己之后模仿并超越自己的老师。(资料来源：余五洲. 不知道这五点，别说你懂"95 后"，《销售与市场》杂志管理版 2017 年 05 期)

第一节　消费者市场概述

现代市场营销观念强调以消费者为中心，一切企业，无论是生产企业还是商业、服务企业，也无论是否直接为消费者服务，都必须研究消费者市场。因为只有消费者市场才是商品的最终归宿，即最终市场。其他市场，如生产者市场、中间商市场等，虽然购买数量很大，常常超过消费者市场，但其最终服务对象还是消费者市场，仍然要以最终消费者的需要和偏好为转移。因此，消费者需求是人类社会的原生需求，生产者市场需求、中间商市场需求及政府需求都由此派生而来，消费者市场从根本上决定其他所有市场。例如，纺织厂生产的产品一般不直接卖给消费者，而以服装厂或中间商为主要市场，但也必须认真研究最终消费者的需要，以消费者的需要为依据来制订营销方案。

一、消费者市场的含义及特点

在市场营销学中，按照购买者购买目的与购买行为的不同，可以将市场分为两类，即消费者市场和组织市场。消费者市场是为生活消费而购买产品和服务的个人和家庭的集合，又称最终市场或生活资料市场。

对消费者市场进行科学的分析研究，对于企业做好市场营销具有十分重要的意义。通过对消费者市场进行分析，企业可以了解不同类型消费者的需要、爱好和特点，并结合自身的资源状况发掘新的市场机会，从而形成新的富有吸引力且适合自身发展的目标市场。以此为出发点，还能设计出合适的营销战略，为企业迅速取得市场优势地位、提高市场占有率创造条件。

与其他市场相比，消费者市场具有以下特点：

1. 多样性

消费者需求的复杂多样性(人多面广)是在一定的购买能力和其他条件下形成的，尽管人们的需求无穷无尽，但不可能同时得到满足，每个人总要按照自己的支付能力和客观条件的许可，依据需求的轻重缓急，有序地实现，这就形成了需求的多样性。在同一时间、同一市场上不同消费者群体由于社会地位、收入水平和文化教养等方面的差异，必然表现为多样次的需求，绝不会千篇一律。因此，营销者要慎重选择目标市场，并准确地为自己的产品定位。

2．多变性

由于各种因素的影响，消费者对商品和服务的需求不但是复杂多样、千差万别的，而且是经常变化的。消费者因为年龄的不同，心理、生理上都会发生改变，从而引发需求的改变。同时，消费者在不同的阶段，其购买力的改变也会引起需求的变化。因此，营销者必须注意研究消费者市场需求，并预测其变化趋势，从而提高企业的应变能力和竞争能力。

3．发展性

人类的需求是永无止境的，永远不会停留在某一水准上，随着社会经济技术的进步和消费者收入的增长，消费需求也将不断扩展。例如，过去在我国市场未曾见过的高档消费品，现在已开始进入消费者家庭；过去完全由家庭承担的劳务，现在已部分转为由社会服务行业承担。消费者的一种需求满足了，又会产生新的需求，这是一个永无止境的发展过程。因此，营销者要不断开发新产品、开拓新市场。

"三大件"的历史变迁：20世纪70年代，手表、自行车、缝纫机称为家庭的"三大件"；80年代，彩电、冰箱、洗衣机成了新的"三大件"；90年代是空调、电脑、电话；00年代是住宅、小轿车和现代通信设备。短短30年间，中国城镇家庭消费走完了"旧三件"到"新三件"的历程，正在全力追求更有质量和品味的生活。

4．可诱导性

消费者的购买行为具有很大的可诱导性。这是因为消费者的购买行为属于非专业性购买，购买者大多缺乏专门的产品知识和市场知识，企业营销活动、社会交往、人际沟通的启发以及政府的政策导向等，都可使消费者需求发生变化和转移。营销者不仅要适应和满足消费者需求，而且还要通过各种促销手段正确地影响和引导消费。

5．分散性

消费者市场几乎包括了生活中的每一个人，而且在地理位置上分布广泛，每次购买量较少，而且重复购买的频率很高，如米、油、盐等生活日用品。因此营销人员应抓住时机，采取灵活多样的售货方式，提高服务质量，满足消费者需求。

二、消费者购买行为模式

消费者行为是消费者选择、购买和使用产品来满足需求的行为。消费者行为研究，就是研究消费者是如何做出一系列决策的过程。从 Walters(1970)及 Kotler(1998)所提出的"6W1H"及"7O"可以了解消费者行为所包含的范围(见表4.1)。

(1) 形成购买群体的是哪些人——了解购买者。

(2) 他们要购买什么商品——了解购买对象。

(3) 他们为什么要购买这些商品——了解购买目的。

(4) 哪些人参与了购买决策过程——了解购买组织。

(5) 他们以什么方式购买——了解购买方式。

(6) 他们什么时候购买——了解购买时间。

(7) 他们在哪里购买——了解购买地点。

上述问题往往要通过广泛、深入的市场调查才能获得答案。企业只能在获得相关答案的基础上才能发现消费者的购买行为规律，有的放矢地开展营销活动。

表 4.1 "6W1H"和"7O"框架

"6W1H"架构	"7O"架构
谁是消费者？(Who)	购买者(Occupants)
消费者买什么？(What)	购买对象(Objects)
消费者为何购买？(Why)	购买目的(Objectives)
谁参与购买？(Who)	购买组织(Organizations)
消费者怎样购买？(How)	购买方式(Operations)
消费者何时购买？(When)	购买时间(Occasions)
消费者何地购买？(Where)	购买地点(Outlets)

研究消费者行为的模式很多，比较有代表性的是"刺激—反应"模式。消费者受到各种外部刺激而产生购买意愿，不同的消费者会根据自身的特征做出不同的反应，从而形成不同的购买选择和购买行为。

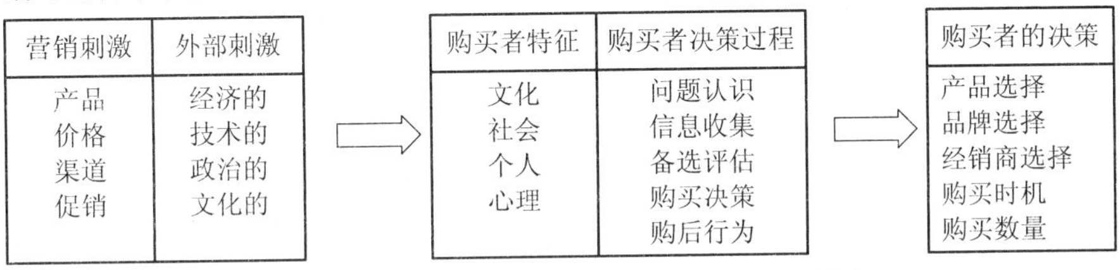

营销刺激	外部刺激		购买者特征	购买者决策过程		购买者的决策
产品 价格 渠道 促销	经济的 技术的 政治的 文化的	⟹	文化 社会 个人 心理	问题认识 信息收集 备选评估 购买决策 购后行为	⟹	产品选择 品牌选择 经销商选择 购买时机 购买数量

图 4.1　消费者购买行为的"刺激—反应"模式

从图 4.1 中可以看出，消费者的购买行为是由刺激引起的，这种刺激有来自于企业的营销刺激，即"4P"：产品、价格、渠道、促销；也有来自于消费者所处的环境因素的外部刺激，包括经济、技术、政治、文化等。消费者在各种刺激的作用下，经过复杂的心理活动过程，产生购买动机，最后做出购买决策。由于消费者的心理活动过程是看不见的，在心理学中称之为"黑箱"。消费者行为分析就是要对这一"黑箱"进行分析，了解消费者的购买决策过程以及影响这一过程的各种因素。

第二节　消费者动机及行为分析

一、消费者动机

动机是引导人们做出行为的推动力。消费者购买动机是推动消费者进行购买活动的愿望和设想。消费者的购买行为总是由一定的购买动机所引起的，分析购买动机是了解消费者购买行为的起点。

(一) 消费者购买动机类型

由于人们需要和欲望的复杂多样性，形成了多种多样的购买动机。根据动机的性质，可以将其分为三种基本类型：生理性动机、心理性动机、社会性动机。

1．生理性动机

生理性购买动机指由人们因生理需要而产生的购买动机，如饥思食、渴思饮、寒思衣，所以又称本能动机。生理动机又具体包括以下几种：

(1) 保持生命动机：为了满足生存需要而产生的购买动机。如对衣服、食品等商品的购买动机。

(2) 保护生命动机：为了保证生命安全和身体健康而产生的购买动机。如为了休息、治病而购买居住设施、药物等动机。

(3) 延续和发展生命的动机：为了组织家庭、生育和赡养父母、抚养子女、提高生活水平等需要而产生的购买动机。

生理动机是以人们基本的生理本能需要为基础的，因此，具有经常性、习惯性和稳定性的特点。应该注意到，当社会经济发展到一定水平时，心理动机在消费者行为中占重要地位。

2．心理性动机

心理性动机是由于人们心理需要所产生的购买动机。它是由消费者的认知、情感、意志等心理活动过程而引发的。心理动机又可以分为感情动机、理智动机和惠顾动机。

(1) 感情动机：情感动机是指消费者由于友谊感、群体感、道德感、美感等人类的高级情感所引起购买某些商品的动机。例如，为了炫耀身份地位而购买奢侈品，为社交而购买馈赠品等。情感动机的产生比较复杂，在一定程度上反映消费者的精神风貌，因此由它支配的购买行为具有深刻性和稳定性的特点。

情绪动机是由人的喜、怒、哀、乐等情绪引起的动机。情绪可以促使消费者行为积极或消极，由情绪引起的购买动机具有冲动性。影响产生情绪动荡的外部因素很多，如广告、展销、表演、降价等。

感情动机所引发的购买欲望，多注重商品的外在质量，讲究包装精美、样式新颖、色彩艳丽，对商品价格不求便宜，而求适中偏高。

(2) 理智动机：理智动机是建立在消费者对商品客观认识基础上，经过分析、比较后而产生的购买动机。理智动机具有客观性、周密性的特点。由此类动机驱使的消费者比较注重商品或服务的实际效用，不易受到外界因素影响而临时改变自己的消费计划。

拥有理智动机的往往是那些具有比较丰富的生活阅历、有一定的文化修养、比较成熟的中年人。他们在生活实践中养成了爱思考的习惯，并把这种习惯转化到商品的购买当中。

(3) 惠顾动机：惠顾动机是消费者由于对特定商店、商品、品牌等因为特殊的信任和偏爱而产生重复性购买的动机。具有明确的经常性、习惯性特点。惠顾动机的产生大多由于企业热情周到的服务、良好的信誉、舒适的购物环境、品类齐全且品质精良的商品、购买便利等。具有惠顾动机的消费者往往是企业的忠诚客户，不仅通过自己的购买行为能给企业带来利润，还能影响和带动其他消费者的购买行为。

3．社会性动机

社会性动机是消费者由于所处社会的自然条件、生活条件和各种社会因素的影响，而产生的为满足社会性需要而购买商品的动机。其主要受到社会文化、风俗、阶层和群体的影响和制约。

一般可分为基本的和高级的两类社会性心理动机。由社交、归属、自主等意念引起的购买动机，属于基本的社会性心理动机；由成就、威望、荣誉等意念引起的购买动机属于高级的社会性心理动机。

(二) 购买动机的心理表现

消费者的动机是由生理、心理及社会方面的需要而产生的，在不同的时期、不同条件下，消费者的购买动机有不同的心理表现。

1．求新心理

求新心理是以追求商品的新颖为主要目的的购买心理，核心是"时髦"、"奇特"。重视款式、追求时髦、与众不同起支配作用，把商品的实用性和价格的合理性放在次要地位。针对这种消费心理，企业应重视产品的开发，在不断提高产品质量的基础上，以新取胜，吸引更多的消费者。

例如，在美国西部的一些城市中，风行以中国绣花鞋作为生日礼物向长辈女性祝寿，而且经久不衰。第一次用它做生日礼物的是一位名叫约翰考必克的美国青年医师。当时他在中国旅行，出于好奇心理将绣花鞋带回国，分别在母亲60岁寿辰、姑母70岁寿辰、外婆80岁寿辰的时候，各献上一双精美、漂亮的中国绣花鞋作为祝寿的礼品。这三位长辈穿上"生日鞋"时，都感到非常舒服和惬意，她们称赞约翰考必克为她们送来的是"长寿鞋"、"防老鞋"、"防跌鞋"。此事不胫而走，从而使美国西部各地的人们纷纷仿效，争相购买。于是，中国绣花鞋便神话般地成为当地市场的抢手货，绣花鞋上的花色图案更是千姿百态、各显异彩。现在，绣花鞋似乎可以献给每一位女性。一些很小的孩子也常常在长辈的教诲下，将绣花鞋献给年轻的女性长辈。有一位6岁的美国小女孩，在她17岁的未婚姑姑生日时，送给姑姑一双绣花鞋，上面绣有17朵色彩不同的花。绣花的特殊意义，由此可见一斑[①]。

2．求美心理

求美心理是以追求商品的欣赏价值和艺术价值为主要目的的购买心理，核心是"装饰"、"美化"。消费者重视商品本身的造型美、色彩美、艺术美，这种心理动机在讲究修饰打扮而又有一定经济实力的中青年妇女和文艺界中常见。

据一项对近400名各类消费者的调查发现，在购买活动中首先考虑商品美观、漂亮和具有艺术性的人占被调查总人数的41.2%，居第一位。而在这中间，大学生和从事教育工作、机关工作及文化艺术工作的人占80%以上。

3．求荣心理

求荣心理是以追求宣扬自我、炫耀自我为主要目的的一种购买心理。因人们的人性特点不同，这种心理的强烈程度也就因人而异，有些消费者求荣的心理十分微弱，有些消费者求荣心理十分强烈。这一心理以追求名牌为主要特征，消费者购买几乎不考虑商品的价格和实际使用价值，只是通过购买、使用名牌来显示自己的身份和地位，从中得到一种心理上的满足。具有这种购买心理的消费者一般都具有相当的经济实力和一定的社会地位。

---

① 王霆，卢爽. 心理营销. 北京：中国纺织出版社，2003.

此外，表现欲和炫耀心理较强的人，即使经济条件一般，也可能具有此种购买动机。他们是高档名牌商品的主要消费者。

曾经有一位日本人来中国旅游，在一家旅游商店看到一幅标价 2000 元的画，上面画的是两头毛驴，就毫不犹豫地买了下来。事后才知道，邓小平同志访日时曾赠送给日本首相一幅画有毛驴的画，这幅画挂在首相家中备受珍重。因此，日本的一些社会名流到中国旅游观光时也希望买到类似的画。这就是一种以提高自己的社会声誉、地位为主要目的的购买行为。

4．求实心理

求实心理是以追求商品的实际实用价值为主要目的的购买心理，其核心是"实惠"、"实用"。消费者选购商品特别注重功能、质量和实际效用，不过分强调商品的式样、色调等，几乎不考虑商品的品牌、包装及装潢等非实用价值的因素。

产生实用性消费心理的原因一般有三种：一是商品的价值主要表现为它的实用性，如洗衣粉、毛巾等，消费者不必刻意去追求商品别的特性。二是消费者已经形成实用性消费观，这成为他购买所有商品的一条准则，选购商品把商品的实用性放在第一位。三是消费者的经济能力有限，没有能力追求商品的精美外表，或购买价格昂贵、知名度很高，但实用性差的一类商品。

5．求廉心理

求廉心理是以追求物美价廉为主要目的的购买心理，其核心是"价廉"、"物美"。同样的商品品牌、同一类型商品，功能外观质量相近的商品，消费者可能尽是选择价格最低的那一种商品。求廉的心理是较为普遍的一种购买心理。如果没有其他购买心理，如纯粹的求名心理、习惯性心理等影响消费者行为的话，消费者普遍存在求廉的心理，少花钱多买一些商品或买到好商品。

消费者购商品时最注重的是价格，对商品的花色式样及质量等不太计较，有的消费者喜欢购买降价处理品、优惠价商品。具有这种购买心理的多为经济收入较低的消费者，也有部分经济收入较高、但节俭成习的消费者，他们是低档商品、残次品、积压品、降价处理品的主要推销对象。

6．求便心理

求便心理是以追求快捷、方便的生活方式为主要目的的购买心理，其核心是"省时"、"便利"。消费者购买商品时，对时间、效率特别重视，对商品本身并不挑剔，对价格也不敏感。他们关注的是能否快速方便地买到商品，对购买的商品要求携带方便、便于使用和维修。一般而言，时间机会成本比较大，时间观念较强的人，更倾向于持有求便心理。

例如便利店的兴起，缘于超市的大型化与郊外化。超市远离购物者的居住区，需驾车前往；卖场面积巨大，品种繁多的商品消耗了购物者大量的时间和精力；结账时还要忍受"大排长龙"等候之苦，以上种种使得那些想购买少量商品或满足即刻所需的购物者深感不便。于是人们需要一种能够满足便利购买需求的小超市来填补空白。

7．求癖心理

求癖心理是以满足个人特殊兴趣、爱好为主导倾向的购买心理。其核心是为了满足某种嗜好、情趣。具有这种心理的消费者，大多出于生活习惯或个人癖好而购买某些类型的商品。例如，有些人喜爱养猫、养狗，有些人喜欢收集邮票、古玩，有些人喜欢喝酒、饮茶。在求癖心理支配下，消费者选择产品比较理智、挑剔，不轻易盲从。

8. 从众心理

从众心理是以模仿他人或与别人保持同一步调为主要特征的购买心理。受从众心理驱使的消费者购买和使用别人已经拥有的商品，而不考虑自身特点和需要。其消费行为是在参照群体和社会风气影响下产生的，往往有盲目性和不成熟性。

二、影响消费者购买行为的主要因素

消费者行为取决于他们的需要和欲望，而人们的需要和欲望以至消费习惯和行为，是在许多因素的影响下形成的。这些因素主要有：文化的、社会的、个人的、心理的因素等四大类。这四类因素属于不同的层次，对消费者行为的影响程度是不同的，影响最深远的是一个民族的传统文化，它影响到社会的各个阶层和家庭，进而影响到每个人的心理及行为。影响消费者行为最直接的、决定性的因素是个人及其心理特征。下面分别阐述这四类因素的具体内容及其与购买者的关系，见图4.2。

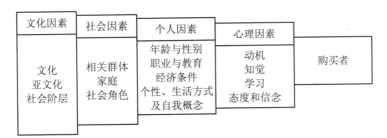

图 4.2　消费者购买行为的影响因素

(一) 文化因素

1. 文化

从消费者行为研究的角度，文化是指在一定社会中经过学习获得，会对消费者行为产生影响的信念、价值观和习惯的综合。对一定社会中各种文化因素的了解将有助于营销人员提高消费者对其产品的接受程度。要了解消费者行为上所体现的文化差异，首先应该了解不同文化背景下人们价值观的差异。

文化作为一种社会氛围和意识形态，无时无刻不在影响着人们思想和行为，当然也必然影响人们对商品的选择与购买。文化对于人们行为的影响有如下特征：

1) 具有明显的区域属性

生活在不同的地理区域的人们的文化特征会有较大的差异，这是由于文化本身也是一定的生产方式和生活方式的产物。同一区域的人们具有基本相同的生产方式和生活方式，能进行较为频繁的相互交流，故能形成基本相同的文化特征。而不同区域的人们由于生产与生活方式上的差异，交流的机会也比较少，文化特征的差异就比较大。例如，西方人由于注重个人创造能力发挥，比较崇尚个人的奋斗精神，注重个人自由权的保护；而东方人由于注重集体协作力量的利用，比较讲究团队精神，注重团体利益和领导权威性的保护。这种文化意识往往通过正规的教育和社会环境的潜移默化，自幼就在人们的心目中形成。然而，随着区域间人们交流频率的提高和交流范围的扩大，区域间的文化也会相互影响和相互交融，并可能对区域文化逐步地加以改变。例如，中国自 20 世纪 80 年代实行改革开放以来，已融入了相当多的西方文化，如牛仔裤、肯德基快餐等都已成为中国当代文化不可忽略的组成部分。

2) 具有很强的传统属性

文化的遗传性是不可忽略的。由于文化影响着教育、道德观念甚至法律等，是对人们的思想和行为发生深层次影响的社会因素，所以一定的文化特征能够在一定的区域范围内得到长期延续。对某一市场的文化背景进行分析时，一定要重视对传统文化特征的分析和研究。此外，必须注意到的是，文化的传统性会引发两种不同的社会效应。一种是怀旧复古效应，利用人们对传统文化的依恋，可创造出很多市场机会；另一种是追新求异效应，即大多数年轻人所追求的"代沟"效应。这将提醒我们在研究文化特征时必须注意多元文化的影响，又可利用这一效应创造出新的市场机会。

3) 具有间接的影响作用

文化对人们的影响在大多数情况下是间接的，即所谓的 "潜移默化"。文化影响往往首先影响人们的生活和工作环境，进而再影响人们的行为。例如，一个在农村长期生活的农民，在家乡时可放任不羁地大声说笑、随地吐痰，进城到某外资企业办事，马上会变得斯斯文文、彬彬有礼。就是由于外资企业的文化环境对其产生了影响。一些企业注意到这一点，通过改变人们的生活环境来影响人们的消费习惯的做法，往往十分见效。20 世纪80 年代中后期，一些外国家电企业首先在中国举办"卡拉 OK 大赛"、"家庭演唱大奖赛"之类的民间自娱自乐活动，形成了单位或家庭自娱自乐的文化氛围，进而在中国成功引进了组合音响、家庭影院等家电产品，就是利用文化影响间接作用的典范。

2．亚文化

每一种文化内部又包含若干亚文化群。亚文化是指存在于一个较大的社会群体中的一些较小的社会群体所具有的特色文化，这种特色表现为语言、信念、价值观、风俗习惯的不同。亚文化以特定的认同感和社会影响力将群体成员联系在一起。亚文化现象能够存在和发展，一方面是因为社会文化是不断变化的，总有一些文化在其刚刚产生或逐步衰败时不能成为社会的主流文化；另一方面是因为地区和群体的存在。在不同地区的不同群体中，其成员除了受社会主流文化的影响外，还保持了这一地区或这一群体所特有的信仰、价值观念和行为习惯，这些就属于亚文化。我国是一个多民族的国家，人们在民族背景、宗教信仰、风俗习惯等方面存在诸多差异，因此，我国也存在许多亚文化现象。亚文化的内涵很广泛，从某种意义上讲，在民族、种族、宗教、地域、年龄、性别等方面可能存在的文化差异现象，都可以视为亚文化现象。对于消费心理与行为，亚文化的影响比文化的影响更大、更深入。亚文化有多种分类方法，其中，美国学者 T.S.罗伯逊的分类法最有代表性。典型的亚文化有以下几种：

1) 民族亚文化

每个国家和地区都是各民族的融合体，每个民族都有自己的价值观，并以此为核心形成自己的文化体系，因此各民族在信仰、爱好、风俗习惯和生活方式等方面都有独特之处，并对消费行为产生深刻影响。如我国除了占人口多数的汉族外，还有几十个民族，它们在食品、服饰、娱乐等方面仍保留着各自民族的许多传统情趣和喜好。因此市场营销人员应当对不同民族的风俗习惯、生活方式和禁忌等有比较清楚的了解。在制订营销计划之前，必须先弄清楚不同民族的思维方式、消费习惯与商业规范，避免文化冲突。

2) 宗教亚文化

世界上有多种宗教，不同的宗教有不同的价值观念、行为准则和戒律，影响着人们的交易方式、消费动机与消费行为。从市场营销的角度看，宗教不仅仅是一种信仰，更重要的是，它反映了消费者的理想、愿望和追求。市场营销人员应当针对各种宗教的特点，制订相应的市场营销策略，回避宗教禁忌。例如，我国某公司向伊朗出口皮鞋，因鞋底的花纹图案形似"真主"二字而受到伊斯兰教徒的指责，因为他们不愿把"真主"踩在脚底下，结果销售以失败告终。

3) 地理亚文化

由于自然条件与地理上的差异，不同的地区往往具有不同的文化特色，使人们的消费习惯和消费特点体现出差异。例如，在我国西南地区的人喜欢吃辣，江南人偏爱甜，广东人对食品特别讲究新鲜；北方人以面食为主食，南方人则以米饭为主食等。菜系也是按地域分类的，食品生产商就应充分考虑不同地区的饮食习惯。气候特征也是影响消费者行为的因素。适合温带地区的产品未必适合热带和寒带地区，适合高湿度地区的产品可能不适合气候干燥的地区。对于跨地区销售的产品，设计人员与营销人员应注重地理亚文化的差异。

4) 种族亚文化

一个国家可能有不同的种族，不同的种族有不同的文化传统与生活习惯。比如，美国的黑人与白人相比较，家具、香水的消费比例较高，而休闲娱乐却较少，所以很多公司专门开发和经营黑人用品。

3. 社会阶层

由于社会差异的存在和社会地位的不同，社会形成了等级结构，出现了社会分层(阶级或阶层)。每个消费者都会被依据其经济收入、社会地位等因素而划入一定的社会阶层，成为该阶层的成员。在社会中生活，人们除了受到社会文化的制约外，还会受到所在社会阶层的影响。这一影响使得处于同一阶层的人具有大致相同的生活方式和消费习惯。

1) 社会阶层的概念及其特点

社会阶层是一个社会中按等级排列的、具有相对同质性和持久性的群体，每一阶层成员具有类似的价值观、兴趣爱好和行为方式。一般来讲，同一社会阶层的人的行为要比两个不同社会阶层的人的行为更加相似，因此其消费行为也更加接近。

2) 社会阶层的划分标准

社会阶层不是由一个变量决定的，要全面地把握社会阶层的状况，通常使用综合的标准，其中，职业、收入、财富、受教育水平和价值观是常用的变量。美国社会学家将美国社会划分为七个阶层，即下下层、下上层、劳动阶层、中间层、中上层、上下层、上上层。每一阶层的成员具有相似的价值观、兴趣和行为，而处于不同阶层的人的价值观、欲望、目标、行为明显不同，导致他们在消费取向、品牌偏好、产品选择等购买行为上有较大的差别。

我国划分社会阶层的标准包括：① 收入，收入的多少会影响人们的社会表现和消费方式；② 职业，这是现代社会反映人们社会地位的一个主要标志，不仅影响人们的经济收入、社会声望，而且影响人们的消费方式和消费水平；③ 受教育程度，它直接影响人们的知识、能力、兴趣、价值观、审美观、消费观；④ 权力，它反映出人们的政治地位。

3) 社会阶层对消费行为的影响

不同阶层的人有不同的生活方式和消费习惯，对待促销和广告的态度也具有较大的差别。高层次的消费者注重成熟感和成就感，对具有象征意义的商品和属于精神享受层面的艺术品比较喜爱；中等层次的消费者注重商品的外观；低层次的消费者则存在立刻获得和立刻满足的消费倾向。具体来说，社会阶层对消费行为的影响主要表现在以下方面：

(1) 卖场及商品选择。多数消费者习惯于在符合自己身份的卖场购买与身份地位相称的商品。比如，高层次的消费者愿意到专卖店、高档豪华的商店购物，注重商店的华贵与气派；低层次的消费者则喜欢到普通商店购买商品，注重商品的价格与实用性。

(2) 消费倾向。社会阶层的高低对消费倾向也会产生一定的影响，导致服装消费、室内装饰、闲暇消遣等方面存在差别。如在美国，高层次的消费者在闲暇时间常常看戏剧表演、欣赏音乐会、玩桥牌等；低层次的消费者则乐于看电视、钓鱼、逛商店等。

(3) 消费信息的传播和接收。社会阶层的不同导致消费者对消费信息的接收方式不尽相同。低层次的消费者习惯于从个人角度具体地描述所观察到的世界，中高层次的消费者则能从不同的角度去描述他们的经验。在接收信息方面，低层次的消费者喜欢看娱乐性刊物、故事性小报，高层次的消费者则喜欢阅读时事性较强的报纸和杂志；在电视节目选择方面，低层次的消费者喜欢看电视连续剧、竞答和喜剧等节目，高层次的消费者则比较喜欢看时事和戏剧节目。消费信息的传播方式因其接收方式的不同而不同。这些特点应该引起营销者的重视，以便更有针对性地在目标顾客熟悉的媒体上传播信息。

(二) 社会因素

1. 相关群体

相关群体是指那些影响人们的看法、意见、兴趣和观念的个人或集体。研究消费者行为可以把相关群体分为两类：参与群体与非所属群体。参与群体是指消费者置身于其中的群体，按其作用又可分为主要群体和次要群体。非所属群体有两种情况，一种是崇拜群体，另一种是否定群体。崇拜群体是个人希望成为其中一员或与其交往的群体，如一些球迷以某崇拜球队为期望群体。反之，则属否定群体，即群体的价值观、行为遭到个人拒绝或抵制，极力与其划清界线的这种群体。

(1) 主要群体是指个人经常性受其影响的非正式群体，如家庭、亲密朋友、同事、邻居等，这样的群体影响着一个人的情趣和爱好，培养其消费习惯，这种影响往往是潜移默化的。

(2) 次要群体是指个人并不经常受到其影响的正式群体，如工会、职业协会等，这样的群体尽管影响不如主要群体，但同样在情趣、爱好方面相互影响，从而影响消费者的购买行为。

间接相关群体是指消费者置身之外，但对购买行为有影响作用的群体。

根据消费者和商品的特点，相关群体对消费者消费行为的影响程度会存在较大差异，主要表现在以下三方面：

(1) 个体因素。如果消费者对所购买的商品或服务有丰富的知识和经验，或能够轻易获得消费决策所需的信息，就可能不太乐意接受他人的意见。在这种情况下，相关群体对他的影响较小；反之则影响较大。

消费者对相关群体的依赖程度取决于消费者对购买风险的知觉程度。知觉的风险越大，越倾向于与群体成员交换意见，修正自己的行为。消费者个体对相关群体的依赖程度还与每个人的个性、性格特征有很大关系。有的人独立性很强，或非常自信，往往很难受到相关群体的影响。如果一个人个性懦弱，很少有主见，则很容易受到相关群体的影响。

(2) 商品因素。对于新产品、奢侈品、视觉感较为新颖的商品，人们较容易参考群体意见；对于缺乏新奇感或很少变化的商品，则较少参考群体意见。有研究表明，商品的种类不同，相关群体对消费者的影响也不同。对于汽车、香烟、药品等商品，相关群体既能影响消费者对商品种类的选择，也能影响其对品牌的选择；对于空调、电视机等商品，相关群体只能影响消费者对商品种类的选择，不能影响其挑选商品的范围；对于服装、化妆品、家具等商品，相关群体会影响消费者对品牌的选择，而不会影响其对商品种类的选择；对于罐头、洗衣粉等商品，相关群体对商品种类和品牌都不会产生显著影响。

(3) 群体因素。相关群体的权威性、吸引力和可信度对消费者的购买行为也会产生重要影响。群体的权威性、吸引力、可信度越大，对消费者购买行为的影响越大，反之就越小，名人、明星的影响就缘于此。对于有吸引力的相关群体，消费者乐意听取和采纳其意见，以保持与群体的一致性，争取群体的接纳与认同，避免因偏离群体而遭到其他成员的嘲笑和惩罚。

2. 家庭

家庭是以婚姻或血缘为纽带的群体，成员间存在持久性的情感关联，是一种重要的相关群体，其成员的消费行为有着极为重要的影响。家庭还是进行消费的基本单位，人们的绝大多数消费行为都与家庭有关。

1) 家庭对于个体消费者消费活动的作用

(1) 家庭是大部分商品和商品类型的主要销售对象。与个体消费不同，无论是在消费数量还是在消费种类上，家庭消费都要远远超过个体消费。从日常消费的各种普通商品到满足各种特殊用途的专用商品，大多是以家庭为单位进行购买和消费的。所以，家庭是消费活动的主力军，是最基本的销售对象。

(2) 家庭决定其成员的消费方式。组建家庭以后，夫妻双方都要协调和改变自己的消费行为，建立适合双方的消费方式。家庭对子女的消费方式也有着重要影响，子女消费行为的学习最初是从家庭开始的，子女往往是通过观察、模仿父母或年长成员的消费行为而懂得如何消费的。

(3) 家庭影响其成员的消费观念。这主要表现在对消费行为的价值和意义的认识上。家庭主要成员的消费观念会通过购买行为表现出来，子女也会通过观察和学习逐步接受这种消费价值观。

2) 家庭结构对消费者消费行为的影响

家庭结构的不同会导致消费行为有很大差异，具体表现在以下方面：

(1) 家庭人口构成对消费行为的影响。家庭人口构成是指家庭人口的数量和关系的组合。它主要从三个方面影响家庭消费：一是影响商品的消费数量，家庭人口越多，以家庭为消费对象的商品的消费量越大；二是影响消费行为的决策过程，如果家庭人口多，商品信息来源广，消费决策就更复杂；三是影响消费水平和消费质量，在家庭收入不变的情况下，人口多，人均消费水平就会下降，消费质量也会随之下降。即使高收入家庭，由于人口多、关系结构复杂、消费心理及爱好不同，导致消费决策更复杂，许多消费行为无法实现，从而影响了消费水平和消费质量。比如，老年人往往比较节俭，因此有老人的家庭外出吃饭、娱乐、旅游的机会都会减少。

(2) 家庭年龄构成对消费行为的影响。家庭经济收入的主要来源通常是父母，父母往往是家庭消费的决策者，而幼小的孩子较少参与购买决策。但是，随着孩子年龄的增长，其参与决策的权利和机会越来越多，大孩子比小孩子有更多的权利，甚至能左右父母对商品的购买。年龄的差异也会导致消费兴趣的差异，年龄差异越大，消费差异也就越大。因此，在三代同堂或四世同堂的家庭，消费行为会与小家庭有很大差异。

(3) 家庭教育构成对消费行为的影响。家庭教育构成是指家庭成员的受教育程度。就一个家庭而言，其成员受教育程度越高，搜集商品信息、评价商品、选择和购买商品的技能就越强，购买决策也就越准确。家庭成员受教育程度越高，其购买商品的独特性就越强，受到环境的影响也就越小，越愿意独立做出决策。另一方面，家庭成员受教育程度越高，就越容易接受新事物，即便是年长者，也能够接受新的生活方式和新产品，这样的家庭的消费水平和消费结构都更趋于现代化。

(4) 家庭关系结构对消费行为的影响。家庭关系结构是指家庭成员之间的相互关系。一般家庭是由父母和子女构成的，这种家庭比较简单。但是也有一些家庭，尤其是因姻亲组成的家庭，彼此的感情比较微妙，在消费行为方面表现得比较谨慎。比如，共同生活的儿媳和婆婆都会因对方的存在而改变自己的一些生活习惯和消费习惯，否则就会引起矛盾和纠纷。许多家庭存在矛盾和纠纷，究其原因，往往与家庭成员之间的生活习惯和消费习惯不同有关。

(5) 家庭生命周期对消费行为的影响。一个家庭从产生到消亡为一个生命周期，家庭生命周期一般可以划分为未婚期、新婚期、满巢期Ⅰ(孩子六岁以下)、满巢期Ⅱ(孩子六岁以上)、满巢期Ⅲ(孩子可以自立)、空巢期、孤独期等阶段。

在家庭生命周期的不同阶段，人们的消费心理和消费行为是不同的。未婚期：穿戴比较时髦，从事许多商业和娱乐活动。新婚期：需要购买家具、电冰箱等耐用消费品，时常支出一定的旅游费用。满巢期Ⅰ：需要婴儿食品、玩具等。满巢期Ⅱ：需购买大量食品、清洁用品、自行车、文教用品。满巢期Ⅲ：经济状况尚好，不易受广告影响，在孩子的衣、食和教育等方面花钱更多，更新耐用消费品。空巢期：会购买较多的非生活必需品、礼品和保健用品。孤独期：多数已退休，收入下降，购买特殊食品和保健用品。

3) 家庭决策类型

而现有家庭对家庭成员消费行为的影响更加直接，也更强烈。社会学家根据家庭权威中心点的不同，把家庭决策类型分为四种：

(1) 各自做主型。在购买一些个人使用产品，如剃须刀、化妆品时，则由丈夫、妻子独立作出决定。

(2) 丈夫支配型。如在购买汽车、保险、维修工具等商品时通常由丈夫做主。

(3) 妻子支配性。如在购买清洁、厨房用品和食品时，通常由妻子做主。

(4) 共同支配型。如在度假、孩子上学、购买和装修住宅时，多为丈夫和妻子共同作出购买决策。

随着社会、经济、文化的变迁，家庭对成员的影响作用也在悄悄发生变化。过去购买价值较大的耐用品，如住房、汽车更多是丈夫作出决策，但随着女性社会地位的提高和收入的提升，这类产品购买决策也越来越多是由女性作出的。因此，营销人员应重视了解家庭中妻子的意见。曾经认为购买日常用品是妻子职责的观点也在受到挑战，对于喂养孩子的年轻父母，双方通常一起逛超市购物，因而营销人员也不得不开始重视丈夫在日常用品上的意见。至于过去在家庭购买决策研究中常常忽略的一个角色——子女，他们作为营销现实和潜在的顾客，正在积极参与到购买决策中来，这种参与往往以两种方式实现：一种是直接参与，即孩子直接向父母暗示、要求，"妈妈，我要爽歪歪"、"妈妈，我要吃肯德基"；另一种是非直接参与，即父母知道孩子的偏好，而依其喜好选购商品。

3. 社会角色

社会角色是指一个人在一定的社会条件下所处的具有某种权利和义务的社会地位和被社会或群体所规定的行为模式。一个人在一生中参加许多群体，在长期的社会生活中，不同的社会角色形成了各自较为固定的职责和行为准则。社会利用这些职责来衡量和评价每一个社会角色，每个人则通过消费来表现自己的社会角色。由于人们的社会活动内容日益多样化，每个人在不同时间和不同空间里都扮演着不同的社会角色。例如，一个在工作单位是职工或领导的已婚妇女，在家里分别是妻子、母亲或儿媳（女儿）。在担当不同的社会角色时，人们对自己有不同的要求，从而产生了不同的购买特点和习惯。因此，了解和认识每个人所担当的社会角色，就可以基本了解其购买行为。

（三）个人因素

消费者的购买行为还受到个人许多外在特性的影响，其中比较明显的有购买者的年龄与性别、职业与教育、经济条件、个性、生活方式及自我观念等。

1. 年龄与性别

不同年龄的人有不同的消费心理和行为，消费者对产品的需求会随着年龄的增长而变化。处在同一年龄阶段的人们有着一些相似的行为。例如儿童关注食品和玩具、少年关注学习用品和电子游戏、青年关注流行时尚产品、中年人关心居家用品……由于各自生活经历不同，不同年龄段的人在价值观、审美观和消费观念上存在巨大差异。需要注意的是，现在社会信息扩散范围与影响力惊人，使不同年龄段的人群在信息获取、心态和行为上趋同，年龄界限逐渐模糊难分。因此，营销人员不仅应注意消费者的生理年龄，更应关注其心理年龄。

男性和女性由于生理上的差异导致了不同的心理和行为，两者在消费产品及购买决策过程中有着显著差异。男性消费者购物目的明确，决策比较理性，接受稳重可靠的商品，追求快捷、简单的购物过程；而女性消费者往往购物目的不够明确，通常有更多的计划外购物，喜爱时尚可爱的商品，决策偏于感性，常常乐于货比三家，在商场里流连忘返。不过，随着社会经济的发展，性别间的消费差异正逐步减少。许多企业已经开始研究如何把与性别有关的产品转变为对两性同样适用，从而扩大市场规模。

2．职业与教育

职业往往反映了人们所扮演的社会角色，不同的社会角色会影响着人们的需求结构、选购商品时追求的利益、生活习惯和购买习惯等。一个经理和一个大学教授、一个工人和一个农民，虽然收入可能相同，但是却有不同的购买行为。

受教育程度不同，消费者的消费需求、购买行为上都有较大的差别。受教育程度较高的消费者对书籍、报刊等文化用品的需求量较大，购买较理智。

3．经济条件

消费者的经济状况，即消费者的收入、存款与资产、借贷能力等会强烈影响消费者的消费水平和消费范围，并决定着消费者的需求层次和购买能力。消费者经济状况较好，就可能产生较高层次的需求，购买较高档次的商品，享受较为高级的消费。相反，消费者经济状况较差，通常只能优先满足衣食住行等基本生活需求。

4．个性、生活方式及自我概念

1）个性

个性指个人特有的心理特征，导致人对所处环境做出相对一致和持续的反应。通过自信、支配、自主、顺从、交际，保守和适应等性格特征表现出来。依据个性因素，可以更好赋予品牌个性，以期与消费者适应。如美国学者发现，购买有活动车篷汽车的买主与无活动车篷汽车的买主之间，存在一些个性差别——前者表现较为主动、急进和喜欢社交。消费者的个性可以从能力、气质、性格三方面进行分析。

(1) 能力。消费者在购买商品时需要注意、记忆、分析、比较、检验、鉴别、决策等各种能力。由于个人素质、社会实践、文化教育等方面不同，使得各人的能力也有很大差别。这种能力方面的不同，使得有些消费者在购买活动比较自信，能比较迅速地对商品作出评价，从而作出相应的决策。

(2) 气质。心理学认为人们的气质分为多血质、胆汁质、黏液质和忧郁质四种。属于多血质的人好动、灵敏，对某一事物的注意和兴趣容易产生，但也容易消失，他们一般喜欢时新商品，且易受宣传影响；属于胆汁质的人直率、热情、精力充沛，购买商品时愿花时间选择比较；黏液质的消费者冷静、善于思考、自制力强，他们讲究实用，不易受宣传影响；忧郁质消费者多虑、谨慎，对新兴商品反应迟钝，购买决策迟缓。

(3) 性格。性格与气质既有区别又有共同之处。两者相比较而言，性格带有更多的社会因素，气质则带有更多的生理色彩，性格更能反映一个消费者的心理特征。人们的性格大致可分为五种：第一，外向型。外向型消费者愿意表白自己的要求，喜欢与售货员交谈。第二，内向型。内向型消费者少言语，感情不外露，丰富的思想集中于内心。第三，理智型。理智型消费者善思考，进行决策时要反复权衡。第四，意志型。意志型消费者的特点是比较主观，购买目的明确，决策比较果断。第五，情绪型。情绪型的消费者容易冲动，购买商品往往带有浓厚的感情色彩。

2) 生活方式

生活方式是个体在成长过程中，在与社会因素相互作用下表现出来的活动、兴趣和态度模式。生活方式包括个人和家庭两个方面，两者相互影响。日本东京的 R&D 调查公司根据他们所做的调查，将人的个性分为四种类型，并以此来分析人们的生活欲望与生活方式，见表 4.2[①]。

表 4.2　个性与生活方式的关系

个性特征	欲望特征	生活方式
活跃好动	改变现状 获得信息 积极创意	不断追求新的生活 渴望了解更多的知识和信息 总想做些事来充实自己
喜欢分享	和睦分享 有归属感 广泛社交	愿与亲朋好友共度好时光 想同其他人一样生活 不放弃任何与他人交往的机会
追求自由	自我中心 追求个性 甘于寂寞	按自己的意愿生活而不顾及他人 努力与他人有所区别 拥有自己的世界而不愿他人涉足
稳健保守	休闲消遣 注意安全 重视健康	喜欢轻松自在，不求刺激 重视既得利益的保护 注重健康投资

生活方式与个性既有联系又有区别。一方面，生活方式很大程度上受个性的影响。一个具有保守、拘谨性格的消费者，其生活方式不大可能太多地包容诸如攀岩、跳伞、蹦极之类的活动。另一方面，生活方式关心的是人们如何生活，如何花费，如何消磨时间等外在行为，而个性则侧重从内部来描述个体，它更多地反映个体思维、情感和知觉特征。可以说，两者是从不同的层面来刻画个体。区分个性和生活方式在营销上具有重要的意义。一些研究人员认为，在市场细分过程中过早以个性区分市场，会使目标市场过于狭窄。因此，他们建议，营销者应先根据生活方式细分市场，然后再分析每一细分市场内消费者在个性上的差异。如此，可使营销者识别出具有相似生活方式的大量消费者。

3) 自我概念

自我概念是个体对自身一切的了解和感受，是个人持有的有关自己的"图案"，它包括三个方面：一是认知，对自己的品质、能力、外表、社会意义等方面的认识；二是情感，包括自尊、自爱和自卑等；三是评价意志，指自我评价。自我概念驱使消费者寻求与此一致的产品、品牌，采取与自我形象一致的消费行为。为此，营销人员要了解消费者自我形象与其拥有物之间的关系。

---

① 倪自银. 新编市场营销学：理论与实务[M]. 北京：电子工业出版社，2015.

(四) 心理因素

1. 动机

消费者购买动机的产生以消费者的需要为基础。只有当消费者有了某种需要并期望得到满足时，才会产生购买动机。对于企业来说，应重视引导消费者形成购买本企业产品的动机，并通过满足消费者的需要使这一动机不断强化，从而为维持企业产品的持续畅销打下坚实的基础。

美国心理学家、人本主义心理学创始人马斯洛在1954年出版的《动机与人》一书中，提出了人类的"需要层次理论"。由于这个学说在理论研究和实际运用方面都有重要意义，因此在西方国家，需要层次理论已被广泛接受和传播。马斯洛认为人的需要有五个基本层次，且由低到高依次排列为生理需要、安全需要、社交需要、尊重需要和自我实现需要，如图4.3所示。

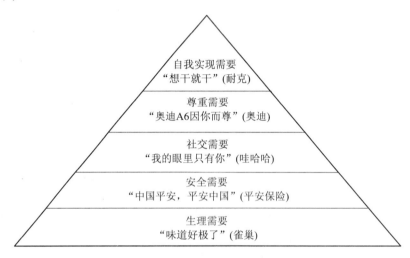

图4.3　马斯洛需要层次理论①

(1) 生理需要：是指人类最基本的需要，如对衣、食、住等物质的需要。马斯洛认为：当人所有的需要未得到满足时，生理上的需要是压倒一切的，最为优先的。生理需要是人们最原始、最基本的需要。

(2) 安全需要：是指人们要求人身安全得到保障，基本需要得到满足以后，为避免生理及心理方面受到伤害所产生的保护和照顾的需要，如人身安全、健康保障、财产安全、职业安全等。

(3) 社交需要：是指人们相互交往的愿望和归属感，人们希望能被社会上某些团体或者他人所接受，使自己在精神上有所归属；希望给予他人并得到别人的友谊和爱护，这是人的情感方面的需要。这种需要促使人们致力与他人感情的联络和建立社会关系，如朋友交往、伙伴关系、参加某些团体或集会等。

---

① 连漪市. 场营销学理论与实务[M]. 北京：北京理工大学出版社，2016.

(4) 尊重需要：是指人们对自尊心、荣誉感的追求和维护。人们希望通过自己的才华与成就获得他人的重视和尊重，希望自己具有一定的身份和地位。

(5) 自我实现需要：是指人们的成就感，人们渴望获得成功，希望个人才华得到发挥成为优秀的人。这是需要层次理论的最高级需要。需要产生动机，但并非所有的需要都必须产生动机。一种需要必须被激发到足够大时才能发展成为动机。而且，动机的强弱除了受内在刺激驱使外，还与外界的刺激有关。可见，消费者购买动机是消费者内在需要与外界刺激相结合使主体产生一种动力而形成的。

通常低层次的需要相对满足之后，才会向更高一个层次发展；且高层次的需要发展之后，低层次的需要仍然存在，只是对人的行为影响比重减轻而已；营销并不能创造需要，只是通过刺激，使人意识到某种需要，也即是某种需要由潜在上升到显在状态。马斯洛的需求层次理论对理解消费者行为动机，对企业开展经营活动具有非常重要的实践意义。例如，根据购买者不同的需求层次，可以将市场细化为若干子市场，生产和出售适合不同层次消费者需要的不同档次、不同质量的商品。在开发、设计产品时，既应重视产品的核心价值，也应重视产品为消费者提供的附加价值。因为前者可能更多地与消费者的某些基本需要相联系，后者更多地与其高层次需要相联系。

2. 知觉

知觉是指人脑通过自己的五官感觉(视觉、听觉、嗅觉、味觉、触觉) 对外界刺激形成的反应。知觉是接受刺激的第一道程序，它对刺激进行筛选、组织、归类和抽象，找出它们之间的关系，再赋予一定的意义，然后形成经过提炼的信息，指导人的行动。按照心理学说法，对事物各种属性的各个部分及其相互关系的综合反应，则称为知觉。对客观事物的综合反应可能是正确的，也可能是片面的，甚至错误的(错觉)。

人们会对同一刺激物产生不同的知觉，这是因为人们会经历三种知觉过程：即选择性注意、选择性理解、选择性记忆。

(1) 选择性注意，人们感觉到的刺激，只有少数引起注意，形成知觉，多数会被有选择地忽略。比如，1969 年美国广告协会曾经做过调查，平均每天潜在地显现在消费者眼前的广告信息达 1500 项，但被感知的广告只有 75 项，而产生实际效果的只有 12 项。

(2) 选择性理解，人们在接收到刺激和信息后，往往按照自己的先入之见来理解，在对所接受的刺激和信息的加工处理过程中，不自觉地加进了个人的看法。例如，对于"红豆"这样一种标志物，大多数中国人可能都会联想到"相思"这样一种情感，因为他们熟知"红豆生南国，春来发几枝，愿君多采撷，此物最相思"的诗句。但对于大多数外国人来讲，"红豆"可能最多只意味着是一种好看的植物，而不可能产生爱情之类的联想。

(3) 选择性记忆，指人们所获得的信息绝大部分都会忘记，只记住那些和自己的意见、观点一致的信息。例如，消费者往往能记住自己所喜欢品牌商品的特征和优点，而想不起其他品牌商品的优点。企业的信息是否能留存于顾客记忆中，对其购买决策影响甚大。

可见，知觉是消费者购买的重要影响因素。尽管不同的人对同样的客观事物有不同的知觉，但外界刺激物本身有助于决定人的知觉。同时，消费者个人因素也会影响其知觉，如个人理解信息的能力、心情、记忆力、经验和价值观等，都会影响外界信息的接收，形成自己的知觉。分析知觉对消费者购买行为的影响，要求营销人员掌握这一规律，充分利用企业的营销策略，在保证商品质量的前提下，改进包装、款式、颜色，尤其是要加强广告宣传，以强化刺激。企业要以简明的、有吸引力的广告词句，反复多次做促销宣传，引起消费者的注意，加深消费者的记忆，正确理解广告。

3. 学习

学习是指由于经验引起的个人行为的改变。即消费者在购买和使用商品的实践中，逐步获得和积累经验，并根据经验调整自己购买行为的过程。一个人的学习是通过驱使力、刺激物、提示物、反应和强化的相互影响、相互作用而进行的，如图4.4所示。

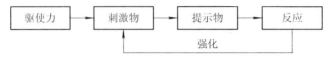

图4.4　学习模式

(1) 驱使力。驱使力是指驱使人们产生行动的内在推动力，即内在需要。心理学家把驱使力分为原始驱使力和学习驱使力两种。原始驱使力是先天形成的内在推动力，如饥、渴、逃避痛苦等。学习驱使力是指后天形成的内在刺激力，如恐惧、骄傲、贪婪等。

(2) 刺激物。刺激物是指可以满足内在驱使力的物品。比如，人们饥渴时，饮料和食物就是刺激物。如果内在驱使力得不到满足，就会处于 "紧张情绪" 之中，有相应刺激物可使之恢复平静。驱使力发生作用并找到相应的刺激物时，就变成了动机。

(3) 提示物。提示物也称为诱因，是指刺激物所能具有的能吸引消费者购买的因素，决定着动机的程度和方向。所有营销因素都可能成为诱因，如刺激物的品种、性能、质量等。

(4) 反应。反应是指驱使力对具有一定诱因的刺激物所发生的反作用或反射行为，比如是否购买某商品以及如何购买等。

(5) 强化。强化是指驱使力对具有一定诱因的刺激物发生反应后的效果。若效果良好，则反应被增强，以后遇到相同诱因的刺激物时就更容易发生相同的反应。若效果欠佳，则反应会被削弱，以后即使遇到诱因相同的刺激物也不会发生反应。

例如，某消费者重视身份地位，这种尊重的需要就是一种驱使力。这种驱使力被引向某种刺激物——高级名牌西服时，驱使力就变为动机。在此动机的支配下，这位消费者需要作出购买名牌西服的反应。但他在何时何地作出何种反应，往往取决于周围的一些"提示物"的刺激，如看了有关电视广告、商品陈列。在他购买了这套名牌西装时，如果穿着很满意的话，他对这一商品的反应就会加强，以后如果再遇到相同诱因时，就会产生相同的反应，即采取购买行为。如反应被反复强化，久而久之，就成为购买习惯了。这就是消费者的学习过程。

从以上分析可以看到消费者一方面从广告中学习，获取知识。另一方面是从个人或周围人的购买经验中学习。为此，企业在营销过程中要注重消费者购买行为中"学习"这一因素的作用，要通过各种途径给消费者提供信息，如重复广告，目的是达到加强诱因，激发驱使力，将人们的驱使力激发到马上行动的地步。同时，企业商品和提供服务要始终保持优质，这样消费者才有可能通过学习建立起对企业品牌的偏爱，形成其购买本企业商品的习惯。

4．态度和信念

(1) 态度。态度是指一个人对某些事物或观念长期持有的好与不好的认识上的评价、情感上的感受和行动倾向。人们几乎对所有事物都持有态度，如宗教、政治、衣着、音乐、食物等。消费者对某一商品的态度来源于：消费者本身与商品的直接接触；受其他消费者如亲友或其他人的直接、间接的影响；家庭教育与本人的生活经历。

态度一旦形成，不会轻易改变。

(2) 信念。信念是指一个人对事物所持的描述性思想。信念可以建立在不同的基础上。如："吸烟有害健康"，以"知识"为基础的信念；"汽车越小越省油"，可能是建立在"见解"之上；某种偏好，很可能由于"信任"而来。

消费者通过行为和学习获得了自己的态度和信念，而态度和信念又反过来影响他们的购买行为。营销人员应关注消费者头脑中对本企业产品或服务所持的信念，即在购买者心目中企业产品和品牌的形象。消费者对企业及产品的信念，会根本性地决定其对企业及其产品的态度。消费者往往根据自己的态度做出购买决策。如果消费者对企业及其产品的信念不完整、甚至有失偏颇，会形成不利于企业的负面态度，会影响到企业营销活动的效果。企业就要改变产品的营销策略，努力使消费者重新审视产品，形成新的态度。

三、消费者购买行为类型

消费者购买决策随其购买类型的不同而变化。阿萨尔根据消费者在购买过程中参与者的介入程度和品牌间的差异程度，将消费者购买行为划分为四种类型，如图 4.5 所示。

消费者的介入程度

		高	低
品牌差异大	高	复杂型	多变型
品牌差异小	低	减少失调型	习惯型

图 4.5　消费者购买行为类型

1．复杂型

复杂型购买行为的特点是品牌差异明显，购买者非常投入。购买者之所以非常投入，可能因为购买对象比较昂贵，以前未曾购买过，感到有风险，购买者喜欢自我表现，但对产品性能和种类又不十分了解。对消费者的这一购买行为，营销者不仅应给予理解，而且应给予协助。

对这种类型的购买行为，企业要特别注意针对购买决定者做介绍本产品特性的多种形式的广告，以帮助他们了解与该产品有关的知识，并设法让他们知道和确信本企业品牌在重要性能方面的特征及优势，使他们树立对本企业品牌的信任感。

2．减少失调型

减少失调型购买行为的特点是品牌差异不明显，购买者非常投入。有些高档消费品价格昂贵，品牌质量不易鉴别，购买者投入很大精力四处比较，却发现自己只能在价格和购买地点上进行权衡和选择。这种购买决策行为的特点是：消费者先将购买决策付诸行动，购后又获得某种新的概念，进而形成某些看法。根据这一特点，经营类似消费品的企业应采取如下对策：主动与顾客沟通，包括主动为顾客介绍商品知识，协助顾客选购，开设咨询和售后服务，以增加顾客购后满足度。

当消费者第二次购买复杂产品时，由于对产品已经有了一定了解，他们一般不会再像第一次那样花很多精力去收集不同品牌的信息并进行比较，而是把注意力更多地集中在品牌价格是否优惠、地点是否便利上面，从产生购买动机到决定购买的时间较短。由此消费者在购买某一产品后，容易因产品某些方面不称心，或得到了其他品牌更好的信息而产生不该购买这一品牌的心理不平衡，即购后不协调。为使消费者在这种情况下重建心理和谐，企业应通过各种途径向消费者提供有利的信息，帮助消费者消除不平衡心理，坚定其对所购品牌的信心。

3. 多变型

多变型购买行为不太关注产品品牌。对一些产品品牌或品种间差异很大，可供选择的品牌或品种很多的日用消费品，消费者通常不会花太多的时间选择品牌或品种，而且也不会专注于某一品牌或品种，而是经常变换品牌或品种。比如购买饼干，他们上次买的是巧克力夹心，下次则想购买奶油夹心。这种更换并非源于对上次购买的不满意，而只是想换换口味。例如，许多女性消费者购买化妆品经常更换品牌。

面对这种多变型的购买行为，当企业处于市场优势地位时，应注意以充足的品种占据货架的有利位置，并通过提醒性的广告促成消费者建立品牌习惯；而当企业处于非市场优势地位时，则应以降低产品价格、免费试用和介绍新产品的独特优势等方式，鼓励消费者进行多种产品的选择和新产品的试用。

4. 习惯型

习惯型购买行为的特点是品牌差异不大，消费者购买是漫不经心的，通常出于习惯而购买某一品牌。这方面最典型的例子是食盐的购买，消费者大多数进店直接购买，不做任何挑选，即使有人点名只买某一种品牌，也并非有什么品牌偏好，而是出自于习惯。造成这种情况的主要原因是：消费品本身价廉，而且又是消费者经常使用和反复购买的商品。这种购买决策类型的特点是：购买者一般不经过建立信念，形成看法，再做购买的心理决策过程，也不专门收集有关商品的购买信息，如哪种品牌好，怎样判断其质量，买哪种更好。他们大多数只根据电视或印刷品上的广告做决策。

对针对这种购买行为，企业要特别注意给消费者留下深刻印象，广告要强调本品牌的主要特点，要以鲜明的视觉标示、巧妙的形象构思赢得消费者对企业产品的青睐，强调广告的重复性，以加深消费者对品牌的熟悉程度。

四、消费购买行为的变化趋势

消费者购买行为没有固定不变的模式，随着社会经济的发展，人们消费习惯和购买行为也必然随之变化。

(1) 流行化的消费，消费者越来越讲究消费的时尚，注重品位和质量，许多产品将呈现流行的趋势。

(2) 商品大众化，流行化消费导致商品的大众化。信息的快速传播和技术的不断进步，使得相当多的商品趋向大众化。

(3) 消费趋向品牌化，现代消费者的个性化要求越来越强烈，但是产品却趋向于同质化。这种矛盾更多地通过个性化的品牌来满足。在激烈的竞争中，个性化的品牌成为经营者树立形象和吸引消费者的一项重要的重要措施。

(4) 消费者倾向于感性消费，消费者在消费过程中更看重其附加值。消费者的需求从物质方面更多地转向精神方面。在消费过程中，需要的满足获得更多的感觉和体验，获得更多的快乐。

(5) 消费网络化，此外，随着网络经济的发展，信息技术在广泛影响整个社会、经济的同时，消费者的行为也受到了巨大影响，网络购物、电话订购等仅仅是他们生活的一部分。网上购物消费行为的特点包括：获取信息、购买，部分产品的消费在虚拟的网络环境中进行；获取信息的渠道广泛，拥有多样化的信息处理工具；对商家没有直接接触，无法获得直观、全面的信息；可以获得部分的愉悦体验，但较现实环境中的消费体验仍然有限；可以享受虚拟的个性化产品或服务；具有高效率；消费者花费的时间、精力、体力、金钱常常较少；可以在很大的传播范围传播自己的消费体验；很容易在虚拟社区中与兴趣相同的人进行交流；可以匿名；一般可以随时与商家沟通；需要一定的等待时间才能够拿到商品；消费者由于占有大量的信息和信息处理工具而居于主导地位。

第三节　消费者购买决策过程

一、消费者参与购买决策的角色

购买决策在许多情况下并不是由一个人单独作出的，而是有其他成员的参与，是一种群体决策的过程。这不仅表现在一些共同使用的产品上，如电冰箱、电视机、住房等，也表现在一些个人单独使用的产品，如服装、手表、化妆品等的购买决策过程中，因为这些个人在选择和决定购买某种个人消费品时，常常会同他人商量或者听取他人的意见，所以了解哪些人参与了购买决策，他们各自在购买决策过程中扮演怎样的角色，对于企业的营销活动是很重要的。

按各种角色在决策过程中所起的不同作用，可将决策参与者分为五种类型：

(1) 发起者，即首先提出或有意购买某一产品或服务的人。

(2) 影响者，即其看法或建议对最终决策具有直接或间接影响的人。

(3) 决定者，即能够对是否购买、为何买、买多少、何时买、何处买等问题做出全部或部分的最后决定的人。

(4) 购买者，即具体执行购买的人。

(5) 使用者，即实际消费或使用所购商品或服务的人。

这五种角色相辅相成，共同促成了购买行为。值得注意的是，五种角色的存在并不意味着每一种购买决策都必须要五人以上才能作出，在实际购买行为中有些角色可在一人身上兼而有之，如使用者可能也同时是发起者，决策者可能也同时是购买者，而且在非重要的购买决策活动中，决策参与的角色也会少一些。

认识购买决策的群体参与性，对于企业营销活动有十分重要的意义。一方面企业可根据各种不同角色在购买决策过程中的作用，有的放矢地按一定的程序分别进行营销宣传活动；另一方面也必须注意到有些商品在购买决策中的角色错位，如男士的内衣、剃须刀等生活用品有时会由妻子决策和采购；儿童玩具的选购过程中，家长的意愿占了主要的地位等。这样才能找准营销的发力点、关键点，提高营销活动的效果。

二、消费者购买决策过程

购买者的决策过程由一系列相关联的活动构成，将它分成若干阶段的目的，是使营销者针对不同阶段的不同情况，采取有效的促销措施。市场营销学者对决策过程阶段的划分不尽相同，菲利普·科特勒把决策过程划分为五个阶段：确认需要、搜集信息、评估比较、购买决策、购后行为，如图4.6所示。这个过程表明，购买者决策过程远在实际购买之前即已开始，直到购买之后。它告诉营销者，应该研究购买者的整个决策过程，而不仅仅是注意购买决定。

图4.6　消费者购买决策过程

1．确认需要

确认需求是消费者购买行为的起点。当消费者感觉到现实生活状态与理想状态之间有差距，并需要解决这一问题时，需要就出现了。消费者的需要往往由两种刺激引起，内部刺激和外部刺激。消费者需求的产生，既可以是人体内机能感受所引发的，即由内部刺激引起，如因饥饿引发购买食品、因口渴引发购买饮料，也可以是由外部条件刺激所唤起的，如精美的包装设计、面包的香味、电视上做的广告等，这些因素被称为触发诱因。当然，有时候消费者的某种需要可能是内外刺激共同作用的结果。

营销人员应注意识别引起消费者某种需要和兴趣的环境，并充分注意到两方面的问题：一是注意了解那些与本企业的产品实际上或潜在的有关联的驱使力；二是消费者对某种产品的需求强度，会随着时间的推移而变动，并且被一些诱因所触发。在此基础上，企业要运用多种营销手段，促使消费者与刺激因素频繁接触，善于安排刺激物、提示物等诱因，引发消费者对本企业产品产生强烈的需求，熟悉、喜爱本企业的产品，并采取购买行为。

2．搜集信息

消费者一旦意识到某个需求问题的存在，并且感到有必要采取行动解决这一问题。那么，他就会开始搜集有关信息。消费者花多大力气搜集信息、搜集哪些信息、从何处和如何搜集信息对营销人员来说十分重要。

1) 决定信息搜集程度的因素

消费者收集信息的范围和数量取决于三个因素：购买类型、风险感和成本。

(1) 购买类型。初次购买所需的信息较多，范围较广；重复购买所需的信息较少，内容也不一样。

(2) 风险感。消费者对风险的认识，一方面受产品、价格影响，价格越高，使用时间越长，风险感越大，就会努力搜寻更多的信息；另一方面受个人因素影响；同样的购买，谨小慎微的人风险感就大，办事马虎的人风险感就小。消费者容易感受到的购买风险主要有：效用风险——所购产品是否适用；经济风险——花钱是否值得；名誉风险——被评头论足，人们会怎么看待等。

(3) 成本。在搜寻成本中占绝大部分的就是时间成本。可以说，时间可以直接影响到消费者的搜寻成果。

2) 信息来源

消费者购买信息来源如图4.7所示。

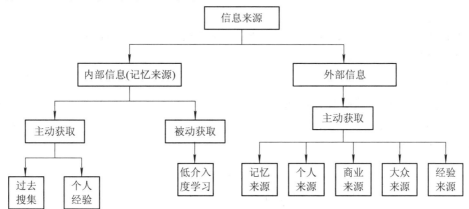

图 4.7 消费者购买信息来源

(1) 记忆来源。个人经验和低介入度学习形成的记忆或内部信息是大多数消费者最主要的信息来源。在很多情况下，消费者依靠储存记忆中的信息就可以解决他所面临的购买问题。例如，在购买牙膏、饮料等产品的过程中，绝大多数消费者是凭过去的经验、印象或者习惯做出选择，无需求助于其他外部信息。当然，记忆中信息也是在过去某一时间点上从外部获得的。

(2) 个人来源。从家庭、亲友、邻居、同事等个人交往中获得的信息。

(3) 商业来源。即消费者从广告、经销商、商店售货员、商品陈列、商品包装等途径得来的信息。一般来说，消费者的信息大多数来自于商业来源。

(4) 大众来源。大众传播媒体的客观报道、消费者组织机构等发布的信息。

(5) 经验来源。消费者操纵、实验和使用产品得到的信息。然而，受时间，知识等资源条件的约束，在很多产品的决策过程中消费者很难完全或主要依赖经验来源获得信息。

3. 评估比较

消费者对收集到的各种有关信息进行整理，形成不同的购买方案，然后按照一定的评估标准进行评价和选择。不同的消费者有着不同的评价标准和方法，因而对产品选择也不同。消费者的评价一般涉及以下几个方面：

(1) 产品属性，即产品能够满足消费者需要的特性。任何产品在消费者心目中，首先是一系列的基本属性集合。消费者对各种属性的关心程度因人而异，但是十分注意与其需要相关的属性。如照相机消费者关心的是照片清晰度，摄影速度，相机大小，价格等属性。企业应重视消费者看重的属性，而不是产品与其他产品的不同。

(2) 品牌信念，即消费者对某种品牌优劣程度的总的看法。确认哪个品牌在哪一属性上占优势，哪一属性上相对较差。

(3) 效用函数，即描述消费者所期望的产品满足感随产品属性的不同而有所变化的函数关系。比如，消费者期望从电脑得到的满足，会随着电脑的信息存储量，图像显示和软件适用性的增加而增加，随着价格的提高而减少。把效用的最高程度加以组合，就是消费者理想中的电脑。市场上实际出售的品牌，未必完全符合消费者"理想产品"，消费者只能在"理想产品"概念前提下，做某些修正，考虑最接近"理想产品"的品牌。有时，企业也无法向消费者提供理想产品，即看得上的买不起、买得起的看不上，购买行为放弃或将就。

(4) 评价模式。评价模式是指消费者对不同品牌进行评价和选择的程序和方法，如加权比较法、淘汰法、打分法等。

4．购买决策

在评价选择阶段，消费者会在选择组的各种品牌之间形成一种偏好；也可能形成某种购买意图而偏向购买他们喜爱的品牌。然而从购买意图到决定购买之间，还要受两个因素的影响，如图4.8所示。

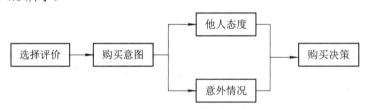

图 4.8　对购买决策的影响因素

第一个因素是他人态度。例如，某人已准备购买某品牌电冰箱，但他的家人或亲友持反对态度，就会影响购买意图。反对态度愈强烈，或持反对态度者与购买者的关系愈密切，修改购买意图的可能性就愈大。

第二个因素是意外情况。购买意图是在预期家庭收入、预期价格和预期获益(从购买的产品中)的基础上形成的。如果发生了意外的情况——失业、意外急需、涨价或亲友带来该产品令人失望的信息，则很可能改变购买意图。消费者修改、推迟或取消某个购买决定，往往是受已察觉的风险的影响。"察觉风险"的大小，随购买金额的大小、产品性能的稳定程度和购买者的自信心强弱而定。因此，营销者应设法使消费者所承担的风险减到最低限度，促使消费者作出购买决定并付诸实现。目前有些大商场作出零风险承诺，对促进消费者购买决定很有效。

5．购后行为

产品在被购买之后，就进入了购后阶段，此时，市场营销人员的工作并没有结束。消费者购买商品后，通过自己的使用或者其他信息来对自己的购买活动进行检验，从而产生某种程度的满意或不满意。购后行为直接影响消费者以后的购买决策，是营销人员必须注意的问题。

1) 购后使用和处置

消费者购买产品后就进入使用过程，此时营销人员仍有任务，即需要了解消费者使用过程中的意见和对产品的满意度，从而进一步完善产品和服务。此外，如果商品使用后可以再利用或转让，消费者会更满意，因此，生产厂家在设计、生产过程中要考虑到产品的闲置和处置问题。这不仅对消费者个人有利，而且对社会和环境保护有利。

2) 购后评价

企业关注购后行为的直接动机是了解消费者对企业产品和服务的评价，从而为以后的营销工作指明方向。以下两个理论可运用于购后评价：

(1) 预期满意理论。该理论认为，消费者对所购商品的满意程度，取决于购前期望的实现程度。如果购买满意程度达到或超过他购前期望，他就会比较满意；反之，就会不满意。如果希望与现实差距越大，消费者的不满意感也就会越大。因此，企业在营销过程中，对商品的宣传应尽量实事求是，不要夸大其词，以免造成消费者在购买前的希望过高，使用后却对商品产生强烈不满。

(2) 认识差距理论。该理论认为，消费者购买商品后，都会产生不同程度的不满意感。这是因为任何商品都有其优点和缺点，而消费者在购买时往往看重商品的优点，而购买后，又较多注意商品的缺点，当别的同类商品更有吸引力，消费者对所购商品的不满意感就会越大。企业在营销过程中，应密切注意消费者购后感受。因此，营销者应积极主动地与购买者进行购后联系，采取一些必要措施，促使购买者确信其购买决策的正确性，同时还要加强售后服务。例如，汽车公司可向新车买主致函祝贺，刊登满意购买者的广告，恳请消费者提供改进意见，列出各维修站的地点，印刷使用手册，等等，并在一定时间内允许退货，尽量减少消费者购买后可能产生的不满意感。企业还应根据顾客的意见反馈，及时改进产品和改善服务。

案例：德国大众汽车公司调查数据

一个满意的顾客会将他的经历讲给 3 个人听；

一个不满意的顾客会将他的经历讲给 15 个人听；

在 26 个不满意的顾客中，只有一人会公开抱怨，其余 25 人默默地去选择另一品牌；

3 次不愉快的经历，需要 7 次愉快的经历来忘记；

开发 1 个新顾客的成本约等于留住 6 个老客户。

从以上分析可见，消费者购买决策的每一个阶段，都会对其购买决策产生影响。企业通过调查分析，可以针对消费者在决策过程各个阶段的思想、行为采取适当措施，来影响消费者的购买决策，使消费者作出对企业有利的购买决策。

复习思考题

1. 什么是消费者市场？它有哪些特点？

2. 消费者的购买动机有哪些？

3. 影响消费者购买行为的主要因素有哪些？

4. 消费者的购买决策过程包括哪些环节？

5. 消费者购买行为的类型有哪些？企业应采取什么样的营销对策？

◇ **案例讨论**

一张支付宝账单，晒出了哪些消费新趋势？

蚂蚁金服旗下的支付宝发布了 2016 年的中国人全民账单和个人年账单，朋友圈纷纷开始热闹地晒出自己的账单，还围绕账单产生了各种各样的讨论。全民都在晒账单意味着什么？

趋势 1：千禧一代全新登场，品牌务必想好取悦他们的姿势

支付宝账单显示，中国千禧一代即"80 后"、"90 后"已经成为中国经济的主流力量，"80 后"人均支付金额已超过 12 万元，"90 后"使用移动支付更是高达 91%。

有人说"80 后"俨然成了"新土豪群体"，而"90 后"则不再是懵懂少年，现在他们已经正式成家，并加入消费大军。所以，品牌必须快速面对千禧一代，制订新的战略，再不好好思考年轻人，要想让他们为你的品牌掏腰包会越来越难。品牌最怕的就是千禧一代说"这是我爸爸妈妈的品牌"，如果你的品牌被这样谈论，说明你与年轻人的鸿沟已经很大了。

趋势 2：悦己、活出新感觉才是消费升级的核心

现在都在谈消费升级，到底企业如何抓住消费升级的机遇？首先，从消费的领域上，中国消费者越来越关注自我小世界的消费。例如，2016 年，在用户用花呗的消费中，花费最多的是美容护肤类(包含美体、精油)，而"90 后"使用支付宝的消费品类中，美妆类高达 63%，说明消费者更关注悦己的消费；此外，千禧一代在话剧、演出、电影方面的票务支出，占到了总量的 84%。

这些数据显示，越是年轻的消费者，越关注自我小世界的满足感，无论是从装点自我，还是娱乐生活，全面展现出对于自我小世界的精致消费的追求，而且，活出新的感觉也是千禧一代重要的消费形态。

品牌如何应对他们？从品牌的诉求上，那种所谓塑造成功人士的品牌调性显然已经不再能够打动他们，培养消费者的自我认同感才是核心，这种认同感是用生活细节场景，用更细微的创意来打动消费者，用属于消费者的生活方式的理念来影响他们。

趋势 3："省时间"越来越重要

今天，很多"90 后"宁愿花时间刷朋友圈，也不愿意走出办公室去餐厅。他们更享受这种"独而不孤"与世界同在的感觉。在他们看来只要是浪费时间，打扰自己与世界连接的事情都是不妥的，也因此，各种便捷的服务就产生了。

省时间带来最热闹的莫过于外卖服务，口碑餐饮数据显示："90 后"用户到店吃饭人数占比为 46%，外卖则为 61%。加上"80 后"之后，外卖比例高达 85%。支付宝统计，他们一年下馆子 40 次，叫外卖 80 次。

所以，对于千禧一代的族群而言，省时间是为了腾出时间去做自己认为"更美好的事情"，所有有助于帮助他们省时间的服务都有新的机会。

趋势 4："健康"的消费会越来越活跃

千禧一代人群由于更关注自我，因此，对于自身的各种变化都会更加的"敏感"，对于健康的敏感度提高，更加自然的健康习惯，也在这个人群中产生。支付宝账单数据显示，

2016 年，"80 后"用户户外运动增长了 9%，"90 后"用户户外运动增长了 34%。

最近一年，健身人群、跑步人群都获得迅猛增长，而围绕健康的生活方式，还有很多值得开发的新商业机会。

趋势 5：走遍世界，买遍全球，跨境消费成潮流

跨境电商在过去一年获得了巨大增长，中国消费者已经不止满足于此，出去看看成为越来越多的消费者的行动，而看看世界，买点东西似乎成了跨境旅游的标配行为。支付宝统计的跨境消费数据中，2016 年，支付宝跨境扫码付单笔最高消费 268 645 元，用户来自北京市。中国人最爱的前十大扫货地分别是：韩国、中国香港、泰国、中国澳门、中国台湾、日本、澳大利亚、新加坡、新西兰、德国。

一方面，跨境消费本身也是一种消费的探索，也就是说今天消费者对于品牌的认知和品质的认知观念已经发生了很大的变化；另一方面，在跨境消费的背后，是中国消费者对国外产品越来越高涨的渴盼和追求。而对于中国企业而言，如何能够顺应这股消费升级的潮流，制造出更好的产品，值得思考。

趋势 6：信用经济萌芽

中国消费者的移动支付已经成为主流，支付宝账单显示，2016 年移动支付笔数占整体比例高达 71%，中国可以算是移动支付最发达的国家。而通过移动打造自己的信用，通过移动进行理财，通过移动开展超前消费，也正在成为很多消费者的行为。

用户也开始注重自己的信用价值，也善于利用信用来进行超前消费。看看支付宝数据，2016 年，使用花呗支付的笔数超过 32 亿笔，比上一年增长了 344%。目前，借呗累计服务用户超过 1200 万人，累计放款超过 3000 亿元。

支付宝的一个晒账单行动，不仅为支付宝做了一个非常好的营销，也充分地展示了今天移动互联网时代的消费变革：消费主力已变，消费观念已变，而消费的方式也在发生变化，"千禧一代+移动互联网+消费暗流"，这是所有的企业在商业、品牌和营销创新方面要关注的新景象。(资料来源：《销售与市场》杂志管理版 2017 年 03 期，肖明超)

问题思考：

1. 消费者的消费趋势受到哪些因素的影响？
2. 文中描述的消费趋势，对企业具有什么启示？

技能训练

1. 到一家大型百货商场，调查各女装品牌用户的年龄细分情况、产品定位、服装款式及其受欢迎程度，并写出你的调查报告。

2. 以 5～8 人的小组为单位，选择饮料、食盐、电脑这 3 种产品，分析消费者购买决策过程和购买类型，确立企业营销对策。

第五章
市场营销战略规划

❖❖❖❖❖❖❖❖❖❖❖❖❖❖❖❖❖❖❖❖❖❖

◆ 学习目标

1. 了解企业战略规划的含义
2. 理解市场营销战略规划的特征和作用
3. 制订市场营销战略的条件和环境因素
4. 掌握市场营销管理过程

◆ 引导案例

格兰仕集团从 1978 年成立至今，已发展成为一家与全球 200 多家跨国公司建立全方位合作联盟的全球化家电专业生产企业，它也是中国家电业最优秀的企业集团之一。

2003 年，格兰仕集团的年销售额突破 100 亿元，出口创汇 5 亿美元，顺利实现年度销售目标。纵观集团的发展历程，可以划分为创业、转型和国际化三个发展阶段。随着公司的发展，公司的战略类型也发生了不同的变化。

一、创业阶段(1978—1992)

这一时期，公司主要经营羽绒和服装等产品。

1978 年，梁庆德带领 10 余人筹办羽绒制品厂。1979 年，广东顺德桂洲羽绒厂(格兰仕公司的前身)成立，以手工操作洗涤鹅、鸭羽毛供外贸单位出口，年产值为 46.81 万元。1983 年，桂洲羽绒厂与港商、广东省畜产进出口公司合资兴建的华南毛纺厂建成并投产，引进日本最新型号的粗梳毛纺生产线，年产量 300 吨，年创汇 400 多万美元。1984 年，桂洲羽绒厂扩建，水洗羽绒生产能力达 600 吨，年产值达 300 多万元。1985 年，桂洲羽绒厂更名为"桂洲畜产品工业公司"。1987 年，与港商合资成立华丽服装公司、与美国公司合资成立华美实业公司，生产羽绒服装和羽绒被直接出口。1988 年，桂洲畜产品企业(集团)公司成立，其成员企业包括"桂洲畜产品工业公司"以及该公司与外商合资的 3 家工厂，年产值超过 1 亿元。1989 年，与港商合资的桂洲毛纺有限公司投产；1990 年，公司全面实行现代企业制度改革；1991 年，中外合资的华诚染整厂有限公司建成投产。至此，公司的经营业务包括原白色兔毛纱出口、染色纱出口、纱线染色加工、羽绒被、服装等制品生产、出口。同时，格兰仕牌羽绒被、服装开始在国内市场销售，仅羽绒被年销售额就达 1500 万元。1992 年 6 月，公司更名为广东格兰仕企业(集团)公司，格兰仕牌羽绒系列制品全国总销售额达 3000 万元，集团公司总产值达几百亿元人民币，年出口达 2300 万美元。

二、转型阶段(1992—1997)

这一时期，公司经营重点由羽绒和服装产品转向微波炉产品。

1991 年，格兰仕最高决策层普遍认为，羽绒服装及其他制品的出口前景不佳，并达成共识：从现行业转移到一个成长性更好的行业。经过市场调查，公司初步选定家电业为新的经营领域，并选定小家电为主攻方向，最后确定以微波炉为进入小家电行业的主导产品(当时，国内微波炉市场刚开始起步，生产企业只有 4 家，其市场几乎被外国产品垄断)。公司领导层做出决策后，首先聘请上海微波炉专家组建了一支优秀的技术人员队伍，同时从日本东芝集团引进具有 20 世纪 90 年代先进水平的自动化生产线，并与其进行技术合作。1992 年 9 月，中外合资的格兰仕电器有限公司开始试产，第一台以"格兰仕"为品牌的微波炉正式诞生。1993 年，格兰仕试产微波炉 1 万台，开始从纺织业为主转向家电制造业为主。1994 年，格兰仕集团推行股份制改革，集团骨干人员贷款购买公司股份并成为公司的主要股东，依照现代企业制度重组公司的管理结构；初步建立了一个遍布全国的销售网络。1995 年，格兰仕微波炉销售量达 25 万台，市场占有率为 25%。1996 年 8 月，格兰仕集团在全国范围内打响微波炉的价格战，降价幅度平均达 40%，带动中国微波炉市场从 1995 年的不过百万台增至 200 多万台。格兰仕集团以全年产销量 65 万台的规模，占据中国 34.7%的市场，部分地区和月份的市场占有率超过 50%。1997 年 2 月，国家统计局授予格兰仕"中国微波炉第一品牌"称号；同年 10 月，格兰仕集团第二次大幅降价，降价幅度达 29%～40%；全年微波炉销售量达 198 万台，市场占有率达 47.6%以上，稳居第 1 位。

三、第三阶段(1998 年至今)

这一时期，公司采取相关多元化战略，经营产品从微波炉拓展到电饭煲等小家电领域。

1995 年以来，格兰仕微波炉国内市场占有率一直居第 1 位，达到 60%以上。在此基础上，格兰仕集团于 1998 年开始实施新的战略：通过国际化与多元化，实现全球市场小家电多项冠军的宏伟目标。

1998 年，格兰仕微波炉年产销量达 450 万台，成为全球最大规模化、专业化制造商。同时，格三仕集团投资 1 亿元进行自主技术开发，并在美国建立研发机构；下半年利用欧盟对韩国微波炉产品进行反倾销制裁的机会，格兰仕微波炉大举进入欧洲共同体市场；从单项微波炉走向产品多元化，全年豪华电饭煲产销规模达到 250 万只，成为全球最大的制造商。1999 年 1 月，格兰仕结束最后一项轻纺产业毛纺厂，全面转型为家电集团；同年 3 月，格兰仕北美分公司成立，同时在美国成立微波炉研究所；向市场推出新开发的品种达百余种，其产品融入了新开发出的专有技术；聘请安达信公司为集团财务顾问；全年销售额达 29.6 亿元，微波炉销售量达 600 万台，其中内销与出口各占 50%，国内市场占有率为 67.1%，稳居第 1 位，欧洲市场占有率达 25%；在关键元器件供应领域，开始采取垄断战略；电饭煲国内市场占有率达 12.2%，居第 3 位。

2000 年 9 月，公司宣布进军空调产业，通过在全球产业链中的强强合作，迅速建立起国际一流的高度自动化生产线；2001 年度内销实现 40 万台，2002 年产能扩张至 300 万台。到 2003 年，格兰仕已打造出"全球微波炉制造中心"、"全球空调制造中心"、"全球小家电制造中心"、"全球物资管理中心"四大基地，微波炉制造、光波炉制造世界第一。至此，格兰仕集团的多元化和国际化经营步伐仍在加快。

(资料来源：王方华，吕巍. 战略管理. 北京：机械工业出版社，2004.)

企业要在不断变化的环境中谋求生存和发展,必须以长远和系统的眼光看待生产经营活动,必须在企业内部能力和外部机遇两者间找到最佳的匹配方式,赢得有利的市场地位。自20世纪70年代以来,随着市场竞争的加剧,人们越来越清楚地认识到战略规划对企业经营活动的重要意义,战略规划的概念和方法应运而生。市场营销战略规划作为企业战略的重要组成部分成了企业营销工作的起点,也是企业整个营销活动的核心和灵魂。

第一节　营销战略规划概述

市场营销战略是企业职能战略中的一个重要组成部分,是指在企业整体战略及其战略目标的要求下,对企业的营销活动,特别是如何进入、占领和扩大市场所做出的长远性谋划和方略。市场营销战略是企业发现有吸引力的市场机会进而开发市场机会并获得利润的过程。在营销战略中包括两个重要的部分:一是目标市场,即企业希望吸引住的同质(相似)顾客群;二是企业的营销组合,即企业通过某些手段或工具满足目标市场的需求。

一、市场营销战略规划的含义

"战略"一词源于军事用语,本意是"将军的艺术",后来引申为有关全局的重大决策或方案。早期的企业管理中并没有战略的概念,随着企业外部环境范围逐步扩大,变化频繁,各因素之间的关系越来越复杂,战略思想在管理中的重要性凸显出来。战略管理在20世纪50年代最早产生于美国,后来传到德国、日本,现在战略管理的观念已经在全球范围内取得了共识,并日益受到管理人员的重视。

准确地说,企业经营战略规划是指企业面对激烈的外部环境,为求得长期生存和不断发展而进行的有关企业发展的总体性谋划。战略是确定企业长远发展目标,并指出实现长远目标的策略和途径。战略规划确定的目标,必须与企业的宗旨和使命相吻合。战略是一种思想,一种思维方法,也是一种分析工具和一种较长远和整体的计划规划。

市场营销是指企业为满足消费者或用户的需求而提供商品或劳务的整体营销活动。

市场营销战略是企业市场营销部门根据战略规划,在综合考虑外部市场机会及内部资源状况等因素的基础上,确定目标市场,选择相应的市场营销策略组合,并予以有效实施和控制的过程。市场营销总战略包括:产品策略、价格策略、渠道策略、促销策略等。

二、市场营销战略的特征

了解市场营销战略的特征可以帮助我们选择所需的战略规划。从市场营销战略内涵来看,它具有以下特征:

1. 全局性

市场营销战略策划的制订事关企业整体和全局。营销战略策划反映了企业高层领导对企业长远发展的战略思想,对企业的各项工作具有权威性的指导作用。

2. 长远性

营销战略策划是基于企业适应未来环境的变化而制订的一个相当长时间内的指导原

则和对策。

3．导向性

营销战略策划不仅规定和指导企业一定时期的市场营销活动，而且规定和指导企业的一切生产经营活动。

4．竞争性

营销战略策划的制订是基于对国内外市场竞争格局的认识，就如何使企业在竞争中保持优势，立于不败之地所进行的筹划。

5．原则性

一方面，营销战略策划规定了企业在一定时期内市场营销活动的方针，为企业各个方面的工作制订了可供遵循的基本原则；另一方面，由于战略考虑更多的是面对未来较长时期的营销决策，不可能对具体的营销活动进行细致的策划，因而只能是"粗线条"的决策和筹划，由此决定了营销战略所具有的原则性。

6．稳定性

营销战略作为一定时期企业经营活动必须遵循的方针和原则，具有稳定性的要求。它是企业高层领导者通过对企业外部环境和内部资源进行了认真分析和研究后所做出的慎重决策，不能随意更改。

三、市场营销战略的作用

制订并实施科学、严密的营销战略计划，可以使公司增加利润，树立起良好的企业形象，使公司在变幻莫测的市场中维持生存和发展。具体来说，营销战略计划在营销活动中起到的积极作用有以下几方面：

1．增强公司内部各部门工作的协作意识

市场营销战略是协调企业内部各种活动(资金筹措、资源配置、生产过程、销售过程等)的总体指导思想，它可以在企业内部形成明确的共同思想，有利于充分而合理地利用企业内部的各种资源(人力、财力、物力、企业声誉等)，从而加大了企业实现其各项目标的可能性。运用市场营销战略计划，会使各部门增强整体观念，形成一个整体工作系统，彼此相互分工协作，共同满足目标市场的需求，努力实现公司的整体目标。在这个过程中，市场营销战略计划应成为指导和协调各个部门工作的核心。

2．为改进管理创造条件

市场营销战略促使高层决策者从整体利益、全局利益出发，高瞻远瞩、细致周全地考虑问题。事先预测公司可能遇到的各种情况并制订相应措施，不仅要考虑在顺境下，尤其要考虑逆境下应当采取什么行动，把企业内部可能出现的冲突减少到最低限度。事先的考虑能够有助于企业对实际情况做出理性的反应，保持企业各种目标的一致性。此外，制订营销战略计划还可以加强企业内部各部门、各层次横向和纵向的信息沟通，减少摩擦和矛盾冲突，从而实现符合企业整体利益的各个目标。

3．缓解意外波动的影响

市场营销战略可以减轻甚至消除出乎预料的市场波动或事件对企业造成的影响，避免在此情况下可能出现的大的混乱。制订营销战略计划，可以对意外事件留有一定余地，减轻或消除预料之外的市场波动对公司的影响，避免可能出现的混乱。例如，近年来，我国许多生产资料价格猛涨，供应不稳定，打乱了许多公司的生产经营活动，如果公司事前有一个考虑周全的战略计划，就不会陷入被动局面。

4．减少管理者的盲目性

市场营销战略促使管理人员必须仔细观察、分析市场动向并对其未来的走向做出评价，从而有利于明确和决定企业未来的行动方向，大大减少盲目性。

综上所述，企业通过制订市场营销战略，统一思想，统一步调，能够大大提高营销活动的目的性、预见性、整体性、有序性和有效性，增强企业的竞争能力和应变能力。因此，在当代，无论是在开放条件下的国内市场，还是在竞争激烈的国际市场，进行有效的市场营销战略规划已成为维系企业生存与发展的关键。

四、制订市场营销战略的条件及环境因素

（一）制订市场营销战略的条件

经营理念、方针、企业战略、市场营销目标等是企业制订市场营销战略的前提条件，是必须适应或服从的，一般是既定的，在市场营销战略的制订过程中首先要确定的就是市场营销目标。确定营销目标时必须考虑与企业整体战略的联系，使目标与企业的发展目的以及企业理念中所明确的、对市场和顾客的姿态相适应。

市场营销目标应包括：量的目标，如销售量、利润额、市场占有率等；质的目标，如提高企业形象、知名度、获得顾客等；其他目标，如市场开拓，新产品的开发、销售，现有产品的促销等。

（二）制订市场营销战略的内外部环境

内外部环境主要是指对宏观环境、市场、行业动向和竞争以及本企业状况等进行分析，以便准确、动态地把握市场机会。

1．宏观环境

宏观环境即围绕企业和市场的环境，包括政治、法律、社会、文化、经济、技术等。了解分析这些环境对制订市场营销战略至关重要。理由有三：一是市场营销的成果很大程度上受到其环境的左右；二是这些环境属于不可控因素，难以掌握，企业必须有组织地进行调研、收集信息，并科学地对其进行分析；三是这些环境正加速变化。环境的变化对企业既是威胁也是机遇，关键在于能否抓住这种机遇或者使威胁变为机遇。例如，环境保护是各国极为重视的世界性课题，日本松下公司为适应这一环境，建立起了消除浪费、废物利用的生产体系，结果做到了生产电子零部件的原材料100%利用，并用其废物制造成其他产品，获得重大成果，给企业创造了丰厚的利润。再如，人口结构的变化，即独生子

女化和老龄化。我国企业在玩具生产上只注重儿童市场，却忽略了老年人市场，但在美国和日本等国家，在玩具生产中，老年人玩具占有很大的比重。

2．市场

从市场特性和市场状况两个方面来对其进行分析。

首先看市场特性，它包括以下几个方面：一是互选性，即企业可选择进入的市场，市场(顾客)也可选择企业(产品)；二是流动性变化，即市场会随经济、社会、文化等的发展而发生变化，包括量和质的变化；三是竞争性，即市场是企业竞争的场所，众多的企业在市场上展开激烈的竞争；四是导向性，即市场是企业营销活动的出发点，也是终点，担负着起点和终点的双重作用；五是非固定性，即市场可通过企业的作用去扩大、改变甚至创造。其次看市场状况，可以考虑以下几个问题：① 市场规模：市场由人口、购买力、购买欲望三大要素构成。② 市场是同质还是异质。现在我国人们的需求呈现出两种倾向，一是丰富化和多样化，二是两极分化越来越明显、突出。③ 绝大部分产品供大于求，形成买方市场。

3．行业动向和竞争

把握住了行业动向和竞争就等于掌握了成功的要素，所以，一要了解和把握企业所在行业的现状及发展动向；二要明确竞争者是谁，竞争者在不断增加和变化，它不再只是同行业者，而相关行业、新参与者、采购业者、代理商、顾客等都可能处于竞争关系，如铁道运输业的竞争对手包括汽车运输业和航空运输业等。

4．本企业状况

利用过去实绩等资料来了解公司状况，并整理出其优势和劣势。战略实际上是一种企业用以取胜的计划，所以，企业在制订战略时必须充分发挥本公司的优势，尽量避开其劣势。

第二节　市场营销管理过程

企业的市场营销管理过程不只是一些广告和推销活动，而是企业与它的最佳市场机会相适应的全过程。企业市场营销管理的目的就在于使企业的营销活动与复杂多变的市场环境相适应，这对于企业经营的成败具有重大意义。

所谓市场营销管理过程就是识别、分析、选择和发掘市场营销机会，以实现企业的任务和目标的管理过程，亦即企业与它最佳的市场机会相适应的过程。这个过程包括分析市场机会、确定营销目标、制订营销计划和预算及营销实施和评价四个步骤。

一、分析市场机会

寻找和分析评价市场机会，是企业市场营销管理人员的重要任务，也是企业市场营销管理过程的首要步骤。

市场营销机会是企业开展经营活动的内容和领域，即市场上未满足的消费需求。市场需求是不断变化的，任何企业都不能永远依靠现有产品长期生存下去。每个企业都必须善于发现和抓住新的市场机会，靠新的产品和服务满足市场上那些尚未满足的消费需求。发现市场机会是企业开展营销活动的首要问题。

企业寻找新的市场机会有正规和非正规两种方法。

非正规的方法是偶然的、无计划的，如通过阅读报刊、参加展览会、研究竞争者的产品等方式，发现和识别未满足的需求，提出新的构思。许多企业都是用非正规的方法去发现新的市场机会的。

寻找市场机会的正规方法是有计划的方法。产品—市场发展矩阵图就是其中比较实用的一种(见图5.1)。

		产 品	
		现有产品	新产品
市场	现有市场	市场渗透：在单一市场，依靠单一产品，目的在于大幅度增加市场占有率	产品开发：在现有市场上推出新产品；延长产品生命周期
	新市场	市场开发：将现有产品推销到新地区；在现有实力、技能和能力基础上发展，改变销售和广告方法	多元化：相关多元化；非相关多元化

图 5.1 产品—市场发展矩阵图

例如，某化妆品公司的市场营销人员考虑是否可以采取一些措施，在现有市场上扩大现有产品"香波"的销售，即市场渗透；还可以考虑是否可以向国外市场扩大"香波"的销售，即市场开发；还可能考虑是否向现有市场提供"摩丝"、"发胶"或改进"香波"的包装、成分等，以满足不同需要，扩大销售，即产品开发；还要考虑是否要进入服装、家用电器、电脑等行业，跨行业经营多种多样的业务，即多元化经营。

"产品—市场空白点"法也是寻找市场机会的正规方法。所谓"产品—市场空白点"是指在某特定的产品市场，按一定的定位因素去定位产品时，没有产品存在的空白点。如果企业寻找到盲点，它就发现了可利用的"产品—市场空白点"，如果企业能消除造成空白点的技术和经济原因，也同样可以找到市场机会。如果技术和经济原因本企业也无法消除，则这两类"有营销意义的空白点"就是"不可利用的空白点"。不断寻找产品—市场空白点，不断发现市场机会，如图5.2所示。

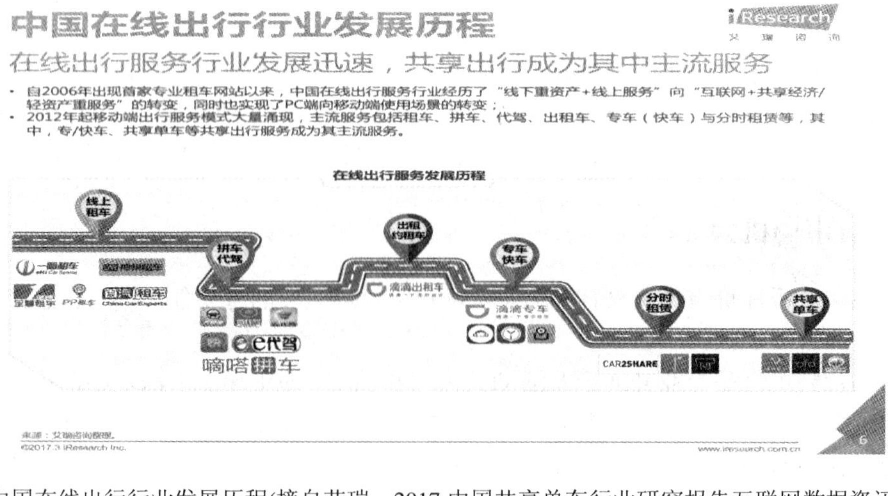

图 5.2 中国在线出行行业发展历程(摘自艾瑞，2017 中国共享单车行业研究报告互联网数据资讯中心)

二、确定营销目标

所谓目标，是在某一特定时期内希望完成的预期成果。它是经由战略行动而实现战略计划的纲要，是企业目的和使命的具体化。

市场营销目标是企业在市场环境分析和市场调查预测的基础上，把企业的外部条件与内部条件相互协调起来，充分利用现有资源，促使企业为长期发展而制订的营销活动要达到的目的。企业主要的营销目标有市场占有率、销售增长率、销售额、利润等。

市场营销目标必须和企业的市场营销能力相一致。这就要求企业在制订市场营销目标时，要正确评价自己。任何市场营销战略不可避免地会遇到企业目标和企业能力之间的冲突，目标过高，可能造成资源浪费，目标过低，无异于自我挫败。因此，企业在确定目标时，至少要满足以下几个条件：一是目标必须有利于企业使命的实现，必须符合企业内外的价值观、社会伦理道德标准。二是目标能够产生激励。但凡上下级共同制订的目标，只要能够量化和具体化，就能产生指导和激励的作用。三是目标应当是可行的。四是在目标群中，同一层次上的目标之间或主从目标之间必须相互协同，互相助长，不能彼此矛盾，相互冲突。

企业在确定市场营销战略目标后，还要确定产品方向和市场活动范围。由于任何产品的市场都有许多顾客群，他们各有不同的需要，并且分散在不同的地区，因此企业(即使是大公司)也不可能很好地满足所有顾客群的不同需要。所以，企业在市场环境分析和调查预测及制订营销目标过程中，发现和选择了有吸引力的市场机会后，就要进行市场细分，根据自己的营销目标和优势，决定进入哪个或哪些市场部分，选择目标市场，从而有效地进入目标市场，完成营销目标，提高经营效益。

三、制订营销计划和预算

计划和预算是保证企业市场营销战略目标实现的关键步骤。

从理论和实践工作中，我们能够发现，通过预算可以使计划形象化，可以列出在执行预定销售战略后，能给企业带来的收益及营销费用的分配，从而检验营销目标、策略、方案的可行性程度。营销预算有助于市场研究、促进营销等工作的顺利开展，使企业一切营销工作都有计划、有步骤地顺利进行。

为实现市场营销目标，进入目标市场，要制订周全而详尽的市场营销计划、确定市场营销策略组合。市场营销策略组合是市场营销学中的一个基本的、重要的概念，它是企业可控制因素(产品、定价、分销、促销)的策略组合。正确制订市场营销策略组合，使之协调配合，才可以顺利完成营销目标。

四、营销实施与评价

企业市场营销战略的实施评价，是指企业市场营销管理者采取一系列行动，使实际营销结果与原计划尽可能一致，在控制中通过不断评审和信息反馈，对市场营销战略不断修正。

市场营销战略的控制既重要又困难。因为企业策略的成功是总体的、大局的、全局性的，战略控制是控制未来。必须根据新情况重新评估计划和进展，因而难度比较大。

为了卓有成效地进行控制评价，在控制过程中，必须遵循的原则是：控制必须同企业的组织系统互相配合，必须符合经济原则，指标要有可比性。

对营销活动的管理，主要做好三个方面工作，即制订计划、执行计划和控制计划。

(一) 制订计划

市场营销管理主要依据两个计划系统：战略计划系统和营销计划系统。

为了实现战略计划，企业还必须编制具体的营销计划。营销计划是关于一项业务、产品或品牌在所有营销方面的具体安排和规划。

营销计划包括长期计划和短期计划。长期计划一般为五年计划，描述五年内影响该产品市场的重要因素和力量，五年的目标以及达到的预期市场占有率、利润率的主要策略和所需投资。长期计划应是滚动性的，根据情况的变化每年进行修订，即每年制订一次今后五年的营销计划。短期计划一般为年度计划，是五年计划中每一年的详细计划，其主要内容是当前营销形势、分析环境机会和威胁、确定营销目标、制订市场营销战略和行动方案、确定预算和控制手段等。营销计划是协调企业各项活动的基础，是实现增长目标的有效手段。

(二) 执行计划

企业要贯彻执行市场营销计划，有效地管理营销活动，首先必须建立和发展市场营销组织，使企业营销系统中各级人员保持协调一致。其次，营销部门还必须与生产、人事、财务、采购等其他部门密切配合。企业要善于调动内外部积极因素，使各个部门密切合作，实现企业的任务和目标。营销计划的执行情况，不仅取决于它的组织机构，而且取决于对人员的挑选、培训、指导、激励和评估。每个工作人员都应获得与其能力和贡献相适应的报酬，并且都有平等的晋升机会。企业应使每一个人明确自己的职责、权利和前途，都有足够的前进动力，要使每一个营销人员都知道，企业对他们的要求和希望是什么，他们的表现将如何被考察和衡量。实践证明，激发了工作人员的热情，可以大大提高其工作效率。

为了更好地执行计划，企业应将计划落实到个人，即指派专人负责在规定时间内完成计划任务。如把销售指标分解为若干份，合理地分配到各个岗位及个人，切实落实计划任务，保证计划的贯彻执行。

(三) 控制计划

控制计划是管理营销活动的一个重要内容。在营销计划实施过程中，可能出现很多意想不到的情况。需要一个控制系统来保证营销目标的实现。市场营销控制包括：年度计划控制、盈利能力控制和战略控制三种。

企业为了保证完成年度计划中提出的销售利润和其他目标，必须实行年度营销计划的控制。年度计划控制是一种短期的即时控制，中心是目标管理。其工作步骤包括：一是管理者必须将年度计划分解为每月或每季的目标；其次管理者必须随时跟踪掌握营销情况；三是当营销实绩与计划发生偏差时，找出产生偏差的原因；四是提出改善计划实施的措施，弥合目标与实际执行结果之间的差距，在必要的时候可以修改目标本身。

除了年度营销计划控制外，企业还需要测算它的各类产品在不同地区、不同市场通过不同分销渠道出售的实际获利能力。这一分析结果能帮助主管人员决策哪些产品或哪些市场应予以扩大，哪些则应缩减，直至放弃。

战略控制是最高层次的控制。由于市场营销环境在迅速变化，企业的目标、政策、战略和措施可能很快过时，因此，必须时刻注意观察市场的变化，定期评估营销效果，及时采取适当的修正措施，以适应外部环境的变化。

◇ 案例

"A" 牌粥煲王——广州市场营销计划方案

1. 营销目标

"A"牌粥煲王在顺德市场上的成功，充分表现了"A"牌粥煲王的巨大潜力，同时也应该看到，广州市场既具有潜力，也充满挑战。

"A"牌粥煲王的顾客多为潜在购买者，如何将这些潜在购买者引导为现实购买者，是能否成功打开广州市场的关键。本方案将进入市场的过程分为三个阶段，分别是进入市场阶段、树立产品形象阶段和建立企业形象阶段，旨在通过环环相扣的一系列活动，提高产品的知名度，达到成功打开市场的目的。

2. 市场环境分析

(1) 需求分析。广州人对粥有很深的感情。早在一千多年前，岭南人就开始食粥，并形成了南方独特的粥文化。"粥城""粥家庄"之类的食粥专门店在广州星罗棋布，其中"及第粥"、"靓仔粥"最为有名。时至今日，粥仍是广州人生活中不可缺少的部分。现代人食粥除了口味之外，还要求有营养和保健作用。随着人们生活节奏的加快，人们还希望能方便地喝到鲜美的粥，旧式的瓦粥煲和一般的电饭煲很难做到这一点。

(2) 竞争者分析。"A"牌粥煲王主要竞争者属于产品竞争者。目前市面上还未有其他强势品牌的同类产品，"嘉利"入市较早，但推广力度不够；"乐声"为进口品牌，价位偏高，相对而言，"A"牌粥煲王具有较大的观念和市场空间。竞争主要来自其他的煲粥用具，如旧式的粥煲和日常用的多功能电饭煲。因此，在推广中如何突出"A"牌粥煲王的特性是促销工作的关键。

(3) 目标顾客分析。"A"牌粥煲王适用于一般家庭。就其特性而言，应侧重单身、双职工和四代同堂的家庭，以其为切入点，逐步推广。这些家庭生活节奏较快，要求省时、方便、营养，推广工作应着重在人口密集的社区。

(4) 产品分析。"A"牌粥煲王采用新型发热装置，比普通电饭煲节电30%，同时，采用紫砂内胆，煲出的粥口味纯正，符合现代炊具发展趋势，具有专项功能，在市场上有很大的拓展空间，由于其功能的特殊性，很容易先发制人，占领市场。与其他竞争者相比，"A"牌粥煲王有功能单一的劣势。

3. 市场推广

1) 策略

以观念促形象，以形象带产品，采取强化产品附加值的差异化营销战略。

全方位导入顾客满意(CS)体系，设立"A 健康俱乐部"，采取会员制营销策略，以期建立长期的顾客忠诚度。

加强服务营销力度，着力产品市场的后期开发。

调动整合营销传播手段，巧借媒介，策动具有话题性和相关性的事件，制造消费热点。

2) 阶段

第一阶段：进入市场

本阶段是市场推广的初步阶段和试销阶段。产品开始被消费者认识，本阶段也是一个调查和宣传的阶段。通过各种促销活动，扩大产品的认识面，同时对市场做一次初步的调查，分为社区促销和商场促销两部分。

社区促销：通过在社区内举行的活动，吸引潜在顾客群的关注和试用，并由此形成一定范围内的口碑效应，为下一阶段的促销奠定基础。

商场促销：建立有效的销售渠道，在商场、购物广场设置产品促销展台，配合具有视觉和听觉冲击力的现场环境效果，引起消费者的注意和积极参与，起到宣传产品的作用。

建议：

A. 促销活动地点选择住宅区附近的市场、人流量大的商业街(如北京路)和已有摆货的商场。

B. 配合抽奖，中奖率可以达到100%。最大程度地吸引消费者的关注。

C. 同时开展现场粥艺咨询、健康辅导，现场派发《A 粥谱》、《粥艺健康》特刊。

D. 适时开展消费者意见征询活动，建立消费者资料库。

E. 对于购买产品的顾客，发放"A 健康俱乐部"会员卡。

媒介配合：选择广州几大报纸、电台以及电视等大众传播媒介，广泛征集并重奖民间粥艺珍谱、秘谱，全力炒作，策动热点。

第二阶段：纵深推广

在第一阶段推广活动中大众对本产品有了一定认识、厂家对用户的加深了解的基础上，展开第二阶段的推广活动。

营销思路：将单纯推销产品、宣传硬件品质转向对产品附加值(传统底蕴、文化内涵、保健功效等)的宣传，具体包括：

(1) 向消费者推广更美味更科学的饮食之道。宣传其多样性、科学性和保健方面的功效。

(2) 逐渐转化为发扬广州悠久的粥文化，是粥煲逐步普及，进入大多数人的家庭推广活动。

① 依照产品价位和功能特点，主要销售渠道仍是大商场、大百货柜台，力争设专柜，为消除消费者疑虑，推出"免费保修"、"无条件退货"等促销承诺。

② 设流动销售车，在广州各小区巡回宣传销售，利用这一与消费者直接接触的形式，在演示、教授、推销的同时，积极收集反馈信息。

③ 加强资料库营销力度，进一步扩大会员制规模，并设立一定的促销奖励制度，以

消费促消费，通过类传销模式建立起广泛的消费群体网络。

④ 在销售渠道策略方面，采取区域代理制模型，建立层级销售网络。

⑤ 选择合适的时机，策动具有话题性的促销推广活动，例如：

A. 在征集民间粥艺珍谱、秘谱活动的基础上，举办一次广州名厨粥艺大赛，展示广州粥艺最高水平。

B. 利用世纪效应，策划大规模的"跨世纪百粥盛宴"大型群众性狂欢活动。同时，策划重温正宗艇仔粥的活动，勾起广州市民尤其老市民的怀旧心理。

C. 举办家庭煮粥大赛，重点宣传融和家庭关系，增进夫妻感情，引入粥的深层价值，深度开拓市场，普及粥煲王。

(3) 开发"广州 A 粥艺旅游专线"，利用羊城作为粥发源地的旅游资源，提倡"游广州品粤粥文化"，为进军国内市场作准备。

(4) 在高校中征集该产品营销方案活动，一方面视学生家庭为目标对象，扩大影响，另一方面吸取优秀方案改进本方案。

第三阶段：横向拓展

(1) 竞争分析：如一切顺利，应已有竞争者加入该市场。此时公司应利用已有的品牌优势整理销售渠道，通过扩大规模降低成本(应在第二阶段以实施)，巩固地位。

(2) 营销策略：在仔细调查分析市场的基础上，改进产品，增加款式、规格。在巩固粥煲现有地位基础上，引入关联性强的新产品，如汤煲等，走品牌延伸战略。可以适当考虑低价拉动市场的策略。实施全国推广计划。

复习思考题

1. 从企业发展的角度看，为什么大多数企业都倾向于采取发展战略？

2. 纵向一体化战略和横向一体化战略各有何利弊？

3. 在实行多样化战略时，公司的业务是否越多越好？如何确定合适的多样化程度？

4. 企业市场营销战略规划过程分为几个步骤？每一步骤的内容是什么？

5. 如何理解将企业任务表述由"销售各种各样的化妆品"改为"满足人们对美容的需要"的意义？

6. 简述企业战略与市场营销战略的关系？

7. 以一个实际企业为研究对象，鉴别出它所采取的战略。

◇ **案例讨论**

脑白金：简单而成功的营销模式

在保健品行业这个新模式、新手段层出不穷的行业内，脑白金的成功显得异常地出类拔萃。脑白金并不是销量最大的保健品——它远比不上三株口服液，也比不上红桃 K、太阳神；但脑白金营销过程中所发掘出的促销创新手段、对渠道和销售分支管理的改革、管理的简化等，其价值远远超过保健品行业内的其他成功案例。

20年来，保健品行业一直在创造着财富传奇。太阳神、娃哈哈、昂立、三株、飞龙、养生堂、太太药业、红桃K、长甲集团、正大青春宝、绿谷集团……众多我们耳熟能详的大企业，其步入辉煌的第一桶金，都依靠保健品挖掘来的。他们创下诸多可圈可点的营销模式，并创下营销奇迹。譬如太阳神在中国企业中第一个引入CIS、三株的农村包围城市、养生堂的概念公关营销、绿谷的新闻案例营销、巨能钙诊断式营销、夕阳美工作站整合直接营销等，在保健品行业丰厚的利润吸引下，保健品企业创下的创新营销手段、创新营销模式层出不穷，远非其他任何行业能够比拟。

史玉柱与他的巨人集团也概莫能免。时间回溯到1997年，巨人飓风般的倒闭之后，史玉柱痛定思痛，决心要从保健品业重新爬起来。1998年，经过一年的摸索，一种新的保健品——"脑白金"凸显于人们面前。至2000年，脑白金的年销售额即达到12亿元！

脑白金成功的营销模式是中国众多企业成功的共同法则。

一、通过创新实现差异化

脑白金的创新是深入的、全方位的、非常彻底的。从产品配方、促销手段、广告投放、渠道控制、分支机构管理等众多方面，脑白金进行了大胆的创新。而创新带来的差异化，则成了脑白金成功的最主要因素。

1. 产品创新：复合配方巧造壁垒

脑白金申报的功能是"改善睡眠、润肠通便"。但认真考证一下，就会发现，支撑脑白金的产品概念是"脑白金体"。那什么是"脑白金体"？其实这是为了制造壁垒、拦截竞争对手跟进。道理非常清楚，如果巨人在宣传中强调其促进睡眠的主要原料Melatonin(简称MT)，那么巨人开拓出来的市场，很快就会被跟进的竞争对手通过市场细分、价格战，最终抢掉其部分市场。

巨人采取的对策是不宣传MT，而是为MT起了个有意义、有吸引力的中国名字"脑白金"，并把"脑白金"注册为商标。所有的宣传都围绕商标进行，一旦竞争对手在宣传中提到脑白金，就会遭遇法律诉讼。于是商标成了第一道保护壁垒。

即使不强调MT，宣传注册商标"脑白金"，那么竞争对手也同样能够跟进——如果都是简单的胶囊，因为产品形态雷同，在竞争对手的宣传攻势下，消费者很快就会意识到产品是一样的。这样价格战、市场细分同样能夺取脑白金的市场份额。

怎么办呢？巨人的策划人员决定采用复合包装，在产品形态上做到了和竞争对手的差异化。加上口服液后，消费者就会明显感觉到和单纯胶囊的产品存在差异；当竞争对手试图说服消费者两者成分一样的时候，因为感受到的产品形态截然不同，就很难获得购买者的认同。

就这样，脑白金通过商标保护、产品形态创新等形成了脑白金的双重保护壁垒，始终将自己培育出来的市场牢牢掌握。现在全球MT销量的半数以上为脑白金占据，这种局面是产品创新的直接后果。

2. 促销创新：登峰造极的"新闻广告"

脑白金面世的时候，保健品行业刚刚遭遇"三株垮台"、"巨人倒闭"的连环事件。整个舆论界、消费者对保健品行业的信心自"鳖精"之后，第二次陷入低谷。

此时消费者对保健品信心不足，传统的营销手段——报纸广告、电视广告促销效果非常差。传统的广告轰炸已经难以奏效。应该怎样去说服消费者呢？

　　经过认真的分析研究，巨人决定选择在报纸做"软广告"，也就是新闻广告。在报纸上刊登新闻广告，早在上世纪 80 年代"101 毛发再生精"就成功运用过，家电企业海尔等也一直在用，这并不是脑白金的创新。脑白金的创新之处是它将新闻广告发展到了登峰造极的程度。

　　脑白金早期的软文《98 年全球最关注的人》《人类可以长生不老》《两科生物原子弹》等新闻炒作软文，信息量丰富、数字确切具体、文笔轻松夸张、可读性极强。在 1998 年的时候，读者还习惯看报纸上僵硬模式化的新闻报道，他们看不出那些软文是脑白金的广告，而错以为是科学普及性新闻报道，甚至一些媒体编辑都上当了。

　　脑白金的新闻广告在南京刊登时，没钱在大报上刊登，就先登在一家小报上，结果南京某大报竟然将脑白金的软文全文转载。脑白金软文的质量，由此可见一斑。也正是登峰造极的新闻手法，让消费者在毫无戒备的情况下，接受了脑白金的"高科技"、"革命性产品"等概念。

　　脑白金在促销方面的创新，无疑是非常引人注目的，以至于很多企业都以为脑白金就是依靠单纯的广告炒作起来的。而实际上，即使在渠道管理、财务控制上，脑白金也有颇多建树。

　　3. 渠道管理：让经销商成为配货中心

　　脑白金启动的时候，采用了一种非常独特的渠道策略。脑白金在省级区域内不设总经销商，在一个城市只设一家经销商，并只对终端覆盖率提出要求。因为不设总经销商，就让渠道实现了"扁平化"，尽管公司内部办事处是分为省级、地级，但各地方经销商相互间却没有等级之分。将一个经销商的控制范围限制在一个地区、一个城市，防止了经销商势力过大对企业的掣肘；另一方面一个城市只设一家经销商，保证了流通环节的利润，厂家对经销商的合作关系变得更加紧密。

　　在功能分配上，经销商只负责铺货、配货，其他的终端包装、终端促销、广告投放等，均由脑白金设在各地办事处负责。在这种模式下，经销商的作用已经非常有限，实际上仅起到一个配货中心的作用。

　　脑白金在进入某一市场之初，还采用倒做渠道策略，即先在报纸上投放广告，让消费者到终端点名要货，这样就大大降低了渠道开拓、铺货难度。脑白金的现款现货政策，也和倒做渠道策略有关。

　　4. 管理创新：财务扁平化控制

　　在巨人脑黄金时代，巨人采用的是分公司制度。各地的销售分支机构均有财务权，现金流需要经过分公司。脑白金启动后，为了杜绝分公司财务独立可能带来的财务风险，不再设分公司，而只设办事处。

　　在分公司制度下，分公司的费用控制管理难度很大。脑白金则采用了纯粹提成制来控制费用，根据办事处销量、完成任务情况等，提取一定比例作为其行政费用，办事处独立核算，自负盈亏。

　　在广告费用控制上，总公司统一为各办事处规定当地媒体折扣率(比较低)，要求办事处经理必须按照总部规定的折扣率和媒体达成协议，不足部分要由办事处的提成来支付。

　　在脑白金的管理创新，其本质是财务控制方面的创新，即通过总部直接和经销商、媒体对接现金来往，砍去了销售分支作为现金流转中间站的作用，从根本上避免销售分支可能带来的"携款潜逃"、"挪用公款"等财务问题。

在对经销商的政策上，脑白金采用现款现货，加快了现金流转率(这种极端的策略是中国企业缺乏信用的明证，虽然非常安全，但却是以牺牲经销商利益、降低销售额为代价的)。这种以财务控制为核心的管理方法，和联销体是不能分离的，两者相辅相成，现在已经成了很多消费品企业的主流模式。

二、集中优势兵力

1. "滚雪球式"的扩张方式

脑白金在启动市场期间，不是大面积启动，而是以点带面。在试销找到成功营销模式以后，市场进入快速扩张阶段。但这时候，史玉柱仍然强调的是"集中优势兵力，各个突破"。以福建省为例。当时总部只派了一个销售经理到福建，总部提供的启动资金数目不超过 20 万元，用这么少的资金怎么启动全国市场呢? 只有遵循"集中优势兵力，各个突破"原则。

福建省的办事处经理接到任命后，先到漳州开拓市场，开拓漳州成功后，利用漳州赚来的钱启动厦门市场，然后逐渐启动福建各个城市。这种启动市场的方法，先集中全部资金于一个城市，然后再逐步扩张，虽然启动速度比较慢，却最大程度地保证了营销目标实现。

2. 简化管理，专注策划

1999 年脑白金在南京办公的时候，一度公司只有 10 个人左右，却要管理大半个中国的脑白金销售，这看似不可能的事情，却是事实。

能够做到这一点，一方面是当时脑白金的市场在快速膨胀，每个月销售额都在上涨，士气很高。但最重要的还是脑白金独特的管理方法。前面已经介绍，脑白金采用的是区域市场分封制度，在这种制度下，总部除了考核销量、价格、终端等，对于办事处的人事、财务等管理基本上不加干涉。这样总部的职能就变得非常简单，它不是一个管理中心，而只是一个单纯的结算中心和策划中心。因为脑白金把大部分的管理职能都"打包"给了省级经理，总部有限的人手只需要做好结算和策划。所以 10 个人也能顶起半个中国的市场。

3. 巨额广告炸出礼品概念

脑白金转变成礼品是一次偶然的机会提出来的，当时资金不足，随便请了老头老太太花了 5 万元拍成了第一个送礼广告。播放后，销量立即急速上涨。他们发现保健品作为礼品的市场机会后，立即调整策略，从功效宣传为主转入礼品宣传为主。

2000 年脑白金销量超过 12 亿元，其中礼品的贡献可能在 50%左右。到了 2001 年，脑白金礼品的销售额则超过了预计市场销售。这么高的礼品比例靠的是什么呢? ——广告轰炸。

为了能够成为第一，脑白金在送礼广告上投入了巨额广告费。所以每到过年、过节，脑白金的"收礼只收脑白金"就会看得电视观众直反胃。因为打得太多，又总是简单重复，连史玉柱自己都说老头老太太的送礼广告"对不起全国人民"。这种策略虽然为脑白金引来满天非议，但实施的效果非常好。因为广告投放集中、诉求单一、强度非常大，脑白金占据的送礼市场份额远远超过了其他保健品的份额。

三、低成本快速扩张

脑白金的启动资金不多，但在两年的时间内，竟然基本上启动了全国市场，实现了

12 亿元的年销售额，不能不说是一个营销奇迹。脑白金的成功集中体现了 "低成本快速扩张" 的原则。

为了能够低成本快速扩张，史玉柱可谓想尽了一切办法。在脑白金启动时期的种种行为上，不难发现其踪迹。

1. 试销用了一年时间

脑白金的成功，很大程度上得益于健特公司进行过很长时间的试销工作。为了找到一个成功的营销模式，史玉柱率领部下探索时间超过了一年。试销工作先后在武汉、江阴、常州等地进行，其间尝试过种种办法，网上有种说法脑白金甚至尝试过学习安利的传销模式。

试销的过程中，连产品的剂型也做了重大调整。脑白金的剂型最初只是简单的胶囊，后来在试销中发现，中国的消费者更喜欢 "放在手上沉甸甸" 的口服液，因而脑白金增加了口服液，变成了胶囊和口服液的复合包装。结果不但适应了消费者的偏爱，独特的复合包装产品形态还对跟进产品形成了竞争壁垒。

为什么脑白金这样重视试销呢？道理很简单，成功的试销能够大幅度减低营销成本、加快市场开发进程，试销是实现 "低成本快速扩张" 的必由之路。正因为这样，史玉柱带领部下进行了长达一年多的试销工作。

2. 采用新闻广告

脑白金启动市场期间，最重要的促销手段就是在报刊上刊发新闻广告，为什么要采用新闻广告呢？首先是为了增加广告的可信度，但归根到底，却是为了降低促销成本。

为了降低促销成本，就必须增加广告可信度，增加广告的杀伤力，提升促销效果。为了做到这些，在当时的市场状况下，也许新闻广告是最好的选择，也许是唯一的选择。

实际上，广告投放后，市场反应也确实非常理想。脑白金的很多地方启动时，往往广告投放的头一个月就能达到 1：1 的投入产出比例，第二个月就能盈利。这种促销手段成本之低、效果之好，令人叹为观止。

3. 承包制控制成本

有销售分支的公司都存在着控制分支费用的任务。"将在外，君令有所不受"，很多时候销售分支的费用很难加以有效控制。但如果不加控制，那么公司的利润就会被种种 "跑冒滴漏" 的现象侵蚀掉，一个运行健康的公司也许能够经受得住这种侵蚀。但在启动之初，脑白金是没有实力为这种行为买单的。

如果无法控制销售分支的费用，不能低成本运作销售分支，脑白金就无法快速启动全国市场。为了控制销售分支的费用，史玉柱的对策是采用完全的销售大区 "分封制" ——销售分支机构的费用除了部分终端费用，其他的费用全部来自固定比例的销售提成，销售办事处独立核算、自负盈亏。这种措施彻底解决了销售分支费用无法有效控制的难题，从而脑白金能够用比较低的成本，快速扩张市场。

问题讨论：

1. 案例中提到 "中国众多企业成功的共同法则"，你认为是什么？

2. 脑白金在运用这些共同法则时有哪些创新？

 **技能训练**

　　我国的海尔公司有句名言：我们不是居安思危，而是居危思进。如何把公司的战略变成每个员工的竞争力，这对于有数万名员工的海尔来说，确实是一个宏伟的目标。2003年，张瑞敏向媒体坦言，要让集团的每一个员工都成为 SBU。外界把它解释为"变一个大海尔为三万个小海尔，变一个张瑞敏为三万个张瑞敏。"

　　如何理解、解释与落实这种思想？

第六章
目标市场营销与竞争战略

❖ **学习目标**

1. 掌握市场细分的定义和原则，熟悉消费者市场细分的标准
2. 掌握细分市场的评估，理解目标市场的选择和战略
3. 掌握市场定位的定义、战略、策略和原则及定位差异化的方法
4. 了解竞争者的营销目标、竞争者的优劣势分析
5. 理解竞争者的反应模式、竞争者的类别，熟悉市场竞争的基本类型
6. 掌握市场竞争者的策略、市场竞争的分析工具

❖ **引导案例**

有一户王姓人家，住在市镇与市镇之间的路上，以种菜为主，颇为肥料不足所苦。有一天，王姓人灵机一动："在这条路上，往来贸易的人很多。如果能在路边盖一个厕所，一方面给过路的人方便，另一方面也解决了肥料的问题。"于是，他用竹子与茅草盖了一间厕所。果然来往的人无不称好。种菜的肥料从此不缺，青菜萝卜都长得极为肥美。路对面有一户张姓人家也以种菜为生。他看到了邻里的收获，非常羡慕，心想："我也就该在路边盖个厕所。而且，为了吸引更多人来，我要把厕所盖得清洁、美观、大方、豪华。"于是，他用上好的砖瓦搭盖了一间厕所，内外都漆上石灰，比对面的茅厕大了一倍。完工之后，他觉得非常满意。然而，对面的茅厕人来人往，而自己盖的茅厕却无人光顾。这户人家感到非常奇怪，就问路过的人是怎么回事。路人说："你盖的厕所太美，太干净，我以为是神庙。"第二天，张姓人家就在厕所旁立了个牌子，上面写着"良家妇女专用厕所"，并收费一文。结果，张姓人家的厕所也人来人往，不但有了肥料，每天还能收不少的钱。

某一个地区，有两个报童在卖同一份报纸，二人是竞争对手。第一个报童很勤奋，每天沿街叫卖，嗓门也响亮，可每天卖出的报纸并不是很多，而且还有减少的趋势。第二个报童肯用脑子，除沿街叫卖外，他还每天坚持去一些固定场合，一去了后就给大家分发报纸，过一会再来收钱。地方越跑越熟，报纸卖出去的也就越来越多，当然也有些损耗，但渐渐地，第二个报童的报纸卖得更多，第一个报童能卖出去的越少了，不得不另谋生路。为什么会如此?第二个报童说："首先，在一个固定地区，对同一份报纸，读者客户是有限的。买了我的，就不会买他的，我先把报纸发出去，这些拿到报纸的人是肯定不会再去买别人的报纸。等于我先占领了市场，我发得越多，他的市场就越小，这对竞争对手的利润

和信心都构成打击。其次，报纸这东西不像别的消费品，有复杂的决策过程，随机性购买多，一般不会因质量问题而退货。而且钱数不多，大家也不会不给钱，今天没零钱，明天也会一块给，文化人嘛，不会为难小孩子。即使有些人看了报，退报不给钱，也没什么关系，一则总会积压些报纸，二则他已经看了报，肯定不会去买别人的报纸，还是自己的潜在客户。"

以上两个案例告诉我们，目标市场营销与市场竞争战略能有效地开拓和占领市场。所谓目标市场营销，是指企业识别各个不同的购买者群，选择其中一个或几个作为目标市场，运用适当的市场营销组合，集中力量为目标市场服务，满足目标市场需要。目标市场营销由三个步骤组成：一是市场细分；二是目标市场选择；三是市场定位。

第一节　市　场　细　分

一、市场细分的概念

市场细分又称市场细分化，就是根据顾客的不同需求，把整体市场划分为不同的顾客群的市场分割过程。每一个顾客群就是一个细分市场，亦称"子市场"、"分市场"或"亚市场"，各个细分市场是由需要与欲望基本相同的顾客所组成。

市场细分的目的是要在大市场中寻找对企业最有利的一个或几个细分市场作为自己的目标市场，从而使企业营销可以以最高的效率去进行。如某企业可进入的市场是服装市场，它可根据消费者的需求和特点，按"年龄"这个因素将服装市场分割为儿童市场、青少年市场、中老年市场，又可按"性别"这个因素分割为儿童男女装市场、青少年男女装市场、中老年男女装市场。这样，企业就可以根据市场环境和自身条件，选择其中最有利于自己经营的市场作为目标市场，进而采取适当的经营策略组合，去开拓这个市场，以求得最佳的竞争条件和最佳的经营效果。

二、市场细分的好处

市场细分是第二次世界大战后市场营销思想和战略的新发展，是20世纪50年代由美国市场营销学家首先提出来的，此后受到广泛地重视和普遍应用。市场细分现在已经成为企业市场营销战略的一个核心内容，是决定企业营销成败的一个关键性问题。它对于企业改善经营管理，提高经济效益，更好地为顾客服务，具有重要现实意义和作用。

（一）有利于企业巩固现有的市场

通过市场细分充分把握各类顾客的不同需要，并投其所好地开展营销活动，就可稳定企业现有市场，这对于发展余地不大的成熟行业和不愿或不能转向新市场的企业来说，意义尤其重大。例如，从20世纪60年代初开始，美国的咖啡消费量一直在下降，大多数专家认为，咖啡将难以恢复它作为美国成人通用饮料的地位。在这种情况下，处于市场领先地位的美国通用食品公司对市场进行了细分，并在细分基础上推出了多个不同品种和牌子的咖啡。无论消费者喜欢哪种风味的咖啡，喜欢用哪种方法调制咖啡，也无论他们想在什么时间、什么场合饮用咖啡，通用食品公司都能满足他们的需要。如"拳头"产品"马克斯韦尔·豪斯"普通咖啡、不含咖啡因的"桑卡"咖啡、以占领办公室市场为目标的"布里姆"咖啡、针对某种特殊消费需要的国际咖啡系列产品等等，适应了美国咖啡市场各种不同需要，从而使通用食品公司在美国人口构成变化造成的威胁面前，仍能保持咖啡市场上的领先地位。

(二) 有利于企业发现市场机会，选择目标市场

通过市场细分，企业可了解市场各部分的购买能力、潜在需求、顾客满足程度和竞争状况等，从而及时发现新的市场机会和问题，及时采取对策，夺取竞争优势。这一点，对于知名度不高或实力不强的中小企业，更具有重要意义。例如，20世纪80年代初北京日化三厂通过市场细分，发现中老年妇女对防皱抗皱护肤品有很大的潜在需求，而当时北京市场上几乎没有这类产品。他们认识到这是一个未满足的需求，是一个很有利的市场机会，于是将它选作自己的一个目标市场，投入大量资金和技术力量，研制出"奥琪"抗皱美容霜。经过大力促销，这一新产品很快风靡北京，走向全国，"奥琪"商标也由此成为名牌。

(三) 有利于企业扬长避短，发挥优势，提高企业效益

建立在市场细分化基础上的企业营销，避免了在整体市场上分散使用力量，有利于发挥企业的优势，把有限的人力、财力、物力资源能够集中使用于一个或几个细分市场，有的放矢地开展针对性经营，不仅费用低，竞争能力也会因此而得到提高。由于市场细分易于看清楚每一个细分市场上各个竞争者的优势和弱点，从而有利于企业避实就虚，扬长避短，发挥自身的优势，提高经济效益。

(四) 有利于企业适时制订和调整营销战略和策略

市场细分能够增强企业的适应能力和应变能力，在较小的细分市场即子市场上开展营销活动，企业易于掌握消费需求的特点及其变化，有利于及时、正确地规划和调整营销战略和策略。一方面企业在市场细分的基础上针对目标市场的特点制订战略和策略，可做到"知彼知己，百战不殆"；另一方面由于企业面对的是某一个或少数几个子市场，可及时地捕捉需求信息，根据需求的变化随时调整市场营销组合策略。这就既可节省营销费用，又可扩大销售，提高市场占有率。

三、市场细分的依据

市场细分依据或者说是细分标准，它是由若干细分变量或因素所构成，且消费者市场和生产者市场的顾客需求及其影响因素不同。现将两类市场的细分依据分别叙述。

(一) 消费者市场细分的依据

消费者市场的细分变量主要有地理标准、人口标准、心理标准和行为标准四类(见表6.1)。

表 6.1　消费者市场细分的一般标准

划 分 依 据	典 型 细 分		
地理标准	国界	区域	地形
	气候	城乡	城市
	人口密度	交通条件	其他
人口标准	国籍	种族	民族
	宗教	职业	教育
	性别	年龄	收入
	家庭人数	家庭生命周期	其他
心理标准	社会阶层	生活方式	性格
	购买动机	其他	
行为标准	追求利益	对广告的反应	购买频率
	使用频率	使用者地位	对渠道的信赖度
	对价格敏感程度	品牌忠诚度	其他

1．地理标准

地理标准是按消费者居住的地区和地理条件来划分的。消费者居住的地区和地理条件不同，其需求和欲望也不同。如居住在我国南方沿海经济比较发达的城市和居住在北方内地农村的消费者，对家具的材质、款式、价格等的需求都不一样。地理因素包括国界(国际、国内)、气候、地形、行政区、城市、乡村、自然环境、城市规模、交通运输、人口密度等。地理标准是一个静态因素，往往容易辨别，对于分析研究不同地区消费者的需求特点、需求总量及其发展变化趋势有一定意义，有助于企业开拓区域市场。但是，即使居住在同一国家、地区、城市的消费者，其需求与爱好也并不相同，差别很大。因此还要进一步按其他标准细分市场。

2．人口标准

人口标准运用人文因素细分市场，就是根据人口统计变量如国籍、民族、人数、年龄、性别、职业、教育、宗教、收入、家庭人数、家庭生命周期等因素将市场进行细分。市场细分主要是分析顾客的需求。不同国籍或民族、不同年龄和性别、不同职业和收入的消费者，其需求和爱好是大不相同的。故人口统计变量与消费者对商品的需求爱好和消费行为有密切关系，而且人口统计变量资料比较容易获得和进行衡量。为此，人口标准是市场细分中常用以区分消费者群体的标准。

3．心理标准

心理标准包括社会阶层、生活方式、性格、购买动机等。同样性别、年龄和相同收入的消费者，由于其所处的社会阶层、生活方式或性格不同，往往表现出不同的心理特性，对同一种产品会有不同的需求和购买动机。心理标准对消费者的爱好、购买动机、购买行为有很大影响。企业以心理标准进一步深入分析消费者的需求和爱好，更有利于发现新的市场机会和目标市场。例如，有的消费者购买昂贵的名牌商品，不仅是追求其质量，而且具有显示其经济实力和社会地位的心理；有的消费者身穿奇装异服，为的是突出其个性；有的消费者喜欢购买外国货，是为了满足其崇洋心理等。企业根据心理标准细分市场，可为不同细分市场设计专门产品，采用有针对性的营销组合策略。

4．行为标准

行为标准即根据消费者的不同购买行为来进行市场细分。它包括追求利益、品牌商标忠诚度(品牌偏好)、使用者地位、使用频率等等。例如，人们对化妆品的需求，有的消费者追求化妆品的润肤护肤功能，有的消费者则希望增白、祛斑。有的消费者对某品牌化妆品从未使用或首次使用，有的消费者则是经常使用且有品牌偏好。企业可以根据消费者购买行为标准细分市场，推出适合细分市场所需要的产品。

例如，我国烟台木钟厂生产的"北极星"牌木钟，多年来一直畅销不衰，销往全国各地和世界 40 多个国家和地区，其主要原因除了该厂注意加强管理，提高产品质量外，关键是该厂能注意收集市场信息，分析消费者的生活方式，不同地区的消费者的不同信仰、习俗、兴趣、爱好、心理和购买行为，运用市场细分原理对木钟市场进行细分，设计生产和销售细分市场所需要的木钟。该厂设计生产各种具有现代风味、造型美观大方的浅色钟壳的木钟，满足城镇消费者喜欢钟壳色泽素净清雅的需求；为满足农村消费者喜欢钟壳颜色红火喜气，色彩浓烈的要求，设计生产了具有民间传统艺术特色的红漆圆头座钟，以及饰有金色云涛和骏马的雕花铜柱座钟；该厂还为西欧市场消费者设计生产外观复古的木钟，为国外信仰伊斯兰教的消费者设计生产符合宗教习俗外形美观的木钟。还有的消费者希望木钟报时音响优美动听或一钟多用，该厂就设计生产雕刻座钟，长型深色大挂钟，双历挂钟，双音响座钟、落地钟等 9 个品种 56 个花色式样的木钟。因此深受消费者欢迎，企业获得很大成功。

(二) 生产者市场的细分依据

生产者市场的购买者是工业用户(包括贸易企业)，其购买目的是为了再生产或再销售，并从中谋求利润，它与消费者市场中的消费者购买目的不同、需求不同。根据工业用户的特点，生产者市场的细分依据见表 6.2。

表 6.2　生产者市场细分的一般标准

划分依据	典 型 细 分		
地理标准	国界	区域	地形
	气候	资源	自然环境
	城乡	城市规模	其他
	生产力布局	交通条件	
行业标准	冶金	煤炭	军工
	机械	服装	食品
	纺织	森林	航空
	船舶	化工	其他
规模标准	大型企业	中型企业	小型企业
	大客户	中客户	小客户
行为标准	使用者地位	追求利益	使用频率
	购买频率	购买批量	购买周期
	购买目的	品牌忠诚度	对渠道的信赖度
	对价格敏感程度	对服务的反应	其他

1．用户的行业类别

用户的行业类别包括农业、军工、食品、纺织、机械、电子、冶金、汽车、建筑等。用户的行业不同，其需求有很大差异。即使是同一产品军工与民用对质量要求就不同。营销人员可以用户行业为依据进行市场细分。

2．用户规模

用户规模包括大型、中型、小型企业，或大客户、中客户、小客户等。不同规模的用户，其购买力、购买批量、购买频率、购买行为和方式都不相同。用户规模是生产者市场的又一细分依据。

3．用户的地理位置

除国界、地区、气候、地形、交通运输等条件外，生产力布局、自然环境、资源等也是很重要的细分变量。用户所处的地理位置不同，其需求有很大不同。例如香港地价昂贵、香港企业希望购买精小的机械设备。自然环境、资源、生产力布局等因素，形成某些行业集中于某些地区，如我国东北地区，钢铁、机械、煤炭、森林工业比较集中；山西省则集中着煤炭、煤化工和能源工业。按用户地理位置细分市场，有助于企业将目标市场选择在用户集中地区，有利于提高销售量，节省推销费用，节约运输成本。

4．购买行为因素

购买行为因素包括追求利益、使用率、品牌商标忠诚度、使用者地位(如重点户、一般户、常用户、临时户等)、购买方式等。

以上这些细分标准和具体因素选用是否得当，对市场细分影响很大。为此，企业必须遵循以下原则：第一，不同的企业在市场细分时，应采用不同的标准，要根据企业的实力和产品的特性来确定自己的细分标准。第二，选用细分标准时，要求这些细分因素是可以度量的，并使细分市场能呈现明显的区别和显著的特性，那些难以度量测定的细分因素尽量少用或不用。第三，市场细分不是分得越细越好，市场分得太细，不适合大量生产，影响规模的经济性。也就是细分市场要有一定的规模和发展前途，并能使企业获得利润。

除以上原则外，企业在运用细分标准时，还必须注意以下几个问题：第一，市场调查是市场细分的基础。在市场细分前，必须经过市场调查，掌握顾客需求和欲望、市场需求量等有关信息，营销人员才能据此正确选择市场细分标准，进行市场细分，并具体确定企业为之服务的经营对象目标市场，制订有效的市场营销组合策略。第二，顾客的需求、爱好和购买行为都是由很多因素决定的。市场营销人员可运用单个标准，也可结合运用双指标标准、三维指标标准或多种标准来细分市场。但是选用标准不能过多，要适可而止，择其主要的，确定少数主要标准和若干次要标准，否则既不实用，也不经济。第四，市场特性是动态的，经常变化的，细分标准不能一成不变，应经常根据市场变化，研究分析与调整。第五，预期市场细分所得收益将大于因细分市场而增加的生产成本和销售费用时，可进行市场细分，否则可不细分。

四、有效细分市场的条件

根据以上细分变量，可以将某个市场细分成若干个子市场，但这些子市场并不是都是有效的。因此，企业要有效地细分市场，寻找最有用的、具有实用价值的细分标准，就必须依据以下的基本条件。

（一）可测量性

可测量性是指各子市场的购买力能够被测量。例如，德国"宝马"汽车在美国市场上的成功就是得益于对美国市场的有效细分和对各子市场购买情况的准确测量。20世纪70年代中期，德国"宝马"汽车在美国市场上将目标对准当时的高级轿车市场。经需求测量却发现，该子市场的消费者不但不喜欢，甚至还嘲笑"宝马"，说"宝马"就像是一个大箱子，既没有自动窗户也没有皮座套，无法同其他车相比。显然，这个市场对"宝马"的高超性能不感兴趣。于是，生产厂家决定将目标转向收入较高、充满生气、注重驾驶感受的青年市场。因为该市场的消费者更关心汽车的性能，更喜欢能够体现不同于父辈个性和价值的汽车。为吸引这个市场的消费者，厂家突出宣传车的高超性能，结果到了1978年，该车的销售量虽然还未赶上"奔驰"，但已达到3万多辆，到1986年，已接近10万辆。然而到了80年代末、90年代初，美国经济开始走向萧条，原来的目标消费者已经成熟，不再需要通过购买高价位产品来表现自我，加上日本高级轿车以其物美价廉的优势打入美国市场，"宝马"面临新的挑战。需求测量发现，消费者之所以喜欢"宝马"，是因为它能给驾驶者一种与众不同的感觉，即"人"驾驶车而不是"车"驾驭人。驾驶"宝马"，消费者感到安全、自信，因为他们不仅可以感觉汽车、控制汽车，从"宝马"身上，他们还可以得到如何提高驾驶技术的反馈。于是，厂家又将目标市场对准下列三种人：相信高技术驾驶者应该驾驶好车的消费者、为了家庭的安全希望提高驾驶技术的消费者、希望以高超驾驶技术体现个人成就的消费者。到1992年，尽管整个美国汽车市场陷入萧条，"宝马"的销售量却比1991年提高了27%。

（二）可进入性

可进入性是指企业有能力进入所选定的子市场。日本本田公司在向美国消费者推销其汽车时，就遵循这一原则，从而成功地进行了市场细分，选择了自己的目标市场。同"奔驰"、"奥迪"、"富豪"等高级轿车比，本田的汽车不仅价格较低，技术也较高，足以从竞争对手争得市场。然而，本田公司没有这样做。根据本田的预测，20世纪80年代末、90年代初，随着两人家庭的增多，年轻消费者可随意支配的收入将越来越多，涉足高级轿车市场的年轻人也将越来越多。与其同数家公司争夺一个已被瓜分的市场(即一部分早就富裕起来并拥有高级轿车的中老年消费者市场)，不如开辟一个尚未被竞争对手重视的将要富裕起来的中青年消费者市场。

（三）可盈利性

可盈利性是指企业进行市场细分后所选定的子市场的规模足以使企业有利可图。美国的"李"(Lee)牌牛仔裤就始终把目标市场对准占人口比例较大的那部分"婴儿高峰期"的消费者群体，从而成功地扩大了该品牌的市场占有率。20世纪60—70年代，李牌牛仔裤以15岁—24岁的青年人为目标市场。因为这个年龄段的人在整个人口中占有相当大的比例。可是，到80年代初，这一代人已成为中青年。为适应这一目标市场的变化，企业只是将原有产品略加改进，使其正好适合中青年消费者的体型。结果，90 年代初，该品牌牛仔裤在中青年市场上的份额上升了 20%，销售量增长了 17%。

五、市场细分的方法

消费者市场细分的方法通常有单一因素法、系列因素法和综合因素法。企业应根据其经营方向和具体产品来选择适宜的细分方法。

（一）单一因素法

单一因素法只选用某一个因素来细分市场。如根据年龄层次，把儿童玩具市场划分为若干子市场。即对某些通用性比较大，挑选性不太强的产品，按一个对购买者需求影响最强的因素加以细分。如儿童书籍市场，影响此市场的最主要因素是儿童的生理年龄，因此，可以按照儿童的年龄划分为学龄前儿童、学龄儿童、少年等书籍市场。

（二）系列因素法

系列因素法运用两个或两个以上的因素，由粗到细逐次进行系列细分市场。即以多层变量为依据，由宏观到微观、由粗到细、层层深入地进行系统划分。如某大型制鞋厂的市场细分可以分为以下几步：第一步是宏观细分，按最终用户的要求把鞋市场分为国内城市市场、国内农村市场、国外市场等。第二步按产品在该市场的具体应用范围细分为男性皮鞋、胶鞋、布鞋等；女性皮鞋、布鞋、胶鞋等。第三步按年龄划分为老年、中年、青年、少年市场。第四步，按收入不同可分为高收入、中等收入、低收入等人群。第五步，在高收入的中年男性市场的范围内进行微观细分，可分为重视质量、重视价格、重视售后服务以及重视名牌、重视外观等。该厂在权衡轻重以后决定选择为重视产品外观的城市高收入中年男性顾客服务。经过系列因素逐级细分，该厂的目标市场就十分具体了。

（三）综合因素法

综合因素法选用两个或两个以上的因素，同时从多个角度综合性地对市场进行细分。大多数产品的销售都受购买者多种因素的影响，如不同年龄范围的消费者，因生理或心理的原因对许多商品有不同的要求；同一年龄范围的消费者，因收入的不同，会产生需求的差异；同一收入阶层的消费者，也会因性别、居住地区及其他情况的不同而呈现复杂的、互不相同的需求。因此，大多数产品都需按照两个或两个以上的因素细分。当然，以多个需求特征组合作为市场细分的依据时，各企业还应根据其不同的产品情况，适量控制组合的因素。因为，虽然企业细分市场运用的细分变量越多，所获得的精确程度越高，但是每个细分市场的消费者也会越少，企业的细分成本也就递增。所以，细分后的市场应该是有效、精确、低成本。

第二节　目标市场选择

市场细分的主要目的就是为了选择目标市场。所谓目标市场，就是企业期望且能够开拓和占领的市场。也就是企业愿意并有能力进入或为之服务的顾客群(细分市场)。在现代市场经济条件下,任何产品的市场都有许多顾客群,他们各有不同的需要且分散在不同地区。企业应根据自己的任务、目标、资源和特长来选择目标市场。

一、目标市场战略

企业在决定为目标市场提供产品或服务时有三种战略可供有选择。

(一) 无差异市场营销

无差异市场营销是指企业在市场细分之后,不考虑各子市场的特性,而只注重子市场的共性,只推出单一产品,运用单一的市场营销组合,力求在一定程度上满足尽可能多的顾客的需求,如图 6.1 所示。

图 6.1　无差异市场营销战略示意图

这种战略的优点是产品的品种、规格、款式简单,有利于标准化与大规模生产,有利于降低生产、存货、运输、研究、促销等成本费用。其主要缺点是单一产品要以同样的方式广泛销售并受到所有购买者的欢迎,几乎是不可能的。特别是当同行业中如果有几家企业都实行无差异市场营销时,在较大的子市场中的竞争将会日益激烈,而在较小的子市场中的需求将得不到满足。由于较大的子市场内的竞争异常激烈,因而往往是子市场越大,利润越小。这种战略通常适用于有专利权产品、供不应求的产品、试销期的产品以及品质差异不大的产品等。

(二) 差异市场营销

差异市场营销是指企业决定同时为几个子市场服务,设计不同的产品,并在渠道、促销和定价方面都加以相应的改变,以适应各个子市场的需要,如图 6.2 所示。

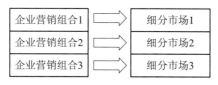

图 6.2　差异市场营销战略示意图

企业的产品种类如果同时在几个子市场都占有优势,就会提高消费者对企业的信任感,进而提高重复购买率,而且,通过多样化的渠道和多样化的产品线进行销售,通常会使总销售额增加。差异市场营销的主要缺点是会使企业的生产成本和市场营销费用(如产品改进成本、生产成本、管理费用、存货成本、促销成本等)增加。有些企业曾实行了"超细分战略",即许多市场被过分地细分,而导致产品价格不断上涨,影响产销数量和利润。于是,一种被称为"反市场细分"的战略应运而生。反细分战略并不反对市场细分,而是将许多过于狭小的子市场组合起来,以便能以较低的价格去满足这一市场的需求。

一般而言,差异市场营销战略适用于:消费者需求弹性较大的商品;处于成熟期的产品；规格等级复杂的产品。需要指出的是，企业采用差异市场营销战略时还应考虑自身的人力、物力和财力，如果实力不雄厚，则不宜使用此战略。

(三) 集中市场营销

集中市场营销是指企业集中所有力量，以一个或少数几个性质相似的子市场作为目标市场，试图在较少的子市场上占有较大的市场占有率，如图6.3所示。

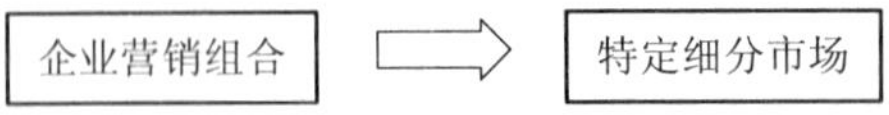

```
┌──────────┐      ┌──────────┐
│ 企业营销组合 │ ═══> │ 特定细分市场 │
└──────────┘      └──────────┘
```

图6.3　集中市场营销战略示意图

实行集中市场营销的企业，一般是资源有限的中小企业，或是初次进入新市场的大企业。由于服务对象比较集中，对一个或几个特定子市场有较深的了解，而且在生产和市场营销方面实行专业化，可以比较容易地在这一特定市场取得有利地位。因此，如果子市场选择得当，企业可以获得较高的投资收益率。但是，实行集中市场营销有较大的风险，因为目标市场范围比较狭窄，一旦市场情况突然变坏，企业可能陷入困境。

二、选择目标市场战略应考虑的因素

目标市场营销战略的三种类型各有优缺点，因而各有其适用的范围和条件。一个企业究竟采用哪种战略，应根据企业资源、产品同质性、市场同质性、产品所处的生命周期阶段、竞争对手的目标市场战略等具体情况来决定。

1. 企业资源

如果企业资源雄厚，可以考虑实行差异市场营销；否则，最好实行无差异市场营销或集中市场营销。

2. 产品同质性

产品同质性是指产品在性能、特点等方面的差异性的大小。对于同质产品或需求上共性较大的产品，一般宜实行无差异市场营销；反之，对于异质产品，则应实行差异市场营销或集中市场营销。

3. 市场同质性

如果市场上所有顾客在同一时期偏好相同，购买特征相同，并且对市场营销刺激的反应相同，则可视为同质市场，宜实行无差异市场营销；反之，如果市场需求的差异较大，则为异质市场，宜采用差异市场营销或集中市场营销。

4. 产品生命周期阶段

处在介绍期和成长期的产品，市场营销的重点是启发和巩固消费者的偏好，最好实行无差异市场营销；当产品进入成熟期后，市场竞争激烈，消费者需求日益多样化，可改用差异市场营销战略或集中市场营销战略以开拓新市场，满足新需求，延长产品生命周期。

5. 竞争对手的战略

一般说来，企业的目标市场涵盖战略应与竞争者有所区别，反其道而行之。如果强大的竞争对手实行的是无差异市场营销，则企业应实行集中市场营销或更深一层的差异市场营销；如果企业面临的是较弱的竞争者，必要时可采取与之相同的战略，凭借实力击败竞争对手。

此外，企业还可根据市场竞争者数目多少来选择市场营销战略。当同类产品的竞争者很多时，满足各细分市场顾客群的需要就显得十分重要，因此为了增强竞争能力，可以选择差异性市场营销战略或集中性市场营销战略。当同类竞争者很少时，企业可采取无差异性市场营销战略。

第三节　市　场　定　位

一、市场定位的涵义

所谓市场定位，是指勾画或确立企业(产品)在目标顾客群中的形象和地位。其实质是取得目标市场的竞争优势，确定产品在顾客心目中的适当位置并留下深刻的印象，以便吸引更多的顾客，由此提高企业产品在顾客心目中声誉。例如，奔驰牌小汽车作为上乘的豪华轿车而久负盛名，这说明奔驰车定位很高，而其他车可能定位较低。因此，市场定位是市场营销战略体系中的重要组成部分，它对于树立企业及产品的鲜明特色，满足顾客的需求偏好，从而提高企业竞争实力具有重要的意义。首先它是树立企业形象、品牌形象、产品形象的基础；其次它是企业营销活动中的一项战略性工作；第三它是企业制订营销策略组合的基础。

二、市场定位的步骤

市场定位的关键是企业要设法在自己的产品上找出比竞争者更具有竞争优势的特性。竞争优势一般有两种基本类型：一是价格竞争优势，即在同样的条件下比竞争者定出更低的价格。这就要求企业采取一切努力，力求降低单位成本。二是偏好竞争优势，即能提供确定的特色来满足顾客的特定偏好。这就要求企业采取一切努力在产品特色上下工夫。因此，企业可以通过确认本企业潜在的竞争优势、准确地选择相对竞争优势和明确显示其独特的竞争优势来实现其市场定位。

1．确认本企业的竞争优势

这一步骤的中心任务是要回答以下三大问题：一是竞争对手的产品定位如何?二是目标市场上足够数量的顾客欲望满足程度如何以及确实还需要什么?三是针对竞争者的市场定位和潜在顾客的真正需要的利益要求企业应该和能够做什么?要回答这三个问题，企业市场营销人员必须通过一切调研手段，系统地设计、搜索、分析并报告有关上述问题的资料和研究结果。通过回答上述三个问题，企业就可从中把握和确定自己的潜在竞争优势在何处。

2．准确地选择相对竞争优势

相对竞争优势表明企业能够胜过竞争者的能力。这种能力既可以是现有的，也可以是潜在的。准确地选择相对竞争优势就是一个企业各方面实力与竞争者的实力相比较的过程。比较的指标应是一个完整的体系，只有这样，才能准确地选择相对竞争优势。

3. 显示独特的竞争优势

这一步骤的主要任务是企业要通过一系列的宣传促销活动，将其独特的竞争优势准确传播给潜在顾客，并在顾客心目中留下深刻印象。为此，企业首先应使目标顾客了解、知道、熟悉、认同、喜欢和偏爱本企业的市场定位，在顾客心目中建立与该定位相一致的形象。其次，企业通过一切努力强化企业形象，稳定目标顾客的态度和加深与目标顾客的感情来巩固与市场相一致的形象。最后，企业应注意目标顾客对其市场定位理解出现的偏差或由于企业市场定位宣传上的失误而造成的目标顾客模糊、混乱和误会，及时纠正与市场定位不一致的形象。

三、市场定位的战略

市场上原有产品通常已经在顾客心目中形成一定形象，占有一定地位，如可口可乐被视为全世界首屈一指的软饮料；同仁堂中成药在同类产品中质量最好、信誉最高等。在这些产品市场上，参与竞争的企业要想争得立足之地，难度很大，当然，在一般市场上树起自己的形象也并非轻而易举。因此，必须有适当的定位战略。可供市场定位选择的战略如下。

(一) 针锋相对式定位

这种定位是将自己的产品位置确定在现有竞争产品相类似之处，同竞争者争夺同一细分市场。这种定位战略具有三个明显的优势：第一，企业无需具有较高的生产技术水平仿制现有产品，用自己的品牌向市场推销即可；第二，由于无需开发新产品，甚至对现有产品不必作任何改进，因而企业可以节省大量的开发研究费用；第三，由于现有产品已畅销市场，企业不必承担不适销的风险。

实行针锋相对式定位战略的企业，必须具备以下条件：一是能比竞争者生产出更好的产品；二是该市场容量足够吸纳这两个竞争者的产品；三是比竞争者有更多的资源和实力。

(二) 填空补缺式定位

寻找新的尚未被占领、但为许多消费者所重视的位置，即填补市场上的空位。例如，"金利来"进入中国大陆市场时，就是填补了男士高档衣物的空位。这种定位战略的明显优势是企业可以避开激烈竞争的压力，风险小、成功率高。因为填补市场空白定位避强就弱，目标市场并不是竞争者已经占领或正要占领的领域，而是被竞争者所遗忘和忽略的市场，企业产品能够迅速在市场上站稳脚跟，并能在消费者或用户心目中迅速树立形象。同时，空档定位从其本意上讲就是创新，而创新一旦成功，就能很快地确立企业的竞争地位，且由于局部的垄断还可以获取相当的超额利润。

填空补缺式定位战略有两种情况：一是这部分潜在市场的营销机会没有被发现，在这种情况下，企业容易取得成功；二是许多企业发现了这部分潜在市场，但无力去占领，这就需要有足够的实力才能取得成功。因此企业在决定采用这种战略之前，必须解决三个问题：首先，这一目标市场空白区位是否有相应数量的潜在顾客。很可能有这样的情况，目前这一市场区位的空白并不是因为竞争者熟视无睹或无暇顾及，而是这里根本没有潜在消费需求。如果事实真是如此，企业将产品置于这一区域，将必败无疑。其次，企业是否有足够的技术力量去开发目标市场空白区域的产品。常有这样的情况，消费者对某一种产品存在需求，但由于技术水平的限制，目前现有的竞争厂商还无力生产这种产品。这时，如果一个企业能够开发这种产品，那将独领风骚，可能获得十分可观的经济效益和社会效益。但如果企业也不具备相应的技术水平，那也只能望洋兴叹，无能为力。明知自己没有能力，却一意孤行去占领这一空白市场，其结果必然是达不到目的，浪费企业的大量资源。第三，企业开发新产品以填补市场空白，这样做在经济上是否合算。企业是营利组织，因此即使某一市场空白存在潜在的顾客，而且企业也有能力去满足这一部分需要，但如果这样做它仅能获得微利甚至亏损，那任何企业都不会作出这种不明智的选择。

（三）另辟蹊径式定位

当企业意识到自己无力与同行业强大的竞争者相抗衡从而获得绝对优势地位时，可根据自己的条件取得相对优势，即突出宣传自己与众不同的特色，在某些有价值的产品属性上取得领先地位。如"七喜"汽水突出宣传自己不含咖啡因的特点，成为非可乐型饮料的领先者。

四、几种主要的定位错误

当公司为其产品推出较多的优越特性时，可能会使人难以相信，并失去一个明确的定位。一般地讲，企业在定位时必须避免以下四种主要的定位错误。

1．定位过低

有些企业发现购买者对产品只有一个模糊的印象，并没有真正地感受到它有什么特别之处，这品牌在拥挤的市场上就像另一个牌子。例如，当百事 1993 年引入其清爽的科里斯托百事饮料时，顾客没有特别印象。他们并没有"弄清楚"它在软饮料中有什么重要的特色。

2．定位过高

这种定位可能使购买者对该产品的了解产生偏差，因此。一个消费者可能认为戴梦得珠宝公司只生产万元以上的钻石戒指，而事实上，它也生产一般人可承受的千元左右的钻石戒指。

3．定位混乱

这种定位可能使顾客对产品的印象模糊不清。这种混乱可能是由于主题太多所致，也可能是由于产品定位变换太频繁所致。如美国斯蒂芬·乔布的光滑和强功率的 NeXt 桌面电脑，它首先定位于学生，然后是工程师，再后来是商人，结果都没有成功。

第四节　市场竞争战略

市场竞争是市场经济的基本特征之一。正确的市场竞争战略，是企业成功地实现其市场营销目标的关键。企业要想在激烈的市场竞争中立于不败之地，就必须树立竞争观念，制订正确的市场竞争战略，努力取得竞争的主动权。

一、竞争者分析

(一) 识别企业的竞争者

企业在开展市场营销活动的进程中，仅仅了解顾客是远远不够的，还必须了解竞争者。只有知彼(竞争者)知己，才能取得竞争优势，在商战中获胜。

竞争者一般是指那些与本企业提供的产品或服务相类似，并且所服务的目标顾客也相似的其他企业。例如，收购 IBM 全球 PC 业务的联想公司把戴尔公司看作主要竞争者，可口可乐公司把百事可乐公司视为主要竞争者。

识别竞争者看起来简单，其实并不尽然。企业的现实竞争者和潜在竞争者的范围很广，从现代市场经济实践看，一个企业很可能被潜在竞争者而不是当前的主要竞争者吃掉。通常可从产业和市场两个方面来识别企业的竞争者。

1. 产业竞争观念

从产业方面来看，提供同一类产品或可相互替代产品的企业，构成一种产业，如汽车产业、医药产业，等等。如果一种产品价格上涨，就会引起另一种替代产品的需求增加。例如，咖啡涨价会促使消费者转而购买茶叶或其他软饮料，因为它们是可相互替代的产品，尽管它们的自然形态不同。企业要想在整个产业中处于有利地位，就必须全面了解本产业的竞争模式，以便确定自己的竞争者。

2. 市场竞争观念

从市场方面来看，竞争者是那些满足相同市场需要或服务于同一目标市场的企业。例如，从产业观点来看，某打字机制造商以其他同行业的公司为竞争者；但从市场观点来看，顾客需要的是"书写能力"，这种需要也可以通过铅笔、钢笔、电子计算机来满足，因而生产这些产品的公司均可成为该打字机制造商的竞争者。从市场角度分析竞争者，可使企业拓宽眼界，看清自己的现实竞争者和潜在竞争者，从而有利于企业制订长期的发展规划。

识别竞争者的关键是从产业和市场两方面，将产品细分和市场细分结合起来，综合考虑。

(二) 竞争者类型

企业参与市场竞争，不仅要了解谁是自己的顾客，而且还要弄清谁是自己的竞争对手。从表面上看，识别竞争者是一项非常简单的工作，但是，由于需求的复杂性、层次性、易变性，技术的快速发展和演进、产业的发展使得市场竞争中的企业面临复杂的竞争形势，一个企业可能会被新出现的竞争对手打败，或者由于新技术的出现和需求的变化而被淘汰。企业必须密切关注竞争环境的变化，了解自己的竞争地位及彼此的优劣势，只有知己知彼，方能百战不殆。我们可以从不同的角度来划分竞争者的类型：

1. 从行业的角度划分

(1) 现有厂商：指本行业内现有的与企业生产同样产品的其他厂家，这些厂家是企业的直接竞争者。

(2) 潜在加入者：当某一行业前景乐观、有利可图时，会引来新的竞争企业，使该行业增加新的生产能力，并要求重新瓜分市场份额和主要资源。另外，某些多元化经营的大型企业还经常利用其资源优势从一个行业侵入另一个行业。新企业的加入，将可能导致产品价格下降，利润减少。

(3) 替代品厂商：与某一产品具有相同功能、能满足同一需求的不同性质的其他产品，属于替代品。随着科学技术的发展，替代品将越来越多，某一行业的所有企业都将面临与生产替代品的其他行业的企业进行竞争。

2．从市场方面划分

(1) 品牌竞争者：企业把同一行业中以相似的价格向相同的顾客提供类似产品或服务的其他企业称为品牌竞争者。如家用空调市场中，生产格力空调、海尔空调、三菱空调等厂家之间的关系。

品牌竞争者之间的产品相互替代性较高，因而竞争非常激烈，各企业均以培养顾客品牌忠诚度作为争夺顾客的重要手段。

(2) 行业竞争者：企业把提供同种或同类产品，但规格、型号、款式不同的企业称为行业竞争者。所有同行业的企业之间存在彼此争夺市场的竞争关系。如家用空调与中央空调的厂家、生产高档汽车与生产中档汽车的厂家之间的关系。

(3) 需要竞争者：提供不同种类的产品，但满足和实现消费者同种需要的企业称为需要竞争者。如航空公司、铁路客运、长途客运汽车公司都可以满足消费者外出旅行的需要，当火车票价上涨时，乘飞机、坐汽车的旅客就可能增加，他们相互之间争夺满足消费者的同一需要。

(4) 消费竞争者：提供不同产品，满足消费者的不同愿望，但目标消费者相同的企业称为消费竞争者。如很多消费者收入水平提高后，可以把钱用于旅游，也可用于购买汽车，或购置房产，因而这些企业间存在相互争夺消费者购买力的竞争关系，消费支出结构的变化，对企业的竞争有很大影响。

3．从企业所处的竞争地位划分

(1) 市场领导者：指在某一行业的产品市场上占有最大市场份额的企业。如柯达公司是摄影市场的领导者，宝洁公司是日化用品市场的领导者，可口可乐公司是软饮料市场的领导者等。市场领导者通常在产品开发、价格变动、分销渠道、促销力量等方面处于主宰地位。市场领导者的地位是在竞争中形成的，但不是固定不变的。

(2) 市场挑战者：指在行业中处于次要地位(第二、三甚至更低地位)的企业。如富士是摄影市场的挑战者，高露洁是日化用品市场的挑战者，百事可乐是软饮料市场的挑战者等。市场挑战者往往试图通过主动竞争扩大市场份额，提高市场地位。

(3) 市场追随者：指在行业中居于次要地位，并安于次要地位，在战略上追随市场领导者的企业。在现实市场中存在大量的追随者。市场追随者的最主要特点是跟随。在技术方面，它不做新技术的开拓者和率先使用者，而是做学习者和改进者。在营销方面，不做市场培育的开路者，而是搭便车，以减少风险和降低成本。市场追随者通过观察、学习、借鉴、模仿市场领导者的行为，不断提高自身技能，不断发展壮大。

（4）市场补缺者：多是行业中相对较弱小的一些中、小企业，它们专注于市场上被大企业忽略的某些细小部分，在这些小市场上通过专业化经营来获取最大限度的收益，在大企业的夹缝中求得生存和发展。市场补缺者通过生产和提供某种具有特色的产品和服务，赢得发展的空间，甚至可能发展成为"小市场中的巨人"。

综上所述，企业应从不同的角度，识别自己的竞争对手，关注竞争形势的变化，以更好地适应和赢得竞争。

（三）确定竞争者的目标与战略

在确定了谁是竞争者之后，企业还要进一步研究每个竞争者在市场上追求的目标和实施的战略以及每个竞争者行为的内在动力。可以假设，所有竞争者努力追求的都是利润的最大化，并据此采取行动。但是，各个企业对短期利润或长期利润的侧重有所不同。有些企业追求的是"满意"的利润而不是"最高"的利润，只要达到既定的利润目标就满意了，即使其他战略能赢得更多的利润，企业也不予考虑。

1．竞争者的目标

每个竞争者都有侧重点不同的目标组合，如获利能力、市场占有率、现金流量、技术领先和服务领先等。企业要了解每个竞争者的重点目标是什么，这样才能对不同的竞争行为作出适当的反应。例如，一个以低成本领先为主要目标的竞争者，对其他企业在降低成本方面的技术创新的反应，要比对增加广告预算的反应强烈得多。企业还必须注意监视和分析竞争者的行为，如果发现竞争者开拓了一个新的子市场，那么，这可能是一个市场营销机会；或者发觉竞争者正试图打入属于自己的子市场，那么应抢先下手予以回击。

竞争者目标的差异会影响其经营模式。美国企业一般都以追求短期利润最大化模式来经营，因为其当期业绩是由股东评价的。如果短期利润下降，股东就可能失去信心、抛售股票，导致企业资金成本上升。日本企业一般按市场占有率最大化模式经营。它们需要在一个资源贫乏的国家为人们提供就业机会，因而对利润的要求相对较低，大部分资金来源于寻求平稳利息收入而不是高额风险收益的银行。日本企业的资金成本要远远低于美国企业，所以，日本企业能够把价格定得较低，并在市场渗透方面显示出更大的耐心。

2．竞争者的战略

各企业采取的战略越相似，它们之间的竞争就越激烈。在多数行业中，根据所采取的主要战略的不同，可将竞争者划分为不同的战略群体。例如，在美国的主要电器行业中，通用电气公司、惠普公司和施乐公司都提供中等价格的各种电器，因此可将它们划分为同一战略群体。

企业要想进入某一战略群体，必须注意以下两点：一是进入各个战略群体的难易程度不同。一般小型企业适于进入投资和声誉门槛较低的群体，因为这类群体的竞争性较弱；而实力雄厚的大型企业则可考虑进入竞争性强的群体。二是当企业决定进入某一战略群体时，首先要明确谁是主要的竞争对手，然后决定自己的竞争战略。假如某公司要进入上述电器公司的战略群体，就必须具有战略上的优势，否则很难吸引相同的目标顾客。

除在同一战略群体内存在激烈竞争，在不同战略群体之间也存在竞争。因为：第一，不同战略群体可能具有相同的目标顾客；第二，顾客可能分不清不同战略群体的产品差异，如分不清高档产品与中档产品；第三，属于某个战略群体的企业可能改变战略，进入另一个战略群体，如提供中档产品的企业可能转产高档产品。

3. 竞争者的优势及劣势

企业需要估计竞争者的优势及劣势，了解竞争者执行各种既定战略的情报，以及其是否达到了预期目标。

为此，企业需要收集过去几年中关于竞争者的资料，如销售额、市场占有率、利润率、投资收益、现金流量、发展战略，等等。但这不是一件容易的事，有时要通过间接的方式取得，如通过二手资料、别人的介绍等。企业可以对中间商和顾客进行调查，如以问卷调查形式请顾客给本企业和竞争者的产品在一些重要方面分别打分，通过分数了解竞争者的优势和劣势，还可用来比较自己和竞争者在竞争地位上的优劣。

在寻找竞争者劣势时，要注意发现竞争者对市场或对它们自身判断上的错误。例如，有些竞争者自以为它们的产品各方面都是一流的，而实际上并非如此；有些错误观念，如误认为顾客偏爱产品线齐全的企业，人员促销是唯一重要的促销方式，顾客认为价格比服务更重要，等等，都会导致采用错误的战略。如果发现竞争者的主要经营思想有某种不符合实际的错误观念，企业就可利用对手的这一劣势，出其不意，攻其不备。

(四) 判断竞争者的市场反应

竞争者的目标、战略、优势和劣势决定了它对降价、促销、推出新产品等市场竞争战略的反应。此外，每个竞争者都有一定的经营哲学和指导思想。因此，为了准确估计竞争者的反应及可能采取的行动，营销管理者还要深入了解竞争者的思想和信念。当企业采取某些挑战性的措施和行动之后，不同的竞争者会有不同的反应。

1. 从容不迫型竞争者

一些竞争者反应不强烈，行动迟缓，其原因可能是认为顾客忠实于自己的产品；也可能是重视不够，没有发现对手的新措施；还可能是缺乏资金，无法作出相应的反应。

2. 选择型竞争者

一些竞争者可能会在某些方面反应强烈，如对降价竞销总是强烈反击，但对其他方面(如增加广告预算、加强促销活动等)却不予理会，因为它们认为这对自己威胁不大。

3. 强劲型竞争者

一些竞争者对任何方面的进攻都会作出迅速而强烈的反应，如美国的宝洁公司就是一个强劲的竞争者，一旦受到挑战就会立即发起猛烈的全面反击。因此，同行企业都避免与它直接交锋。

4. 随机型竞争者

有些企业的反应模式令人难以捉摸，它们在特定场合可能采取行动，也可能不采取行动，并且无法预料他们将会采取什么行动。

(五) 选择竞争对策时应考虑的因素

在明确了谁是主要竞争者并分析了竞争者的优势、劣势和反应模式之后，企业就要决定自己的对策：进攻谁，回避谁。可根据以下几种情况作出决定。

1. 竞争者的强弱

多数企业认为应以较弱的竞争者为进攻目标，因为这可以节省时间和资源，事半功倍，但是获利较少；反之，有些企业认为即使强者也总会有劣势，应以较强的竞争者为进攻目标，这样可以提高自己的竞争能力并且获利较大。

2. 竞争者与本企业的相似程度

多数企业主张与相近似的竞争者展开竞争，但同时又认为应避免摧毁相近似的竞争者，因为其结果很可能对自己不利。例如，美国博士伦眼镜公司20世纪70年代末在与其他生产隐形眼镜的公司的竞争中大获全胜，导致竞争者完全失败而竞相将企业卖给竞争力更强的大公司，结果使博士伦公司面对更强大的竞争者，处境更困难。

3. 竞争者表现的好坏

有时竞争者的存在对企业是必要的和有益的，具有战略意义。竞争者可能有助于增加市场总需求，可分担市场开发和产品开发的成本，并有助于使新技术合法化；竞争者为吸引力较小的子市场提供产品，可导致产品差异性的增加；竞争者的存在有助于加强企业同政府管理者或同职工的谈判力量。但是，企业不能把所有的竞争者都看成是有益的。因为每个行业中的竞争者都有表现良好和极具破坏性这两种类型。表现良好的竞争者按行业规则经营，按合理的成本定价，有利于行业的稳定和健康发展；它们激励其他企业降低成本或增加产品差异性；它们接受合理的市场占有率与利润水平。而具有破坏性的竞争者则不遵守行业规则，它们常常不顾一切地冒险，或用不正当手段(如贿赂买方采购人员等)扩大市场占有率，等等，扰乱了行业的秩序和均衡。

从以上分析可以看出，每个行业的竞争者的表现都有好坏之分。那些表现好的企业试图组成一个只有好的竞争者加盟的行业。它们通过谨慎颁发许可证、选择相互关系(攻击或结盟)及其他手段，试图使本行业竞争者的市场营销活动限于协调和合理的范围之内，遵守行业规则，凭各自的努力扩大市场占有率，保持彼此在营销因素组合上有一定的差异性，减少直接的恶性冲突。

企业在进行市场分析之后，还必须明确自己在同行业竞争中所处的位置，进而结合自己的目标、资源和环境，以及在目标市场上的地位等来制订市场竞争战略。市场营销理论根据企业在市场上的竞争地位把企业分为四种类型：市场主导者、市场挑战者、市场跟随者和市场补缺者。

二、基本竞争战略

每个企业在参与市场竞争中都有自己的相对优势与劣势，要想在激烈的市场竞争中获胜，必须要以自身的竞争优势为基础制订相应的竞争战略。哈佛大学著名教授迈克尔·波特总结出著名的取得竞争优势的三种基本战略：总成本领先战略、差异化战略和目标集聚战略。企业可以从这三种战略中选择一种作为主导战略：要么把成本控制到比竞争者更低的程度；要么在企业寻找与众不同的产品或服务，让顾客感觉到你提供了比其他竞争者更多的价值；要么企业专注服务于某一特定的细分市场、某一特定的产品种类或某一特定的地理范围。

(一) 总成本领先战略

总成本领先战略是指在保证产品质量的前提下，依靠产品生产的规模经济、原材料供应的优惠、专利技术等因素，以低于行业平均水平的价格生产及销售产品或服务，以便迅速扩大产品销售量，提高市场占有率。总成本领先战略要求企业尽可能地降低产品生产成本，建立能有效达到规模经济的生产设施，最大限度地减少对技术研究与开发、人工工资、管理、广告、促销、服务等成本的投入，优惠地获取原材料等因素。当然，企业不能一味地追求降低成本而忽略了产品和服务质量，导致消费者对企业及产品失去信心。

1. 总成本领先战略的优缺点

1) 总成本领先战略的优点

采取总成本领先战略主要有以下方面的优势：

第一，扩大消费需求。消费者的需求呈现两种趋势的变化，一种是在质量相似的前提下，大部分消费者趋向购买价格更低的商品；另一种是对某些产品、某些消费者而言会购买更优的产品，大部分消费者对价格都是敏感的，因为，对消费者来说，低价格可以获得更多的让渡价值。

第二，抵御潜在进入者的进入。企业生产和经营成本低，为行业的潜在进入者设置了较高的进入障碍，使那些在生产技术不熟练、经营上缺乏经验的企业或缺乏规模经济的企业很难进入这个行业。

第三，可降低替代品的威胁。所谓替代品是指那些与本企业产品具有相同功能或相似功能的产品。企业的成本低，在与替代品竞争时，仍旧可以凭借其低成本的产品和服务吸引大量的顾客，降低或缓解替代品的威胁，使自己处于有利的竞争地位。

第四，可保持领先的竞争地位。当企业与行业内的竞争者进行竞争时，由于企业的成本低，可以在其竞争者毫无利润的低价格的水平上保持盈利，从而扩大市场份额，保持绝对的竞争优势。最后，低成本战略能使企业抵御供应链上的压力，企业更加灵活地应对供应商的价格变动。

格兰仕自进入微波炉市场以来，多次率先降价，并利用有力的战术策略使它在市场上的地位不断提高。格兰仕推行的是总成本领先战略，这也是格兰仕进入微波炉行业以来始终坚持的战略。首先通过降低价格赢得市场、扩大规模，再降低价格赢得市场、扩大规模……走出一条良性循环的霸占市场之路。又由于格兰仕的总成本领先战略，使价格竞争成为微波炉市场的主旋律。起先，格兰仕并不是微波炉市场的先行者，但它入市不久，就充分利用降价策略向竞争对手发动了一轮又一轮的攻势，使得市场占有率节节攀升，在中国家电市场的竞争中谱写了一个个经典的价格战案例，被称为"降价屠夫"。最新数据表明，格兰仕微波炉目前在大部分一类地区的市场份额均已高达 70%以上，有些甚至达到80%之多，如此高的市场占有率在整个家电行业都是极为罕见的。毫无疑问，格兰仕依靠总成本领先战略已经稳稳地占据了其行业龙头老大的位置。

2) 总成本领先战略的不利方面

虽然企业采用总成本领先战略可以有效地面对行业中的竞争者，以其低成本的优势，获得高于行业平均水平的利润。但是，我们必须看到总成本领先战略也有弱点，如果竞争者的竞争能力过强，采用总成本领先战略的企业就有可能处于不利的地位。

第一，竞争者开发出更低成本的生产方法。例如，竞争者运用新技术或更低的人工成本，形成新的低成本优势，使得企业原有的优势成为劣势。

第二，竞争者采取模仿的办法。当企业的产品或服务具有竞争优势时，竞争者往往会采取模仿的办法，形成与企业相似的产品和成本，给企业造成困境。

第三，顾客要求的改变。这里，特别要重视的是企业必须在确保质量和服务的前提下追求低成本。如果片面地追求低成本，甚至降低产品和服务质量来追求低成本，那么不仅会严重影响顾客的要求，企业效益基本值也有可能为零。

2. 总成本领先战略实现途径

1) 获得规模经济

规模经济能够降低产品的单位成本。在达到某种产量之前，产量越大，单位成本越低。对于产品同质化程度高、技术成熟、标准化的产品，企业可通过规模化生产，对于产品需求个性化，企业在充分满足个性化前提之下，还应通过模块化生产来降低产品生产成本。

2) 培养低成本的企业文化

总成本领先战略的实施企业还应着力塑造员工共同的价值观。企业内部从上到下应严格控制企业支出，关注细节，精打细算，培养以成本为核心的企业文化，注重企业内外部成本。如果低成本理念成为每个员工的思想，就会有更多的成本节俭行为发生，从而给企业带来相对于竞争对手更持久的成本优势。如沃尔玛的"天天平价"企业成本节俭理念，强调所有复印纸两面都要用，会议室没有座椅，所有员工不管是经理还是一般职员一律站着开会，像在自己家一样使用水电，水要用两次才进入下水道等。

3) 建立良好的价值供应链

企业产品成本在很大程度上是由上游供应商的产品价格决定的，因而，应与上游厂家建立起长期、稳定、互惠互利的合作关系，以便获得廉价、稳定的上游资源。合理分配供应链价值上的利润，并能影响和控制供应商，要做好供应商营销。如戴尔公司通过合理整合供应链，在全球范围内比较和挑选供应商，一旦合作，之间的关系就比较稳定，不轻易改变供应商。

4) 以创新降低成本

创新是永远恒定的市场竞争法则，降低成本最有效的办法是生产技术创新。一场技术革新会大幅度降低成本，生产组织效率的提高也会带来成本的降低。如福特汽车公司通过传送带实现了流水生产方式而大幅度地降低了汽车生产成本，进而实现了让汽车进入千家万户的梦想。

（二）差异化战略

差异化战略又称别具一格战略。差异化战略更关注的是企业与顾客的关系，通过产品设计、外观特色、品牌形象、客户服务、人员态度、渠道网络等方面打造与众不同的形象，以迎合顾客内心需求，使消费者感到物有所值，甚至物超所值。例如，卡特皮勒推土机公司(Caterpillar Tractor)不仅以其经销网络和优良的零配件供应服务著称，而且以其极为优质耐用的产品享有盛誉。所有这些对于大型设备都至关重要，因为大型设备使用时发生故障的代价是昂贵的。企业实施差异化战略时不可忽略的是制造差异化成本，如果一个企业能够取得并保持其差别化优势，并使消费者乐意接受其产品和服务较高的价格，那么这种溢价足以弥补其形成自身特色而发生的额外成本，但此时成本不是差异化战略的首要目标。

1. 差异化战略的优缺点

1) 差异化战略优点

差异化战略强调顾客需求有所不同，这种个性需求难以在竞争对手的产品中得到满足，使企业在一定的价格范围避开竞争，降低产品价格的敏感性，在相关领域内持续获得竞争优势而不必追求低成本，从而可获得更高的利润。差异化战略帮助提高企业竞争力，可以应对来自供应方的压力，竞争对手要挑战企业差异化战略需要付出沉重的代价。差异化本身就是强调与众不同，顾客可选择性就会下降，从而降低顾客对价格的敏感性。当然，企业实施差异化还能培养一批忠诚的顾客，树立几个强有力的品牌，增加顾客的购买率，比竞争对手处于更有利的位置。

2) 差异化战略不利方面

企业实现差异化并不是万能的，有时并不一定能占领更多的市场份额，这一战略往往与提高市场份额战略无法兼顾。实施差异化可能存在的不利方面有：

第一，可能丧失部分客户。如果采用低成本战略的竞争对手压低产品价格，使其与实行差异化战略企业的产品价格差距拉得很大，在这种情况下，用户为了大量节省费用，只得放弃取得差异的企业所拥有的产品特征、服务或形象，转而选择物美价廉的产品。

第二，大量的模仿缩小了感觉得到的差异，特别是当产品发展到成熟期时，拥有技术实力的厂家很容易通过逼真的模仿，减少产品之间的差异。

第三，差异化战略营销成本过高。生产一般为小批量，使单位产品的成本相对上升，不具经济性。另外，市场调研、销售分析、促销计划、渠道建立、广告宣传、物流配送等许多方面的成本都无疑会大幅度地增加。

2. 差异化战略实现途径

差异化要求企业产品、品牌、渠道、战略等多位一体，相互协调与相互适应。从理论角度讲，企业可以在以下几个方面实施差异化战略。

1) 产品差异化

从消费者需求角度来看，产品差异还包括消费者对类似产品的不同态度。因而，产品差异的原因就包括了引起购买者决定购买某种产品而非另一种产品的各种原因。具体地，产品差异化的主要因素有：特征、工作性能、一致性、耐用性、可靠性、易修理性、式样和设计。如顶级冰淇淋品牌哈根达斯，生产世界上最好的冰淇淋作为感受的载体。它的五大原料严格选用最天然的，通过世界各个角落的顶级资源作为品质上的支持，如像征思念和爱慕的马达加斯加香草、象征甜蜜和力量的比利时纯正香浓巧克力、象征嫉妒与考验的波兰亮红色草莓、象征幽默与宠爱的巴西咖啡。

2) 服务差异化

服务差异是指企业在售货前和售货后所提供服务内容和服务质量的区别。服务是产品完全价值的一部分，对结构比较复杂的产品，消费者自然倾向选择能够提供完善服务的企业产品。服务的差异化主要包括送货、安装、顾客培训、咨询服务等因素。如，星巴克服务中最为重要的环节之一就是在咖啡店里与顾客进行交流。咖啡服务生能够预感顾客的需求，在耐心解释咖啡的不同口感、香味的时候，大胆地进行眼神接触。星巴克的服务让消费者感到时刻在被关注、被体贴。

3）人员差异化

训练有素的员工应能体现出以下六个特征：胜任、礼貌、可信、可靠、反应敏捷、善于交流，提高顾客对企业产品或服务的满意度，增加顾客让渡价值，如星巴克专业人员提供的专业服务。

4）形象差异化

形象差异化如个性与形象，产品标志、多媒体、公关等活动。如星巴克的美人鱼、雀巢的鸟窝、农夫山泉的红色瓶盖等传递出美好形象。

5）渠道差异化

企业通过渠道市场覆盖面、渠道专一化服务、渠道策略、渠道设计、渠道建立、渠道管理、渠道维护、渠道创新等方面进行差异化的建设，通过渠道差异化成功抵御产品同质化。

差异化战略是一个动态过程，任何差异都不是一成不变的。随着社会经济和科技的发展，顾客的需求也会随之发生变化。任何差异都不会永久保持，差异化战略成为"长效药"的出路只有不断创新，用创新去适应顾客需求的变化，战胜对手的"跟进"，实现企业的"差异制胜"。

（三）目标集聚战略

目标集聚战略是指将企业产品瞄准某个特定市场，在市场内部的某个特定狭小空间或者某产品系列的一个细分区段做出的战略选择，是针对某细分市场选择以低成本或者差异化的产品服务作为竞争力来实现竞争优势。正如差异化战略那样，目标集聚战略可以具有许多形式。低成本与产品差异化要在全产业范围内实现其目标，目标集聚战略的整体却是围绕着某一特定目标顾客群体，所制订的每一项职能性方针都要考虑这一目标。这一战略的前提是：公司能够以更高的效率、更好的效果为某一狭窄的战略对象服务，从而超过在更广阔范围内的竞争对手。结果是，企业或者通过较好满足特定对象的需要实现了差异化，或者在为这一对象服务时实现了低成本，或者二者兼得。尽管从整个市场的角度看，目标集聚战略未能取得低成本或差异化优势，但它的确在其狭窄的市场目标中获得了一种或两种优势地位。如瑞士 SWATCH 采取的是针对低端市场提供物美价廉的手表以应对日本石英表的攻击，最后一举成名。

1. 目标集聚战略的优缺点

1）目标集聚战略优点

首先，企业采用目标集聚战略能够控制划分产品势力范围，在此范围内可避免与其他竞争对手的竞争，故市场占有率能保持稳定。其次，企业采用目标集聚战略可以更好地了解不断变化的目标市场需求，能够比竞争对手提供更好的产品及服务。再次，目标集聚战略可以在细分市场上获得低成本或差异优势，这一战略尤其适合于中小型企业在较小的市场空间内谋求生存与发展。

2) 目标集聚战略劣势

企业若采用目标集聚战略，意味着要放弃规模较大的目标市场，否则，竞争对手从企业目标市场中划分出更细的市场，很有可能使企业竞争优势丧失殆尽。如果企业所集聚的细分市场非常具有吸引力，以致多数竞争对手蜂拥而至瓜分这一市场，企业将付出更高的代价，甚至导致企业集聚战略失败。随着细分市场的差异性减弱，进入该目标市场的壁垒会降低，使之竞争更加激烈。同时，采用此种战略市场风险很大，企业必须要跟上目标市场的需求变化，否则企业有可能会失去原来的细分市场。

2. 目标集聚战略的实现途径

1) 顾客集聚战略

企业将经营重点放在不同需求的顾客群上，着重分析无人问津或其他企业很少关注的市场，为其提供特色的产品或服务。如瑞士 SWATCH 将手表定位于 100 法郎甚至根本没有企业愿意生产的产品市场。

2) 产品集聚战略

通常对于产品开发和工艺设备成本较高的行业，以产品线的某部分作为经营重点，容易集聚强大的竞争优势。

3) 地区集聚战略

市场细分的一个变量即地区标准。若某种产品能够按照特定的地区需要实行重点集聚，也能获得竞争优势。当然，在经营地区有限的情况下，建立地区重点集聚战略，也可以获得优势。

4) 低占有率集聚战略

美国哈佛大学教授哈默生等研究发现，市场占有率低的企业的经营成功，主要是将经营重点集聚在较窄的领域内。因为，低占有率的企业仅限于少数细分市场，看重的是利润而不是成长，只要低占有率的企业充分发挥自身优势，将经营重点瞄准特定市场，也能处于不败之地。

第五节　市场竞争新模式——战略联盟

在市场竞争日益激烈的市场上，以往所奉行的视竞争者为仇敌，彼此互不相让的竞争原则已成为陈旧的经营观念而逐渐被人们抛弃。现代市场营销学认为，企业欲在竞争中确保生存，并积极地开拓市场，最好的途径乃是寻求某种竞争的新模式，以实现共同生存、共同发展的目标。目前正在崛起的战略联盟正是这样一种兼有竞争与合作功能的新型的市场营销组织形式。

一、企业发展的主要途径

在现代市场经济条件下，企业要取得竞争中的优势，就得谋求不断扩展。一般而言，企业发展可供选择的途径主要有三种。

1. 独立拓展

独立拓展即不借助任何外力而自我发展。这需要企业有雄厚的经济和经营实力，在企业实力相对较弱且竞争日益激烈的环境下,这种方式不利于企业迅速取得竞争优势。从当今企业竞争发展的趋势看,依赖于企业的自我实力很难应对多变的经济环境,难以在激烈的市场竞争中立足,因而这种发展方式已为大多数现代企业所摒弃。

2. 兼并收购

兼并收购这种发展方式一度十分盛行,成为企业谋求发展的主要途径。但是,这种方式也有一定的缺陷,主要反映在所涉及的各方都要付出一定的代价,承担较大的风险。对兼并或收购方来说,成交后就要负起被兼并或被收购方的全部责任和经济法律上的义务。大多数情况下,这种责任和义务几乎成为一种包袱和企业发展的障碍。而对被兼并或被收购方而言,则需适应新的管理模式,特别是作为兼并者的大企业,其组织结构和企业文化难以为被兼并的小企业所接受。因此,在变幻莫测的竞争中,兼并方式欠灵活。

3. 战略联盟

战略联盟是指两个或两个以上的企业,为实现某一战略目标而建立起的合作性的利益共同体。

这种新型的企业联合模式,无论是在适应环境的能力方面,还是在市场渗透的能力方面,均较兼并乃至合资经营方式更胜一筹,这也是企业进入新竞争时代的必然选择。

建立战略联盟,旨在实现企业间的优势互补,增强企业的长期竞争优势,从企业的基本任务和方向中衍生出经营目标,进而赢得长远的相对优势。显然,战略联盟在本质上是与企业的长期规划相一致的,都是为了实现企业的长期目标。

二、战略联盟的形式

企业为了达到自身的战略目标,可从外部寻找其最稀缺的资源,选择具有该种资源的企业结为战略伙伴。鉴于企业寻求外部合作时战略目标不尽相同,可分为如下几种战略联盟。

1. 技术开发联盟

这种联盟的具体形式有多种,如在大企业与(中)小企业之间形成的技术商业化协议,即由大企业提供资金与营销力量等,而由小企业提供新产品研制计划,合作进行技术与新产品开发。又如合作研究小组,即各方将研究与开发的力量集中起来,以提高研发水平,加速研发的进程。与此类似的还有联合制造工程协议,即由一方设计产品,另一方设计工艺。

2. 合作生产联盟

合作生产联盟由各方集资购买设备以共同从事某项生产。联盟可根据不同的需要,在各参与者之间进行劳动力、传输制造技术、操作技巧等要素的配置。这种联盟可以使加盟各方分享到生产能力利用率提高的益处,因为各参与方既可以提高各自的生产量,又可以根据供需的不同对比状况及时迅速地调整生产量。

3. 市场开拓联盟

加盟方相互利用彼此的市场销售渠道销售自己的产品,实现资源共享,达到销售的规模效益。譬如特许经营、连锁加盟等形式的销售联盟在当前商业领域颇为流行,使得企业销售网点可以实现低成本的迅速增长,比竞争对手更积极、更迅速地占领市场。此外,加盟各方也可经由这种联盟形成新市场,使竞争不致因各方力量相差悬殊而趋于窒息。

4. 多层次合作联盟

这种联盟实际上是上述各种联盟形式的组合,即由加盟各方在若干领域内开展合作业务。企业加入这种联盟可采取渐进方式,从一项业务交流发展到多项合作。

三、战略联盟的优势

(一) 战略联盟有利于缩短新产品开发的时间

在现代竞争激烈的市场上,随着同行业竞争对手的不断涌现,产品创新已成为竞争的主要手段之一,产品的生命周期也变得越来越短。然而,科学技术的突飞猛进,已经把产品生产推向高度技术化和复杂化,一项复杂的高技术新产品的完成涉及越来越多的科技领域并经过越来越多的生产环节,从设计、试制到有关设备的筹备,乃至生产的实现和市场渠道的开拓,已表现为规模越来越大的战略工程,而这种战略工程是企业难以在短期内独立完成的。不同的企业在产品开发上形成合作关系,就能够以市场为纽带组成灵活、协调的生产营销网络,其潜力是无限的。

(二) 战略联盟有利于分摊高昂的开发投资费用

现代企业的发展除了技术要素,还有赖于资本与人力要素的组合,而对资本和人力资源需求量的激增导致了投资成本的大幅度提高。对于大多数企业而言,这种状况会使其开发投资的规模也受到成本的制约,从而减少了开发新产品和进入新市场的机会。在企业采取内部增值途径受阻的情况下,战略联盟以少量投资就能够有效地、适当地动员所需要的各种资源,各合作伙伴在各自承担的环节上也会有更多的机会来降低投资成本和提高经营效益。

(三) 战略联盟有利于提高规模经济效益

对现代企业而言,取得规模经济效益已成为实现良好经济效益、促进技术发展的主要动力。战略联盟通过协调性的合作极易取得规模效益,这主要体现在战略联盟借助同类产品生产者的联合,使各自的相对优势在生产规模扩大的条件下得到更大程度的发挥,从而降低了生产成本和投资成本,增强了企业的竞争实力。此外,联合使生产专业化和分工加深,合作伙伴在零部件生产、部分和总体组装各环节的多种相对优势叠加,从而为不同企业之间资本、技术和人力资源等生产要素的灵活组合提供了机缘,促进了技术进步,最大限度地降低了最终产品成本。

(四) 战略联盟有利于避免经营风险

在当代市场经济中,多元化经营作为企业发展的一种有效的战略,不仅需要大量的投资,而且要面对新业务的陌生领域及行业壁垒的障碍,企业承担着相当大的市场风险。而采用战略联盟,能够以更为广泛的网络掌握更多的市场渠道,降低经营风险;实现企业间的优势互补,从而拓展经营范围,平抑市场风险。

(五) 战略联盟有利于确立新的竞争原则

竞争与合作是一种新的辩证关系，竞争并不排斥合作。从某种程度上讲，合作有益于充分提高竞争效率，因为当企业准备开发某种新产品或打入某一市场时，竞争对手可能早已确立了竞争优势，如果与竞争者直接交锋，其结果可能是趋于失败或两败俱伤，这必将浪费稀缺的社会资源。因此，与竞争对手携手建立战略联盟，共同促进社会经济的发展，不失为新时代竞争的明智之举。

四、战略联盟的建立与管理

(一) 战略联盟的建立

战略联盟的建立，是指在分析企业的外部环境和内部条件的基础上，根据企业的战略目标，确定合作对象、合作方案及其应变措施的具体行动计划的过程。战略联盟的建立主要包括制订战略、评选方案、寻找盟友、设计类型和谈判签约五个阶段。

1．制订战略

这项工作通常包括分析环境以明确来自竞争对手的威胁和本企业所具有的市场机会，核查本企业的资源和生产能力，评估本企业在现有环境下的优势与劣势，然后在共同考虑本企业长期与短期目标的基础上确定本企业的战略。

2．评选方案

这项工作几乎与战略的形成同步进行。为最后确定战略，企业需对各种方案进行评选。评选方案时，需明确如下问题：

(1) 联盟是否必不可少？

(2) 结成联盟后对公司的声誉有何影响？

(3) 公司的高层管理者是否拥护联盟？

(4) 联盟的建立是否会引起客户、供货方、目前的合作伙伴及金融部门的不利反应？

3．寻找盟友

理想的合作伙伴应能对联盟起到补缺的作用，如果双方能在工艺技术、营销资源、顾客服务等诸方面互补，合作的机会就会增大。这就要求企业严格考察和甄别每个潜在的合作伙伴，切忌匆忙选择。应寻找那些与本企业具有共同经营理念的伙伴，同时合作伙伴的财务状况与组织结构也应是稳定的。

4．设计类型

建立战略联盟采取什么样的形式，应当依据企业的不同情况，特别是相对的优劣势来确定，即对每个可能的伙伴，都应考虑联盟的相应类型与构成方式。

5．谈判签约

联盟类型一旦确定，即将加盟各方集中起来进行谈判，合作各方就目标、期望和义务等各抒己见，在取得一致意见的基础上制订出联盟的细则并签约实施。

（二）战略联盟的管理

战略联盟的管理是指不仅要对联盟各方借以缔结合约的核心要素(如经济利益、风险划定)等进行管理，也要对其外在要素(如组织结构、知识产权、企业文化)等各方面进行综合协调和控制。战略联盟全过程管理则是对战略联盟的形成、运作以及信息反馈全过程所实施的组织、计划、监督和调节。具体而言，全方位、全过程的战略联盟管理应集中在如下几点。

1．战略联盟必须基于双方的需要

企业在寻求理想的合作对象时，应首先分析本企业的资源、生产能力和市场潜力，评估现有企业的优势，在此基础上，广泛了解合作对象的战略，以便使双方在短期目标与长期目标上都达到一致。

2．建立合适的组织结构

组织结构是企业保持战略联盟整体性的内在联系的方式，它是联合体的诸要素及其相互关系作为一个具有统一性的系统整体加以有机组合的组织体系，它决定了整个联盟的运行效率。成功的战略联盟的组织结构具有两个特征：

(1) 新的组织结构必须能对市场总需求和竞争条件的变化作出迅速而灵活的反应。

(2) 新的组织结构必须具备广泛、健全的信息反馈网络。

3．保护联盟各方的技术资产

在联盟的初创阶段，决策人员必须分析各方技术资产的性质，区分独家或专有技术，以及来自其他技术供给方的一般技术等。专有权的要素(专利、注册商标)一般可通过法律手段获得，而独特的生产技术、工程技术和材料加工诀窍等，则可采取对等交换的方法，实行部分让渡。从长远看，保持联盟内技术公平的最佳措施是坚持研究与开发活动，实行技术吸收政策。

4．对战略联盟进行有效的协调管理

一般地，协调管理问题包括：由谁来经营联合体，联合体经营的利益和损失如何分担，怎样组织和管理联合体经营所需要的人员，战略联盟经营的风险是否已确认，等等。

5．发展多方位的联盟合作关系

多边联盟的形式能最大限度地减少任意两方联盟解体带来的危机，能比单一联盟更广泛地、更好地运用多个企业的综合优势，从而优化技术水平，开拓更广泛的市场。

复习思考题

1．实行市场细分对企业有什么好处？有效细分的条件是什么？

2．举例说明市场定位中的综合细分法。

3．目标市场营销战略有哪些？企业如何选择目标市场营销战略？

4．试以某种产品为例，说明市场定位方法。

5．企业的基本战略有哪些？各有什么特点？其实现的途径有哪些？

◇ 案例讨论

案例(一):

日本泡泡糖市场年销售额约为 740 亿日元, 其中大部分为"劳特"牌所垄断。可谓江山唯"劳特"独坐, 其他企业再想挤进泡泡糖市场谈何容易。但江崎糖业公司对此却并不畏惧, 公司成立了市场开发班子, 专门研究霸主"劳特"产品的不足和短处, 寻找市场的缝隙。经过周密调查分析, 终于发现"劳特"的四点不足: 第一, 以成年人为对象的泡泡糖市场正在扩大, 而"劳特"却仍旧把重点放在儿童泡泡糖市场上; 第二, "劳特"的产品主要是果味型泡泡糖, 而消费者的需求却正在多样化; 第三, "劳特"多年来一直生产单调印条板状泡泡糖, 缺乏新型式样; 第四, "劳特"产品价格是 110 日元, 顾客购买时需多掏 10 日元的硬币, 往往感到不便。通过分析, 江崎糖业公司决定以成人泡泡糖市场为目标市场, 并制订了相应的市场营销策略。不久便推出功能性泡泡糖四大产品: 司机用泡泡糖, 其使用了浓度薄荷和天然牛黄, 以强烈的刺激消除司机的困倦; 交际用泡泡糖, 可清洁口腔, 祛除口臭; 体育用泡泡糖, 内含多种维生素, 有益于消除疲劳; 轻松性泡泡糖, 通过添加叶绿素, 可以改变人的不良情绪。江崎公司还精心设计了产品的包装和造型, 价格定为 50 日元和 100 日元两种, 避免了找零钱的麻烦。功能性泡泡糖问世后, 像飓风一样席卷全日本。江崎公司不仅挤进了由"劳特"独霸的泡泡糖市场, 而且占领了一定的市场份额, 从零猛升至 25%, 当年销售额达 175 亿日元。

问题讨论

1. 江崎公司是如何发现市场机会的?
2. 江崎公司目标市场选择在哪里? 其目标市场策略是什么?

案例(二):

山东九阳小家电有限公司是一家新兴的小家电专业企业。九阳公司成立于 1994 年 10 月, 为山东省高新技术企业、国家大豆行动计划示范企业。其中拳头产品九阳豆浆机被列为省级星火计划项目, 九阳商标被认定为山东省著名商标。九阳公司的拳头产品九阳牌系列家用豆浆机拥有 23 项国家专利, 为豆浆机行业第一品牌, 九阳公司目前已成为全球最大的豆浆机制造商。

九阳豆浆机从一面市即受到广大消费者的喜爱和欢迎, 产品畅销全国, 并远销日本、美国、新加坡、印尼、泰国等海外 20 多个国家和地区, 年销量突破百万台, 年产值几个亿。目前, 九阳已在全国地市级以上城市建立了 200 多个服务网点, 做到了凡是有九阳产品销售的地区均有九阳的服务机构, 并在行业内率先在全国大部分城市实行了上门服务。现在, 九阳公司主要致力于新型家用小电器的研制、开发、生产与销售, 主导产品有九阳全自动家用豆浆机、电磁炉、开水煲、果汁机、电火锅等系列小家电。

2000 年 4 月, "国家大豆行动计划"领导小组将九阳公司列为行业内唯一"国家大豆行动计划示范企业"。2001—2003 年, 九阳豆浆机连续被国家统计局中国行业企业信息发布中心认定为"全国市场同类产品销量第一名"。2004 年 5 月, 九阳公司荣获中国最具发展潜力的中小企业"未来之星"称号。

　　1994 年，工程师王旭宁发明了集磨浆、滤浆、煮浆等诸功能于一身的九阳全自动豆浆机。这一年王旭宁下海创建九阳公司，追随他的是和他一样年轻的北方交通大学的师兄弟们。该年被九阳人自豪地称之为"九阳元年"。不起眼的九阳公司最初选择的同样是一个不起眼的产品——豆浆机。齐鲁大地这块沃土是豆浆机的诞生地，它的出现是豆浆制作方法的一次革命，结束了中国人过去一直用石磨做豆浆的时代。

　　新产品的生产者必须耗费大量力气去培养消费者的消费习惯。1994 年第一批 2000 台豆浆机生产出来，当时很多商场别说认同你的产品，就是见也没见过，想进去卖要费很多周折，讲解、演示，还要托人。这样这批豆浆机堆在库里无人问津，九阳人心急如焚。由此发生了一件事，被九阳的创业者们称作九阳公司的第一个标志性事件。

　　1994 年 11 月，在《齐鲁晚报》上紧贴在通栏广告上方出现一则 1 厘米高的宣传九阳豆浆机的反白长条补缝广告，花钱不多，效果却出奇的好。补了几次缝下来，到 1995 年春节前，2000 台豆浆机便销售一空。1995 年，九阳豆浆机的销量突破了一万台。自此年轻的九阳深深感知到宣传的重要性。要想让消费者真正认同豆浆机，必须从宣传大豆及豆浆对人体的益处做起。自那以后，九阳宣传大豆与豆浆营养知识的软文广告开始席卷全国媒体，前后与其合作的媒体有 500 家之多。从与报刊共同推出专栏，宣传豆浆的健康功效，到参与央视《夕阳红》栏目活动，再到"国家大豆行动计划"的推广，继而在央视《东方时空》和《开心辞典》投入品牌广告，九阳豆浆机的市场宣传策略已从"引导消费豆浆"转移到"引导消费九阳豆浆机"。九阳不但在市场中活了下来，并且带动发展起了一个新兴的豆浆机行业。

　　每年占销售收入 20%～30% 的研发投入，强大的营销网络的支持，支撑起了九阳行业内第一品牌的地位。刚问世时豆浆机缺点一点不比优点少：一煮就糊，粘机且清洗困难，电机工作不稳，返修率高等。不突破技术障碍，豆浆机必被淘汰出局。要生存下去，九阳就必须不断完善技术，进行技术革新。九阳的发展壮大过程也是技术创新过程。1994 年，九阳创新地将电机上置式安装；1996 年九阳发明了"外加豆"技术；1998 年针对消费者对豆浆机清洗困难的反馈新创了"智能不粘"技术；2001 年"浓香技术"产品在九阳研发成功并投入规模化生产。2001 年 8 月，九阳豆浆机荣获中国首届外观设计专利大赛二等奖。2001 年 10 月，荣获首届中国企业"产品创新设计奖"优秀奖。2003 年 12 月，九阳豆浆机 JYDZ—17、电磁炉 JYC—24E、JYC—21D 三款产品荣获中国工业设计"奥斯卡奖"。2001 年 4 月，荣获"中国专利山东明星企业称号"。

　　2001 年 8 月，荣获山东省第六届专利奖金奖。到今天，九阳牌系列家用豆浆机拥有 23 项国家专利。

　　到 1997 年底，九阳公司省内外的办事处已达 10 家，有 200 多家经销商，由于销售采取总经销制，加之总部的宣传支持，公司年销售收入逾千万元，完成了最初的原始积累。1998 到 1999 年九阳优化了自己的销售网络，对经销商加以筛选，同时加大了管理力度。销售网络优化效果很好，利润增长明显。

　　进入 1998 年，九阳度过了最艰难的创业开拓期，实力渐强。九阳豆浆机一机风行，诱发了投资者效仿的热潮。一时间全国各地如雨后春笋般新生了 100 余家豆浆机生产企业，有规模成气候的如福建的迪康，广东的科顺、雄风，河南的田山等。2001 年 6 月 18 日，荣事达在沈阳宣布全面进入小家电市场，并声称要在 2 年内成为豆浆机的主导品牌。

10 天之后，美的公司也宣布斥资 3000 万元进入豆浆机领域，豆浆机公司随即成立，并计划年内生产能力达到 150 万台，进入行业前两名。其他曾进入豆浆机行业的大家电企业还有海尔、澳柯玛等。

作为豆浆机行业的主导品牌，九阳面对纷至沓来的激烈竞争，并未显得手忙脚乱。他们在 2001 年度投入大量科研经费，研发了全新的专利"浓香技术"，推出九阳小海豚浓香豆浆机，迅速畅销全国。在品质管理方面，除进行常规的各项生产检验外，还单独成立了多个实验室，如电机实验室、成品实验室等，对关键配件和整机进行全面实验检测。2001 年九阳豆浆机销量达到 160 万台。九阳通过在技术方面不断推陈出新，远远甩开了竞争对手，这是九阳在豆浆机行业市场上市场占有率始终维持在 80% 以上，销量年年第一的"法宝"。在保持快速技术创新的同时，九阳公司根据形势做出战略调整，为了在新技术、新材料、新工艺等方面赶上潮流，同时降低制造成本，在北方驻守了近十年的九阳决定将公司的研发和制造重心南移，利用当地丰富的 OEM 资源，将研发、制造和销售三个重点减为两个重点，其中的制造环节将慢慢淡出。2003 年九阳营业额近 3 亿元，其中 2 亿来自豆浆机。

豆浆机毕竟是小家电的边缘产品，即使占有 80% 的市场，也觉得自己的那一块蛋糕太小，全国大约只有 3 个亿的市场。固守着豆浆机这一单一产品，很难让企业实现持续的快速增长。九阳人想做的是"小家电第一品牌"，于是继豆浆机之后，九阳 2001 年进入电磁炉行业，九阳人想通过电磁炉再现成功的一跃。九阳电磁炉自上市以来，也取得了不凡业绩。2003 年 3 月，九阳电磁炉荣列"全国市场同类产品六大畅销品牌"。

2003 年度九阳位居全国电磁炉行业前两名，成为电磁炉行业主导品牌。

问题讨论：

1. 什么因素使得九阳豆浆机长时间占据着市场领导地位？
2. 九阳公司针对大量的市场挑战者和市场追随者是如何应对的？

 **技能训练**

1. 举一个实例，运用综合细分法对它进行市场细分，并根据细分的有效条件作初步分析。
2. 试为下列产品提供一个进行市场细分的有效方法：
照相机、家用洗涤剂、饲料、咖啡、汽车轮胎、自行车、饮料、电脑、饭店
3. 请考察一家大型商场，看其供货的商品类别是如何划分的？其市场是如何定位的？

第七章

产 品 策 略

❖❖❖❖❖❖❖❖❖❖❖❖❖❖❖❖❖❖❖❖❖❖❖❖❖❖❖❖❖❖❖❖❖❖❖

◆ 学习目标

1. 掌握产品整体概念的主要层次
2. 掌握产品生命周期各个阶段特点及应采取的营销策略
3. 了解新产品的类型及开发程序
4. 理解产品组合的主要策略
5. 掌握品牌策略
6. 了解包装策略的类型

◆ 引导案例

　　一个夏天的怀旧和回忆过后，质朴、笨笨的"东北大板"们突破了"集团军"的重围，成为 2014 年冷饮市场的最大赢家。大庆红宝石冰激凌有限公司董事长刘颜龙在冷饮行业待了 22 年，早已见惯了冷饮这个行业的起起落落，不过今年生意的火爆程度还是让他忍不住兴奋了一把。红宝石开发的产品"东北大板"今夏席卷大江南北，在杭州、济南等三十多个城市日销数万支，销量最高的合肥市则已经达到每天 8 万支之多。这样的成绩令伊利、蒙牛、雀巢等大型冰激凌厂商都震惊不已。与消费品领域的任何一个细分行业一样，冷饮产品的行业布局也带有明显的"集团化"特征，即全国市场由少数几个巨头引领，地方性品牌往往只能偏安一隅，或者干脆被大集团纳入旗下。"从 2000 年开始，冰激凌就进入了集团军竞争阶段。蒙牛、伊利、光明，加上和路雪，背景都是集团。"上海光明益民食品一厂销售经理孙景荣说，冰激凌在食品行业中属于高毛利率的产品，但是冰激凌营运需要全程冷链，费用很高，不背靠集团，就很难生存下去。"东北大板"却在今年夏天改写了这一既定格局。火红的"东北来客"还不只是"东北大板"，来自沈阳的"中街大果"和来自哈尔滨的"马迭尔冰棍"等冷饮品牌在一线城市的日销量也超过许多背靠大集团的冰激凌品牌。这是冰激凌行业今年发生的最明显变化。曾经，市场和渠道下沉的方向是由大城市到小城市，如天津生产的雪糕品类会影响沈阳的市场，经由沈阳市场再影响到大庆。"现在反过来了，我们的产品往沈阳发、天津发、全国发。我们走出来了。"刘颜龙对媒体说。在资金、品牌和经验优势都不具备的情况下，这些地方冰激凌厂商通过一个夏天就征服了全国消费者，它们做对了什么？

　　"东北大板"成为今夏的冷饮"黑马"，外界通常会赞叹红宝石这家公司包装产品的能力很高，但在刘颜龙看来，"东北大板"系列的火爆，最重要的因素并不是营销或者渠道，而是产品本身，是健康、扎实的原料和口感。"东北大板"系列一共有四个口味——原味、草原奶、巧克力和草莓，成分主要是新鲜果肉、植物提取物和新西兰进口奶粉，简单的配方和口感反而带来了较高的市场接受度。

另外，"东北大板"能够脱颖而出，很大程度上要归功于怀旧风的外包装。它对部分产品的包装使用了蜡纸，而不是常见的塑料包装，且两端没有密封，用手一撕即开，很符合 70 后、80 后一代消费者的儿时记忆，从而获得了这一部分中坚人群的支持。这种印象很容易让人以为"东北大板"是个老产品复兴，但它其实是 2013 年夏季的新产品，经过红宝石在部分地区的一年试销，2014 年夏季发力在全国布点销售。这个看上去很传统的产品，其实经过了精心的市场定位。在食品安全问题频发的背景下，冷饮容易被怀疑添加剂过多，这种朴实，甚至带点土气的包装反而比过度的包装更有亲和力。(资料来源：杨蕾. 东北大板：冷饮市场最大赢家？销售与市场，2014.10)

第一节 产品整体概念及构成

一、产品整体概念

在现代市场营销学中，产品的概念是产品整体概念，区别于传统的产品概念。传统产品概念的解释通常局限在产品的物质形态和具体的用途上，产品一般被表述为：由劳动创造、具有使用价值，能满足人类需求的有形物品。

(一) 产品整体的定义

产品整体概念具有极其宽广的外延和深刻而丰富的内涵。整体产品被表述为：向市场提供的、能够满足消费者某种需求和利益的有形物品和无形服务的总体。这一意义上的产品，除了包括传统意义上的狭义产品，如材料、结构、款式等要素构成的有形物体，还包括由有形物体所体现的基本功能和效用，以及伴随着有形物体销售所提供的质量保证、售后服务等无形的要素。总之，凡是能够满足消费者需求，使其获得利益的一切有形的、无形的，物质的、精神的各种要素都属于产品的范畴，这就是现代市场营销学中的产品整体概念。

(二) 产品整体概念的构成

近年来，以菲利普·科特勒为代表的学者提出的产品整体概念包括五个层次的内容，即核心产品、形式产品、期望产品、延伸产品和潜在产品，如图 7.1 所示。

1. 核心产品

核心产品是指产品能够提供给消费者的基本效用或利益。这是产品在使用价值方面的最基本功能，是消费者需求的中心内容。从根本上说，每一种产品实质上都是为了满足消费者欲望而提供的服务。例如，人们购买电冰箱不是为了获取装有各种电器零部件的物体，而是为了满足家庭冷藏、冷冻食品的需要。

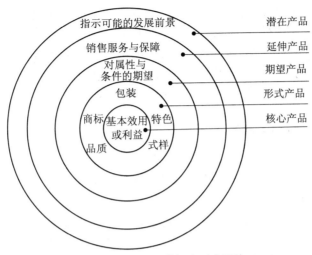

图 7.1　产品整体概念五个层次

2．形式产品

形式产品是指核心产品借以实现的形式或目标市场对某一需求的特定满足形式。任何产品都具有特定的外观形式，因为核心产品需要表现为具体的形式产品。形式产品由五个特征构成，即品质、式样、特征、商标及包装。产品的基本效用就是通过形式产品的这些特征具体体现的，为顾客识别、选择的。

例如购买电冰箱，不仅考虑其制冷功能，还会考虑其制冷功能得以实现的载体，即它的厂家、品牌，是海尔、美菱、还是伊莱克斯；它的质量等级，是否荣获国家金奖；它的款式，是三开门还是对开门，颜色是鲜艳的酒红色还是淡雅的绿色等。形式产品是呈现在市场上可以为顾客所识别的，是顾客选购商品的直观依据。因此，企业营销在着眼于向消费者提高核心产品的基础上，还应努力寻求更完美的外在形式以满足顾客的需求。

3．期望产品

期望产品是指顾客在购买产品时期望得到的或默认的与产品密切相关的一系列属性和条件。例如，顾客选购电冰箱时，除了要求具有基本功能和好的外观外，往往还期望电冰箱能省电、噪音小，因为顾客认为大多数冰箱应能够满足这些基本的期望。消费者的期望产品得不到满足时，会影响消费者对产品的满意程度、购后评价及重复购买率。

4．延伸产品

延伸产品是提供超过顾客期望的服务和利益的部分，是消费者或用户购买形式产品或期望产品时，附带获得的各种附加服务和利益的总和，它把公司的提供物与竞争者的提供物区别开来。例如，消费者购买冰箱时，企业提供的使用说明书、保证、维修、送货等。如今，由于人们需求和企业间竞争的日益多样化，顾客对企业生产和销售产品的附加利益提出了更多的要求，在产品附加价值方面的竞争显得越来越重要。营销人员必须注意顾客的需求变化，延伸其所提供的产品，从而适应市场的需要。

5．潜在产品

潜在产品是指现有产品包括所有附加产品在内的，可能发展成为未来最终产品的潜在状态的产品。它是由企业提供的能满足顾客潜在需求的产品层次组成，主要是产品的一种增值服务或额外价值。企业可以通过向消费者提供潜在的产品利益，来突出自己不同于竞争对手的产品个性，实现有效的差异化。例如，冰箱以后会发展为智能冰箱，能自动识别食材种类、食材有效期、食品是否需要补充，同时将通过大数据分析消费者饮食习惯推荐采购清单，消费者可以在购物平台上一键下单进行购买。

(三) 产品整体概念的意义

产品整体概念五个层次的理论，十分清晰地全面体现了以消费者需求为中心的现代营销观念。这一概念的内涵和外延都是以消费者需求为标准的，由消费者需求来决定的。对于企业设计和开发产品、制订市场营销组合策略，具有多方面的指导意义。

第一，有利于贯彻实施以消费者为中心的营销思想。现代市场营销强调以消费者为中心，必须落实到实处。如何才能落到实处，贯彻产品整体概念大有益处，产品整体概念要求从产品的各个方面去考虑和满足消费者需要，正是以营销思想作指导的具体体现。

第二，有利于产品的完善，增强竞争能力。在我国市场经济的发展过程中，企业之间围绕争夺消费者展开的竞争非常激烈，大多数竞争的手段主要还是价格战，特别是当有形商品在功能、品质上极为接近，难以形成明显差异时更是如此。整体产品概念为企业竞争提供了一种新的分析思路，即围绕整体产品来开展竞争，要在整体产品的每一个层次及其每一个要素，如包装、品牌、商标、款式、花色、质量以及安装、调试、维修、融资等售后服务上不断求新，创造特色优势，增强产品的核心利益，来提高企业产品的竞争能力。

第三，有利于产品的最终实现。产品的最终实现，不是取决于生产者，而是取决于消费者，消费者是现代市场的主宰，只有为消费者乐意接受的产品才能最终实现。而消费者对产品的要求往往又是多方面的，因此，要确保产品顺利实现，企业要在产品各个层次上使消费者感到满意。只有从产品整体上使消费者满意了，该产品才能最终加以实现。

二、产品分类

现代营销观念下，不同的产品对应与之相适应的营销策略。有效制订营销策略的前提就需要对产品进行科学的分类。

1. 按消费者的购买习惯分

按消费者的购买习惯可分为便利品、选购品、特殊品、非渴求品。

(1) 便利品。便利品指消费者经常购买或即刻购买，不花太多时间精力进行比较和选择的产品。对便利品的营销，企业要特别重视购买的时间和地点，建立密集的销售网点，备足货品，采取特价、折价、集中突出陈列以及赠品等促销策略，方便消费者随时随地购买，刺激冲动性需求。

(2) 选购品。选购品指消费者在购买过程中对功效、质量、款式、色彩、特色、品牌、价格等花较多时间精力进行比较的产品，如家用电器、服装、鞋帽等。选购品又可以分为同质选购品和异质选购品。

同质品在产品属性上如质量、功效等非价格因素方面差别不大，但价格差异较大，所以要认真比较选购；消费者认为通过自己的努力，可得到价格最低的产品。对同质品，企业往往可利用价格作为有效的营销工具，以最大程度满足消费者实现"最合算"购买的要求。

异质品在产品属性上差异较大，消费者购买时重视和追求特色，特色比价格对购买决策的影响更大。企业在异质品的营销中要重视重视产品的特色和质量，以满足消费者选购产品时所重点关心的或注意的因素，在产品的品种、花色、款式、风格方面实行多样化，并通过广告宣传和促销活动将产品差异有效地传递给消费者，以满足消费者的差异化需求。

(3) 特殊品。特殊品指具有独有特征或品牌标记的产品，对这些独特性的产品，有相当多的购买者一般都愿意为此付出特别的购买努力。如高级服装、专业摄影器材、具有收藏价值的艺术品等。对特殊品的营销，企业不必太多考虑销售地点是否方便，但是要让可能的顾客知道购买地点，营销重点应放在品牌声誉、特色上。

(4) 非渴求品。非渴求品指消费者不熟悉，或虽然熟悉但不感兴趣，不主动寻求购买的商品。如环保产品、人寿保险以及专业性很强的书籍等。非渴求品往往属于消费者的潜在需求或未来需求。在营销中，需要采用较强的开发性策略，采取诸如人员推销、有奖销售等刺激性较强的促销措施，制作强有力的广告，帮助消费者认识和了解产品，将产品使用价值和他们的需求紧密相联，以引导他们的兴趣，激发购买行为。

2. 按产品的耐用性分

按产品的耐用可分为耐用产品和非耐用产品。

(1) 耐用品。耐用品指使用年限较长、价值较高的有形产品，通常有多种用途，例如房子、洗衣机、高档家具等。耐用品一般需要较多地采用人员推销，提供较多的售前售后服务和担保条件。

(2) 非耐用品。非耐用品指有一种或几种消费用途的低质易耗品，如矿泉水、食盐、洗衣液等。这类产品消费快，购买频率高。因此，销售网点要多，使消费者能在许多地点方便地购买到这类产品；价格中包含的盈利要低；加强广告宣传以吸引消费者试用并形成偏好。

3. 按产品的有形与否分

按产品的有形与否可分为有形产品和无形产品。

(1) 有形产品。有形产品指具有实物形态、看得见摸得着的产品。如汽车、食物、服装等。

(2) 无形产品。无形产品指不具有实物形态的产品，其特点是无形、不可分、易变和易消失。因而对质量控制、供应商的信用和适用性的要求较高。如理发、维修、培训教育等。

第二节　产品生命周期及策略

产品生命周期是现代营销学中的一个重要概念。研究产品生命周期各阶段的发展变化，可以使企业更好地了解本企业产品的发展和竞争状况，适时地开发新产品，并根据产品生命周期各阶段的特征，有效地制订营销策略，从而增强企业竞争力和应变能力。

一、产品生命周期概念

产品生命周期理论是美国哈佛大学教授费农 1966 年在其《产品周期中的国际投资与国际贸易》一文中首次提出的。产品生命周期是指产品从投入市场开始到被淘汰退出市场的全部运动过程。

产品生命周期指的是产品的市场生命，与产品的自然生命是两个不同的概念。产品的自然生命即产品的使用寿命，是一种产品从开始使用到其使用价值完全丧失的过程。产品自然生命的长短，受产品的自然属性、产品的使用强度、维修保养程度以及自然磨损等因素的影响。产品的市场生命是指产品在市场上的延续时间。产品市场生命的长短，取决于产品的性质和用途、消费习惯和民族特点、科技进步速度、市场竞争情况、国民收入水平等。产品的市场生命与自然生命之间没有必然的、直接的联系。有的产品自然生命很短，但市场生命却很长；有的产品自然生命很长，但市场生命却很短。由于产品的具体情况不同，其生命周期的长短也不一致，有的长达跨越世纪，有的短如昙花一现。从总的趋势看，随着科学技术的快速发展，产品生命周期日益缩短。

二、产品生命周期各阶段的特征和营销策略

根据产品在生命周期销售额和利润的变化，一般可分为四个阶段：导入期、成长期、成熟期和衰退期。如图 7.2 所示，每个阶段有其各自特征，它们直接影响着企业营销策略的制订和实施效果。

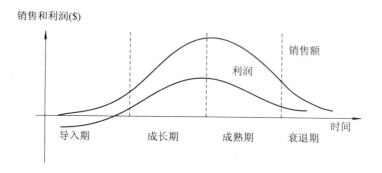

图 7.2　典型的产品生命周期曲线

（一）导入期

1. 导入期的特征

导入期是指新产品试制成功，进入市场试销的阶段。这一阶段的主要特征是：

(1) 只有少数企业生产，市场上竞争者较少；

(2) 消费者对新产品尚未接受，销售量增长缓慢；

(3) 产品技术、性能不完善，价格偏高；

(4) 分销渠道未建立、健全；需做大量广告宣传，推销费用大；

(5) 企业生产批量小，试制费用大，产品成本高；

(6) 产品获利较少或无利可图，甚至亏损。

2. 导入期的营销策略

导入期是企业营销活动成败的关键期。无利或亏损，对企业极为不利。企业的营销活动应抓住一个"快"字，实现一个"短"字。即企业应采用各种手段缩短导入期，以期尽快进入成长期。企业可采用无差异性目标市场营销策略以探求市场需求及潜在顾客。

(1) 产品策略：进一步完善生产技术，提高产品内在质量。及时收集和反馈市场信息，针对需求，完善产品，提高技术的熟练程度，实现规模生产和规模效益。同时加强企业内部管理，努力降低生产成本。

(2) 价格策略：根据促销投入和价格两个维度，新产品定价可以分成四种类型：快速撇脂策略、缓慢撇脂策略、快速渗透策略和缓慢渗透策略。如图7.3所示。

	高价格	低价格
高促销投入	快速撇脂	快速渗透
低促销投入	缓慢撇脂	缓慢渗透

图 7.3 新产品定价策略

① 迅速撇脂策略。该策略以高价格、高促销投入的方式推出新产品。达到迅速扩大销售量，取得较高的市场占有率，快速收回投资。这种策略的适用条件是：产品有特色、有吸引力，但其知名度不高；市场潜力大，目标市场和顾客求新心理强，急于购买该产品；企业面临潜在竞争对手的威胁，需尽快使顾客对产品形成偏好，建立品牌形象。

② 缓慢撇脂策略。该策略以高价格、低促销投入的方式推出新产品。目的是使企业获得更多的利润。这种策略的适用条件是：市场规模有限；产品具有独特性，并有一定的知名度；目标顾客愿意支付高价；潜在的竞争威胁不大。

③ 迅速渗透策略。该策略以低价格、高促销投入的方式推出新产品。以争取迅速占领市场，然后随着销售量和产量的扩大，使产品成本降低，取得规模效益，获得尽可能高的市场占有率。这种策略的适用条件是：市场潜力很大，顾客对此产品不了解；潜在顾客对价格十分敏感；潜在竞争对手的威胁较大。

④ 缓慢渗透策略。该策略以低价格、低促销投入的方式推出新产品。低价格可扩大销售量，少量促销费用可降低营销成本，增加利润，以缓慢的速度进行市场渗透和提高市场占有率。这种策略的适用条件是：市场潜量很大，顾客对此产品比较熟悉；顾客对价格十分敏感；存在某些潜在的竞争对手，但威胁不是很大。

渠道策略：企业理想的营销渠道和高效率的分销模式尚未建立，控制渠道的意识较强。这是因为：产品未定型，需要迅速反馈产品的市场适应程度、消费者的满意程度等市场信息，以改进产品，因而渠道长度宜短；加上现实消费需求分布较集中，产品销量小，渠道宜窄。

促销策略：由于消费者不了解产品功能、特点、样式等，企业促销重在大力宣传新产品的品牌、性能、功能和服务等，快速传递产品信息，使消费者认知新产品，扩大知名度。

（二）成长期

1．成长期的特征

产品成长期是指销路已打开，产品大批量生产销售的阶段。这一阶段的主要特征有：

(1) 消费者对产品已经熟悉并接受，销售量迅速上升，一般来说，销售增长率超过10%。

(2) 产品已基本定型，生产规模扩大，产品成本下降，企业利润不断增加。

(3) 同行业竞争者纷纷介入，竞争趋向激烈。

2．成长期的营销策略

产品进入成长期后，企业营销策略的重点，主要突出一个"好"字，强化产品的市场地位，尽可能提高销售增长率和扩大市场占有率。产品进入了成长期，正说明它是有前途、有希望的；但因消费需求出现差异性和竞争的加剧，企业在制订营销组合策略时，要有"人无我有、人有我优、人优我快"的基本思想，营销活动应抓住一个"好"字，实现一个"大"字：抓好整体产品质量，树立"产品——企业"良好形象，扩大产品销量，取得较大市场占有率。

(1) 产品策略：同类产品的出现，使消费者逐渐产生了选购意识。企业为了更好满足需求，吸引更多顾客，应付日益激烈的竞争，应采取创名牌的策略。根据用户需求和其他市场信息完善产品，提高质量、性能，增加新的规格、品种，改进包装，以适应需求增长及其差异化，使消费者产生信任感；完善销售服务，提高整体产品的市场竞争力，力争创出名牌，为产品在成熟期的销售和给企业在较长时期带来丰厚利润奠定良好基础。与此同时，企业应着手开发、试销新产品，以免出现产品"断代"，致使企业市场营销活动不能顺利进行。

(2) 价格策略：根据市场竞争状况和企业自身特点灵活定价，以争取更多顾客。若前一阶段采用高价格策略，在批量生产、生产成本下降的基础上，企业选择恰当时机适当降低产品价格，这样既能在更大范围刺激需求增长，吸引更多的消费者，又能防止竞争者的竞争攻势。

(3) 渠道策略：企业通过分析现有销售状况、巩固原有渠道，进一步细分市场，以发现和开辟新市场；增加新的渠道，以适应市场需求的高速增长，实施市场开发战略；同时扩大现有市场的销售网点，拓展渠道宽度，方便消费者购买，进一步加强市场渗透，提高产品销售量。同时应加强对渠道的有效管理和控制。

(4) 促销策略：在导入期，企业的促销重点就是建立产品的知晓度。当产品进入成长期后，促销重点就应转向宣传产品的特色，运用产品定位策略，树立产品形象，提高产品的知名度，建立品牌偏好，维系老顾客，吸引和发展新顾客。

（三）成熟期

1．成熟期的特征

产品成熟期是指产品在市场上由盛到衰的转折时期。这一阶段的主要特征有：

(1) 产品的工艺、性能较为完善，质量相对稳定，产品被大多数消费者所接受；

(2) 市场需求趋于饱和,销售量增幅缓慢,并呈下降趋势,一般来说,销售增长率在1%～10%之间;

(3) 企业利润达到最高点,随着销售量的下降,利润也开始逐渐减少;

(4) 市场上同类产品企业之间的竞争加剧。

2. 成熟期的营销策略

成熟期是企业获取利润的"黄金时节"。企业面临着供给能力增长与消费需求相对饱和的矛盾,企业在市场营销活动中应着重抓住一个"占"字,实现一个"长"字,即千方百计地维持现有市场占有率,并力求扩大,以缓解供需矛盾,尽可能延长成熟期,为本企业带来更多利润。

(1) 产品策略:集中力量进行产品改良,提高产品内在质量。如延长产品使用寿命和提高安全可靠性,方便性等;研究消费者心理,改变产品外观样式、品牌包装,增强美感,力保产品名牌地位。发掘产品新用途,推广新的消费方式,以增加新购,促成销售量的再次增长。加强产品售后服务,提高顾客满意度,提升企业产品竞争力,延长成熟期。

(2) 价格策略:成熟期是竞争最为激烈的阶段,大量竞争者产品的存在,给企业继续获取高利、维持市场份额带来严重威胁。为了增大需求,充分发挥价格刺激需求的功能,企业常常要选择适宜时机适当降价,其中主动变价型竞争定价法采用得最为普遍。当然,也可维持原价,通过改进产品或增加服务等措施赢得顾客。价格竞争主要地集中在这一阶段,企业应适时参与价格战,谨慎而灵活地利用好价格这件利器。

(3) 渠道策略:进一步进行市场细分、市场渗透和市场开发,扩大销售网点,在深度和广度上争取更多消费者,力求扩大销量;这一时期的渠道类型最多且复杂,要重视对渠道的评价、管理和控制,根据需求灵活变更渠道,以保证渠道的畅通无阻和高效率运行。

(4) 促销策略:对于消费品来说,此阶段不宜采用人员推销和公共关系;广告以低费用的提醒式广告为主,寻求能够刺激其他消费者、增加产品使用频率的方法,旨在重新唤起消费者对该产品的兴趣;开展行之有效的营业推广,以更大限度地进行市场渗透。

(四) 衰退期

1. 衰退期的特征

产品衰退期是指产品已经陈旧老化、市场开始萎缩、直至产品受到淘汰的时期。这一时期的主要特征有:

(1) 产品销售量由缓慢下降变为迅速下降,销售增长率出现了负增长;

(2) 消费者对该产品的兴趣已完全转移到新产品上;

(3) 产品价格已降到最低点,多数企业无利可图,竞争者纷纷退出市场。

2. 衰退期的营销策略

在衰退期,企业营销活动应抓住一个"退"字,实现一个"转"字。即企业要敏锐地把握市场变化,积极、主动并有计划地实施"市场撤退",实行集中性目标市场营销策略,将主要生产经营能力转移到新产品上去,顺应消费需求的变化。企业应建立起一整套完善的管理机制和淘汰机制,定期检查成熟期产品的销售额、市场占有率、成本和利润的变化趋势,推陈出新,使新、老产品适度圆满地衔接。有放弃、维持、榨取三种策略可供选择,具体如下：

(1) 放弃。也就是说，企业当机立断，以变卖或报废设备的方式，立即淘汰该业务，停止生产经营该产品，退出该产品市场，把有限的资源集中到加速新产品开发或其他业务上。

(2) 维持。它是指企业继续留在原有市场上，生产经营该产品。因为产品生命周期虽已进入衰退期，但市场需求并非萎缩得一干二净，加之众多的竞争者纷纷退出市场，他们的部分需求因无原产品满足而转向需求本企业产品，使得该产品需求量仍略有回升。

(3) 榨取。在该业务上若仍有剩余生产能力且有利可图，企业则以尽可能小的投入换取尽可能大的产出，获取尽可能多的短期现金收入。其营销组合策略表现为：减少产品品种，以少数几个品种去满足较小范围的需求，或者生产某些零部件以满足消费者或用户维修产品的需要；定价目标应放在最大限度地提取收益和尽快收回占压资金；对渠道进行整理，根据实际情况减少渠道长度和宽度；作必要的营业推广。当然，也可大力降低销售费用，精简推销人员，增加眼前利润。

三、产品生命周期的变异

产品生命周期是一种理论抽象，也是一种分析归纳现象的工具，旨在揭示产品发展过程的一般规律。但在现实经济生活中，并不是所有产品的生命历程都完全符合这一理论。除了上述钟形曲线外，产品生命周期还存在多种其他形态分别如图 7.4、图 7.5 所示。

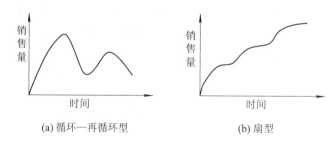

(a) 循环—再循环型　　　　　(b) 扇型

图 7.4　循环—再循环型和扇型产品生命周期

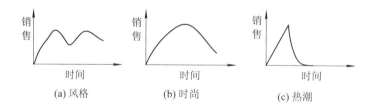

(a) 风格　　　(b) 时尚　　　(c) 热潮

图 7.5　风格型、时尚型和热潮型产品生命周期

(1) 循环—再循环，指产品销售刚进入衰退期后，由于种种原因而重新进入第二个和第三个等一次次的再成长阶段。这种再循环形态是市场需求变化或厂商投入更多促销并达到效果的表现。

(2) 扇型，指产品销售进入成熟期后，不但没有继续到成熟后期走向衰退，而是一波又一波地达到新的销售高点，把市场不断做大的形态。这一般是由于商家通过制订和实施正确的营销策略,使产品的销路不断拓宽,不仅仅局限于原有市场范围的表现。例如,如美国杜邦公司在开发尼龙这一新产品的过程中,由于能不断发现产品新的用途而使产品经久不衰。尼龙最初是用于军事上制作降落伞、跳伞绳索等,销售量很快增长而趋于饱和。后来由于该公司发现了它的新用途——耐磨,它作为原料进入了民用市场,开始生产尼龙衣料、纱窗、蚊帐等针织品市场,出现了第二个成长期和成熟期。之后又将其推广到轮胎、地毯等市场,使之进入到第三个成长期和成熟期,为企业赢得了稳定的长期利润。

(3) 风格型,指一些产品上市后立即热销,进入快速成长期,但其成熟期非常之短,很快就在市场上销声匿迹了。然而这类产品并非真正销声匿迹,而是由于像季节、需求潮等因素的影响而有规律的消失,厂商无需在其非高峰期进行任何促销活动,因为这样只会徒劳。厂商应该等待的是下一个高峰期的到来,抓紧机会大力销售。一些容易复古的产业,如服饰、文化艺术等经常出现这类现象。

(4) 时尚型,指一些当下在某行业内被许多消费者所追求的新鲜产品。由于大多都是新奇产品,它一般很快速地经历了四个阶段,即独有阶段、被模仿阶段、全民流行阶段、衰退阶段。厂商应该尽量通过不断改良自己的产品,并设置各种壁垒控制竞争模仿来努力使该产品进入稳定的成熟阶段,而不只是流行。典型例子有流行音乐、明星等。

(5) 热潮型,比时尚型产品的生命周期更短暂,而且衰退后也许就再无顾客愿意购买。新潮属于流行品,是流行品中的"亮点"。它们迅速进入大众的眼帘,使大众迅速为之狂热,大量购买,迅速达到销售和利润高峰期。然而,消费者对这类产品的接受期是非常短暂的,因为接受这类产品的消费者大多数是为了寻求短暂的兴奋或显示自己的与众不同,或者纯粹是好奇跟风。这类产品不宜生产过多或制订多长的产销周期战略,而应该适时地投入和推出市场。

第三节　新产品开发策略

随着科学技术和社会经济的迅速发展,产品更新换代越来越快,产品生命周期越来越短,市场竞争也越来越激烈。这种现实迫使企业不断开发新产品,以创新求发展。从短期看,新产品的开发和研制是一项耗资可观且风险极大的活动。但从长远看,新产品的推出能使企业开拓新的市场、扩大产品销量、带来丰厚利润和增强市场竞争力。因此,有远见的企业经营者把新产品开发看作企业营销的一项具有战略性的重要策略。

一、新产品概念及其分类

从市场营销学角度来看的新产品与从纯技术角度来看的新产品在内涵与外延上都不相同,前者比后者的内容要宽泛得多。市场营销学认为,产品只要在功能或形态上得到改进,与原有产品产生差异,不论任何一部分的创新或变革,为顾客带来了新的利益,或者企业向市场提供过去未生产的产品或采用新的品牌的产品都可以称为新产品。按其创新的程度不同,可以将新产品分为以下几类:

1. 全新产品
全新产品指应用新的技术、新的材料研制出的具有全新功能的产品。这种产品无论对企业或市场来讲都属新产品。如汽车、飞机、电话等第一次出现时都属于全新产品。全新产品开发通常需要大量的资金、先进的技术，并需要有一定的需求潜力，故企业承担的市场风险较大。调查表明，全新产品在新产品中占 10%左右。

2．换代产品

换代产品指在原有产品的基础上，采用或部分采用新技术、新材料、新工艺研制出来的新产品。如洗衣机从单缸洗衣机发展到双缸洗衣机和全自动洗衣机，电视机由黑白电视机发展到彩色电视机和高清晰度彩色电视机。更新换代产品与原有产品相比，产品性能有了一定改进，质量也有了相应提高。它适应了时代发展的步伐，也有利于满足消费者日益增长的物质需要。

3．改进产品

改进产品指对老产品的性能、结构、功能加以改进，使其与老产品有较显著的差别。如电熨斗加上蒸汽喷雾，电视机配置遥控开关等。与换代产品相比，改进产品受技术限制较小，且成本相对较低，便于市场推广和消费者接受，但容易被竞争者模仿。

4．仿制产品

仿制产品即对市场上已有产品进行模仿或稍作改变，而使用一种新牌号的产品。这种产品对较大范围的市场而言，已不是新产品，但对本地区或本企业来说，则可能是新产品。我国企业引进先进技术和设备，生产国外市场已经存在而国内市场还没有出现的产品，或者模仿生产从国外进口的产品和国内其他企业生产的产品，就属于仿制新产品。如引进汽车生产线制造、销售各种类型的汽车等。

由于市场上有现成的样品和技术可供借鉴，为仿制产品提供了有利的客观条件。企业根据市场需求和自身条件，模仿生产某些有竞争力的新产品，能缩短开发时间，节省研制费用，提高产品质量。但应注意，仿制产品不能完全照搬照抄，应对原有产品尽可能有所改进，突出某些方面的特点，以提高产品的竞争力。另外，要妥善处理好产品的专利权和技术转让问题，防止发生违法行为。

以上四种新产品尽管"新"的角度和程度不同，科技含量相差悬殊，但都有一个共同特点，就是消费者在使用时，认为它与同类产品相比具有特色，能带来新的利益和获得更多的满足。

除此之外，企业将现行产品投向新的市场，对产品进行市场再定位，或通过降低成本，生产出同样性能的产品，这对市场或企业来说，也可以称之为新产品。企业开发新产品一般是推出上述产品的某种组合，而不是进行单一的产品开发。

二、新产品开发的意义

虽然新产品开发需要很多的投入，并且具有较大的风险，但企业若想在竞争激烈的市场上求得生存与发展，必须高度重视新产品的开发。

1．新产品开发是企业生存与发展的要求

企业同产品一样也存在着生命周期。如果企业不开发新产品，当产品走向衰退之时，企业也走到了生命周期的终点；反之，如果企业能不断成功地开发出新产品，就可在老产

品退出市场时，让新产品占领市场，用新产品弥补因老产品进入衰退期而导致的产品销售量的降低。企业要谋求生存与发展，保持旺盛的生命力，就必须不断地去开发新产品，并以新产品的新特性抵御竞争对手的冲击。

2．新产品开发是消费需求变化的要求

随着社会经济的快速发展，人们生活水平的不断提高，消费需求也发生了较大的变化，方便、健康、轻巧、快捷的产品越来越受到顾客的青睐。消费结构的变化、消费选择的多样化，使顾客对产品的需求，不仅仅是数量的膨胀、质量的提高，而且对花色品种也提出了更高的要求。企业要满足广大消费者不断增长的、日新月异的需求，就必须推陈出新，开发更多更好的新产品。

3．新产品开发是科学技术发展的要求

科学技术的迅猛发展，导致许多高新技术产品的出现，加快了产品更新换代的速度。比如，光导纤维的出现，对通信信息处理设备的更新换代起到了推波助澜的作用。科技的进步有利于企业淘汰老产品，创造新产品。企业只有不断地开发新产品，不断地用新的科学技术改造自己的产品，才能振兴与发展。

4．新产品开发是市场竞争的要求

市场上，企业之间的竞争日趋激烈，而企业的竞争能力体现在产品的竞争能力上。企业若想保证在市场上的优势地位，就必须不断创新，开发新产品，为市场提供适销对路的新产品。企业定期推出新产品，可以增强企业的活力，提高企业在市场上的信誉和地位。

总之，在科学技术迅猛发展的今天，在瞬息万变的市场环境中，在竞争激烈的条件下，开发新产品是企业生存与发展的最重要保证。

三、新产品开发的程序

开发新产品对企业满足消费者需求，赢得市场竞争并不断发展壮大至关重要。同时新产品开发又是一项艰巨复杂、风险大、成功率较低的工作。为了提高新产品开发的成功率，为企业创造较大的经济利益，企业开发新产品必须遵循科学的程序，严格执行和管理。

新产品的开发程序是指从寻求产品创意开始，到最后将新产品的某一创意转化为现实的新产品并成功投放市场，实现商业化的全过程，具体可以划分为产生构思、构思筛选、产品概念的形成与测试、初拟营销规划、商业分析、新产品研制、市场试销、商业化八个阶段。如图 7.6 所示。

1．新产品的构思

新产品构思是指为满足一种新需求而提出的富有新意、创造性的设想。一个成功的新产品，首先来自于一个既有创见、又符合市场需求的构思。新产品的构思越多，则从中挑选出最合适、最有发展希望的构思的可能性也就越大。企业能否搜集到丰富的新产品构思并从中捕捉开发新产品的机会，是成功开发新产品的第一步。产品构思的来源可以归纳为如下几个方面：消费者、经销商、科研机构和高等院校、企业员工、竞争对手等。

2．新产品构思方案的筛选

新产品构思方案筛选是指对所有新产品构思方案，研究其可行性并挑选出可行性较强

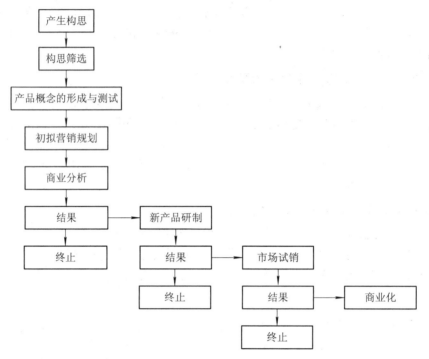

图 7.6 新产品开发过程

的构思。企业收集的新产品构思不可能全部付诸实施，因而需通过筛选，淘汰那些不可行或可行性较低的构思，使企业有限的力量能集中用于少数几个成功机会较大的新产品开发。

新产品构思方案选优的具体标准是因企业而异的。企业一般都要考虑两个因素：一是构思方案是否符合企业目标，包括利润目标、销售目标、销售增长目标以及企业形象目标等；二是构思方案是否适应企业的能力，包括开发新产品所需的资金、技术和设备等。

3．产品概念形成与测试

经过筛选后，对有吸引力的构思进行提炼，形成更加具体、明确的产品概念。即用文字、图像、模型等加以清晰地描述，使之在消费者心目中形成一定的形象。新产品概念形成的过程即把粗略的产品构思转化为详细的产品概念。例如，产品构思："环保车是消费的趋势"，产品概念："太阳能的""天然气提供动力的"。

4．初拟营销规划

拟定新产品营销规划是指企业在选定新产品开发方案后，拟定该产品进入市场的基本营销计划。它一般包括三部分内容：

(1) 描述将来新产品目标市场的规模、特点、消费者购买行为、新产品的市场定位、可能的销售量、市场占有率和利润率等；

(2) 描述新产品的市场价格、分销渠道和市场营销费用；

(3) 描述新产品中、长期的销售额和目标利润，以及产品不同生命周期的市场营销组合策略。

5．商业分析

从经济效益方面对新产品概念进行可行性分析，进一步考察新产品概念是否符合企业的赢利性目标，是否具有商业吸引力，具体包括预测销售额和推算成本利润两个步骤。

对新产品销售额的预测可参照市场上同类产品的销售发展历史，并考虑各种竞争因素、市场规模、市场潜量，分析新产品的市场地位、市场占有率，以此推测新产品可能获得的销售额。此外，还应考虑产品的再购率，即新产品是一定时期内顾客购买一次的耐用品，还是购买频率不高的产品，或是购买频率很高的产品。不同的购买频率，会使产品销售量在时间上有所区别。

预测产品一定时期内的销售量以后，就可预算该时期的产品成本和利润收益。产品成本主要包括新产品研制开发费用、市场调研费用、生产费用、销售推广费用等。根据已预测出的销售额和费用额，就可以推算出企业的利润收益以及投资回报率等。

6．产品研制

新产品研制是指把选定的产品构思付诸实施，使之转变为物质性产品的过程。经过筛选和可行性分析，具有开发价值的新产品构思方案则进入产品形体的设计试制阶段，包括产品设计、样品试制、产品鉴定等步骤。

7．市场试销

新产品试销是指新产品基本定型后，投放到经过挑选的有代表性的一定市场范围内进行销售试验。其目的是检验在正式销售条件下，市场对新产品的反应，以便具体了解消费者的喜爱程度、购买力状况和不同的意见要求，为日后批量生产提供参考依据。通过试销，一方面可以进一步改进产品的品质；另一方面能帮助企业制订出有效的营销组合方案。

根据新产品试销的不同结果，企业可以作出不同的决策。试销结果良好，可全面上市；试销结果一般，则应根据顾客意见修改后再上市；试销结果不佳，应修改后再试销或停止上市。

当然，并非所有的新产品都要经过试销，成功把握较大的新产品就不必试销，以让竞争对手抢占先机。价格昂贵的特殊品、高档消费品和少量销售的工业品，通常也不经过试销而直接推向市场。

8．商业化

新产品试销成功后，便可批量生产，正式推向市场，实现新产品的商业化。为确保新产品批量上市成功，企业要注意以下几个问题：

(1) 投放时机。新产品批量上市时，进入市场的时机选择是关键。一般而言，季节性产品适宜于在使用季节到来之前投放市场；日用消费品适宜于在每年的销售高峰(如"五一"、"十一"、元旦、春节等)到来之前投放市场；替代性较强的产品应在企业被替代产品库存较少的情况下投放市场；尚需改进的新产品则应等到产品进一步完善之后再投放市场，切忌匆忙上市而造成初战失利陷入被动。

(2) 投放地区。在投放地点上，一般采用"由点到面、由小到大"的原则。先在某一地区市场上集中搞好新产品的促销活动，逐步扩大市场份额，取得消费者的信任，然后再向更广的市场扩展。但实力雄厚并拥有庞大销售网络的大企业，也可将新产品直接推向国内外市场。

（3）目标市场。目标市场的选择以试销或产品的研发以来所搜集的资料为依据。最理想的目标市场应是最有潜力的消费者群体，一般具备如下特征：最早采用该新产品的带头购买者；大量购买该新产品的顾客；其购买行为具有一定的传播影响力的消费者等。

（4）营销组合策略。新产品批量上市时，还要正确制订消费者愿意接受的价格，选择合适的分销渠道，实施多种多样、行之有效的、富有创意的促销措施，以使新产品能在市场上迅速提高知名度和美誉度，扩大销路。

四、新产品扩散

新产品扩散是指新产品上市后，随着时间的推移不断地被越来越多的消费者所采用的过程。企业应根据不同产品及不同目标市场消费者的市场特性，以及接受新产品的规律，有效地运用市场营销组合，采取有力的对策，加快新产品的市场扩散。

（一）新产品采用者的类型

在新产品的市场扩散过程中，由于消费者个性、文化背景、受教育程度和社会地位等因素的影响，不同的消费者对新产品接受的快慢程度不同。罗杰斯根据这种接受程度快慢的差异，把采用者划分为五种类型，即创新采用者、早期采用者、早期大众、晚期大众和落后采用者。尽管这种划分并非精确，但它对于研究扩散过程有重要意义。

1. 创新采用者

创新采用者也称为"消费先驱"。通常他们富有个性，受过高等教育，勇于革新冒险，是先进科技和文化的追求者，勇于接受新事物。这类消费者是企业投放新产品时的极好目标。此类消费者占全部潜在采用者的 2.5%。企业市场营销人员在向市场推出新产品时，应把促销手段和传播工具集中于创新采用者身上。

2. 早期采用者

早期采用者一般也接受过较高的教育，年轻、富于探索，对新事物、新环境比较敏感，并且有较高的适应性。他们对在早期采用新产品具有一种自豪感，对周围的人具有"舆论领袖"的作用。但与创新者比较，他们一般持较为谨慎的态度。这类顾客是企业推广新产品极好的目标。此类消费者占全部潜在采用者的 13.5%。

3. 早期大众

这部分消费者一般思想不太保守，受过一定的教育，有较好的工作环境和固定的收入；对社会中有影响力的人物，特别是自己所崇拜的"舆论领袖"的消费行为具有较强的模仿心理；他们不甘落后于潮流，但由于经济所限，在购买高档产品时，一般持非常谨慎的态度。研究此类消费者对提高产品的市场份额具有很大的意义。此类消费者占全部潜在采用者的 34%。

4. 晚期大众

这部分消费者的采用时间较平均采用时间稍晚，其基本特征是多疑，不愿意接受风险，直到多数人都采用且反映良好时才行动。显然，对这类采用者进行市场扩散是极为困难的。此类消费者占全部潜在采用者的 34%。

5. 落后采用者

这部分消费者是采用创新的落伍者，他们思想保守，拘泥于传统的消费行为模式，很难接受新事物。此类消费者占全部潜在采用者的16%。

(二) 新产品扩散过程管理

新产品扩散过程管理是指在新产品上市后，企业通过采取措施使新产品扩散达到既定市场营销目标的一系列活动。企业在新产品扩散过程中不仅要受到外部不可控制因素的影响，还会受到企业市场营销活动的制约，因此，企业必须对新产品的扩散过程进行管理。

(1) 在导入期尽快打开局面，积极展开推销活动，开展强大的广告攻势，使目标市场尽快了解新产品，鼓励消费者试用新产品。

(2) 在成长期实现销售额快速增长，应保证产品质量，加强和消费者的沟通，继续加强广告攻势，推动采用者加入购买行列，运用各种各样的促销手段使消费者重复购买。

(3) 在成熟期产品全面占领市场，应继续采用快速增长的各种战略，更新产品设计和广告战略，以适应采用者的需要。

(4) 要想长时间维持一定水平的销售额，应使处于衰退期的产品继续满足市场需要，扩展分销渠道，加强广告推销。

第四节 产品组合策略

现代企业为了满足目标市场的需求，扩大销售，分散风险，往往生产或经营多种产品。那么，究竟生产经营多少种产品才算合理，这些产品应当如何搭配，做到既能满足不同消费者的需求，又使企业获得稳定的经济效益。企业营销需要对产品结构进行研究和选择，根据企业自身能力条件，确定最佳的产品组合。

一、产品组合及相关概念

产品组合是指企业生产或经营的全部产品线和产品项目的有机组合方式，又称产品结构。

产品线又叫产品大类，是指密切相关的满足同类需求的一组产品。它们以类似的方式发挥功能，通过同样的销售渠道出售给相同的消费群体。产品线又由若干产品项目组成。

产品项目是产品组合的一个基本单位，指产品线中不同品种、规格、质量和价格的特定产品。

例如，某购物商场经营的小百货、服装、家电等就是产品组合，其中的服装或家电等大类就是产品线，每一大类中包含的具有不同品牌、规格、款式、价格的具体品种或产品就是产品项目。

企业产品组合可以从宽度、长度、深度和关联度四个维度进行分析。

(1) 产品组合的宽度：指一个企业生产经营的产品系列的多少，即拥有产品线的多少。如表7.1所示，P&G公司有5条产品线：洗涤剂、牙膏、肥皂、尿布、纸巾，因此产品组合的宽度为5。

(2) 产品组合的长度：指企业生产经营的全部产品线中所包含的产品项目总数，即产品线的总长度。表 7.1 中总共有 25 个产品项目，产品组合的长度是 25。

(3) 产品组合的深度：指产品线中具有不同品牌、规格、款式、档次、价格等的产品品种数。比如，佳洁士牌牙膏有 3 种规格和 2 种配方(普通味和薄荷味)，其深度为 6。

(4) 产品组合的关联度：是指企业各条产品线在最终使用、生产条件、分销渠道或其他方面的相关程度。如表 7.1 所示，由于宝洁公司一般都是通过同样的分销渠道出售消费品，因此可以说，该公司的产品组合具有较高的关联度。

表 7.1 P&G 公司的产品组合(部分)

洗涤剂	牙膏	肥皂	尿布	纸巾
象牙雪	格利	象牙	帮宝适	媚人
汰渍	佳洁士	科克斯	露肤	粉扑
奇尔		洗污		旗帜
奥克多		佳美		绝顶
格尼		爵士		
波德		保洁净		
卓夫特		海岸		
达诗		玉兰油		
时代				

分析产品组合的宽度、长度、深度和关联度，有助于企业更好地制订产品组合策略。一般情况下，拓展产品组合的宽度，有利于扩展企业的经营领域，实行多角化经营，可以更好地发挥企业潜在的技术、资源优势，提高经济效益，并可以分散企业的投资风险；扩大产品组合的长度，使产品线丰满充裕，可以成为有更完全产品线的公司；加强产品组合的深度，可以占领同类产品的更多细分市场，满足更广泛的市场需求；而提高产品组合的关联度，则可以使企业在某一特定的市场领域内提高竞争力和赢得良好的声誉。

二、产品组合的优化调整

由于市场需求和竞争形势的变化，产品组合中的每个产品必然会在变化的市场环境下发生变化，一部分产品获得较快的成长，一部分产品继续取得较高的利润，还有一部分产品趋于衰退。因此，企业需要经常分析产品组合中各个产品品种销售成长的现状及发展趋势，以做出开发新产品、改进名产品和淘汰衰退产品的决策，适时调整产品组合，力求达到一种动态的最佳产品组合。

1．扩大产品组合

扩大产品组合是指扩展产品组合的宽度或深度，增加产品系列或项目，扩大经营范围，生产经营更多的产品以满足市场的需要。当市场需求不断扩大，营销环境有利，企业资源条件优化时，就需要扩大企业产品组合以赢得更大发展。对生产企业而言，扩大产品组合策略的方式主要有：

(1) 扩展产品组合的宽度：是指在原产品组合中增加产品线，扩大经营范围。当企业预测现有产品线的销售额和利润率在未来一二年内可能下降时，就应考虑在现有产品组合中增加新的产品线，或加强其中有发展潜力的产品线，弥补原有产品线的不足。扩大产品组合的宽度，有利于扩展企业的经营范围，实行多角化经营，可以更好地发挥企业潜在的技术和资源优势，提高经济效益，并可以分散企业的投资风险。在实施扩大产品组合宽度策略时，要注重产品组合关联度研究，尽量选择关联度强的产品组合，这样可以增强企业在某一特定的市场领域内的竞争力和知名度。

(2) 加强产品组合的深度：是指在原有的产品线内增加新的产品项目，增加企业经营的品种。增加产品组合的深度，可以占领同类产品更多的细分市场，满足更广泛的市场需求，可以增强产品的竞争力。根据消费需求的变化，企业应该及时发展新的产品项目，增加产品项目可以通过发掘尚未被满足的那部分需求来确定。

2．缩减产品组合

缩减产品组合是指降低产品组合的宽度或深度，剔除那些不获利或获利能力小的产品线或产品项目，集中力量生产经营一个系列的产品或少数产品项目，提高专业化水平，力争从生产经营较少的产品中获得较多的利润。当市场不景气或原料、能源供给紧张，企业费用水平太高时，缩减产品线反而能使企业的总利润增加。缩减产品组合策略的方式主要有：

(1) 缩减产品系列。即根据市场的变化，集中发挥企业的优势，减少生产经营的产品类别，只生产经营某一个或少数几个产品的系列。

(2) 减少产品项目。即减少产品系列内不同品种、规格、款式、花色产品的生产和经营，淘汰薄利产品，尽量生产销路看好、利润较高的产品。

3．产品线的延伸

产品线延伸是针对产品的档次而言，指全部或部分地改变原有产品的市场定位，具体有向下延伸、向上延伸和双向延伸三种实现方式。

(1) 产品线向上延伸。即原来定位于低档产品市场的企业，在原有的产品线内增加高档产品项目。这种策略通常适用于下列几种情况：① 高档产品市场具有较高的销售增长率和毛利率；② 企业的技术设备和营销能力已具备进入高档市场的条件；③ 为了追求高、中、低档完备的产品线；④ 以较先进的产品项目来提高原有产品线的地位。采用这种策略的企业也要承担一定的风险，因为要改变产品在消费者心目中的地位是相当困难的，如果决策不当，不仅难以收回开发新产品项目的成本，还会影响老产品的市场声誉。

(2) 产品线向下延伸。即把企业原来定位于高档市场的产品线向下延伸，在高档产品线中增加低档产品项目。这种策略通常适用于下列几种情况：① 利用高档名牌产品的声誉，吸引购买力水平较低的顾客慕名购买这种产品线中的低档廉价产品；② 高档产品的销售增长速度下降，市场范围有限，且企业的资源设备利用不足；③ 企业最初进入高档产品市场的目的是建立品牌信誉，树立企业形象，然后再进入中、低档产品市场，以扩大销售增长率和市场占有率；④ 补充企业产品线上的空白，以填补市场空缺或防止新的竞争者进入。实行这种策略也会给企业带来一定的风险，如果处理不慎，很可能影响企业原有产品的市场形象及名牌产品的声誉。

(3) 产品线双向延伸。原来生产中档产品的企业同时扩大生产高档和低档的同类产品。采用这种策略的企业主要是为了取得同类产品的市场地位，扩大经营，增强企业的竞争能力。但应注意，只有在原有中档产品已取得市场优势，而且有足够资源和能力时，才可进行双向延伸，否则还是单向延伸较为稳妥。

第五节　产品品牌策略

品牌(brand)一词源于古挪威语，意为"印记"、"烙印"，即在牲口身上烙上标记，以示所有权。品牌开始是用于区别食物的标志和记号，随着社会经济的发展，品牌已成为现代市场经济中最基本的概念之一。

一、品牌概述

(一) 品牌概念

美国市场营销专家菲利普·科特勒对品牌的定义是：品牌是用以标识一个或一群营销者的产品或劳务，并使之与竞争对手的产品或劳务区别开来的一种名称、标志、图案、符号、设计或者是它们的组合运用。品牌概念是一个集合概念，包括了品牌名称、品牌标志和可注册的商标三大部分。

(1) 品牌名称：是品牌中可用口语称呼的一部分，用于经营者及其产品的商业宣传活动。如海尔、联想、奔驰等。

(2) 品牌标志：是品牌中可记认但无法用口语称呼的一部分，它包括符号、图案、独特的色彩或字体。

(3) 商标：是经有关政府机关注册登记受法律保护的整体品牌或该品牌的某一部分。商标具有区域性、时间性和专用性特点。

商标与品牌既有密切联系又有区别。其联系表现在：品牌的全部或部分作为商标经注册后，这一品牌便具有法律效力；品牌与商标是总体与部分的关系，所有商标都是品牌，但品牌不一定都是商标。区别表现在：品牌是一个市场概念，其主要作用是宣传商品；商标也可以宣传商品，但重要的是，它是一个法律概念，受法律保护，具有专门的使用权。

国际上对商标权的认定，有两个并行的原则，即"注册在先"和"使用在先"。"注册在先"是指商标的专用权属于首先申请注册并获批准的企业或个人；"使用在先"是指商标的专用权属于首先使用此商标的企业和个人。中国法律对商标权的认定坚持"注册在先"的原则。因此我国企业应在确定自己的商标后，及时进行国内和国际注册，取得法律的保护。

(二) 品牌内涵

品牌是一个综合概念，但就其实质来说，品牌代表着销售企业对交付给消费者的产品特征、利益和服务的一贯性承诺。久负盛名的品牌就是优良品质的保证。不仅如此，品牌还是一个更为复杂的符号，蕴含着丰富的市场信息。为了深刻揭示品牌的含义，可从如下六个方面认识：

(1) 属性。品牌代表着特定的商品属性，这是品牌最基本的含义。比如，奔驰牌轿车意味着工艺精湛、制造优良、昂贵、耐用、信誉好、速度快等。这些属性是奔驰生产经营者广为宣传的重要内容。多年来奔驰的广告一直强调"全世界无可比拟的工艺精良的汽车"。

(2) 利益。品牌不仅代表着一系列的属性，而且还体现着某种特定的利益。顾客购买商品实质是购买某种利益，这就需要属性转化为功能性或情感性利益。就奔驰车而言，属性"耐用"可转化为功能利益："我可以几年不买车了"；属性"昂贵"可转化为情感利益："这车让我感觉到自己的重要性和受人尊重"。

(3) 价值。品牌体现了生产者的某些价值感。如奔驰代表着高绩效、安全、声望等。品牌的价值感客观要求企业必须分辨出对这些价值感兴趣的购买者群体。

(4) 文化。品牌还象征着特定的文化。奔驰品牌蕴含着"有组织、高效率和高品质"的德国文化。

(5) 个性。品牌具有一定的个性。如果品牌是一个人、一种动物或一个物体，那么不同的品牌会使人们产生不同的品牌个性联想。奔驰会让人想到一位严谨的老板、一头有权势的狮子或一座庄严质朴的宫殿。

(6) 使用者。品牌还暗示了购买或使用该产品的消费者类型。例如，我们期望看到的是一位事业有成的高级经理坐在奔驰车内，而非一位 20 岁的女秘书。

(三) 品牌作用

1. 品牌对于企业的作用

(1) 存储功能。品牌可以帮助企业存储商誉、形象，能向消费者传递企业的销售、服务、质量、价格经营理念等信息。

(2) 维权功能。通过注册专利和商标，品牌可以受到法律的保护，防止他人损害品牌的声誉或非法盗用品牌。

(3) 增值功能。品牌是企业的一种无形资产，它所包含的价值、个性、品质等特征都能给产品带来重要的价值。即使是同样的产品，贴上不同的品牌标识，也会产生悬殊的价格。

(4) 形象塑造功能。品牌是企业塑造形象、知名度和美誉度的基石，在产品同质化的今天，为企业和产品赋予个性、文化等许多特殊的意义。

(5) 降低成本功能。企业可以通过顾客建立的对其品牌的偏好，有效降低新产品的市场推广成本，使新产品顺利进入市场。

2. 品牌对于消费者的作用

(1) 识别功能。品牌可以帮助消费者辨认出品牌的制造商、产地等基本要素，从而区别于同类产品。

(2) 导购功能。品牌可以帮助消费者迅速找到所需要的产品，从而减少消费者在搜寻过程中花费的时间和精力。

(3) 降低购买风险功能。消费者都希望买到自己称心如意的产品，同时还希望能得到周围人的认同。选择信誉好的品牌则可以帮助降低精神风险和金钱风险。

(4) 契约功能。品牌是为消费者提供稳定优质产品和服务的保障，消费者则用长期忠诚的购买回报制造商，双方最终通过品牌形成一种相互信任的契约关系。

(5) 个性展现功能。品牌经过多年的发展，能积累独特的个性和丰富的内涵，而消费者可以通过购买与自己个性气质相吻合的品牌来展现自我。

二、品牌策略

企业围绕着品牌问题，要作出一系列的决策，如是否使用品牌，使用谁的品牌，怎么使用自己的品牌等。要解决这些问题，就必须进行品牌策略设计。

1. 品牌化策略

品牌化决策是指企业对其生产和经营的产品是否采用品牌的决策。具体来说，有使用和不使用品牌两种情况或称品牌化和非品牌化两种决策形式。

使用品牌无疑对企业有许多好处，对大多数企业来说，为了发展产品的信誉，应使用品牌。而从另一个角度看，使用品牌意味着企业要承担相应的责任，如要保持产品质量的稳定，要对品牌进行宣传，要履行法律规定的义务等。若企业无力承担这些责任，就大可不必使用品牌。下列几种情况下，可以考虑不使用品牌。

(1) 不会因生产者不同而质量不同的产品，如电力、钢材、煤炭、水泥等。

(2) 消费者习惯上不认品牌购买的产品，如信封、信纸、练习簿等。

(3) 生产简单，无一定的技术标准，选择性不大的产品。如橡皮筋、纽扣等。

(4) 企业临时性用品或一次性生产的产品。

2. 品牌归属策略

企业决定使用品牌，通常会面临三种品牌所有权的选择：制造商品牌、中间商品牌、制造商与中间商品牌混合使用。

(1) 制造商品牌：企业可以决定使用自己的品牌，也叫全国性品牌。如海尔、小天鹅、长虹、TCL 等。从传统上看，不论中外，因为产品的质量特性总是由制造商确定的，所以制造商品牌一直支配着市场，绝大多数制造商都使用自己的品牌。

(2) 中间商品牌：企业还可以决定将其产品大批量地卖给中间商，中间商再用自己的品牌将货物转卖出去。如联华、西尔斯。

这种策略的优点是：制造商可以利用中间商良好的品牌声誉以及庞大、完善的分销体系，为生产企业在新的市场推销新的产品和服务。其缺点是：采用这种策略，要求中间商对制造商的产品质量严格控制，否则，不仅影响产品销售，而且会有损中间商的品牌。

(3) 制造商与中间商品牌混合使用：一旦决定使用品牌，就要考虑使用谁的品牌。可以使用制造商的品牌、中间商的品牌，也可混合使用前两者的品牌。对于财力比较雄厚，生产技术和经营管理水平比较高的企业一般都力求使用自己的品牌。但在竞争激烈的市场条件下，短时间创立一个有影响力的品牌并非易事，因此，企业也可考虑使用别人已有一定市场信誉的品牌。使用他人的品牌，好处在于可以利用许可方品牌信誉，迅速打开市场；获得许可方技术和管理方面的援助，利用许可方销售渠道的维修服务网络，减轻企业在这方面的压力；不承担或少承担产品广告宣传上的责任。但使用他人品牌，也存在着一些风险。比如，企业丧失了对产品销售价格的控制；双方协议期满后，如果许可方不愿再续订协议，企业可能会陷入销售困境；最大的损失则可能是丧失了创立自己品牌形象的机会。

总之，企业应根据自身条件，综合考虑自创品牌和使用他人品牌这两种情况的利弊，再作决定。

3．品牌数量策略

决定使用本企业的品牌，还要对使用多少品牌进行抉择。对于不同产品线或同一产品线下的不同产品到底如何使用品牌，有四种策略可供选择。

1）统一品牌

统一品牌是指企业生产的一切产品均使用同一种品牌进入市场。采用这种策略的好处：有利于建立一整套"企业识别体系"和企业统一的品牌商标，广泛传播企业精神和特点，让产品具有强烈的识别性，提高企业的声誉和知名度。还可以利用市场上已知名的品牌推出新产品，有利于节省商标设计费用和促销费用，提高广泛效用。此种品牌必须在市场上已获得一定信誉。这种策略的缺点是：某一产品的问题，会影响整个品牌形象，危及企业的信誉以及其他产品。比如娃哈哈所有的产品都是用"娃哈哈"这个品牌。

2）个别品牌

个别品牌是指企业按产品的品种、用途和质量，分别采用不同的品牌。一般当企业产品类型较多，产品线之间关联度较小时，采用个别品牌策略。其好处是：能够严格区分不同产品和品种，区别质量档次，反映了不同的特色，以适应市场上不同层次的消费水平，扩大市场容量，取得规模效益。不会因个别产品出现问题或声誉不佳而影响企业的其他产品。这种策略的缺点是：企业为每一个产品设计品牌，为每一个品牌做广告宣传，费用高，消费者不易记住，难以树立企业的整体市场形象。

例如，宝洁公司在中国市场的洗发香波就有四个品牌："海飞丝"、"飘柔"、"潘婷"、"沙宣"。每个品牌都有其鲜明的个性，都有自己的发展空间，如"海飞丝"的个性为去头屑；"飘柔"的个性是使头发光滑柔顺；而"潘婷"的个性在于对头发的营养保健；"沙宣"的个性是使头发造型。

3）分类品牌

分类品牌指各大类产品单独使用不同的品牌名称。企业采用这种策略的主要原因是：企业生产或销售许多不同类型的产品，如果都统一使用一个品牌，这些不同类型的产品就容易互相混淆。有些企业虽然生产或销售同一类型的产品，但是为了区别不同质量水平的产品，往往也分别使用不同的品牌名称。例如，松下公司的视听产品使用 panasonic，家电使用 National，高保真产品使用 technics。

4）企业名称与个别品牌名称混合使用

即企业决定其各种不同的产品分别使用不同的品牌名称，而且各种产品的品牌名称前面还冠以企业名称。企业名称可以使产品名称正统化，而单个品牌名称又可使新产品个性化。比如，在冰箱上，海尔相继推出了海尔小王子、海尔双王子、海尔帅王子、海尔金王子等；在空调上，海尔先后推出了海尔小超人、变频空调、海尔小状元；在洗衣机上，海尔推出了海尔神童、海尔小小神童、海尔即时洗等。

4．品牌战略决策

在考虑产品与品牌的战略决策时，有四种战略可以选择，如图7.7所示。

	现有品牌	新品牌
现有产品	产品线延伸	多品牌
新产品	品牌延伸	新品牌

图 7.7 品牌战略决策

1) 产品线延伸

产品线延伸是指企业将品牌推向既定产品类别内的其他产品,比如推出新口味、新形式、新成分或新包装等。产品线延伸对于企业来说,可以降低新产品推出的风险和成本,满足消费者对多样性的需要,通过获取更多的货架空间增加市场竞争力。如果产品线过分延伸,品牌可能失去其原有的特定含义而引起消费者的混淆或不满,可能导致品牌内部之间的产品竞争,影响产品销售。因此产品线延伸的目的在于提高产品市场竞争力,争夺竞争品牌的市场份额,培养忠诚顾客。

2) 品牌延伸

品牌延伸是指企业利用其成功品牌的声誉来推出改良产品或新产品。如海尔集团成功推出了海尔冰箱后,又利用这个品牌成功推出了洗衣机、空调、电视机等新产品。

品牌延伸可以大幅度降低广告宣传等促销费用,使新产品迅速、顺利地进入市场。这一策略如运用得当,有利于企业的发展和壮大。然而,品牌延伸未必一定成功。另外,品牌延伸还可能淡化甚至损害品牌原有的形象,使品牌的独特性被逐步遗忘。所以,企业在品牌延伸决策上应谨慎行事,要在调查研究的基础上,分析、评价品牌延伸的影响,在品牌延伸过程中还应采用各种措施尽可能地降低对品牌的冲击。

优点:采用这种策略,可以节省新产品的广告宣传费用,利用消费者对品牌的信任感,使新产品能够顺利、迅速地进入市场。

3) 多品牌策略

多品牌决策是指企业决定同时经营两种或两种以上互相竞争的品牌。企业采取多品牌决策的主要原因是:① 多种不同的品牌只要被零售商店接受,就可占用更大的货架面积,而竞争者所占用的货架面积当然会相应减小。② 多种不同的品牌可吸引更多顾客,提高市场占有率。③ 发展多种不同的品牌有助于在企业内部各个产品部门、产品经理之间开展竞争,提高效率。④ 发展多种不同的品牌可使企业深入到各个不同的市场部分,占领更大的市场。

然而,品牌并不是多多益善。如果每一品牌仅能占有很小的市场份额,而且没有利润率很高的品牌,那么采用多品牌对企业而言是一种资源的浪费。

4) 新品牌

当企业生产出一个新的产品种类时,如果企业现有品牌中没有适合这个新产品的,则企业可以创建一个新的品牌。不过创立过多的新品牌也会导致企业成本太高,分散企业有限的资源。因此,现今一些大的企业都将精力放在主打品牌上面,尽量削减一些处于弱势的品牌,以加强强势品牌的市场竞争力。

5. 品牌重新定位决策

某一个品牌在市场上的最初定位即使很好,随着时间推移也必须重新定位。这主要是因为情况发生了变化。

(1) 竞争者推出一个品牌，其定位于本企业的品牌相近，侵占了本企业的品牌的一部分市场，使本企业的品牌的市场占有率下降。

(2) 有些消费者的偏好发生了变化。

企业在进行品牌重新定位策略时，要全面考虑两方面的因素：第一，产品品牌从一个细分市场转移到另一个细分市场的费用。重新定位的距离越远，重新定位的费用越高。第二，企业定位于新位置的品牌能获多少收益。收益多少取决于此细分市场的顾客数量、平均购买率、竞争者的实力及数量等。企业应对各种品牌重新定位方案进行分析，权衡利弊，从中选优。

第六节 产品包装策略

一、产品包装的概念及作用

产品的包装是指产品的容器或外部包装物，是产品整体概念中的形式产品，是产品整体中很重要的一部分。在现代经济生活中，包装对于产品的价格和销路有着重要的影响，具体说，包装有以下几个方面的作用：

1. 保护产品使用价值

一件产品从出厂到使用者手里，要经过多次的运输和储存。产品在运输过程中，会受到震动、挤压、碰撞、冲击以及风吹、日晒、雨淋等损害；在储存过程中会受到温度、湿度、虫蛀、灰尘的损害和污染；到了使用者手里以后，从开始使用到使用完毕，也要存放一段时间。适当的包装可以防止各种可能的损害，保护产品使用价值。对于某些特殊产品，包装作用就更为明显。如感光器材、化工产品、药品、食品等，如果包装不好，它们的使用价值就不可能存在。

2. 便于运输、携带和储存

产品的存在形态有气体、液体、胶状或固体等，它们的物理化学性质也各不相同。如有些产品有毒，有些产品有腐蚀性、易挥发、易燃易爆等；在外形上，有的有棱角、刃口等危及人身安全的形状。只通过适当的包装，才能便于运输、携带和存放，以及保证运输过程中的安全。

3. 美化产品，促进销售

精美的包装，起着"无声推销员的作用。世界上最大的化学企业杜邦公司的营销人员经过周密的市场调查后，发现了著名的杜邦定律——即63%的消费者是根据商品的包装进行购买决策的；到超级市场购物的家庭主妇，由于精美的包装的吸引，所购物品通常超过她们出门时打算购买数量的45%。同时包装上的说明又能指导消费者的购买和使用。

4. 增加利润

包装提高了产品的成本，但因有了精美的包装，提高的售价远远大于其，一般来说，产品的内在质量是竞争能力的基础，但是，一种优质产品，如果没有一个良好的包装相匹配，就会降低"身价"，并削弱市场竞争能力，这在国际市场上表现得特别明显。如苏州产的檀香扇，没有包装以前，在香港市场每把仅卖 65 元，采用成本 5 元的锦盒包装以后，售价提高到 165 元，销售量还大幅度增长；贵州产的茅台酒改进包装后，在国际市场上的售价由每瓶 20 美元上升为 125 美元。

二、产品包装设计的基本要求

包装要起到它应有的作用，设计是关键。归纳起来，包装设计的要求如下：

1．保护产品，造型美观

设计产品包装，首先要能保护产品。因此，设计应科学，要能够保证产品在运输和储存中不受损。同时，包装的造型要美观大方、生动形象，图案设计要新颖，能对消费者产生吸引力。

2．经济实用

包装设计选用的包装材料要尽量便宜；设计多用途和多次使用的包装；尽可能合理地利用包装空间；讲求实用，避免过分精美的包装；使用方便等。

3．与产品的价值相符合

由于产品的包装已成为产品的一部分，所以产品包装必须与产品价值相符合。如果不考虑产品内容、用途和销售对象，而单纯追求包装装潢的精美华丽，以此来吸引消费者，其结果往往是主次颠倒、弄巧成拙。

4．显示出产品的特点

要能够从包装的图案、形状和色彩等方面显示出产品的特点和独特风格。例如，化妆品的包装要色彩艳丽、造型优美、装潢雅致；贵重的工艺品的包装要材质华贵、造型独特、装潢富丽；儿童用品的包装要五彩缤纷、活泼美丽；食品的包装要喜庆吉祥，以吸引消费者购买。

5．文字设计一目了然

有些产品的性能、使用方法、使用效果常常不能直观显示，而需要用文字加以说明。包装上文字的设计，要抓住消费者对不同产品的不同心理，以指导其消费。如药品类产品，要说明成分、功效、服用量、禁忌及是否有副作用等；服装类产品，应说明材料、规格、尺码、洗涤方式和保养方法等。

6．符合销售地的风俗习惯

因每个国家和地区的宗教信仰、风俗习惯、文化背景、地理环境不同，所以在产品包装上应避免出现一些禁忌。

三、产品包装的策略

商品包装在市场营销中是一个强有力的竞争武器，良好的包装只有同科学的包装决策结合起来才能发挥其应有的作用，因此企业必须选择适当的包装策略。

1．类似包装策略

也称统一包装，指企业所有产品的包装，采用共同或相似的图案、标志和色彩等。这种策略的优点是可以壮大企业的声势，扩大影响，促进销售。同时，可以节省包装成本。这种策略一般只适用于质量水平大致相当的产品，如果企业产品之间的差异过分悬殊，则不宜采用这种策略。

2．等级包装策略

企业依据产品的不同档次、用途、营销对象等采用不同的包装。如：高档商品的包装要显得名贵精致，中档商品的包装可稍为简略朴素；儿童商品可用动物或卡通人物形象，老人使用的商品则可简易实用。

3．组合包装策略

按人们消费习惯或特殊需要，将多个相关的商品组合装在同一包装物中。如把茶壶、茶杯、茶盘、茶碟放在一起进行包装。这种策略有利于顾客配套购买，方便使用，满足消费者的多种需要，也有利于企业扩大销售。如果新老产品包装在一起，还可以以老带新，减少新产品的推广费用。但是产品搭配要注意产品之间的关联性，如果关联性不强，反而会影响销量。

4．再使用包装策略

这种包装物在产品使用完后，还可移作其他的用途。购买者可以得到一种额外的满足，从而激发其购买产品的欲望。如设计精巧的果酱瓶，在果酱吃完后可以作旅行杯用。包装物在继续使用过程中，实际还起到了经常性的广告作用，增加了消费者重复购买的可能。但这种包装成本较高，实施时需权衡利弊，防止本末倒置。

5．附赠品包装策略

这种包装的主要方法是在包装物中附赠一些物品，从而引起消费者的购买兴趣，有时，还能造成顾客重复购买的意愿。这种策略是利用顾客好奇和获取额外利益的心理，吸引其购买和重复购买，以扩大销量。对儿童用品、玩具及食品等较为适宜。

6．改变包装策略

这种包装指为克服现有包装的缺点，吸引新顾客废弃旧式包装，采用新式包装，或为适应市场而修改现有包装。采用新的包装材料、形式、技术，显示现有产品特点，体现消费潮流，节省包装成本。

在消费者眼中，不同的包装意味着不同的产品，更新包装可以起到促销的作用。当原产品声誉受损，销售量下降时，通过变更包装，可以以新形象吸引消费者的注意力，又可以改变产品在消费者心目中的不良形象，制止销量下降，保持市场占有率。但也要注意轻易改变顾客习惯识别的优质名牌产品的包装，只会对企业带来不利影响。

复习思考题

1. 什么是产品整体概念？产品整体概念的意义是什么？
2. 什么是产品生命周期？产品生命周期各阶段有何特征，其营销策略是什么？

3. 什么是新产品？新产品有哪些类型？如何开发新产品？

4. 什么是产品组合？产品组合的宽度、长度、深度和关联对企业的营销活动的作用是什么？

5. 品牌决策的内容有哪些？

6. 包装的策略有哪些？

◇ 案例讨论

产品膨胀：互联网时代的全新产品观

对各式各样的产品来说，互联网时代也许是一个最为残酷的时代。在层出不穷的新技术推动下，市场竞争更加快节奏、高烈度。这其中很多产品倏忽而兴，却又难逃脱倏忽而亡的命运。

由此，有识之士纷纷发出"回归产品为王"的呐喊。产品固然是一切战略和营销的基石，但是，要想重返产品的核心本质，就必须在全新的环境下重新厘清"产品"到底是什么。

那些取得极大成功的所谓"爆品"有一个共同的现象：产品的概念已经呈现膨胀趋势，其内涵与外延的边界日渐模糊。甚至可以说，产品的外延日益渗入内涵之中。之所以会出现产品膨胀，最根本的原因就是技术壁垒日渐羸弱，同质化的产品极度过剩，要想让产品与众不同，在产品的内涵上很难打造出彩之处，只能是"功夫在诗外"，将竞争之火烧到产品的外延领域。

这不但是对身处互联网时代的商业决策者在商业理念上的重大挑战，也是他们在商业实战中必须掌握的重要规律。

一、褚橙、锤子与玫瑰

褚橙借力于本来生活网于 2012 年一炮走红，不少商业研究者都将其成功归因于产品本身的力量，也就是"产品为王"。

比如，黄铁鹰教授认为："二流产品在美国在非洲是二流，在中国也是二流，互联网解决不了怎么把二流变成一流的问题，这点我是认准了。"他对褚橙开展案例研究后，最终的结论是：褚橙是种出来的！言下之意，褚橙绝不是营销做出来的。

针对其他人的褚橙网络营销成功论，黄教授还说，(褚橙在)互联网卖了个小头，弄了个大声音；传统渠道卖了个大头，弄了个小声音。他的依据是：2013 年，褚橙在本来生活网卖了 1500 吨，而在传统水果销售渠道卖掉了 8500 吨。

再如，陈春花教授针对褚橙的成功提出，产品力就是产品的品质，是企业所有内在努力，是战略、技术、结构或者文化等所呈现出的载体。换言之，产品不够好，一切努力都难以有效。

这两位教授的观点显然是传统的产品观。

传统的营销 4P(产品、渠道、价格和促销)泾渭分明，产品的内涵非常明确，就是指产品的本体(实体)，而渠道、价格和促销只是产品的外延。

但是，人们热烈购买褚橙，真的只是因为这是一颗口感上佳、营养丰富的橙子吗？况且，褚橙的价格居高不下，不但远在国产的其他橙子之上，甚至比某些进口的橙子还要贵。

难道就没有其他口感上佳、营养丰富的橙子了吗?

事实上,就在黄铁鹰教授举行的橙子口感盲测中,也发现有和褚橙口感不相上下的其他橙子。所以说,仅仅是产品实体的本身因素,并不足以确保褚橙畅销大江南北。

褚橙之所以受到高度认可,一个重要因素就是产品的内涵膨胀,囊括了实体之外的更多虚拟因素。

云南烟草大王褚时健跌宕起伏、大起大落的人生经历,尤其是他 75 岁后再度创业东山再起的传奇故事,足以让人排除对他的一切负面认知而集中在其老骥伏枥、壮志不已的奋斗精神上。而这一部分虚拟因素得以灌注产品本体(实体)之内,则得益于基于互联网思维的各种促销方式。

由此可知,人们购买的不仅仅是一个实体的橙子,而是同时购买了一种奋斗精神。从全新的互联网产品观来看,这两者是虚实结合、不可分割的一个整体。两者互为依存,互为支撑,从而推动了褚橙的热销。

这就是产品的外延内涵趋于一体化的进程。推而广之,我们可以归纳出,产品膨胀实质上就是将传统营销 4P 合而为一的过程,亦即渠道、价格和促销这 3P 从产品的外延,直接渗入产品这 1P 的内涵之中,融为一个不容分割的整体。

比如锤子手机。如果没有其主导者罗永浩此前多场“一个理想主义者的创业故事”的演讲带来的诸多粉丝和超高人气,锤子手机在一众手机中何以博得远超其本体价值(实体价值)的关注? 又何以能比同等配置的其他机型高卖 1000 元?

很多锤粉之所以购买锤子手机,就是因为罗永浩说的“我不是为了输赢,我就是认真”。缺少了罗永浩所谓的“理想情怀”,锤子手机还剩下什么?

罗永浩在推出首款 T1 手机时,曾经放言: “T1 手机如果低于 2500 元,我就是你孙子”“我特别反感有的手机厂商在新品上市时定一个高价,之后很快又会降价的做法。我们的这个价格会一直坚持整个产品周期,除非下一代产品上市了,前一代需要清理库存了,才有可能降价销售。”

但是,仅仅几个月后,锤子的 3 款手机均降价超过 1000 元。一向能言善辩的罗永浩在被打脸后反思: “我在网上经常说一些没有什么忌讳的话,作为企业负责人显然是不得体的。”于是,他决定管住自己的嘴巴,不再多说话。

从膨胀产品观的角度来看,罗永浩这样做之后,锤子手机作为一个产品就是不完整的欠缺品。锤子手机的未来前景如何,我们不妨拭目以待。

再如,线上花店 Roseonly,凭借着“一生只送一人”的独特经营理念,一上线就成了火热潮牌。虽然 Roseonly 经营的是原产地为厄瓜多尔的高档玫瑰,但这一产品并不具备独特性,其他的经营者同样也可以进口同一品种的玫瑰。但是,当“一生只送一人”的理念注入产品本体后,Roseonly 的产品就是独一无二的了。

还如,对于在拍摄过程中因车祸去世的主演保罗·沃克的怀念与回顾,也是《速度与激情 7》这部绝唱般的影片不可或缺的一部分。

总之,像褚橙、锤子手机和 Roseonly 这样的产品之所以能成为互联网爆品,就在于将奋斗精神、理想情怀、爱情承诺这些虚拟因素注入了产品的实体之中而形成了产品膨胀。

不过,这种虚实合一的产品膨胀,还只是第一层次的产品膨胀。

二、第二层次的产品膨胀

如前所述，第一层次的产品膨胀是指营销的 4P 合一，但这 4P 都是基于企业或商家内部而言的。而第二层次的产品膨胀则是指内外合一的产品膨胀，即将外部力量导入产品的本体中来。

比如，IBM 推出了一款针对实体零售店的增强现实型的 App 应用，用户只要将移动终端设备的摄像头对准货架上的商品，屏幕上就会在商品画面之外叠加虚拟的商品信息，比如价格以及购买者评论等。

在互联网时代，顾客被赋予了前所未有的话语权，购买者的评论正是话语权的体现。按照传统的观点，顾客的评价虽然是针对某一产品而发的，但显然和产品本体是完全区隔开来的。但是，在互联网时代，我们必须认识到，顾客或用户的评价也是产品不可或缺的一部分。我们必须将顾客的评论内化入产品的内涵之中，才有可能用全新的完整产品观来应对市场的竞争。

小米最初推出基于安卓的 MIUI 系统时，就充分利用了用户评价来提升 MIUI 的性能体验。小米在每个周五推出"橙色星期五"活动，发布最新一版的 MIUI 系统，吸引用户试用各种新开发的功能。然后，在下个星期二，收集用户反馈，从中得知用户最喜欢上一周发布的哪些功能，觉得哪些功能不够好以及最期待哪些功能。据小米内部数据，MIUI 发布 4 年内，共收集到上亿条用户反馈。这些带着体温的评价，不正是 MIUI 产品不可分割的一部分？如果没有这些及时、精准的反馈，MIUI 又怎么能够引爆小米手机？

美国一家叫做 C&Amarketing 的电子商务网站也是膨胀产品观的直接受益者。其独门绝技就是密切关注电商巨鳄亚马逊上的用户评价。当他们看到某个用户在亚马逊的一款音箱产品页面上抱怨说"如果这款音箱能够防水，淋浴时就能不受影响地听广播了"，顿时如获至宝，立即开发出了防水音箱，并将其投放市场，同时不间断地关注用户的反馈，加以改进，最终开创了防水音箱这个新的产品门类。显然，如果没有用户反馈，就根本不会有防水音箱这个产品。

总之，在第二层次产品膨胀中，产品不再是一个固化的物件，而是一个内外合一的动态过程。显而易见的是，在互联网时代，产品生命周期已经被粉丝生命周期所取代，静态不变的产品根本无法立足生存(关于粉丝生命周期的详细论述，参见《销售与市场》2014年 12 期《粉丝迷恋周期：小苹果的风刮走了》)。

就无形的产品——服务而言，更加不是某一个有着明显时空边界的环节，而是一个延展的全流程。

最典型的例子就是电影和紧随其后的影评。这两者合一才是一个完整的电影产品。精彩到位的影评不但能鼓动观众前往影院，还能帮助更多的人了解、理解影片中的精妙之处或糟粕所在。

总而言之，在互联网的极速冲击下，固化的产品观不可避免地要与时俱进，向着外延的内涵化或外延内涵一体化的方向演进，向着动态延展的方向演进。产品膨胀或许是这个时代最有可能的安身立命途径。(资料来源：陈禹安. 产品膨胀：互联网时代的全新产品观[J]. 销售与市场:评论版，2015(8): 40-43)

问题思考：

1. 互联网时代产品的整体概念与传统的产品整体概念有何不同？

2. 互联网时代的产品观给企业的启示是什么？

 技能训练

1. 浏览相关企业网站，选取你感兴趣的一家企业，研究其当前的产品组合状况，并分析其产品组合优化的必要性及具体策略，将上述问题整理成一份 10 分钟的报告，以备课堂交流。

2. 任选一种知名产品的品牌，对该品牌的内涵进行详细的描述。

第八章

定 价 策 略

❧※❧※❧※❧※❧※❧※❧※❧～❧～❧※❧※❧※❧※❧❧※❧❧

◆ 学习目标

1. 了解影响产品定价的主要因素及定价目标
2. 理解并掌握定价的基本方法
3. 熟悉定价的程序和方法
4. 掌握各种常用的定价策略以及企业、消费者、竞争者对价格变动的反应

◆ 引导案例

家门口有一条汽车线路，是从小巷口开往火车站的。不知道是因为线路短，还是沿途人少的缘故，客运公司仅安排两辆中巴来回对开。

开101的是一对夫妇，开102的也是一对夫妇。坐车的大多是一些船民，由于他们长期在水上生活，因此，一进城往往是一家老小。

101号的女主人很少让孩子买票，即使是一对夫妇带几个孩子，她也熟视无睹似的，只要求船民买两张成人票。有的船民过意不去，执意要给大点的孩子买票，她就笑着对船民的孩子说："下次给带个小河蚌来，好吗？这次让你免费坐车。"

102号的女主人恰恰相反，只要有带孩子的，大一点的要全票，小一点的也得买半票。她总是说，这车是承包的，每月要向客运公司交多少多少钱，哪个月不交足，马上就干不下去了。船民们也理解，几个人掏几张票的钱，因此，每次也都相安无事。

不过，三个月后，门口的102号不见了。听说停开了。它应验了102号女主人的话：马上就干不下去了，因为搭她车的人很少。

定价策略是企业产品开拓市场、站稳市场、扩大市场的主要因素之一，是市场营销组合决策的重要组成部分，对企业市场营销组合的其他因素有重要的影响。

第一节　定价目标与影响因素

产品的销售价格是企业市场营销过程中一个十分敏感而又最难有效控制的因素，它直接关系着市场对产品的接受程度，影响着市场需求量即产品销售量的大小和企业利润的多少。价格的高低涉及生产者、经营者和消费者(或用户)三方的利益，再好的产品如果定价过高或过低，都会使其市场缩小，销路不畅或利润下降。因此，无论是生产者、顾客还是竞争对手，对产品的价格都十分关注。价格在市场营销活动中有着十分微妙的作用，成功

的企业都善于巧妙地利用价格策略去吸引更多的顾客。

一、企业的定价目标

企业在定价之前必须首先确定定价目标。定价目标以企业营销目标为基础，是企业选择定价方法和制订价格策略的依据。因为定价目标是为企业营销目标而服务的，所以，正如实现营销目标可以通过多种途径实现一样，企业的定价目标也有多种。

1．以获取利润为定价目标

价格高于成本，获取经营利润，是任何企业开展经营活动的基本目标。而能否获取期望利润则在很大程度上取决于销售价格的制订。所以获取适当利润便成为最常见的定价目标。根据企业对利润的期望水平不同，利润定价目标又可分为适当利润定价(或称目标利润定价)和最大利润定价。

1) 适当利润定价

适当利润定价就是企业对某一产品和服务的定价足以保证其达到一个既定的目标利润额或目标利润率。采用这种定价目标的企业，一般是根据投资额规定利润率，然后计算出单位产品的利润额，把它加在产品的成本上，就成为该产品的出售价格。采用这种定价目标，必须注意两个问题：

第一，要确定合理的利润率。一般来说，预期的利润率应该高于银行的存款利息率，但又不能太高，太高了所定的价格消费者不能接受。

第二，采用这种定价目标必须具备一定条件，即自己的产品是畅销产品，不怕竞争对手竞争。否则，产品卖不出去，预期的投资利润就不能实现。

2) 最大利润定价

最大利润定价就是企业期望通过制订较高的价格，从而迅速获取最大利润的定价目标。采用这种定价目标的企业，其产品多处于绝对有利的地位。例如企业新产品上市时希望快速收回投资获取高额利润，并取得同竞争者展开价格竞争的有利条件，而采用这种目标定价。当然最大利润定价也包括企业的产品和服务在某一特定情况下无法迅速回收投资，而此时的最大利润即表现为高于变动成本的最大边际收益。

利润目标又分为短期利润目标和长期利润目标两种。在当前市场竞争不是十分激烈，而市场需求尚未能得到较好满足的情况下，较高的价格水平可能有助于企业短期利润目标的实现。但较高的价格水平和盈利水平也可能迅速引至大量的竞争者，从而使企业在未来面临十分严峻的竞争局面，不利于企业的长期利润目标。因此，即使是以获取最大利润为定价目标，其价格的高低也应是适当的。企业应该着眼于长期利润目标，兼顾短期利润目标。因为从长期观点看，企业追求最大利润就会使其不断提高技术水平，改善经营管理，从而在竞争中取胜，这对企业、对社会、对消费者都是有利的。而企业如果只顾眼前利益，甚至不择手段地追求最高利润使企业信誉受损而不能发展，最终可能连短期利润也难以实现，即使侥幸能够实现，也会因为企业不牢固的基础而使整个经营失利。

2．以扩大销售为定价目标

有时企业会将定价的目标主要着眼于产品销售量的扩大。如在新产品刚进入市场的阶段，只有迅速扩大销售才可能形成规模效应，导致产品成本的下降。所以企业不宜将利润目标定得太高，而应通过市场能够接受的价格迅速打开市场。

此外，在产品的成熟期乃至衰退期，为了要迅速地出清存货，进行产品结构的变换，有时也会以能促进销售的价格策略来吸引广大消费者。

3．以市场占有为定价目标

即企业从占领市场的角度来制订商品的定价目标。市场占有率的高低，对于价格的高低有很大影响。市场占有率包括绝对占有率和相对占有率，是反映企业市场地位的重要指标，影响到企业的市场形象和盈利能力。与同类企业或产品比较，市场地位高，表明在竞争过程中，企业拥有一定优势，意味着企业生产和销售的规模大，即便在单位利润水平不高的情况下，企业仍具有较强的盈利能力；反之，市场占有率很低，则可能意味着企业没有明显优势，甚至可能处于十分危险的地位，即便单位利润水平很高，但在生产经营量有限的情况下，盈利能力仍是有限的。因此，许多企业经常采用价格手段，力图维持或扩大其市场占有率。在现有生产量和销售量基础上，仍具有较大的扩张潜力，成本也有一定的下降空间，而产品的价格需求弹性较高的企业，更是经常采用降价手段，扩大自身的市场占有率。

但在采用这一定价目标时也必须慎重考虑，量力而行。因为运用低价策略扩大市场占有率，必然会使需求量急剧增加。为此，企业必须有充足的商品供应，否则，由于供不应求而造成潜在的竞争者乘虚而入，反而会损害企业的利益。

4．以改善形象为定价目标

即把价格作为确定企业特定形象的表现手段的定价目标。

价格是消费者据以判断企业行为及其产品的一个重要因素。一个企业的定价与其向消费者所提供服务的价值比例协调，企业在消费者心目中就较容易树立诚实可信的形象，反之，企业定价以单纯的获利，甚至以获取暴利为动机，质价不符，或是质次价高，企业就难以树立良好的形象。比如，与产品策略等相配合，适当的定价也可以起到确立强化企业形象特征的作用。为优质高档商品制订高价，有助于确立高档产品形象，吸引特定目标市场的顾客；适当运用低价或折扣价则能帮助企业树立"平民企业"、以普通大众作为其服务目标对象的企业形象。又比如，激烈的价格竞争常常使企业之间"两败俱伤"，从短期看可能会给消费者带来一定好处，但是破坏了市场供求的正常格局，从长期看终究会给消费者带来灾难。在这样的情况下，如果有企业为稳定市场价格做出努力并取得成效，就会确立其在行业中举足轻重的领导者地位。

5．以应对竞争为定价目标

即企业通过服从竞争需要来制订价格的定价目标。

一般来说，企业对竞争者的行为都十分敏感，尤其是对方的价格策略。事实上，在市场竞争日趋激烈的形势下，企业在定价前都会仔细研究竞争对手的产品和价格情况，然后有意识地通过自己的定价目标去对付竞争对手。根据企业的不同条件，一般有下面四种情况：

（1）力量较弱的企业，可采用与竞争者的价格相同或略低于竞争者价格出售产品的方法。

（2）力量较强的企业，又要扩大市场占有率时，可采用低于竞争者价格出售产品的方法。

(3) 资金雄厚，并拥有特殊技术或产品品质优良或能为消费者提供较多服务的企业，可采用高于竞争者价格出售产品的方法。

(4) 为了防止别人加入同类产品竞争行列的企业，在一定条件下，往往采用一开始就把价格定得很低的方法，从而迫使弱小企业退出市场或阻止对手进入市场。

在实际工作中，以上几种定价目标有的单独使用，有时也会配合使用。定价目标是企业定的，当然也要由企业灵活运用。

二、影响企业定价的因素

企业定价除了考虑定价目标外，还要受到产品成本、需求弹性以及竞争者价格等因素的影响。

1. 产品成本

产品成本包括制造成本、营销成本、储运成本等。它是价格构成中一项最基本、最主要的因素。成本是产品定价的最低限度。产品价格必须能够补偿产品生产、分销和促销的所有支出，并补偿企业为产品承担风险所付出的代价。企业利润是价格与成本的差额，因而企业必须了解成本的变动情况，尽可能去掉产品的过剩功能，节省一切不必要的消耗，降低成本，降低价格，从而扩大销售，增加盈利。

在一般情况下，企业商品的成本高，其价格也高，反之亦然。因此，企业商品的成本与其价格有着直接联系。企业商品的总成本除生产成本外，还包括商品在流转环节中的流通费用。从经济学的角度，商品价格通常应由正常的生产成本、合理利润、应纳税金和流通费用所构成。即

$$商品价格 = 生产成本 + 流通费用 + 利润 + 税金 \tag{8.1}$$

2. 需求弹性

价格会影响市场需求，根据需求规律，市场需求会按照与价格相反的方向变动。价格提高，市场需求就会减少；价格降低，市场需求就会增加。这是供求规律发生作用的表现。但是也有例外情况。菲利普·科特勒指出，显示消费者身份地位的商品的需求曲线有时是向上倾斜的。例如香水提价后，其销售量却有可能增加。当然，如果香水的价格提得太高，其需求和销售将会减少。可见，市场需求对企业定价有着重要影响。而需求又受价格和收入变动的影响。因价格和收入等因素的变动而对需求的影响程度或称敏感性，就叫需求弹性。需求弹性可分为需求的收入弹性、价格弹性和交叉弹性。这里，我们只介绍需求价格弹性。

由于价格会影响市场需求，所以企业所制订的价格高低会影响企业产品的销售，因而会影响企业市场营销目标的实现。因此，企业的市场营销人员在定价时必须知道需求的价格弹性，即了解市场需求对价格变动的反应。换言之，需求的价格弹性反映需求量对价格的敏感程度，以需求变动的百分比与价格变动的百分比之比值来计算，也就是价格变动百分之一会使需求变动百分之几。其表达式和实际计算公式如下：

$$E_{d} = \frac{\Delta Q / Q}{\Delta P / P} = \frac{(Q_1 - Q_0) / Q_0}{(P_1 - P_0) / P_0} \tag{8.2}$$

式中：E_d 是需求价格弹性系数，ΔQ 和 ΔP 分别是需求量与价格的增量，Q_0 和 P_0 分别是变动前的需求量与价格，Q_1 和 P_1 分别是变动后的需求量与价格。

根据需求规律，需求量与价格呈反方向变动，计算出的需求弹性系数为负数。但负号只表示方向不表示大小。于是需求弹性有五种情况：

(1) 当 $|E| > 1$ 时，富有弹性；

(2) 当 $|E| < 1$ 时，缺乏弹性；

(3) 当 $|E| = 1$ 时，单位弹性；

(4) 当 $|E| = 0$ 时，完全无弹性；

(5) 当 $|E| \to \infty$ 时，完全有弹性。

在现实生活中常见的是缺乏弹性和富有弹性两种情况。当 $|E| < 1$ 时，缺乏弹性，即价格的大幅度变动对需求量变动影响不大，此时可以维持原价或提高价格；当 $|E| > 1$ 时，富有弹性，也就是说价格的微小变动能够引起需求量的较大变动，此时可以适当调低价格，薄利多销。通常情况下，出现需求缺乏弹性条件可能是：第一，市场上没有替代品或者没有竞争者；第二，购买者对较高价格不在意；第三，购买者改变购买习惯较慢，也不积极寻找较便宜东西；第四，购买者认为产品质量有所提高，或者认为存在通货膨胀等，价格较高是应该的。如果某种产品不具备上述条件，那么这种产品的需求就是富有弹性。在这种情况下，企业高层管理者需考虑适当降价，以刺激需求，促进销售，增加销售收入。

3. 竞争者价格

产品的最高价格取决于该产品的市场需求，最低价格取决于该产品的成本费用。在这种最高价格和最低价格的幅度内，企业能把产品价格定多高，则取决于竞争者同种产品的价格水平。企业必须采取适当方式，了解竞争者所提供的产品质量和价格。企业获得这方面的信息后，就可以与竞争产品比质比价，更准确地制订本企业产品价格。如果二者质量大体一致，则二者价格也应大体一样，否则本企业产品可能卖不出去；如果本企业产品质量较高，则产品价格也可以定得较高；如果本企业产品质量较低，那么，产品价格就应定得低一些。还应看到，竞争者也可能随机应变，针对本企业的产品价格而调整其价格；也可能不调整价格，而调整市场营销组合的其他变量，与企业争夺顾客。当然，对竞争者价格的变动，企业也要及时掌握有关信息，并作出明智的反应。

4. 其他因素

企业定价时还必须考虑其他环境因素，如国家的政策法令、国内外的经济形势、货币流通状况等。是否通货膨胀、经济繁荣或萧条、利率的高低等，都会影响产品成本和顾客对产品价格与价值的理解，从而影响企业定价方法和策略的选择。

第二节　定　价　方　法

企业在确定定价目标、掌握了各有关影响因素的资料后，就开始具体定价活动。这是一项十分复杂而又难以准确掌握的工作。由于影响定价的三个最基本的因素是产品成本、市场需求和市场竞争，因此，企业定价的基本方法也可分为三类：即成本导向定价法、需求导向定价法和竞争导向定价法。

一、成本导向定价法

成本导向定价法是一种主要以成本为依据的定价方法。它包括成本加成定价法、售价加成定价法和目标利润定价法三种具体方法。

（一）成本加成定价法

所谓成本加成定价，是指按照单位成本加上一定百分比的加成来制订产品销售价格。加成的含义就是一定比率的利润。其计算公式为

$$单位产品价格 = 单位产品成本 \times (1 + 加成率) \tag{8.3}$$

例如，某手表厂生产某牌子的石英表，其单位成本为 120 元/只，加成率为 50%，则每只手表价格为 $120 \times (1 + 50\%) = 180$ 元。

（二）售价加成定价法

售价加减定价法方法与成本加成定价法类似，实际上就是成本加成定价法变通的一种形式。零售企业往往以进价为基础进行加成定价。这里的进价就是商业企业的进货成本，加成率就是商业毛利。其计算公式为

$$单位产品价格 = 单位产品进价 \times (1 + 加成率) \tag{8.4}$$

此方法的加成率因不同商品而异，在西方一般在 15%～60% 之间。通常罐头、冷冻食品等加成率低，而服装鞋帽等款式变化快、经营风险大或损耗大的商品加成率高。

（三）目标利润定价法

所谓目标利润定价法就是根据企业所要实现的目标利润来定价的一种方法。这种方法一般要利用"收支平衡图"来分析。图 8.1 展示了一个假设的损益平衡图。

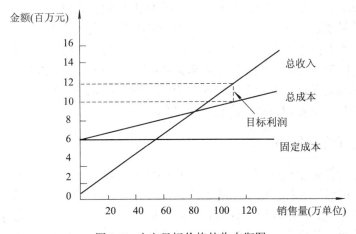

图 8.1 决定目标价格的收支衡图

在图 8.1 中固定成本是 600 万元，是不随产量变动而变动的常数；变动成本是随产量增减而增减的变数，固定成本与变动成本之和就是总成本。因此，图中的总成本线是在600 万元基础上随产量增加而逐渐上升的；总收入线是以原点为起点，随着销售量的增加

而逐渐上升的,其斜率大小即上升的幅度取决于产品价格。

在此例中,假定单价为15元时,企业至少要销售60万单位才能实现收支平衡,因为这时的总收入恰好等于总成本(见图8.1中的收支平衡点)。如果企业的目标利润定为200万元,要达到这一目标,就必须销售80万单位的产品,这时的总收入为1200万元,总成本为1000万元,目标利润为200万元。当然,如果企业将单价定得高于15元(如20元),销量下降一些也可达到既定的利润目标。但是,所定价格能否实现理想的销量,也就是说,究竟应把价格定在什么水平上,还要考虑产品的需求弹性和竞争者的价格。

在采用目标利润定价法定价时,首先应明确所要实现的目标利润是多少;然后再根据产品的需求弹性来考虑各种价格及其对销售量的影响;最后将价格定在能够使企业实现目标利润的水平上。其计算公式如下:

$$产品价格 = \frac{总成本 + 目标总利润}{预期销售量} \tag{8.5}$$

以上介绍了成本加成定价法的三种具体计算方法,它们的优点是:简便、易行、易用;对买方"将本求利",公平合理;对同业者可缓和价格竞争,减少矛盾。但其缺点是只从卖方的角度考虑,而忽视了市场需求和竞争,因此所定价格不一定符合消费者心理需求,不一定有利于促进销售。

二、需求导向定价法

所谓需求导向定价法,是指依据买方对产品价值的认知或感受以及需求强度来定价,而不是依据卖方的成本定价。这一类定价方法主要包括认知价值定价法、反向定价法和需求差异定价法三种。这里我们只介绍感受价值定价法。所谓"感受价值"或"认知价值",是指买方在观念上所认同的价值,而不是产品的实际价值。因此,卖方可运用各种营销策略和手段(优美的装潢、优雅的环境、高质量的服务等),影响买方的感受,使之形成对卖方有利的价值观念,然后再根据产品在买方心目中的价值来定价。

现代市场营销观念要求企业的一切生产经营必须以消费者需求为中心,并在产品、价格、分销和促销等方面予以充分体现。只考虑产品成本,而不考虑竞争状况及顾客需求的定价,不符合现代营销观念。根据市场需求状况和消费者对产品的感觉差异来确定价格的方法叫做需求导向定价法,又称市场导向定价法、顾客导向定价法,主要包括认知价值定价法、反向定价法、价值定价法、集团定价法等。

(一) 认知价值定价法

认知价值定价法是指企业依据消费者对商品价值的理解,而不是依据企业的成本费用水平来定价,通过运用各种营销策略和手段,在消费者心目中建立并加强认知。认知价值定价法的关键和难点,是获得消费者对有关商品价值认知的准确资料。如果企业过高估计消费者的认知价值,其价格就可能过高,难以达到应有的销量;反之,若企业低估了消费者的认知价值,其定价就可能低于应有水平,使企业收入减少。因此,企业必须通过广泛的市场调研,了解消费者的需求偏好,根据产品的性能、用途、质量、品牌、服务等要素,判定消费者对商品的认知价值,然后据此来定价。认知价值定价法的关键在于提供并向潜在顾客展示比竞争者更高的价值。认知价值又叫感受价值，故认知价值定价法又叫感受价值定价法。

顾客对价值的感受，主要不是由产品成本决定的。例如，一小瓶法国香水，其成本不过十几法郎，而售价高达数百法郎，就因为它是名牌货，其他牌子的香水即使质量已赶上并超过该名牌货，如果名气不够仍然卖不了那么高的价格。又如，在市场上，一罐可口可乐零售价格不过 3 元左右，而在高级饭店饮用要付 10 元甚至更多；同一种干白葡萄酒市场零售价格 20 元上下，而在三星级以上的高级饭店饮用，定价 70 元甚至数百元。这就是由于环境、气氛、服务等因素提高了产品的附加值，使顾客愿意支付那么高的价格。这就是感受价值定价法。

认知价值定价法如果运用得当，会给企业带来许多好处，可提高企业或产品的身价，增加企业的收益。但是，这种定价方法要正确地运用，关键是找到比较准确的感受价值，否则，定价过高或过低都会给企业造成损失。如果定价高于顾客所感受的价值，产品就无人问津，企业销量就会减少；定价低于顾客所感受的价值，又会使企业减少收入，也有可能使消费者不屑一顾，产品卖不出去。这就要求企业在定价前认真做好营销调研工作，将自己的产品与竞争者的产品仔细比较，从而对感受价值作出准确估测。

（二）反向定价法

反向定价法主要不是考虑产品成本，而是重点考虑需求状况，依据消费者能够接受的最终销售价格，反向推算出中间商的批发价和生产企业的出厂价格。反向定价法被分销渠道中的批发商和零售商广泛采用。该方法的特点是：价格能反映市场需求情况，有利于加强与中间商的良好关系，保证中间商的正常利润，使产品迅速向市场渗透，并可根据市场供求情况及竞争状况及时调整，定价比较灵活。

（三）价值定价法

目前，顾客都希望从购买的商品中获取高价值，所以，采用以低价出售高质量供应品的价值定价法在某种程度上可获得顾客忠诚，其主要的表现形式就是天天低价定价法，被许多零售商采用。几个最成功的美国零售商 Home Depot、沃尔玛等公司都使用天天低价定价法。这种定价方法强调把价格定得较低，但它们的定价并非总是市场上的最低价。因此，从某种意义上说，"天天低价"中的"低"并不一定最低。对这种定价方法更准确的表述应该是"每日稳定价"，因为它防止了每周价格的不稳定性。成功运用天天低价法会使零售商从与对手的残酷价格战中胜出。一旦顾客意识到价格是合理的，他们就会更多、更经常地购买。天天低价法下的稳定价格还减少了高／低定价法中的每周进行大量促销所需要的广告，而是把注意力更多地放在塑造企业形象上。另外，天天低价法的销量和顾客群都较稳定，不会因贱卖的刺激而产生新的突发消费群，因而销售人员可以在稳定的顾客身上花更多的时间，多为顾客着想，提高企业整体服务水平。

由于对大多数零售商而言，天天低价难于保持，且采用天天低价法，零售商的商品价格与其竞争者的价格必须是可比的，比如某百货公司销售的全国名牌产品或超级市场上的牛奶和糖这样的日用品。因而，在零售市场上与天天低价法对立的高/低定价法也被广泛采用。在高/低定价法中，零售商制订的价格会高于其竞争者的天天低价，但使用广告进行经常性的降价促销。在降价过程中常常出现一种"仅此一天,过期不候"的氛围,从而导致购买者人头攒动,大大刺激了消费。过去,零售商仅仅在季末降价销售时尚商品,杂货店和药店也只有在供货方提供优惠价格或存货过多时才会降价销售。现在,许多零售商对日益加剧的市场竞争和顾客对价格的关注做出反应,采用经常降价的方式进行促销。杂货店和药店的供货方也通过增加"处理期"获得更高收益。在"处理期"内,制造商对零售商购买的商品提供特惠价格。

当然,零售商也可交替使用两种定价方法。在美国,较早实行天天低价的零售商(如沃尔玛)现在也开始进行经常性的促销活动,而主要使用高/低定价法的零售商则为努力稳定其价格而使用天天低价法。

(四) 集团定价法

为了给顾客以更多的实惠,不少企业制订了一系列团购价,尤其是对一些金额较大的商品如小汽车,顾客自发组织起来以团购价购买,可以大大降低购买价格。互联网的兴起更加便利了这种方式,毫不相识的顾客通过互联网,可以加入已有购买意向的顾客当中,当购买量达到一定标准后,顾客便可以理想的价格进行购买。

三、竞争导向定价法

所谓竞争导向定价法是指通过竞争者或竞争引导来定价的一种方法。它的具体方法通常有三种:即随行就市定价法、投标定价法和拍卖定价法。

(一) 随行就市定价法

随行就市定价法是指企业按照行业的平均现行价格水平来定价。在以下情况下往往采取这种定价方法:

(1) 难以估算成本;

(2) 企业打算与同行和平共处;

(3) 如果另行定价,很难了解购买者和竞争者对本企业的价格的反应。

不论市场结构是完全竞争的市场,还是寡头竞争的市场,随行就市定价都是同质产品市场的惯用定价方法。在完全竞争的市场上,销售同类产品的各个企业在定价时实际上没有多少选择余地,只能按照行业的现行价格来定价。某企业如果把价格定得高于市价,产品就卖不出去;反之,如果把价格定得低于市价,也会遭到降价竞销。在寡头竞争的条件下,企业也倾向于和竞争对手要价相同。这是因为,在这种条件下市场上只有少数几家大公司,彼此十分了解,购买者对市场行情也很熟悉,因此,如果各大公司的价格稍有差异,顾客就会转向价格较低的企业。

(二) 投标定价法

投标定价法通常是政府采购机构在报刊上登广告或发出函件,说明拟采购商品的品种、规格、数量等具体要求,邀请供应商在规定的期限内投标。政府采购机构在规定的日期内开标,选择报价最低的、最有利的供应商成交,签订采购合同。某供货企业如果想做这笔生意，就要在规定的期限内填写标单，上面填明可供应商品的名称、品种、规格、价格、数量、交货日期等，密封送给招标人(即政府采购机构)，这叫做投标。这种价格是供货企业根据对竞争者的报价的估计制订的，而不是按照供货企业自己的成本费用或市场需求来制订的。供货企业的目的在于赢得合同，所以它的报价应低于竞争对手的报价。这种定价方法叫做投标定价法。

一般而言，投标的价格主要以竞争者可能的递价为转移。递价低于竞争者，可以增加中标的机会，然而企业的企业报价不能低于边际成本，否则将不能保证适当的利润。因此，投标企业通常需要计算"期望利润"，以期望利润最高的价格作为递价的依据。如表 8.1 有四种价格，中标率和期望利润各不相同。其中以递价 1 万的期望利润最高(216 元)，因此应递此价格。

表 8.1　投标递价的期望利润

企业递价	企业利润 (1)	中标率% (2)	期望利润 (1)×(2)
9 500	100	81	81
10 000	600	36	216
10 500	1 100	9	99
11 000	1 600	1	16

(三) 拍卖定价法

拍卖定价法是指由卖方预先发表公告，展出拍卖物品，买方预先看货，在规定时间公开拍卖，由买方公开竞叫价，不再有人竞争的最高价格即为成交价格，卖方按此价格拍板成交。这是西方国家一种古老的传统买卖方式，如早期奴隶市场通用此法，现代一般在出售文物、旧货以及处理破产企业财物时，仍沿用此法。西方国家有拍卖公司专门从事拍卖业务，接受货主委托组织拍卖活动。我国从 19 世纪 70 年代开始在一些大城市出现拍卖行，至 1958 年全部关闭。自 1986 年起，广州、北京、天津、上海等大城市已先后成立拍卖行，作为处理公私财物的一种销售方式。这种销售方式通常运用于重大工程的建设、大型设备的承造、零部件的外购以及珍贵文物、艺术珍品的出售，或倒闭企业的财产拆卖等。

拍卖价格与投标价格的形成有所不同，其区别在于前者是买方公开竞价，后者是卖方密封递价。

第三节　定　价　策　略

在激烈的市场竞争中，定价策略是企业争夺市场的重要武器，是企业营销组合策略的重要组成部分。企业必须善于根据市场环境、产品特点、产品生命周期、消费心理和需求特点等因素，正确选择定价策略，争取顺利实现营销目标。定价策略很多，常用的有新产品定价策略、折扣定价策略、地区定价策略、心理定价策略、差别定价策略、产品组合定价策略等。

一、新产品定价策略

新产品定价选用何种策略是一个十分重要的问题，不仅关系到新产品能否顺利进入市场，而且影响到可能出现的竞争者数量。新产品上市时，消费者需求量较大而市场竞争者却很少，因而企业定价的自由度比较大。企业既可以把新产品价格定得高一些，尽快收回投资；也可以把新产品价格定得低一些，以利于扩大市场，限制竞争者的加入。新产品定价主要有三种策略可供企业选择。

（一）撇脂定价策略

撇脂定价策略是一种高价策略，是指在新产品投放市场时定高价，争取在短时间内收回投资，并赚取高额利润。这种策略如同从牛奶中提取奶油一样，首先把牛奶中精华部分取走，故称撇脂定价策略。高价格维持一段时间后，随着竞争者的加入，供应产品的增加，企业再把产品价格降下来。

使用这种策略必须具备以下市场条件：一是产品的质量与高价格相符；二是要有足够多的顾客能接受这种高价并愿意购买；三是竞争者在短期内很难进入该产品市场；四是企业的生产能力有限，难以应付市场需求，可以用高价限制市场需求。

英雄牌水珠笔就是运用撇脂定价策略的典型成功案例：1995年，国内文具用品市场日趋萧条，该厂成功地研制并生产出新产品水珠笔。当时每支成本为0.20元。专家们认为，这种产品在国内市场是第一次出现，奇货可居，尚无竞争者，最好是采用新产品的"撇脂定价策略"，利用消费者的求新求好心理以及要求商品新、奇、高、贵的特点，用高价格来刺激顾客购买。于是，该厂以每支11元的价格卖给零售商，零售商又以20元的价格卖给消费者。尽管价格如此昂贵，水珠笔却在一时间以其新颖、奇特和高贵而风靡全国，在市场上十分畅销。

（二）渗透定价策略

与撇脂定价相反，渗透定价策略是一种低价策略，即企业把新产品价格定得低一些，以吸引顾客，挤入市场，提高市场占有率。低价能使企业取得最大产品销售量，并且能够限制竞争者的加入。

采取这种策略的市场条件是：一是市场规模较大，存在较大的潜在竞争者；二是产品无明显特色，需求弹性大，低价会刺激需求增长；三是大批量销售会使成本显著下降，企业总利润增加。这是一种长期价格策略，虽然开始时企业所创利润较低，但从长期来看，企业能够获得较高的利润。这种策略的缺点是：一是大量的投入资金而回收慢，如果产品不能打开市场，或遇到强大的竞争对手，会产生亏损；二是低价还会影响产品的品牌形象和企业的声誉。

例如：我国内地香皂进入香港市场也是利用了廉价策略。改革开放前，香港的香皂市场大多被美、日、英、法等国的产品垄断，其香型、质量、包装、造型都超过中国内地，但每块香皂的售价高达数十元港币不等。根据这一情况分析，内地企业努力降低产品成本，以低廉的价格(2~3元港币)迎合香港众多中低收入阶层的消费需求，扩大了产品的销售量，在香港香皂市场上争得一席之地，获取了可观的利润。

(三) 中间价格策略

所谓中间价格策略，又称稳妥价格策略或折中定价策略，它是把价格定在高价与低价之间，在产品成本的基础上加适当利润。这种价格策略稳妥、风险小，一般会使企业收回成本和取得适当盈利。但这也是一种保守策略，可能失去了获得高利的机会。

二、折扣定价策略

企业为了鼓励顾客及早付清货款、大量购买、淡季购买，还可以酌情降低其基本价格。这种价格调整叫做价格折扣。价格折扣策略主要有五种。

(一) 现金折扣

现金折扣是企业给那些当场或折扣期限内付清货款的顾客的一种减价。例如，顾客在30天内必须付清货款，如果10天内付清货款，则给予2%的折扣。这种折扣方式可以简单地表示为"2/10，net/30"或"2/10，n/30"。这种折扣带来的回报率通常比银行利率要高，所以顾客一般都不会放弃这种折扣价格，同时又可加强卖方的收现能力，减少信用成本和呆账。

(二) 数量折扣

数量折扣是企业给那些大量购买某种产品的顾客的一种减价，以鼓励顾客购买更多的物品。因为大量购买能使企业降低生产、销售、储运、记账等环节的成本费用。例如，顾客购买某种商品100单位以下，每单位10元；购买100单位以上，每单位9元。这就是数量折扣。这种折扣通常有累计折扣和非累计折扣两种。非累计折扣是顾客一次购买达到规定数量所给予的一种折扣方式。累计折扣是指顾客购买物品累加达到一定数量时给予的一种折扣方式。

(三) 功能折扣

功能折扣又称贸易折扣，即指制造商根据中间商的不同类型和不同分销渠道所提供的服务不同给予不同的折扣。例如，制造商报价："100元，折扣40%及10%"，表示给零售商折扣40%，即卖给零售商的价格是60元；给批发商则再折扣10%，即卖给批发商的价格是54元。这时因为批发商和零售商功能不同的缘故。

(四) 季节折扣

季节折扣也称季节差价，是指企业给那些购买过季商品或服务的顾客的一种减价，它可以使企业的生产和销售在一年四季保持相对稳定，加速资金周转和节省费用，鼓励客户淡季购买商品。例如，滑雪橇制造商在春夏季给零售商以季节折扣，以鼓励零售商提前订货；旅馆、航空公司等在淡季营业额下降时给旅客以季节折扣。

(五) 价格折让

价格折让也是减价一种形式。例如，一辆小汽车标价为4000美元，顾客以旧车折价

500 美元购买，只需付给 3500 美元。这叫做以旧换新折让，多用于汽车行业或其他耐用品。如果经销商同意参加制造商的促销活动，则制造商卖给经销商的物品可以打折。这叫做促销折让，是对中间商提供促销的一种回报。

凯特比勒公司定价方法奇特。凯特比勒公司是生产和销售牵引机的企业，它的计价方法与众不同，一般牵引机的价格均在 2 万美元左右，然而该公司却卖 2.4 万美元，虽然一台高出 4000 美元，却卖得更多！

当顾客上门，询问为何该公司的牵引机要贵 4000 美元时，该公司的经销人员给他算了以下一笔账：

(1) 20 000 美元是与竞争者同一型号的机器价格；

(2) 3000 美元是产品更耐用多付的价格；

(3) 2000 美元是产品可靠性更好多付的价格；

(4) 2000 美元是公司服务更佳多付的价格。任何地方的用户买了该公司的产品，需要换零件时，不管他在世界任何地方，保证在 48 小时内把零件送到他的手里；

(5) 1000 美元是保修期更长多付的价格。

由此可得，28 000 美元是上述总和的应付价格。其中，4000 美元是折扣。所以，24 000 美元是最后价格。

折扣被用在战术上和战略发展上会表现出不同特点，其原因主要有以下三个：一是竞争对手和联合竞争的实力。市场中同行业竞争对手的实力强弱会威胁到折扣的成效，一旦竞相折价，要么两败俱伤，要么被迫退出竞争市场。二是折扣的成本均衡性。销售中的折价并不是简单地遵循单位价格随订购数量的上升而下降这一规律。对生产厂家来说有两种情况是例外的。一种是订单量大，很难看出连续订购的必然性，企业扩大再生产后，一旦下季度或来年订单陡减，投资难以收回；另一种是订单达不到企业的开机指标，开工运转与分批送货的总成本有可能无法用增加的订单补偿。三是市场总体价格水平下降。由于折扣战略有较稳定的长期性，当消费者利用折扣超需购买后，再转手将超需的那部分商品转卖给第三者，这样即会扰乱市场，导致市场总体价格水平下降，给采用折价战略的企业带来损失。

企业实行折扣战略时，除考虑以上因素外，还应该考虑企业流动资金的成本、金融市场汇率变化、消费者对折扣的疑虑等因素。目前在我国商界，总代理、总经销方式越来越普遍。折扣在经销方式中的运用也非常普及。有一种现象极为突出，即厂家和大的经销商注意在地区影响范围内消除折扣的差异性，市场内同一厂商的同种商品折扣标准混乱，消费者或用户难以确定应该选择哪一种价格，结果折扣差异性在自己市场内形成了冲抵，影响了经销总目标的实现。

三、地区定价策略

一般地说，一个企业的产品，不仅卖给当地顾客，而且同时卖给外地顾客。而卖给外地顾客，把产品从产地运到顾客所在地，需要花一些装运费。所谓地区性定价策略，就是企业要决定：对于卖给不同地区(包括当地和外地不同地区)顾客的某种产品，是分别制订不同的价格，还是制订相同的价格。也就是说，企业要决定是否制订地区差价。地区性定价的形式主要如下：

(一) FOB 产地定价

所谓 FOB 产地定价，就是顾客(买方)按照厂价购买某种产品，企业(卖方)只负责将这种产品运到产地某种运输工具(如卡车、火车、船舶、飞机等)上交货。交货后，从产地到目的地的一切风险和费用均由顾客承担。如果按产地某种运输工具上交货定价，那么每一个顾客都各自负担从产地到目的地的运费，这是很合理的。但是这样定价对企业也有不利之处，即远地的顾客有可能不愿购买这个企业的产品，而购买其附近企业的产品，因为远途顾客必须承担较高的运费。

(二) 统一交货定价

这种形式和前者正好相反。所谓统一交货定价，就是企业对于卖给不同地区顾客的某种产品，都按照相同的出厂价加相同的运费(按平均运费计算)定价。也就是说，对全国不同地区的顾客，不论远近，都实行一个价。这种定价简便易行，有利于争取远方顾客，因此，这种定价又叫邮资定价。

(三) 区域定价

这种形式介于前二者之间。所谓区域定价，也称分区定价，是指企业把全国(或某些地区)分为若干价格区，对于卖给不同价格区顾客的某种产品，分别制订不同的地区价格。距离企业远的价格区，价格定得较高；距离企业近的价格区，价格定得较低。在各个价格区范围内实行一个价。企业采用分区定价也存在问题：一是在同一价格区内，有些顾客距离企业较近，有些顾客距离企业较远，前者就不合算；二是处在两个相邻价格区界两边的顾客，他们相距不远，但是要按高低不同的价格购买同一种产品。

(四) 基点定价

所谓基点定价，是指企业选定某些城市作为基点(或窗口)，然后按一定的出厂价加从基点城市到顾客所在地的运费来定价，而不管货实际上是从哪个城市起运的。有些公司为了提高灵活性，选定许多个基点城市，按照顾客最近的基点计算运费。

(五) 运费免收定价

有些企业因为急于和某些地区做生意，自己负担全部或部分实际运费。这些卖主认为，如果生意扩大，其平均成本就会降低，因此足以抵偿这些费用开支。采取运费免收定价，可以使企业加快市场渗透，并且能在竞争日益激烈的市场中处于有利地位。

四、心理定价策略

心理定价策略是指企业定价时利用消费者不同的心理需要和对不同价格的感受，有意识地采取多种价格形式，以促进销售。主要有以下几种。

(一) 尾数定价

尾数定价就是定价时保留小数点后的尾数,这可使购买者对定价增强信任感,同时还可使人感觉价廉。例如,本应定价 100 元的商品,定成 99.98 元,本应定价 70 元的商品,定成 69.95 元,这种方法多用于需求价格弹性较大的中低档商品。

(二) 声望定价

声望定价与上一种方法相反,它不是为了给人以价廉的感觉,而是故意把价格定成整数或定为较高价格,以显示其商品或企业的名望。例如,美国著名的 P&G 公司将它的"海飞丝"洗发液打入中国市场时,在同类产品中定价最高,结果反而畅销。又如参加巴黎世界博览会的中国成套瓷器,就因为标价只有 800 法郎,使一些本想买去做家庭陈设的顾客欲购又止,因为这个价格不足以满足炫耀心理的需要。

(三) 参照定价

当顾客选购商品时,头脑中常有一个参照价格。参照价格可能是顾客已了解到的目前市场上这种产品的一般价格;也可能是把以前的价格当做参照价格。企业在定价时可以利用和影响顾客心目中的参照价格。例如,在柜台陈列时有意识地将某件价格较高的产品放在附近,以表示这些产品都属于高档之列,时装店常把妇女服装按价格的不同放在不同柜台出售,明确显示其档次的不同,以适应不同层次的需要。营销者还可用其他方式影响顾客的参照价格。如告诉顾客这种产品的原价比现价要高得多,或启发顾客将本企业的价格同竞争者的价格比较等等。

(四) 招徕定价

有些企业利用许多顾客有贪图价廉的心理,将某几种商品定低价(低于正常价格甚至低于成本)刺激顾客;或利用节假日和换季时机举行"酬宾大减价"等活动,把部分商品按原价打折出售,吸引顾客,以促进全部商品的销售。

例如,某大型商场服装部展出各种品牌各种档次的名牌服装,很多商品打出了"打七折"、"打八折",但还是很少有顾客惠顾。某品牌的业务经理想出了一个方法,他在一个醒目的地方打出了"某某品牌服务限时一小时,一律七折"的牌子,并且通过广播把这一消息传递出去。这一招还真灵,原来打六折都没人问津,现在打七折,竟然有那么多人等着"限时"购买。这一方法大大刺激了消费者的求廉、贪图小便宜的心理,达到了招徕顾客的效果。

(五) 习惯定价策略

有些商品的价格是长时间形成的价格,企业应当按照这种习惯价格定价,不要轻易地改变,这就是习惯定价策略。如果企业的产品要提价,最好不改变原标价,而将单位数量略微减少或质量适当降低,以减少成本,这样做比提高价格更容易为消费者所接受。如果成本价格无法降低,最好是把品牌或包装改变一下再行提价,让顾客以为这是一种经过改进的产品,多付钱是合理的。

休布雷公司在美国伏特加酒的市场中，属于营销出色的公司，其生产的史密诺夫酒，在伏特加酒的市场占有率达到23%。20世纪60年代，另一家公司推出一种新型伏特加酒，其质量不比史密诺夫酒低，每瓶价格却比它低一美元。按照惯例，休布雷公司有三条对策可用：一是降价一美元，以保住市场占有率；二是维护原价，通过增加广告费用和推销支出来与竞争对手竞争；三是维护原价，听任其市场占有率降低。不论休布雷公司采取上述哪种策略，似乎都输定了。但是，该公司的市场营销人员经过深思熟虑后，却采取了对方意想不到的第四种策略。那就是，将史密诺夫酒的价格再提高一美元，同时推出一种与竞争对手新伏特加酒价格一样的瑞色加酒和另一种价格更低的波波酒。这一产品线策略一方面提高了史密诺夫酒的地位，同时使竞争对手的新产品沦为一种普通的品牌。结果，休布雷不仅渡过了难关，而且利润大增。实际上，休布雷公司的上述三种产品的味道和成本几乎相同，只是该公司懂得以不同的价格来销售相同产品的策略而已。

五、差别定价策略

所谓差别定价，是指企业按照两种或两种以上不反映成本费用的比例差异的价格销售某种产品或服务。差别定价主要有四种形式。

(一) 顾客差别定价

即企业按照不同的价格把同一种产品或服务卖给不同的顾客。例如，公园、展览馆的门票对某些顾客群(学生、军人、残疾人等)给予优惠价；有些企业对新老顾客实行不同的价格；我国对中外顾客的不同票价(火车、轮船、飞机等票价)等均属此类定价。这种差别定价又称价格歧视，在有些国家要受到法律限制。

(二) 产品形式差别定价

即企业对同一质量和成本而不同花色、不同品种、不同款式的产品定不同价格。例如，不同花色的布匹、不同款式的手表等，都可定不同的价格；国外有的商人把同一种香水装在形象新奇的瓶子里，就将价格提高到1～2倍。这主要是依据市场对该产品的需求情况而定的。

(三) 产品部位差别定价

即企业对于处在不同位置的产品或服务分别制订不同的价格，即使这些产品或服务的成本费用没有任何差异。例如，剧院里虽然不同座位的成本费用都是一样的，但不同座位的票价有所不同；火车卧铺因位置差异，上下铺票价不一样；同一头牛不同部位的肉，其售价也不同等。这是因为人们对产品或服务的偏好有所不同所致。

(四) 销售时间差别定价

销售时间差别定价即企业对于不同季节、不同时期甚至不同钟点的产品或服务分别制订不同的价格。例如，美国公用事业对商业用户(如旅馆、饭馆等)在一天中某些时间、周末和平常日子的收费标准有所不同。又如，旅游业在淡旺季定价不同；长途电话在不同时间收费不同；某些鲜活产品"早晚市价不同"；有些餐馆甚至在同一天的午餐和晚餐定价也不同。

企业采取差别定价策略必须具备以下条件：第一，市场必须是可以细分的，而且各个市场部分需表现出不同的需求程度；第二，以较低价格购买某种产品的顾客没有可能以较高价格把这种产品倒卖给别人；第三，竞争者没有可能在企业以较高价格销售产品的市场上以低价竞销；第四，细分市场和控制市场的成本费用不得超过因实行价格歧视而得到的额外收入，即不能得不偿失；第五，价格歧视不会引起顾客反感，放弃购买，影响销售；第六，采取的价格歧视形式不能违法。

六、产品组合定价策略

(一) 产品线定价

当企业产品需求和成本具有内在关联性时，为了充分发挥这种内在关联性的积极效应，可采用产品线定价策略。在定价时，首先确定某种产品价格为最低价格，它在产品线中充当招徕价格，吸引消费者购买产品线中的其他产品；其次，确定产品线中某种产品的价格为最高价格，它在产品线中充当品牌质量象征和收回投资的角色；再者，产品线中的其他产品也分别依据其在产品线中的角色不同，而制订不同的价格。如果是由多家生产经营时，则共同协商确定互补品价格。选用互补品定价策略时，企业应根据市场状况，合理组合互补品价格，使系列产品有利销售，以发挥企业多种产品整体组合效应。

(二) 分级定价策略

分级定价策略是企业将系统产品按等级分为几组，形成相对应的几个档次的价格的策略。其目的是便于顾客按质选择、比较，满足不同类型消费者的需求，从而促进销售。如鞋店可将女鞋(不论颜色大小、款式)分为 200 元、100 元和 50 元，消费者即会了解三种不同档次的鞋。又如，某大型服装商场一女装部共有三层，其中：

一层为普装部(各种普通面料、款式、价格较低的女装)；

二层为品牌部(各种知名品牌服装，价格较高)；

三层为精品女装(国外流行女装，进口面料、特殊材料制作的女装，价格昂贵)。

消费者会根据自己的需求预期有目的地选购。这种分级定价策略可以满足不同层次消费者的需求。

(三) 单一价格定价

企业销售品种较多而成本差别不大的商品时，为了方便顾客挑选和内部管理的需要，企业所销售的全部产品实行单一的价格。如服装店门前公告：本店所有时装一律 30 元。又如，在市场风靡一时的"十元店"、"二元店"、"一元店"就是单一价格定价，店内所有的商品无论颜色、大小、款式、档次价格一律按"十元"、"二元"或"一元"计。

(四) 选择产品定价

选择产品定价就是顾客购买相关商品时，提供多种价格方案以供顾客选择。各种选择的定价方案是鼓励顾客多买商品。如照相机与胶卷的出售，可以有三种组合方式及其相应的价格供顾客选择：一是只买照相机，每台 700 元；二是只买胶卷，每卷 30 元；三是照相机与胶卷一起买，每套 710 元。可见，这种组合方式及其定价是鼓励顾客成套购进相关配套商品。

（五）模块化定价

装配式产品或组合性产品是由不同的相对独立的功能模块构成，可以先确定基本配置的价格，以此为基准，再对不同模块分别定价，以便顾客自由地选择。如计算机产品可以这样定价：基本配置——第 7 代酷睿、2 G 内存、120 G 硬盘、华硕主板、15 英寸彩显，合计 5000 元；17 英寸纯平显示器加 500 元，15 英寸液晶显示器加 2200 元等。

第四节　价格变动与企业对策

虽然营销组合中其他要素的重要程度日益提高，价格决策的重要性并未因此而下降。如何协调顾客需要与企业发展之间的关系，科学地进行价格决策，仍是所有企业家都必须要面对且必须要处理好的问题。

一、价格仍是企业竞争的重要手段

价格决策是营销组合的重要组成部分，也是一个有着若干独特而又鲜明特征的组成部分。价格是营销组合中作用最为直接、见效最快的一个，也是唯一一个与企业收入直接相关的营销手段。

价格决策与企业的市场占有率、市场接受新产品的快慢、企业及其产品在市场上的形象等都有着密切的关系。价格策略的正确与否对企业成败来说至关重要，与竞争者相比，本企业所提供的产品价值与价格比率的高低将决定竞争过程中的优势归属，决定竞争的胜负。在竞争过程中，谁能以较低的价格向市场提供较大的价值，谁就可能成为竞争中的赢家。反之，如果价格决策失误，缺乏价格策略与营销组合中其他策略之间的协调，即便企业所提供的产品的内在质量优异、外形设计符合消费者的意愿，仍无法得到市场的认同和接受。几乎所有的企业，包括那些拥有显赫的市场地位的企业，在制订价格时，也都必须要慎重地考虑自身的价格行为对市场可能产生的影响，必须考虑来自竞争者的可能的价格威胁。

二、价格调整的原因

价格竞争的内容很多，除企业使用的定价方法和价格策略外，另一个比较明显的表现就是企业进行的价格调整。企业经营面对的是不断变化的环境，在采用一定方法确定了定价策略后，企业仍需要根据环境条件的变化，对既定价格进行调整。

企业对原定价格进行调整可分为两种情形，一是调高价格，二是降低价格。

（一）提价的原因

具体地说，企业往往在下述一种或几种情形同时出现时需要提高现有价格：

(1) 生产经营成本上升。在价格一定的情况下，成本上升将直接导致利润的下降。因此，在整个社会发生通货膨胀或生产产品的原材料成本大幅度上升的情况下，提高价格就是保持利润水平的重要手段。

(2) 需求压力。在供给一定的情况下，需求的增加会给企业带来压力。对于某些产品而言，在出现供不应求的情况下，可以通过提价来相对遏制需求。这种措施同时也可为企业获取比较高的利润，为以后的发展创造一定的条件。

(3) 创造优质优价的名牌效应。为了企业的产品或服务与市场上同类产品或服务拉开差距，作为一种价格策略，可以利用提价营造名牌形象。

(二) 降价的原因

降低价格则往往在下述几种情形下采用：

(1) 应付来自竞争者的价格竞争压力。在绝大多数情况下，反击直接竞争者价格竞争见效最快的手段就是"反价格战"，即制订比竞争者的价格更有竞争力的价格。

(2) 扩大市场占有率。在企业营销组合的其他各个方面保持较高质量的前提下，定价比竞争者低的话，能给企业带来更大的市场份额。对于那些仍存在较大的生产经营潜力，调低价格可以刺激需求，进而扩大产销量，降低成本水平的企业，价格下调更是一种较为理想的选择。

(3) 市场需求不振。在宏观经济不景气或行业性需求不旺时，价格下调是许多企业借以渡过难关的重要手段。比如，当企业的产品销售不畅，而又需要筹集资金进行某项新产品开发时，可以通过对一些需求价格弹性大的产品予以大幅度降价，从而增加销售额以满足企业回笼资金的目的。

(4) 根据产品生命周期阶段的变化进行调整。这种做法也被称为阶段价格策略。在从产品进入市场到被市场所淘汰的整个寿命周期过程中的不同阶段，产品生产和销售的成本不同，消费者对产品的接受程度不同，市场竞争状况也有很大不同。阶段价格策略强调根据生命周期阶段特征的不同，及时调整价格。例如，相对于产品导入期时较高的价格，在其进入成长期后期和成熟期后，市场竞争不断加剧，生产成本也有所下降，下调价格可以吸引更多的消费者、大幅度增进销售，从而在价格和生产规模之间形成良性循环，为企业获取更多的市场份额奠定基础。

(5) 生产经营成本下降。在企业全面提高了经营管理水平的情况下，产品的单位成本和费用有所下降，企业就具备了降价的条件。对于某些产品而言，由于彼此生产条件、生产成本不同，最低价格也会有差异。显然，成本最低者在价格竞争中拥有优势。

三、价格调整中的顾客反应

适当的价格调整能够产生良好的效果。但是，若调整不当，则适得其反。无论是调高价格还是降低价格，企业都必须要注意到各个方面的反应。衡量定价成功与否最重要的标志是消费者将如何理解价格调整行为，企业所确定的价格能否为消费者所接受。企业打算向顾客让渡利润的降价行为可能被理解为产品销售状况欠佳、企业面临经济上的困难等，一个动机良好的价格调整行为就可能产生十分不利的调整结果。因此，企业在进行调整前，必须慎重研究顾客对调整行为可能的反应，并在进行调整的同时，加强与顾客的沟通。

1．顾客对企业的提价的反应

(1) 普遍都在提价，这种产品价格的上扬很正常；

(2) 这种产品很有价值；

(3) 这种产品很畅销，将来一定更贵；

(4) 企业在尽可牟取更多的利润。

2．顾客对企业的降价的反应

(1) 产品的质量有问题；

(2) 这种产品老化了，很快会有替代产品出现；

(3) 企业财务有困难，难以经营下去；

(4) 价格还会进一步下跌。

四、价格调整引发的竞争者的反应

在竞争市场上，企业制订某种价格水平、采用某种价格策略的效果还取决于竞争者的反应。在竞争者的策略不会做任何调整的情况下，企业降低价格就可能起到扩大市场份额的效果；而若在企业降低价格的同时，竞争者也降低价格，甚至以更大的幅度降低价格，企业降价的效果就会被抵消，销售和利润状况甚至不如调整前。同样，在企业调高价格后，如果竞争者并不提高价格，则对企业来说，原来供不应求的市场可能变成供过于求的市场。鉴此，企业在实施价格调整行为前，必须分析竞争者的数量、可能采取的措施及其反应的剧烈程度。

1．竞争者对价格调整的反应

企业面对的竞争者往往不止一家，彼此不同的竞争位势，会导致不同的反应。比如，如果竞争对手认为其实力强于本企业，并认定本企业的价格调整目的是争夺市场份额的情况下，必然会立即做出针锋相对的反应；反之则不反应，或采取间接的反应方式。一般而言，面临企业的降价行为，竞争对手的反应可能会有以下几种：

(1) 如果降价会损失大量利润，竞争者可能不会跟随降价；

(2) 如果竞争者必须降低其生产成本才能参与竞争的话，则可能要经过一段时间才会降价；

(3) 如果竞争者降价导致其同类产品中不同档次产品间发生利益冲突的话，就不一定会跟随降价；

(4) 如果竞争者的反应强烈，其一定会跟随降价，甚至有更大的降价幅度。

由于环境是复杂的，竞争者的反应又会对企业的价格调整产生重大的影响，因此企业在变价时必须充分估计每一个竞争者的可能反应。

2．企业对竞争者价格调整的反应

在市场经济条件下，企业不仅自己可以用价格调整参与市场竞争，同时也会面临着竞争者价格调整的挑战。如何对价格竞争做出正确、及时的反应，是企业价格策略中的重要内容。

(1) 企业应变必须考虑的因素。为了保证企业做出正确反应，企业应该了解：竞争者进行价格调整的目的是什么？这种变价行为是长期的还是暂时的？如果不理会竞争者的价格调整行为，市场占有率会发生什么变化？如果做出相应的变价行为，对本企业存在什么影响？其他企业又会有什么反应？

(2) 企业应变的对策。在同质产品市场上，如果竞争者降价，企业必须随之降价，否则顾客就都会购买竞争者的产品；如果某一个企业提价，其他企业也可能随之提价，但只要有一个不提价的竞争者，那么这种提价行为只能取消。

在异质产品市场上，企业对竞争者的价格调整的反应有更多的自由。因为在这种市场上，顾客选择产品不仅考虑价格因素，同时还会考虑产品的质量、性能、服务、外观等多种因素。顾客对于较小价格差异并不在意的条件，使得企业面对价格竞争的反应有了更多的选择余地。

企业面对竞争对手减价竞销时，可选择以下几种对策：一是维持原价不变；二是维持原价，同时改进产品质量或增加服务项目，加强广告宣传等；三是降价，同时努力保持产品质量和服务水平稳定不变；四是提价，同时推出某些新品牌，以围攻竞争对手的降价品牌；五是推出更廉价的产品进行反击。

一般来说，竞争者降价总是在准备已久的市场，而企业在事先毫无准备的情况下，突然面临对手降价进攻，往往难以立即做出准确适当的反应。因此，企业应加强营销调研，及时掌握竞争者的动态，同时作好应付意外情况的准备。一些西方企业为了对付竞争者降价，通常拟定一个反应程序，如图8.2所示。

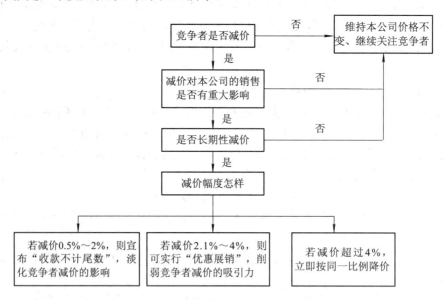

图 8.2　对付竞争者减价的反应模式

根据以上程序可以对竞争者作出及时地反应，避免临时仓皇失措，做到有备无患。但需要特别强调的是，当企业面对竞争者降价进攻时，必须冷静思考和分析具体情况，全面考虑各种因素，及时作出适当反应。

复习思考题

1. 企业定价的主要目标有哪些？

2．企业定价应考虑哪些因素？

3．什么是成本导向定价法？有哪些具体方法？

4．什么是需求导向定价法？有哪些具体方法？

5．竞争导向定价法的特点是什么？

6．常见的消费价格心理有哪些？如何进行心理定价？

7．企业进行价格调整时应该注意哪些问题？

◇ **案例讨论**

雅阁汽车一步到位的价格策略

广州本田汽车有限公司是在原广州标致的废墟上建立起来的，成立于 1998 年 7 月 1 日，注册资本为 11.6 亿元人民币，由广州汽车集团和本田工业技研工业株式会社各出资 50%建设而成。建厂初期，广州本田引进本田雅阁最新 2.0 升级系列轿车，生产目标为年产 5 万辆以上，起步阶段为年产 3 万辆。生产车型为雅阁 2.3VTi-E 豪华型轿车、2.3VTi-L 普通型轿车和 2.0EXi 环保型轿车。1999 年 3 月 26 日，第一辆广州本田雅阁轿车下线，同年 11 月通过国家对广州本田雅阁轿车 40%国产化的严格验收。2000 年 2 月 28 日，广州轿车项目通过年产三万辆的项目竣工验收。2004 年初，广州本田已经达到了年产汽车 24 万辆的产能规模。目前，广州本田生产和销售的车型有 4 款：雅阁、奥德赛、三厢飞度和两厢飞度。

对于中国市场来说，广州本田雅阁的价格策略显得高人一筹，在产品长期供不应求的情况下施放"价格炸弹"，反映了厂家的长远眼光。

2002 年被人们称作是中国汽车年，在这一年里，中国汽车实现了一个历史性的飞跃——6465 亿元的销售收入和 431 亿元的利润总额(同比增长分别达到 30.8%和 60.94%)，使汽车产业首次超过电子产业成为拉动我国工业增长的第一动力。国家计委产业司 2003 年 1 月份公布的数字表明，2002 年全国汽车产销量超过 300 万辆，其中轿车产量为 109 万辆，销量为 112.6 万辆。中国汽车业的暴利早已成了汽车行业内公开的秘密，尤其是中高档车，利润率高得惊人。根据德国一家行业内权威统计机构公布的数字，2002 年中国主流整车制造商的效益好得惊人，平均利润超过 22%，部分公司甚至达到了 30%。

2002 年 1 月 1 日起，轿车关税大幅度降低，排量在 3.0 升以下的轿车整车进口关税从 70%降低到 43.8%，3.0 升以上的从 80%降到 50.7%。关税下调后，进口车的价格由于种种原因并没有下降到预想的价格区间，广州本田门胁轰二总经理似乎早有预测。他说："关税从 70%降低到 43.8%，最终降至 25%，这是一个过程。虽然也有部分人因考虑到进口车将要变得便宜而暂时推迟购车计划，但由于政府实际上决定了进口车的数量，短时间内进口车并不会增加许多。"广州本田宣布了一个令所有人都感到吃惊的决定：2002 年广州本田的所有产品价格将不会下调。

1998 年广州本田成立，就确定了将第六代雅阁引进中国生产。1999 年 3 月 26 日，第六代新雅阁在广州本田下线，当年就销售了 1 万辆。雅阁推出的当年，市场炒车成风，最高时加价达 6 万元以上，成为当年最畅销的中高档车。继 2000 年成为全国第一家年产销中高档轿车超过 3 万辆的企业后，2001 年广州本田产销超过 5 万辆，比计划提前了 4 年。

2002 年，广州本田产销量为 59 000 辆，销售收入 137. 32 亿元人民币，利税 50 亿元。2002 年 3 月 1 日，第 10 万辆广州本田雅阁下线，标志着广州本田完全跻身国内中高档汽车名牌企业行列。

雅阁刚上市时国产化率是 40%，经过几年经营国产化率上升到 60%，2003 北美版新雅阁上市时提升到了 70%，降低了进口件成本。建厂时广州本田的生产规模是 3 万量，2001 年达到 5 万辆生产规模，到了 2002 年，提升为 11 万辆，规模带来了平均成本的降低，同年完成 12 万辆产能改造。

2003 年，北美版新雅阁(第七代雅阁)的上市终结了中国中高档轿车市场相安无事高价惜售的默契，它的定价几乎当年所有国产新车的定价建立了新标准，使我国车市的价格也呈现出整体下挫的趋势。随之而来的是持续至今的价格不断向下碾压与市场持续井喷。

广州本田借推出换代车型之机，全面升级车辆配置，同时大幅压低价格。2003 年 1 月，广州本田新雅阁下线，在下线仪式上广州本田公布新雅阁的定价，并且宣布 2003 年广州本田将不降价。其全新公布的价格体系让整个汽车界为之震动：排量为 2.4 升的新雅阁轿车售价仅为 25.98 万元(含运费)，而在此前，供不应求的排量为 2.3 升老款雅阁轿车的售价也要 29.8 万元，还不包含运费。这意味着广州本田实际上把雅阁的价格压低了 4 万多元，而且新雅阁的发动机、变速箱和车身等都经过全新设计，整车操作性、舒适性、安全性等方面都有所提高。其总经理门胁轰二的解释是："一方面，广州本田致力于提高国产化率来降低成本，有可能考虑将这部分利润返还给消费者；另一方面，这也是中国汽车业与国际接轨的必然要求。"业内人士认为，这正是广州本田在新的竞争形势下调整盈利模式的结果。

雅阁 2.3 原来售价 29. 8 万元仍供不应求，新雅阁价格下调 4 万元，而排量、功率、扭力、科技含量均有增加，性价比提升应在 5 万元左右。广州本田新雅阁的售价与旧款相比相差比较大，旧雅阁 2.3VTi-E(豪华型)售价 30.30 万元，相差近 4 万元，算上新雅阁的内饰、发动机和底盘等新技术升级的价值，差价估计在 6 万元。旧雅阁 2.0 的售价为 26.25 万元，比新雅阁也高两三千元。广州本田此次新雅阁的低价格是在旧雅阁依然十分畅销的前提下做出的。尽管事先业内已经预期广州本田新雅阁定价将大幅降低，但新雅阁的定价还是引起了"地震"。

新雅阁一步到位的定价影响了整个中高档轿车市场的价位，广州本田的这种定价策略一直贯穿到之后下线的飞度车型营销之中，广州本田车型的价格体系也因此成为整个国内汽车行业价格体系的标杆，促使国产中高档轿车价格向"价值"回归。广州本田生产的几款车型几年来在市场上也一直是供不应求，2003 年广州本田更以 11.7 万辆的销售量使增长超过 100%，成为增幅最大的轿车生产商。销售最火爆时，一辆雅阁的加价曾高达 4 万元。这一年，我国轿车的产量也首次突破 200 万辆，达到 201.89 万辆，同比增长 83.25%。

问题思考：

1. 请分析雅阁价格调整的市场背景。

2. 根据本案例，分析雅阁价格调整的原因。

3. 从本案例中，可以看出竞争对手针对雅阁的价格调整做出了哪些反应？

 技能训练

1．对市场营销中的定价策略，有许多不同意见：原价20.00元，现价19.80元，销量就会大量增加，这是自作聪明；原价70元，提高至100元，限量打7折销售，买的人就多，这是欺诈；超市4元一瓶的啤酒，酒吧要20元一瓶，这简直是暴利；原价300元的皮衣，无人问津，而标价3 000元，却抢购一空，这是消费者太蠢。

1999年2月19日，突然降温造成峨眉山游客被困，个别商家一包方便面售价30元，租一件军大衣150元。2003年"非典"期间，一瓶原价4元的普通消毒液，20元才能买到。商家认为，这是物以稀为贵，遵循的是价值规律。

客观解释造成上述现象的原因，讨论在营销活动中，该如何处理好定价策略与营销道德、诚信和价值规律的关系。

2．一件标价350元的大衣，议价能力强的消费者可能50元就能买到，不会讲价的消费者至少300元才能买到；一件商品标价300元，一位顾客认为，降价至290元就能接受，否则绝对不买，可商场规定不准议价，到手的生意只能告吹。

比较分析商业营销活动中"能讲价"与"一口价"的定价策略各自的优缺点？你认为哪一个更好？班内同学按观点不同分成两组，以辩论明理。

3．某企业投入固定成本200 000元，单位产品变动成本为15元，预计销售量50 000件。问：

(1) 如果企业以保本为定价目标，其保本价格为多少？

(2) 若企业定价目标是为实现目标利润100 000元，则销售价格应定为多少？

(3) 当企业售完50 000件产品后，销路就一直不畅，受此影响，企业也一直不景气。现有人发来订单，最高报价16元，要货10 000件。考虑企业是否该接受此订单，说出理由？

4．下列产品各适合采用哪些价格策略或定价方法：

草坪洒水系统、戒烟药、畅销影碟、新型儿童玩具、知名饮用水、新图书、家用电脑、必须经中间商转售的商品、日用卫生纸、厨房调料、名人字画、蔬菜。

5．永明灯具厂生产的吊灯每只成本为2500元，其中劳力与原材料等直接成本为1700元，由固定成本分摊的间接成本为800元，售价为2800元。现有某客户提出要求，按每只2200元的价格订购5只。对于这项生意该厂应持的态度是什么？

① 订购价格低于生产成本，不能接受；② 订购价格远低于通常售价，不接受；③ 订购价高于直接成本，尽管生产任务已很紧，也应接受订货；④ 生产任务不足时，可考虑接受订货；否则，应拒绝接受此订货。

第九章

渠 道 策 略

❈❈❈❈❈❈❈❈❈❈❈❈❈❈❈❈❈❈❈❈❈❈❈❈❈❈❈❈❈❈❈❈❈❈❈❈❈

◆ 学习目标

1. 了解分销渠道的类型及发展趋势
2. 理解分销渠道的概念，了解分销渠道选择、管理及物流管理决策的主要内容
3. 熟悉中间商的主要类型及特点
4. 掌握市场营销渠道的管理和设计方法

◆ 引导案例

劲霸男装(上海)有限公司创立于 1980 年，总部位于上海长风生态商务区，现人员人数超过 500 人。劲霸男装专注夹克，它用独特设计终结了夹克的单调，从而成为中国高级时尚夹克领先者。当民族服装品牌线下销售进入"寒冬"之际，劲霸将发展中心开始向移动电商转移，但如何将微信公共账号的粉丝流量转化为稳定的销量却困扰着传统企业。

劲霸男装 2016 年 8 月份开始合作微分销产品，在 9 月 17 日，导入有奖竞猜活动，当日订单达到 1000 件，单日单品创收 20 万；在微分销便捷的"开设分店"、"提供佣金"的模式下，将线下"直营+分销"的模式复制到线上，为其提供了简单易行的 O2O 方案。

上海馨禾食品有限公司创立于 2008 年，最开始以有机食品为主打商品，其中拥有总代理资质的产品达一百多种。通过引入微分销。使供货商与分销商建立密切联系。目前，公司在全国已有 700 多家合作经销商，被评为海关进口 A 类企业。

通过引入微分销"二级佣金"模式，微信公共账号和产品得到了海量曝光，最高单日"新关注用户"达到 1800 以上，商品销量节节攀升，品牌知名度也越来越高，使移动电商与传统进口贸易业务完美融合。

在现代商品经济条件下，生产和消费在时间、空间、数量、品种结构上是分离的，要解决这些问题以及商品所有权的转移和生产者、消费者之间的信息沟通，大都离不开中间商或其他中介机构。分销渠道决策就是企业如何对这些中介机构进行选择和管理。

第一节　分销渠道概述

一、分销渠道的定义

菲利普·科特勒认为：一条分销渠道是指某种货物或劳务从生产者向消费者移动时取

得这种货物或劳务的所有权或帮助转移其所有权的所有企业和个人。因此，一条分销渠道主要包括商人中间商(因为他们取得所有权)和代理中间商(因为他们帮助转移所有权)。此外，它还包括作为分销渠道的起点和终点的生产者和消费者，但是，它不包括供应商、辅助商等。

科特勒认为，市场营销渠道和分销渠道是两个不同的概念。他说："一条市场营销渠道是指那些配合起来生产、分销和消费某一生产者的某些货物或劳务的一整套所有企业和个人。"这就是说，一条市场营销渠道包括某种产品的供产销过程中所有的企业和个人，如资源供应商、生产者、商人中间商、代理中间商、辅助商(又称作便利交换和实体分销者，如运输企业、公共货栈、广告代理商、市场研究机构等等)以及最后消费者或用户等。

美国市场营销协会是美国市场调查者、市场学教育工作者以及在工商企业和政府部门从事市场营销工作的人员等所组成的组织，其总部设在美国芝加哥。美国市场营销协会早在 1931 年就有定义委员会，但到 1960 年该委员会才给分销渠道下了个定义，即：分销渠道是指"企业内部和外部代理商和经销商(批发和零售)的组织结构，通过这些组织，商品(产品或劳务)才得以上市行销。"这个定义只着重反映分销渠道的组织结构，而没有反映商品从生产者流向最后消费者或用户的流通过程。

分销渠道的概念可以从三个要点理解：

(1) 分销渠道的起点是生产者，终点是消费者或者用户。销售渠道作为产品据以流通的途径，就必然是一端连接生产，一端连接消费，通过销售渠道把生产者提供的产品或劳务，源源不断地转移给消费者。在这个流通过程中，主要包含着另种转移：商品所有权转移和商品实体转移。这两种转移，既相互联系又相互区别。商品的实体转移是以商品所有权转移为前提的，它也是实现商品所有权转移的保证。

(2) 分销渠道是一组路线，是由生产商根据产品的特性进行组织和设计的，在大多数情况下，生产商所设计的渠道策略充分考虑其参与者——中间商。

(3) 产品在由生产者向消费者转移的过程中，通常要发生两种形式的运动：一是作为买卖结果的价值形式运动，即商流。它是产品的所有权从一个所有者转移到另一个所有者，直至到消费者手中。二是伴随着商流所有发生的产品实体的空间移动，即物流。商流和物流通常都会围绕着产品价值的最终实现，形成从生产到消费者的一定路线或通道，这些通道从营销的角度来看，就是分销渠道。

二、分销渠道的作用

1. 分销渠道的作用及意义

商品经济的高速发展使工商企业的经济协作和专业化分工水平不断提高，面对众多消费者群体，生产厂商既要生产或提供满足市场需要的产品和服务，又要以适当的成本快速地将产品和服务送到目标消费者，实现销售，这对于商品生产厂商来说，即使有可能做到，也没有必要去做，因为这样未必能达到企业收益最大化的目的。这样，通过其他中间商贸企业丰富而发达的市场体系来分销产品就成为市场经济的常态。从经济学的观点来看，分销渠道的基本职能在于把自然界提供的不同原料根据人类的需要转换有意义的货物搭配。分销渠道对产品从生产者传播给消费者所必须完成的工作加以组织，其目的在于消除产品或服务与使用者之间的距离。

因此，分销渠道是由处于渠道起点的制造商，处于渠道终点的消费者，以及处于制造商与消费者之间的商人中间商(因为他们取得了商品的所有权)和代理商(因为他们帮助所有权的转移)等营销中介构成。在瞬息万变的市场上，风险与收益总是结伴而生，高风险、大投入、收益不确定的经营模式与现代企业稳健原则相背离，于是与分销商协作分享就成为理所当然的选择。

分销渠道对产品的作用越来越大，尤其对于在全国范围内的分销，大多数渠道不仅仅起到销售的作用，还兼具售后服务、品牌推广等职责。先有成熟厂商，才有成熟运作的渠道，再有成熟健康的市场环境。一旦规范好了渠道，就可以通过渠道去建设这个市场，从而最终赢得市场；凭借良好的市场环境，厂商会进一步做好渠道的建设，这样就形成了市场的良性循环。

第一，中间商的介入看上去使交换变得复杂了，但实际上却减少了交易次数，提高了效率，使整个社会商品交换的总劳动得到了节约。3 家制造企业，每家都向 3 个用户出售自己的产品，总计要发生 $3 \times 3 = 9$ 笔交易。而如果有一中间商介入，则只需要发生 $3+3=6$ 笔交易(如图 9.1 所示)。以此类推，卖者和买者数量越多，中间商介入所减少的交易次数及节约的社会总劳动就越多。这是中间商最重要的贡献。

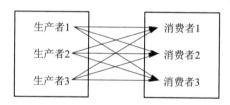

(a) 无销售商时的交易次数 M×C=3×3=9

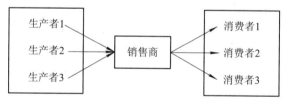

(b) 有销售商时的交易次数 M+C=3+3=6

图 9.1

第二，从功能上看，一方面中间商分担了制造企业的市场营销职能，另一方面，对消费者或用户而言中间商又为他们充当购买代理，将大批量购进的商品分解成适合消费者购买的多品种、小批量，送达便于消费者购买的地点，为消费者提供了购买信息、产品质量担保和各种服务，并在生产者和消费者之间沟通信息，调解矛盾。

第三，作为社会分工的产物，中间商由从事某种市场营销职能的专业人员组成，他们更了解市场，更熟悉消费者，对各种营销技巧掌握得更熟练，更富有营销实践经验，并握有更多的营销信息和交易关系。因此，由他们承担营销职能，工作将更有成效，营销费用相对较低。

第四，中间商能为企业节省资金投入。作为一个独立的行业，中间商有自己独立的投资。如果生产企业自己承担营销职能，它必须为此投入资金、人力和设备；如果它将营销职能转给中间商，不仅可以得到专业人员的工作效率，还能相应地节省资金投入，而将这笔资金用在新产品开发或扩大市场规模上。

第五，中间商能帮助生产企业开发市场。一般来说，中间商更了解市场需要，有更广泛的市场业务联系面，尤其是企业打算进入某个陌生的地区市场或向市场推出新产品时，中间商的帮助更为重要，这就是中间商的所谓眼长、手长、腿长。现代商品社会，生产规模日益集中，这决定了企业市场的辐射面扩大，即潜在顾客分布在更广大的地理区域。对这样广阔范围内的营销活动，一般规模的生产企业很难顾及到，因此需要大批量当地的中间商帮助宣传商品、开拓市场、组织销售。

当然，也不是说所有企业都要使用中间商建立分销系统。面对产业市场的制造商，尤其是专业性强、用户面窄或用户采购批量很大时，通常可以建立直接销售渠道。在消费市场上，一些财力雄厚、品牌知名度极高的大公司也可能自己组建高度垂直一体化的销售公司或专卖店。但是对于大多数规模不太大、市场又分散的企业来说，利用中间商组建分销渠道是必不可少的，经济上也更为合理。

2．分销渠道的功能

分销渠道的基本功能是实现产品从生产商向消费者的转移。但同时也有其他方面的功能。分销渠道的功能主要有：

(1) 调查研究：是指分销渠道的部分成员收集、整理有关当前消费者与潜在消费者、直接竞争者、替代品竞争者、其他参与者及营销环境其他方面的信息，并及时向分销渠道内的其他成员传递相关信息，实现渠道内的信息共享。

(2) 促销：渠道成员可以在厂家的支持下，通过各种促销手段，以对消费者有吸引力的形式，把产品或服务的有关信息传递给消费者，激发消费者的消费欲望，促成交易成功。比如新产品展示会、季节性促销活动等各种方式。

(3) 谈判：该功能是指分销渠道的成员之间，为了转移货物的所有权，而就其价格及其他有关条件，通过谈判达成最后协议。

(4) 编配：该功能是指分销渠道的成员按照买方要求分类整理商品，如按产品相关性分类组合，改变包装大小、分级摆设等。

(5) 订货：该功能是指分销渠道成员向生产商进行有购买意向的反向沟通行为。

(6) 物流：产品从下线起，就进入了分销过程，此时，分销渠道要承担产品实体的运输和储存功能。

(7) 风险承担：分销渠道各成员在分享利益的同时，还要共同承担由商品销售、市场波动等各种不可控因素所带来的各种风险。

总之，渠道在当今的市场竞争中发挥越来越多的功能，这些功能具体由哪个渠道成员来执行，需要根据实际情况来定。当生产商执行这些功能时，生产商的成本增加，其产品价格也必然上升；当中间商执行这些功能时，生产商的费用和价格下降了，但中间商必须增加开支，来承担这部分费用。

3．分销渠道的特点

每一条分销渠道的起点是生产者，终点是通过生产消费和个人生活消费能实质上改变商品的形状、使用价值和价值的最后消费者或用户。

西方国家的分销渠道是由参与商品流通过程的各种类型的机构(如制造商、农场主等生产者,各种类型的批发商、零售商等)组成的,通过这种机构网,商品才能上市行销,从生产者流向消费者和用户,实现商品的价值和使用价值。正因为这样,所以有些市场学者说:"从生产者的立场说,这种用来达到市场的机构网,就是分销渠道。"在商品从生产者流向最后消费者或用户的流通过程中,最少要转移商品所有权一次,例如制造商将其产品直接销售给最后消费者或用户,而不经过任何中间商(制造商→最后消费者)。但通常,生产者要通过一系列中间商将其产品转卖商品所有权几次。例如制造商→批发商→零售商→最后消费者,这是直接转移商品所有权;制造商→代理商→批发商→零售商→最后消费者,制造商通过代理商转卖,这是间接转移商品所有权,因为代理商对商品没有所有权,只是代客买卖,把商品所有权从制造商手中转移到其他中间商手中。

第二节　分销渠道的构成与中间商类型

如前所述,分销渠道由生产企业、最终用户和参与将商品从生产者转移到最终用户的各类中间商组成。不过,消费者市场和产业用户市场分销渠道的构成又有不同。

由于我国个人消费者与生产性团体用户消费的主要商品不同,消费目的与购买特点等具有差异性,客观上使我国企业的销售渠道构成两种基本模式:企业对生产性团体用户的销售渠道模式和企业对个人消费者销售渠道模式:

企业对生产性团体用户的销售渠道模式如图9.2所示。

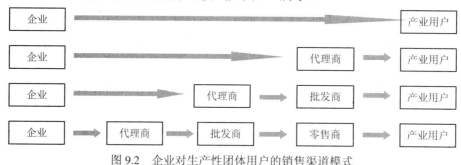

图9.2　企业对生产性团体用户的销售渠道模式

企业对个人消费者销售渠道模式如图9.3所示。

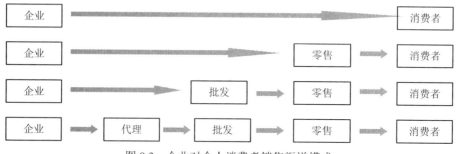

图9.3　企业对个人消费者销售渠道模式

根据有无中间商参与交换活动,可以将上述两种模式中的所有通道,归纳为两种最基本的销售渠道类型:直接分销渠道和间接分销渠道。间接渠道又分为短渠道与长渠道。

一、分销渠道的结构

(一) 直接分销渠道

直接分销渠道是产品从生产者流向最后消费者或用户的过程中不经过任何中间商的分销渠道，即由生产者将其产品直接销售给最后消费者或用户(生产者→最终消费者或用户)。直接分销渠道是两个环节(层次)的分销渠道，是最短的分销渠道。

直接渠道是工业品分销的主要类型。例如大型设备、专用工具及技术复杂等需要提供专门服务的产品，都采用直接分销，消费品中有部分也采用直接分销类型，诸如鲜活商品等。近几年来，企业自销的比重明显增加。如 2015 年我国由钢厂自销出口的钢材达 11240 万吨；1990 年汽车以指令性计划供销的仅占 20.20%。

1．直接分销渠道的具体方式

企业直接分销的方式比较多，但概括起来有如下几种：

(1) 订购分销。它是指生产企业与用户先签订购销合同或协议，在规定时间内按合同条款供应商品，交付款项。一般来说，主动接洽方多数是销售生产方(如生产厂家派员推销)，也有一些走俏产品或紧俏原材料、备件等由用户上门求货。

(2) 自开门市部销售。它是指生产企业通常将门市部设立在生产区外、用户较集中的地方或商业区直接销售。也有一些邻近于用户或商业区的生产企业将门市部设立于厂前。

(3) 联营分销。如工商企业之间、生产企业之间联合起来进行销售。

2．直接分销渠道的优缺点

(1) 直接分销渠道的优点：

① 有利于产、需双方沟通信息，可以按需生产，更好地满足目标顾客的需要。由于是面对面的销售，用户可更好地掌握商品的性能、特点和使用方法；生产者能直接了解用户的需求、购买等特点及其变化趋势，进而了解竞争对手的优势和劣势及其营销环境的变化，为按需生产创造了条件。

② 可以降低产品在流通过程中的损耗。由于去掉了商品流转的中间环节，减少了销售损失，有时也能加快商品的流转。

③ 可以使购销双方在营销上相对稳定。一般来说，直销渠道进行商品交换，都签订合同，数量、时间、价格、质量、服务等都按合同规定履行，购销双方的关系以法律的形式在一定时期内固定下来，使双方把精力用于其他方面的战略性谋划。

④ 可以在销售过程中直接进行促销。企业直接分销，实际上又往往是直接促销的活动。例如，企业派员直销，不仅促进了用户订货，同时也扩大了企业和产品在市场中的影响，又促进了新用户的订货。

(2) 直接分销渠道的缺点：

① 在产品和目标顾客方面：对于绝大多数生活资料商品，其购买呈小型化、多样化和重复性。生产者若凭自己的力量去广设销售网点，往往力不从心，甚至事与愿违，很难使产品在短期内广泛分销，很难迅速占领或巩固市场，企业目标顾客的需要得不到及时满足，势必转移方向购买其他厂家的产品，这就意味着企业失去目标顾客和市场占有率。

② 在商业协作伙伴方面：商业企业在销售方面比生产企业的经验丰富，这些中间商最了解顾客的需求和购买习性，在商业流转中起着不可缺少的桥梁作用。而生产企业自销产品，就拆除了这一桥梁，势必自己去进行市场调查，包揽了中间商所承担的人、财、物等费用。这样会加重生产者的工作负荷，分散生产者的精力。更重要的是，生产者将失去中间商在销售方面的协作，产品价值的实现增加了新的困难，目标顾客的需求难以得到及时满足。

③ 在生产者与生产者之间：当生产者仅以直接分销渠道销售商品，致使目标顾客的需求得不到及时满足时，同行生产者就可能趁势而进入目标市场，夺走目标顾客和商品协作伙伴。在生产性团体市场中，企业的目标顾客常常是购买本企业产品的生产性用户，他们又往往是本企业专业化协作的伙伴。所以，失去目标顾客，又意味着失去了协作伙伴。当生产者之间在科学技术和管理经验的交流受到阻碍以后，将使本企业在专业化协作的旅途中更加步履艰难，这又影响着本企业的产品实现市场份额和商业协作，从而造成一种不良循环。

(二) 间接分销渠道

间接分销渠道是产品从生产者流向最后消费者或用户的过程中经过若干中间商转手的分销渠道，即生产者通过若干中间商将其产品转卖给最后消费者或用户(生产者→若干中间商→最后消费者或用户)。间接分销渠道是两个层次以上的分销渠道。将间接分销渠道和直接分销渠道相比，间接分销渠道是较长的分销渠道。在西方国家，大多数消费品从生产者流向最后消费者的流通过程中都要经过若干中间商转手，这就是说，间接分销渠道是消费品分销渠道的主要类型。此外，有些产业用品(如单价较低的次要设备、零件、原材料等)，也要通过若干中间商转卖给产业用户。

现阶段，我国消费品需求总量和市场潜力很大，且多数商品的市场正逐渐由卖方市场向买方市场转化。与此同时，对于生活资料商品的销售，市场调节的比重已显著增加，工商企业之间的协作已日趋广泛、密切。因此，如何利用间接渠道使自己的产品广泛分销，已成为现代企业进行市场营销时所研究的重要课题之一。

1．间接分销渠道的具体方式

随着市场的开放和流通领域的搞活，我国以间接分销的商品比重增大。企业在市场中通过中间商销售的方式很多，如厂店挂钩、特约经销、零售商或批发商直接从工厂进货、中间商为工厂举办各种展销会等。根据渠道的多寡将间接分销渠道分为以下几种：

(1) 一层渠道。一层渠道含有一个营销中介机构。在消费者市场，这个中介机构通常是零售商；在产业市场，则可能是销售代表商或佣金商。

(2) 二层渠道。二层渠道含有两个营销中介机构。在消费者市场，通常是批发商和零售商；在产业市场，则通常是销售代理商和批发商。

(3) 三层渠道。三层渠道含有三个营销中介机构。肉食类食品及包装类产品的制造商通常采用这种渠道分销其产品。在这类行业中，通常有专业批发商处于批发商和零售商之间，该专业批发商从批发商那里进货，再卖给无法从批发商那里进货的零售商。

2．间接分销渠道的优缺点

(1) 间接分销渠道的优点：

① 有助于产品广泛分销。中间商在商品流转的始点同生产者相连，在其终点与消费者相连，从而有利于调节生产与消费在品种、数量、时间与空间等方面的矛盾。既有利于满足生产厂家目标顾客的需求，也有利于生产企业产品价值的实现，更能使产品广泛的分销，巩固已有的目标市场，扩大新的市场。

② 缓解生产者人、财、物等力量的不足。中间商购走了生产者的产品并交付了款项，就使生产者提前实现了产品的价值，开始新的资金循环和生产过程。此外，中间商还承担销售过程中的仓储、运输等费用，也承担着其他方面的人力和物力，这就弥补了生产者营销中的力量不足。

③ 间接促销。消费者往往是货比数家后才购买产品，而一位中间商通常经销众多厂家的同类产品，中间商对同类产品的不同介绍和宣传，对产品的销售影响甚大。此外，实力较强的中间商还能支付一定的宣传广告费，具有一定的售后服务能力。所以，生产者若能取得与中间商的良好协作，就可以促进产品的销售，并从中间商那里及时获取市场信息。

④ 有利于企业之间的专业化协作。现代机器大工业生产的日益社会化和科学技术的突飞猛进，使专业化分工日益精细，企业只有广泛地进行专业化协作，才能更好地迎接新技术、新材料的挑战，才能经受住市场的严峻考验，才能大批量、高效率地进行生产。中间商是专业化协作发展的产物。生产者产销合一，既难以有效地组织商品的流通，又使生产精力分散。有了中间商的协作，生产者可以从烦琐的销售业务中解脱出来，集中力量进行生产，专心致志地从事技术研究和技术革新，促进生产企业之间的专业化协作，以提高生产经营的效率。

(2) 间接分销渠道的缺点：

① 可能形成"需求滞后差"。中间商购走了产品，并不意味着产品就从中间商手中销售出去了，有可能销售受阻。对于某一生产者而言，一旦其多数中间商的销售受阻，就形成了"需求滞后差"，即需求在时间或空间上滞后于供给。但生产规模既定，人员、机器、资金等照常运转，生产难以剧减。当需求继续减少，就会导致产品的供给更加大于需求。若多数商品出现类似情况，便造成所谓的市场疲软现象。

② 可能加重消费者的负担，导致抵触情绪。流通环节增大储存或运输中的商品损耗，如果都转嫁到价格中，就会增加消费者的负担。此外，中间商服务工作欠佳，可能导致顾客对商品的抵触情绪，甚至引起购买的转移。

③ 不便于直接沟通信息。如果与中间商协作不好，生产企业就难以从中间商的销售中了解和掌握消费者对产品的意见、竞争者产品的情况、企业与竞争对手的优势和劣势、目标市场状况的变化趋势等。在当今风云变幻、信息爆炸的市场中，企业信息不灵，生产经营必然会迷失方向，也难以保持较高的营销效益。

(三) 长渠道和短渠道

分销渠道的长短一般是按通过流通环节的多少来划分，具体包括以下四层：

(1) 零级渠道。即由制造商直接到消费者。

(2) 一级渠道。即由制造商→零售商→消费者。

(3) 二级渠道。即由制造商→批发商→零售商→消费者。或者是制造商→代理商→零售商→消费者。

(4) 三级渠道。制造商→代理商→批发商→零售商→消费者。

可见，零级渠道最短，三级渠道最长。

对消费品市场用长渠道，对生产资料市场则采用短渠道等。

（四）宽渠道与窄渠道

渠道宽窄取决于渠道的每个环节中使用同类型中间商数目的多少。企业使用的同类中间商多，产品在市场上的分销面广，称为宽渠道。如一般的日用消费品(毛巾、牙刷、开水瓶等)，由多家批发商经销，又转卖给更多的零售商，能大量接触消费者，大批量地销售产品。企业使用的同类中间商少，分销渠道窄，称为窄渠道，它一般适用于专业性强的产品，或贵重耐用的消费品，由一家中间商统包，几家经销。它使生产企业容易控制分销，但市场分销面受到限制。

（五）单渠道和多渠道

企业全部产品都由自己直接所设的门市部销售或全部交给批发商经销，称之为单渠道。多渠道则可能是在本地区采用直接渠道，在外地则采用间接渠道；在有些地区独家经销，在另一些地区多家分销。

二、批发商

批发商是指向生产企业购进产品，然后转售给零售商、产业用户或各种非营利组织，不直接服务于个人消费者的商业机构，位于商品流通的中间环节。

批发商的概念是以前对商人的一种叫法，已经逐渐趋向于被淘汰。顾名思义，批发就是一批批进货，然后往外一批批地发。可见这样的生意没有什么计划，只是一个货物买卖的概念，而少了管理和控制。所以"批发商"一般是企业用来说没有服务终端意识的坐商。

批发商显现的特点也即批发商区别于零售商的最主要标志是一端联结生产商，另一端联结零售商。按职能特点分，批发商有四种形式。

1. 商业批发商

具有独立投资，专门从事批发经营活动的企业或个人称商业批发商。包括全部服务批发商：他们对经销的商品拥有所有权，并提供广泛的职能服务。这种批发商执行批发商的全部职能：预测顾客的需求，销售和促销，采购和置办各种商品，整买零卖、储藏、运输、市场信息和管理服务及咨询、资金融通、风险承担；有限服务批发商：为了减少经营费用，降低批发价格，只执行批发商部分职能或提供部分服务，包括现金交易运货、自理批发商、卡车批发商、直送批发商、货架寄售批发商、生产合作社和邮购批发商等方式。

2. 经纪人和代理商

经纪人和代理商包括商品经纪人、制造商代理商、销售代理商、进出口代理商、采购代理商和佣金商。经纪人和代理商与批发商相比有以下显著区别：一是对所经营的商品贸易有所有权,与商品买方或卖方是代理关系,因此一般不需要大量投资;二是商业批发商通过商品买进卖出,赚取购销差价,扣除商业费用后的所得为利润,经纪人和代理商在买方与卖方之间牵线搭桥,自己并不实际买进卖出商品,故所得称为佣金;三是经纪人和代理商的经营范围一般较小,专业性较强,更不会承担商业批发商那么多的职能。

经纪人和代理商在一项交易中只能代表买方或卖方,不能同时代表买卖双方。一些经纪人则哪方也不代表,只在买卖双方之间起牵线搭桥作用。经纪人和代理商根据委托人的不同,可分为商品经纪人、制造商代理商、销售代理商、进出口代理商、采购代理商和佣金商。

3.生产企业的销售机构

该销售机构即制造商和零售商的分部、营业所、采购办事处。生产企业组建有相对独立经营权的销售机构,近年无论在国际还是国内市场均有很大发展。这与制造企业规模扩张、产品品种规格众多以及力图更有效地控制产品销售过程有关。当企业不打算采用独立的批发企业分担营销职能时,就自建销售分支机构。

生产企业销售机构的规模有大有小,独立程度也不一样。有的可称为接近独立的销售公司,有自己的存货和庞大的销售网,几乎承担了企业全部的营销职能。如巨型的汽车制造厂商在世界各地设置数百上千的汽车销售商店和维修服务站,几乎控制了产品销售的全过程;中国目前多数大型家电企业都组建了自己遍布全国的销售分公司,在许多城市都是直接向零售商推销产品。一些空调企业、名牌服务企业还直接开设了零售专卖店,如杉杉、鄂尔多斯等。

4.大宗商品的专业批发商

这类批发商的业务特点是将分散的货源收集组织起来,然后大宗地批发出去。最典型的是各类农产品收集商、石油商。他们的另一特点是业务范围窄而专一,配置有各种专用的仓库、运输设施,而活动范围或市场覆盖面却十分广大。如数十个大型专业批发商几乎垄断了世界谷物市场。石油、军火、钢材、木材等交易也有这一特点。

上述四类批发企业中,商业批发商约占了整个批发销售额的50%～60%;其次是生产企业的销售机构,约占20%～30%;最后是经纪人和代理商,约占10%。

未来批发商的发展,一方面将继续由少数专业大公司控制,其经营业务在地理区域上扩展;另一方面,也面临大型零售企业、连锁店自营批发的挑战。从现代技术在流通领域应用的角度看,计算机和现代通信网络的广泛应用,使生产企业与产业用户和零售商之间的直接联系更为容易;物流与商流的分离,则使提供完全职能的传统商业批发商面临着投资少、费用低的有限职能批发商甚至代理商、经纪人的挑战。

三、零售商

零售商,是将商品直接销售给最终消费者的中间商,是相对于生产者和批发商而言的。零售商的基本任务是直接为最终消费者服务,它的职能包括购、销、调、存、加工、拆零、分包、传递信息、提供销售服务等。它又是联系生产企业、批发商与消费者的桥梁,在分销途径中具有重要作用。

零售商是分销渠道的最终环节。面对个人消费者市场,是分销渠道系统的终端,直接联结消费者，完成产品最终实现价值的任务。零售商业对整个国民经济发展的发展起着重大的作用。零售商业种类繁多、经营方式变化快，构成了多样的、动态的零售分销系统。

从经营形式看，零售首先可分为有门店和无门店两类。有门店零售即我们大家都熟悉的零售商店；无门店零售从邮购开始，消费者通过报刊、电话、电视邮寄的商品目录、互联网等获得信息，再通过电话、邮件、传真或网络直接向厂商订购商品或服务。无门店零售还包括上门推销和自动售货机等。

（一）有门店零售

1. 店面零售

店面零售是指透过商店的销售活动。根据产品组合的特性，店面零售商可分为综合零售商与专卖店。综合零售商包含便利商店、超级市场、百货公司、量贩店等，它们的共同特色是销售多种类产品。

2. 便利商店

便利商店的面积相当小，营业时间很长(有的每天 24 小时，全年无休)，通常设立在行人或交通流量很大的地方。销售的产品以饮料、零食、速食产品、个人用品等高周转率的便利品为主，产品线并不长，也就是每一类产品的项目不多。由于顾客追求购买效率与方便性，加上是少量购买，对价格较不在意，因此便利商店的价格比较贵。

3. 超级市场

超级市场主要销售饮食类产品(蔬果、肉类、罐头、零食、饮料)及个人与家庭用品，无论是产品组合的广度或长度，都超越便利商店，但营业时间比便利商店短，商品价格比便利商店低。在经营策略上讲求薄利多销与自助式服务，即现场很少有人有服务人员协助，顾客在购买过程中必须一切靠自己。超级市场的营业面积介于便利商店与百货公司之间，通常只占一个楼层；部分超级市场附属于百货公司内，多数则是独立经营。

4. 百货公司

百货公司以销售非饮食类为主，产品线相当多元，包含化妆品、服饰、珠宝、家电、玩具、体育用品、个人及家庭用品等等，而且每个产品线相当长，因此营业面积比超级市场大很多。除了部分专卖店之外，百货公司的产品通常比其他的店面零售商精致，价格也较为昂贵。在经营上是以多元选择以及良好的品质与形象取胜，通常会为顾客提供有限的服务，如现场咨询、收银台就近服务、电梯服务等。另外，百货公司被许多民众视为休闲场所，这是其他形态的零售商所没有的特色。不过，美国部分百货公司，如沃尔玛、K-mart 等则是以低价为诉求，因此又被称为折扣商店。

5. 量贩店

量贩店或大卖场是一种超大型的商场，容纳的产品组合相当广，有饮食类、个人与家庭用品、体育用品、家电、服饰、文具等，可说是百货公司和超级市场的综合体。低价位高周转是量贩店的最主要经营策略，因此设立地点通常远离市区以避免昂贵的地价或租金；同时，店面设计简单(类似仓库)，提供的服务非常有限，而且商品销售倾向大宗方式。美国的仓库零售店在形式与商品内容上，也与量贩店类似。

6. 专卖店

专卖店专门销售某一种类的产品，在产品广度上相当窄，可是产品线相当长，因此可以为消费者提供较为齐全的选择。相较于其他店面零售商，专卖店通常提供较全面的服务，如咨询、运送、组装、售后服务等。除选择齐全与服务良好之外，有些专卖店是以知名品牌、商品的独特性或商店的特殊风格来吸引消费者。

7. 购物中心

购物中心或购物商城为在特定地点将各类店面零售商集合起来。一般购物中心会附设大型停车场，内部有各类专卖店、百货公司或超级市场、餐厅、娱乐场所(如电影院、游乐场)等。购物中心通常需要有一些指标性的商店进驻、刻意规划产品聚集效应、定期举办促销与表演活动(如演唱会、新书或新唱片发表会)，来吸引人潮。

(二) 无门店零售

在少部分的零售交易中,消费者无需到店面去购买。这种不需要实际店面的零售活动,称为无店面零售。主要的无店面零售可分为以下几种。

1. 人员直销

人员直销或简称直销是最古老的零售方式,现今在乡镇地区还可以看到以小货车或机车沿街叫卖蔬菜水果与家庭用品,都是属于人员直销。现代化的人员直销讲求内部制度、人员训练、售后服务的企业化经营,而且所经营的产品包罗万象,如化妆品、日用品、健康食品、书籍等。销售方式除了逐户销售之外,还有聚会的方式。人员直销最大的好处是可以在顾客最适当的时间与地点推展产品,同时销售人员可以提供更专业的服务。不过,人员销售容易给顾客带来压迫感。甚至引起反感。

2. 直效行销

直效行销的主要销售管道是大众传播媒体、信件或型录等。由于这种销售方式期望消费者在看到产品资讯后,能够透过电话、信件、网络等直接购买,因此又称为直接反应行销。这类零售方式所销售的产品主要有书籍、CD、保养品、健康食品与用品、精品、小型家电、3C 产品等。从消费者的角度,方便且即时的订购是直效行销的优点。但消费者的资料容易外泄、隐私权被侵犯却是最容易被诟病的缺点。

3. 自动贩卖机

自动贩卖机让消费者投币来取得产品。在台湾,自动贩卖机以销售冷饮为主,其他的项目还包括热饮、方便面、零食、面纸;在欧美与日本,自动贩卖机销售的项目则比较广泛,包括报章、杂志、点心、裤袜、化妆品、CD、T 恤、保险单等。这类零售管道最大的好处是无需占用太大空间就可以提供全天候的销售,因此在学校、医院、办公大楼、体育馆、加油站、车站、街角等,到处常见自动贩卖机的踪影。然而,补货、保养维修、机器被破坏、商品被偷窃等所衍生出来的困扰与成本,却是自动贩卖机的缺点。

第三节　分销渠道策略

企业怎样为自己选择分销渠道呢？首先要决策自己是否需要中间商,如果不需要,为直接销售；如果需要，为间接销售。应掌握使用直接或间接渠道的标准。其次，要了解分销渠道的种类、设计及影响因素。

一、使用直接或间接渠道的标准

1．经济的标准

经济标准是决定渠道时最重要的，因为利润乃是主要的目标。为了评估所选供销商经济的潜力，公司可采用整个成本的方法，先设想出有关的每一项销售费用(诸如仓储、存货、运输)的供销影响力，选择最合意的渠道。一家公司即使具有居间人方面一切现有的资料，在推算一种渠道系统的利润时，也非简单的事情。再者，在评估若干渠道时，很难获得为推算所需的一切主要资料。

2．控制的标准

在销售业务人员衡量渠道而所需面对许多有关控制的困难问题中，就有着如下的问题：两个或更多阶层的利己主义，会不会过于相对，而产生危险性的冲突？两个或更多阶层的利己主义，会不会协调到组成联盟，以对抗生产商？这条渠道是否会具有某些特色，而引起法律上的问题？(争取独家经销权，就可能是一个的例子)。

3．适用可能性的标准

有时所选的一种渠道路线，似乎颇为理想，但却有潜在的危险，假使这条路线严格限制了生产商的伸缩性，就可能在市场情形变化时，引起许多的问题。与销售代理人订约七年的生产商，例如三年后出现其他更好的办法，可能给困住，动弹不得。因此，许多生产商对于必需长期承诺的分销路线，都怀着戒心，除非该行业的未来前况，颇为清楚，市场销售情形可能保持稳定。

4．法律对供销的控制

独家代理或代销协定是可能受到反垄断法的制约的。其主要的考虑为：① 制造商是否控制了重要部分的市场？② 协定是否将竞争者排出了具有实质市场？假如具有两者之一的情形，政府往往会对独家经销协定或代销，采取禁止行动。地区上的限制，是供销方面另一重要的法律问题。制造商建立其经销区一向是被认为合法而适当的。但是独家的地区协议，则可能成为限制竞争的工具。某些法院的决定会建议，唯有在制造商对其产品保留所有权、支配权与冒险、直到这产品转移到消费者的手上时，这类措施才是可以接受的。制造商具有不售给某一供销商的合法权利，唯一的限制，就是他们不得以拒绝而达到非法的目的(诸如独占性控制)。只要并非这种情形，制造商是保有合法的权利，以决定与之业务往来的公司的。有一种为制造商强制经营全部货物的规定，即一家经销商愿意经销任何一种货物时，就须承销所有的货物。只是双方之间，并无独家经销的协定，这种行为似乎尚在法律许可的范围之内。根据这些标准，消费品直接分销渠道的主要类型有：

(1) 农民在自己农场门口开设门市部，或者在路旁或城市市场上摆个货摊，将其生产的蔬菜、水果、禽蛋等农产品直接销售给最后消费者；

(2) 有些制造商，如美国胜家公司(Singer Corp)、富勒刷子公司(Fuller Brush Company)、爱芳公司(Avon Products, Inc)等，自己开设零售商店或门市部，将其产品直接销售给最后消费者，或者雇用推销员挨家挨户向家庭主妇推销产品；

(3) 有些制造商采取邮购方式，将其产品直接销售给最后消费者；

(4) 制造商通过电视、电话将其产品直接销售给最后消费者，即制造商通过电视播送广告，消费者在家里打电话去购买电视荧光屏上显示的任何商品。但是，目前在西方国家，由于广大消费者居住分散，购买商品数量零星，因而许多生产者不能将其产品直接销售给广大消费者，因此，直接分销渠道不是消费品分销渠道的主要类型。

二、多渠道分销

在很多西方国家，分销渠道的宽度是和制造商所采取的分销战略相关联的。制造商的分销战略一般有三种：

(1) 密集分销，即制造商尽可能地通过许多负责任的、适当的批发商和零售商推销其产品。消费品中的便利品(如香烟、糖果、洗涤用品)和产业用品中的供应品(如企业办公用的文具等)等，通常都采取密集分销，使广大消费者和用户都能随时随地买到这些便利品。

(2) 选择分销，即制造商在某一市场(地区)仅通过少数几个经过精心挑选的、最合适的中间商推销其产品。从这个上说，选择分销适用于所有产品。相对而言，消费品中的选购品(如妇女服装、衣料、鞋帽等)和特殊品(如电冰箱、照相机、手表等)最宜于采取选择分销。

(3) 独家分销，即制造商在某一地区仅选择一家某种中间商推销其产品，通常双方协商签订独家经销合同，规定经销商不得经营竞争者的产品，以便控制经销商的业务经营，调动其经营积极性，占领市场。在西方国家，汽车等特殊品通常采取独家经销。

从西方国家分销渠道的长度和宽度来看，分销渠道结构是很复杂的，有些分销渠道是"较长而宽"，有些分销渠道的是"较短而窄"，有些分销渠道是"较长而窄"，有些分销渠道是"较短而宽"。

三、分销渠道的设计

1．确定渠道模式

分销渠道设计首先是要决定采取什么类型的分销渠道，是派推销人员上门推销或以其他方式自销，还是通过中间商分销。如果决定中间商分销，还要进一步决定选用什么类型和规模的中间商。

2．确定中间商的数目

确定中间商的数目，即决定渠道的宽度。根据产品本身的特点，市场容量的大小和需求面的宽窄，通常有三种可供选择的形式。

(1) 密集性分销。运用尽可能多的中间商分销，使渠道尽可能加宽。消费品中的便利品(卷烟、火柴、肥皂等)和工业用品中的标准件，通用小工具等，适于采取这种分销形式，以提供购买上的最大便利。

(2) 独家分销。在一定地区内只选定一家中间商经销或代理，实行独家经营。独家分销是最极端的形式，是最窄的分销渠道，通常只对某些技术性强的耐用消费品或名牌货适用。独家分销对生产者的好处是，有利于控制中间商，提高他们的经营水平，也有利于加强产品形象，增加利润。但这种形式有一定风险，如果这一家中间商经营不善或发生意外情况，生产者就要蒙受损失。

采用独家分销形式时，通常产销双方议定，销方不得同时经营其他竞争性商品，产方也不得在同一地区另找其他中间商。这种独家经营妨碍竞争，因而在某些国家被法律所禁止。

(3) 选择性分销。这是介乎上述两种形式之间的分销形式，即有条件地精选几家中间商进行经营。这种形式对所有各类产品都适用，它比独家分销面宽，有利于扩大销路，开拓市场，展开竞争；比密集性分销又节省费用，较易于控制，不必分散太多的精力。有条件地选择中间商。还有助于加强彼此之间的了解和联系，使被选中的中间商愿意努力提高推销水平。因此，这种分销形式效果较好。

(4) 复合式分销。生产者通过多条渠道将相同的产品销售给不同的市场和相同的市场。这种分销策略有利于调动各方面的积极性。

3．规定渠道成员彼此的权利和责任

在确定了渠道的长度和宽度之后，企业还要规定出与中间商彼此之间的权利和责任，如对不同地区、不同类型的中间商和不同的购买量给予不同的价格折扣，提供质量保证和跌价保证，以促使中间商积极进货。还要规定交货和结算条件，以及规定彼此为对方提供哪些服务，如生产方提供零配件，代培技术人员，协助促销；销售方提供市场信息和各种业务统计资料。在生产者同中间商签约时应包括以上内容。

四、分销渠道的影响因素

1．市场因素

市场因素包括目标市场范围：市场范围宽广，适用长、宽渠道；反之，适用短、窄渠道。顾客的集中程度：顾客集中，适用短、窄渠道；顾客分散，适用长、宽渠道。顾客的购买量、购买频率：购买量小，购买频率高，适用长、宽渠道；相反，购买量大，购买频率低，适用短、窄渠道。消费的季节性：没有季节性的产品一般都均衡生产，多采用长渠道；反之，多采用短渠道。竞争状况：除非竞争特别激烈，通常，同类产品应与竞争者采取相同或相似的销售渠道。

2．产品因素

产品因素包括物理化学性质：体积大、较重、易腐烂、易损耗的产品适用短渠道或采用直接渠道、专用渠道；反之，适用长、宽渠道。价格：一般地，价格高的工业品、耐用消费品适用短、窄渠道；价格低的日用消费品适用长、宽渠道。时尚性：时尚性程度高的产品适宜短渠道；款式不易变化的产品，适宜长渠道。标准化程度：标准化程度高、通用性强的产品适宜长、宽渠道；非标准化产品适宜短、窄渠道。技术复杂程度：产品技术越复杂，需要的售后服务要求越高，适宜直接渠道或短渠道。

3．企业自身因素

企业自身因素包括财务能力：财力雄厚的企业有能力选择短渠道；财力薄弱的企业只能依赖中间商。渠道的管理能力：渠道管理能力和经验丰富，适宜短渠道；管理能力较低

的企业适宜长渠道。控制渠道的愿望：愿望强烈，往往选择短而窄的渠道；愿望不强烈，则选择长而宽的渠道。

4. 中间商因素

中间商因素包括合作的可能性：如果中间商不愿意合作，只能选择短、窄的渠道。费用：利用中间商分销的费用很高，只能采用短、窄的渠道。服务：中间商提供的服务优质，企业采用长、宽渠道；反之，只有选择短、窄渠道。

5. 环境因素

环境因素包括经济形势：经济萧条、衰退时，企业往往采用短渠道；经济形势好，可以考虑长渠道。有关法规：如专卖制度、进出口规定、反垄断法、税法等。

第四节　分销渠道的管理

一、分销渠道的管理

企业管理人员在进行渠道设计之后，还必须对个别中间商进行选择、激励、评估和调整。

1. 选择渠道成员

总的来说，知名度高的、实力雄厚的生产者很容易找到适合的中间商；而知名度低的、新的中小生产者较难找到适合的中间商。无论难易，生产者选择渠道成员应注意以下条件：能否接近企业的目标市场；地理位置是否有利；市场覆盖有多大；中间商对产品的销售对象和使用对象是否熟悉；中间商经营的商品大类中，是否有相互促进的产品或竞争产品；资金多少，信誉高低，营业历史的长短及经验是否丰富；拥有的业务设施，如交通运输、仓储条件、样品陈列设备等情况如何；从业人员的数量多少，素质的高低；销售能力和售后服务能力的强弱；管理能力和信息反馈能力的强弱。

2. 激励渠道成员

生产者不仅要选择中间商，而且要经常激励中间商使之尽职。促使经销商进入渠道的因素和条件已经构成部分激励因素，但生产者要注意对中间商的批评，批评应设身处地为别人着想，而不仅从自己的观点出发。同时，生产者必须尽量避免激励过分，(如给中间商的条件过于优惠)和激励不足(如给中间商的条件过于苛刻)两种情况。

3. 评估渠道成员

生产者除了选择和激励渠道成员外，还必须定期地、客观地评估他们的绩效。如果某一渠道成员的绩效过分低于既定标准，则需找出主要原因，同时还应考虑可能的补救方法。当放弃或更换中间商将导致更坏的结果时，生产者只好容忍这种令人不满的局面；当不致出现更坏的结果时，生产者应要求工作成绩欠佳的中间商在一定时期内有所改进，否则就要取消他的资格。

4. 调整销售渠道

根据实际情况和渠道成员的实绩，对渠道结构加以调整：增减渠道成员；增减销售渠道；变动分销系统。

二、分销渠道的评估

分销渠道评估的实质是从那些看起来似乎合理但又相互排斥的方案中选择最能满足企业长期目标的方案。因此，企业必须对各种可能的渠道选择方案进行评估。评估标准有三个，即经济性、控制性和适应性。

（一）经济性标准

经济标准是最重要的标准，这是企业营销的基本出发点。在分销渠道评估中，首先应该将分销渠道决策所可能引起的销售收入增加同实施这一渠道方案所需要花费的成本作一比较，以评价分销渠道决策的合理性。这种比较可以从以下角度进行。

1．静态效益比较

分销渠道静态效益的比较就是在同一时间点对各种不同方案可能产生的经济效益进行比较，从中选择经济效益较好的方案。

某企业决定在某一地区销售产品，现有两种方案可供选择：

方案一是向该地区直接派出销售机构和销售人员进行直销。这一方案的优势是，本企业销售人员专心于推销本企业产品，在销售本企业产品方面受过专门训练，比较积极肯干，而且顾客一般喜欢与生产企业直接打交道。

方案二是利用该地区的中间商。该方案的优势是，中间商拥有几倍于生产商的推销员，中间商在当地建立了广泛的交际关系，利用中间商所花费的固定成本低。

通过估价两个方案实现某一销售额所花费的成本，利用中间商更合算。

2．动态效益比较

分销渠道动态效益的比较就是对各种不同方案在实施过程中所引起的成本和收益的变化进行比较，从中选择在不同情况下应采取的渠道方案。

3．综合因素分析比较

上节影响分销渠道设计五大因素在实际分析时，可能都会倾向于某一特定的渠道，但也有可能某一因素分析倾向直接销售，而其他因素分析可能得出应该使用中间商的结论。因此，企业必须对几种方案进行评估，以确定哪一种最适合企业。评估的方法很多，如计算机模拟法、数字模型等。

（二）控制性标准

企业对分销渠道的设计和选择不仅应考虑经济效益，还应该考虑企业能否对其分销渠道实行有效地控制。因为分销渠道是否稳定对于企业能否维持其市场份额，实现其长远目标是至关重要的。

企业对于自销系统是最容易控制的，但是由于成本较高，市场覆盖面较窄，不可能完全利用这一系统来进行分销。而利用中间商分销，就应该充分考虑所选择的中间商的可控程度。一般而言，特许经营、独家代理方式比较容易控制，但企业也必须相应作出授予商标、技术、管理模式以及在同一地区不再使用其他中间商的承诺。在这种情况下，中间商的销售能力对企业影响很大，选择时必须十分慎重。如果利用多家中间商在同一地区进行销售，企业利益风险比较小，但对中间商的控制能力就会相应削弱。

然而，对分销渠道控制能力的要求并不是绝对的，并非所有企业、所有产品都必须对其分销渠道实行完全的控制。如市场面较广、购买频率较高、消费偏好不明显的一般日用消费品就无需过分强调控制；而购买频率低、消费偏好明显、市场竞争激烈的高级耐用消费品，对分销渠道的控制就十分重要。又如在产品供过于求时往往比产品供不应求时更需强调对分销渠道的控制。总之，对分销渠道的控制应讲究适度，应将控制的必要性与控制成本加以比较，以求达到最佳的控制效果。

（三）适应性标准

在评估各渠道方案时，还有一项需要考虑的标准，那就是分销渠道是否具有地区、时间、中间商等适应性。

1．地区适应性

在某一地区建立产品的分销渠道，应充分考虑该地区的消费水平、购买习惯和市场环境，并据此建立与此相适应的分销渠道。

2．时间适应性

根据产品在市场上不同时期的适销状况，企业可采取不同的分销渠道与之相适应。如季节性商品在非当令季节就比较适合于利用中间商的吸收和辐射能力进行销售；而在当令季节就比较适合于扩大自销比重。

3．中间商适应性

企业应根据各个市场上中间商的不同状态采取不同的分销渠道。如在某一市场若有一、二个销售能力特别强的中间商，渠道可以窄一点；若不存在突出的中间商，则可采取较宽的渠道。

三、网络渠道

1．借助品牌与平台优势

从线下来看，麦当劳、星巴克等众多知名品牌凭借着其强大的品牌影响力和良好的口碑，吸引了全世界各地的用户，加盟者也趋之若鹜。同理，在网络要想获得众多的分销商和加盟商，也是要借助品牌的优势。韩都衣舍、美国优鲨都是因为在网络已具备了一定的知名度及口碑，才会受到大家争相追捧。所以我们首先要借助品牌与网上分销系统的平台优势，形成良好的口碑，才能使众多分销商信赖，才能成为他们坚实的后盾，才能让他们忠心耿耿的追随你。

2．品牌与平台的推广

品牌与平台的基础搭建好以后，最重要的事情便是推广了，推广做好了才有大量的流量和用户源。推广的前提是中小企业电商网站已经优化好了自身的 SEO，剩下的事情便是大力推广了。

单就网络推广方式来说，分为免费推广与付费推广两种方式。免费的推广方式有：微博、SNS 社区、论坛、软文、问答类平台、邮件、QQ 群等，效果也是因人而异，不同行业不同方法最后得到的结果都不一样；付费推广方式有：竞价排名、硬广、威客、兼职招聘等。当然，很多聪明的商家也在寻找合作模式，联盟等合作既可以节约推广成本又可以省时省力，电商之间相互依存、共同进步的想法值得借鉴。

3. 摆脱传统经营的束缚

很多传统企业、线下品牌都有着很好的业绩和经营头脑，关键时刻进入电商也是明智之举，发展网络分销渠道也是拓展之法。网上分销、加盟、代理，全方位开展网络布局，可在短时间扩充销售渠道，增加销售规模，同时也可摆脱传统经营的束缚，不管是资金、人力、库存还是管理，都可通过网络独到的优势进行整合与利用，节约了很多精力，减少了很多压力与困难。特别是针对很多中小传统企业，网上分销更是他们摆脱传统经营束缚的大举。

4. 网上分销的强大潜力

2016 年 6 月，中国网民人数规模已达 7.1 亿，互联网普及率达 51.7%，超过全球平均水平 3.1 个百分点，同时，移动互联网塑造的社会生活形态进一步加强。互联网及电商巨大的市场与潜力已经让我们叹为观止，所以要想在今后获得自己的一席之地，就必须大力发展电商，大力发展网上分销。充分利用线下优势，结合网络与线下资源，将各渠道商、代理商、分销商与品牌、产品、渠道、供应链等各方面系统化整合到一起，再做全网营销与全网渠道。

第五节　销　售　物　流

一、销售物流的含义

销售物流又称为企业销售物流，是企业为保证本身的经营利益，不断伴随销售活动，将产品所有权转给用户的物流活动。故销售物流就是指生产企业、流通企业出售商品时，物品在供方与需方之间的实体流动。在现代社会中，市场环境是一个完全的买方市场，因此，销售物流活动便带有极强的服务性，以满足买方的要求，最终实现销售。在这种市场前提下，销售往往以送达用户并经过售后服务才算终止，因此，销售物流的空间范围便很大，这便是销售物流的难度所在。在这种前提下，企业销售物流的特点，便是通过包装、送货、配送等一系列物流实现销售，这就需要研究送货方式、包装水平、运输路线等并采取各种诸如少批量、多批次，定时、定量配送等特殊的物流方式达到目的。

企业销售物流的内涵：企业在销售过程中，将产品的所有权转给用户的物流活动，是产品从生产地到用户的时间和空间的转移，是以实现企业销售利润为目的的，是包装、运输和储存等环节的统一。

(一) 销售物流的主要环节

销售物流是企业物流系统的最后一个环节，是企业物流与社会物流的又一个衔接点。它与企业销售系统相配合，共同完成产成品的销售任务。销售活动的作用是企业通过一系列营销手段，出售产品，满足消费者的需求，实现产品的价值和使用价值。其环节主要有以下几种。

1．产品包装

销售包装的目的是向消费者展示、吸引顾客、方便零售。

运输包装的目的是保护商品，便于运输、装卸搬运和储存。

2．产品储存

储存是满足客户对商品可得性的前提。

通过仓储规划、库存管理与控制、仓储机械化等，提高仓储物流工作效率、降低库存水平、提高客户服务水平。

帮助客户管理库存，有利于稳定客源、便于与客户的长期合作。

3．货物运输与配送

运输是货物在空间位置上的位移。

配送是在局部范围内对多个用户实行单一品种或多品种的按时按量送货。通过配送，客户得到更高水平的服务；企业可以降低物流成本；减少城市的环境污染。要考虑制订配送方案，提高客户服务水平的方法和措施。

4．装卸搬运

装卸是物品在局部范围内以人或机械装入运输设备或卸下；搬运是对物品进行水平移动为主的物流作业。

装卸与搬运主要应考虑：提高机械化水平、减少无效作业、集装单元化、提高机动性能、利用重力和减少附加重量，各环节均衡、协调，系统效率最大化。

5．流通加工

流通加工即根据需要进行分割、计量、分拣、刷标志、拴标签、组装等作业的过程。

流通加工主要应考虑：流通加工方式、成本和效益、与配送的结合运用、废物再生利用等。

6．订单及信息处理

客户在考虑批量折扣、订货费用和存货成本的基础上，合理地频繁订货；企业若能为客户提供方便、经济的订货方式，就能引来更多的客户。

7．销售物流网络规划与设计

销售物流网络是以配送中心为核心，连接从生产厂出发，经批发中心、配送中心、中转仓库等，一直到客户的各个物流网点的网络系统。

（二）销售物流的过程

销售物流的起点一般情况下是生产企业的产成品仓库，经过分销物流，完成长距离、干线的物流活动，再经过配送完成市内和区域范围的物流活动，到达企业、商业用户或最终消费者。销售物流是一个逐渐发散的物流过程，这和供应物流形成了一定程度的镜像对称，通过这种发散的物流，使资源得以广泛地配置。

(三) 销售物流的模式

销售物流有三种主要的模式：生产者企业自己组织销售物流；第三方物流企业组织销售物流；用户自己提货的形式。

1．生产企业自己组织销售物流

这是在买方市场环境下主要销售物流模式之一，也是我国当前绝大部分企业采用的物流形式。

生产企业自己组织销售物流，实际上把销售物流作为企业生产的一个延伸或者是看成生产的继续。生产企业销售物流成了生产者企业经营的一个环节。而且，这个经营环节是和用户直接联系、直接面向用户提供服务的一个环节。在企业从"以生产为中心"转向以"市场为中心"的情况下，这个环节逐渐变成了企业的核心竞争环节，已经逐渐不再是生产过程的继续，而是企业经营的中心，生产过程变成了这个环节的支撑力量。

生产企业自己组织销售物流的好处在于，可以将自己的生产经营和用户直接联系起来，信息反馈速度快、准确程度高，信息对于生产经营的指导作用和目的性强。企业往往把销售物流环节看成是开拓市场、进行市场竞争中的一个环节，尤其在买方市场前提下，格外看重这个环节。

生产企业自己组织销售物流，可以对销售物流的成本进行大幅度的调节，充分发挥它的"成本中心"的作用，同时能够从整个生产企业的经营系统角度，合理安排和分配销售物流环节的力量。

在生产企业规模可以达到销售物流的规模效益前提下，采取生产企业自己组织销售物流的办法是可行的，但不一定是最好的选择。主要原因：一是生产企业的核心竞争力的培育和发展问题，如果生产企业的核心竞争能力在于产品的开发，销售物流可能占用过多的资源和管理力量，对核心竞争能力造成影响；二是生产企业销售物流专业化程度有限，自己组织销售物流缺乏优势；三是一个生产企业的规模终归有限，即便是分销物流的规模达到经济规模，延伸到配送物流之后，就很难再达到经济规模，因此可能反过来影响市场更广泛、更深入的开拓。

2．第三方物流企业组织销售物流

这是由专门的物流企业组织的销售物流，实际上是生产企业将销售物流外包，将销售物流社会化。

由第三方物流企业承担生产企业的销售物流，其最大优点在于，第三方物流企业是社会化的物流企业，它向很多生产企业提供物流服务，因此可以将企业的销售物流和企业的供应物流一体化，可以将很多企业的物流需求一体化，采取统一解决的方案。这样可以做到：第一是专业化；第二是规模化。这两者可以从技术方面和组织方面强化成本的降低和服务水平的提高。

在网络经济时代，这种模式是一个发展趋势。

3．用户自己提货的形式

这种形式实际上是将生产企业的销售物流转嫁给用户，变成了用户自己组织供应物流的形式。对销售方来讲，已经没有了销售物流的职能。这是在计划经济时期广泛采用的形

式，将来除非十分特殊的情况下，这种形式不再具有生命力。

(四) 销售物流合理化

物流结构既指物流网点的布局构成，也泛指物流各个环节(装卸、运输、仓储、加工、包装、发送等)的组合情况。物流网点在空间上的布局，在很大程度上影响物流的路线、方向和流程。而物流各环节的内部结构模式又直接影响着物流运动的成效。物流结构合理化是指"维持合理的物流结构"，即"实现低成本的物流结构"。它包括物流结构合理化；物流过程的优质化；物流体制的科学化。

1. 销售物流合理化类型

销售物流活动受企业销售政策制约，由于它是具体化的事物，所以，单单从物流效率的角度是不能找出评价的尺度的。目前，销售物流合理化的形式有大量化、计划化、商物分离化、标准化、共同化等类型，但一种物流并不仅仅与一种类型相对应。

1) 批量(大量)化模式

通过有效预测，可实现货物流动的批量(大量)化模式。随着信息技术的发展，预测手段及工具的更新，企业可以对货物的流量和流向进行有效预测，增加货物流动的批量，减少批次。该模式适用的行业可以是家用电器、玻璃、洗涤剂、饮料等，该模式常见问题包括需求预测不准导致销售竞争力下降，交易对象的商品保管面积增加。

第一，可通过装卸机械化，大大提高货物的装卸效率，由于批量的增大，可以大大降低单件货物的流动成本；

第二，可以克服需求、运输和生产的波动性，简化事物处理。

2) 商物分离化模式

商物分离是指流通中两个组成部分，即商业流通和实物流通各自按照自己的规律和渠道独立运动。使用该模式需解决销售活动的方式问题、配送距离增大的问题，企业之间关系需进行调整。该模式适用的行业可以是纤维、家用电器、玻璃等。

第一，固定开支减少压缩流通库存，排除交叉运输；

第二，整个流通渠道的效率化和流通系列化得到加强。

3) 共同化模式

物流共同化包括物流配送共同化、物流资源利用共同化、物流设施与设备利用共同化以及物流管理共同化。物流资源是指人、财、物、时间和信息；物流的设施及设备包括运输车辆、装卸机械、搬运设备、托盘和集装箱、仓储设备及场地等；物流管理是指商品管理、在库管理等。该模式的管理要求比较高，它要求企业能够具备对单一主导型企业和行业具有整体垂直结合、水平结合能力。采用该模式需要解决的问题包括调整企业之间的关系；选择对象企业，对本企业物流状况不能公开化的信息，加强对企业物流状况的保密措施。该模式适用的行业可以是照像胶片、家用电器、食品、药品等。该模式优点：物流管理社会化；装载效率提高；投资压缩成本。

4) 标准化模式

物流标准化是按照物流合理化的目的和要求，制订各类技术标准、工作标准，并形成全国乃至国际物流系统标准化体系的活动过程。其主要内容包括：物流系统的各类固定设施、移动设备、专用工具的技术标准；物流过程各个环节内部及之间的工作标准；物流系统各类技术标准之间、技术标准与工作标准之间的配合要求，以及物流系统与其他相关系统的配合要求。物流标准化需要解决的问题包括交易条件的调整、组合商品的设定和更新。该模式适用的行业可以是食品、文具、化妆品等。该模式优点：拣选、配货等节省人力；订货处理、库存管理、拣选、配货等比较方便。

2. 物流结构设计合理化原则

物流系统设计的基本原则是从物流的需求和供给两个方面谋求物流的大量化、时间和成本的均衡化、货物的直达化以及搬运装卸的省力化。作为实现这种目的的有效条件有运输、保管等的共同化，订货、发货等的计划化，订货标准、物流批量标准等有关方面的标准化，和附带有流通加工和情报功能的扩大化等。物流结构既指物流网点的布局构成，也泛指物流各个环节(装卸、运输、仓储、加工、包装、发送等)的组合情况。物流网点在空间上的布局，在很大程度上影响物流的路线、方向和流程。而物流各环节的内部结构模式又直接影响着物流运动的成效。

第一，物流的系统化最终目标是实现物流的合理化，而物流的系统化必须满足系统的共同化、计划化、标准化、扩大化和层次化。物流系统化为物流合理化创造了条件，即物流系统化是手段，物流合理化是目的，二者是相辅相成的。

第二，物流的大量化、稳定化、直达化服务于物流的计划化，同时，物流的大量化必须满足物流的共同化。

第三，物流系统化原则体现了一体化物流和整合物流的思想。因此，要实现物流系统化的原则，要求企业各部门必须按照企业综合能力和综合经济的思想去思考问题，合理利用企业资源，从而实现企业整体物流的优化。

3. 合理化物流结构各要素之间的关系

根据以上物流系统化原则的思想，企业在进行物流系统设计时，应充分考虑物流各要素之间的关系。

第一，网点集中设置与成本、服务的关系。

第二，商流的改善与成本、服务的关系。如，商品的批量化、直达化、成本下降，服务标准提高。

第三，压缩库存与成本、服务的关系。如，压缩库存的品种和数量、成本下降，服务标准化也下降。

第四，信息的配备与成本、服务的关系。如，信息配备完善，信息成本上升、库存成本、配送成本下降，服务质量提高。

第五，其他因素与成本、服务的关系。如，车辆大型化、规定路线、实行合装，则成本下降、服务水平也下降。

通过以上分析，可以看出物流结构合理化是一个系统的工程，它涉及物流的各个方面，需要考虑企业内部因素，同样也需要考虑外部因素。各种物流模式的选择既要遵循物流设计的原则，也要考虑公司的定位、品牌形象、销售政策以及物流各要素与物流成本和服务质量之间的关系。因此，对某一个具体企业而言，可以选择符合自己企业实际情况的合理化物流模式。但对所有企业而言，不存在统一的合理化物流模式，各企业必须根据自身的实际情况设计符合自己的物流模式，形成本企业的核心竞争优势。

复习思考题

1. 企业应当如何在渠道的长度和宽度上进行决策？
2. 什么是垂直营销系统？有哪些主要类型？
3. 设计一个高效的分销渠道主要应做哪些工作？
4. 如何看待对分销渠道的冲突？
5. 如何确定企业的经济订货批量？

◇ 案例讨论

欧莱雅与经销商的双赢策略

2000 年初菲利浦(Philippe Varlin)成为全球最大的化妆品公司欧莱雅在中国的运营部总监，并在中国开始变革欧莱雅的分销体系。2002 年 11 月，欧莱雅 DRP(Distri—bution RecIuirements PlantLing)全部完成，这是欧莱雅公司在中国完成的一项重大的供应链改革。

欧莱雅 1997 年正式进入中国，在苏州设立了工厂，随后在上海设立销售公司，后又成立了欧莱雅中国股份公司。由于当时欧莱雅总部对中国国情缺乏了解，而坚持其原先的分销体系：销售人员拼命向经销商压货以完成销售指标，结果是经销商的库存增加，欧莱雅的应收账款也随之增加，经销商和欧莱雅都面临资金占用的压力。

因为政策的限制，欧莱雅不能直接向欧莱雅专柜供货，必须通过经销商。1999 年，欧莱雅在中国市场的销售仅占欧莱雅全球的 1%，但资金占用却占欧莱雅全球的 10%。

欧莱雅在全国有 2000 多个专柜，40 多个经销商，他们与欧莱雅的信息交流处于极不通畅的状态，效率低下。菲利浦决心改变欧莱雅在中国的分销体系，重新建立供应链，理顺与经销商之间的关系。

菲利浦认识到这不是一个部门"短期内可以解决的"的问题，于是成立了"变革管理部"。这是欧莱雅公司中独有的一个部门，负责全面协调并推进欧莱雅中国内部信息化流程和改造分销体系，用变革来为欧莱雅创造供应链上的收益。这个领导团队被称为 VMI(Vendor Managed Inventory)小组。在此次变革中，要整合的不是一个企业的各个部门，而是几十家相互独立的分销企业。"要使这条供应链上所有的个体能达到信息及时共享，管理共同优化，以致最后利益的最大化，是我们实施 DRP 的最终目的。"

"革委会"不仅是整合内部的，而且还要"革经销商的命"，这是最难的一部分，整合经销商比整合公司内部要难得多。

欧莱雅的渠道模式："一级代理商"

1. 革经销商的命

转变经销商的观念。菲利浦说，"最困难的就是要让全国四十几家分销商接受同样的供应链管理思路。"其实这样的做法，在国外的零售商和厂商，如沃尔玛和欧莱雅、宝洁之间，已经建立了合作伙伴关系。只是在中国，由于法律上的限制，外资厂商只能与分销商直接建立关系。因此，"如何让中国的分销商改变'受控制'的想法，而认识到这是一种双赢的合作，是非常困难的。而且，要用一套标准的系统和方法来满足四十几家分销商各自迥异的管理需求，使之完全融合到他们不同的工作环境和工作习惯中去，也非常不易。"菲利浦说，欧莱雅改革供应链的目的是为了消除与经销商之间消极的方面，提升对管理和库存的要求，以达到双赢的结果。"我们希望通过这种连接，能够培养起我们在中国优秀的合作伙伴。"

2. 建立一套专门的渠道管理软件，帮助经销商改进管理

经过充分的调研和测试，欧莱雅请软件公司专门开发了一套能满足各方需求的进销存软件。"这套软件既满足了欧莱雅公司的管理要求，也充分考虑到各地分销商的不同需求。"

软件开发完成之后，欧莱雅在全国四十余家分销商处实施。花了一年多的时间，对经销商进行培训、安装、数据调试、网络连接等。各经销商的系统每天与欧莱雅上海总部的系统进行连接、交换数据。DRP 体系中，最让菲利浦得意的是建立起一支专门的 VMI 队伍开始担负起这套软件的维护、管理工作，他们全面负责分销体系上的库存、订货、协调及控制工作。

VMI 队伍的工作主要是：订单管理、库存管理、日常工作管理。比如订单管理，他们将根据历史销量、新品上市和市场推广计划等，来审核各地分销商的每一笔订货数量，以控制可能出现的缺货和不必要的积压。

他们还被要求协调各地的订货时间和周期，以保证生产线的均衡性。位于分销商处的订单管理子系统根据欧莱雅公司提供的安全库存公式，计算出安全库存建议值，然后再根据当前库存计算出建议订单。分销商在自动生成订单的基础上可以通过对安全库存的调整来修改订单数量。最后系统导出一份符合欧莱雅要求的订单文本文件发送到欧莱雅 VMI 部门。

以前的经销模式是分销商在月初和月末下订单，这直接导致欧莱雅公司的仓库和工厂在月初和月末时的工作量剧增而月中时的开工不足，现在则不会出现这样的情况。

同时，VMI 队伍根据库存和销售信息，在保证销售不缺货的同时，将整条供应链上的存货降至最低；分销商因库存管理的加强，大大减轻了资金压力，把更多的精力放在了销售渠道的拓宽上；而大后方的仓库和工厂，更能预知未来的订单总量，从而合理地安排生产工作计划，等等。

市场部和销售部可以随时看到在华东地区，有多少护肤品是从百货商店销售出去而多少彩妆是从超市卖掉的，并根据这些情况来制订相应的市场推广和销售计划。欧莱雅 DRP 的精髓在于"搭建平台，获取信息，建立管理"。

对于这一现代物流系统，经销商也有不同的看法。有的经销商认为这套体系目前在财务结算方面的连接还不够完善，有的经销商担心由于信息的公开性会导致商业信息泄密的问题。

随着 DRP 计划的推进，欧莱雅整个供应链悄然发生变化：销售终端的销售信息变得公开、及时和准确，业务人员摆脱了繁琐的报表工作，市场和销售的决策得到更多信息的支持，分销商不再担心库存积压的压力，而欧莱雅公司也慢慢摆脱分销商资金的约束。更为直接的数据是，2002 年同期的销量相比上年有超过 50% 的增长，分销商订货缺货率也由原来的 9% 下降到了现在的 3%，分销商库存天数从 2001 年 10 月的 83 天下降到了 2002 年 10 月的 53 天；欧莱雅上海外高桥仓库的库存天数也从 2001 年 10 月的 202 天下降到了

2002 年 10 月的 85 天。

在分销体系改变过程中非常重要的是改善了资金流的状况。

问题思考:

1. 中国传统营销渠道的利弊分析。

2. 欧莱雅是如何构建产销一体的产品信息渠道的?

3. 在新的分销环境下,生产商与经销商间应如何构建合作伙伴关系?

 技能训练

1. 奇强洗衣粉是山西南风化工集团生产的产品。根据该企业及其产品的情况(上网查询),请你用渠道设计分析表为它设计营销渠道模式。

<table>
<tr><th colspan="12">渠道设计分析表</th></tr>
<tr><td rowspan="2">决策
目标</td><td colspan="2">渠道长度</td><td colspan="3">渠道宽度</td><td colspan="2">渠道广度</td><td colspan="2">中间商服务保障</td><td colspan="2">中间商提出的条件</td></tr>
<tr><td>直接</td><td>间接</td><td>密集</td><td>独家</td><td>选择性</td><td>一条</td><td>多条</td><td>充分</td><td>有限</td><td>多</td><td>少</td></tr>
<tr><td>销量最大</td><td></td><td></td><td></td><td></td><td></td><td></td><td></td><td></td><td></td><td></td><td></td></tr>
<tr><td>成本最低</td><td></td><td></td><td></td><td></td><td></td><td></td><td></td><td></td><td></td><td></td><td></td></tr>
<tr><td>信誉最好</td><td></td><td></td><td></td><td></td><td></td><td></td><td></td><td></td><td></td><td></td><td></td></tr>
<tr><td>控制最严</td><td></td><td></td><td></td><td></td><td></td><td></td><td></td><td></td><td></td><td></td><td></td></tr>
<tr><td>备注</td><td colspan="11">表中用×表示放弃,o 表示选择。最后按照重要程度,综合决策。</td></tr>
</table>

2. 双喜食品厂于 20 世纪 80 代初成立,其主要产品是一些保健食品,销售对象是学历和收入都较高的人士。工厂的分销商主要是一些药店和百货公司。为激励分销商按时付款,工厂规定 10 天内付款可享受 2%的折扣,30 天内必须付清 100%的款项。结果,工厂 40%的销售款可以平均在 10 天左右回收,余下的 60%可以平均在 25 天左右回收,全部销售款的平均收款期为 19 天左右。后来考虑到市场竞争,工厂放松了付款条件,规定 10 天内付款可享受 3%的折扣,40 天内必须付清 100%的款项。结果,工厂 60%的销售款可以平均在 10 天左右回收,余下的部分平均可在 35 天左右回收。

请问,在新政策下,工厂全部销售款的平均收款期为多少天?

第十章

促 销 策 略

◆ 学习目标

1. 了解顾客价值传导的四种营销工具
2. 理解变化的营销传播环境以及整合营销传播的必要性
3. 熟悉开发广告项目过程中的主要决策
4. 掌握企业是如何利用公共关系来与公众进行沟通的方法

◆ 引导案例

宝马汽车公司位于德国南部的巴伐利亚州。宝马公司拥有 16 座制造工厂、10 万余名员工。公司汽车年产量 100 万辆,并且生产飞机引擎和摩托车。宝马集团(宝马汽车和宝马机车加上宝马控股的路华与越野路华公司,以及从事飞机引擎制造的宝马—劳斯莱斯公司)1994 年的总产值在全欧洲排第七,营业额排第五,成为全球十大交通运输工具生产厂商。汽车工业自形成以来,一直稳定发展,现已成为全球最重要、规模最大的工业部门之一。但是,20 世纪 80 年代中期,美国国内汽车市场趋于饱和,竞争非常激烈,汽车行业出现不景气;90 年代之后,日本、欧洲等国家的汽车制造业都发展缓慢,全球汽车行业进入了调整阶段。汽车行业需要新的经济增长点。而此时亚洲经济正以惊人的速度发展,被喻为“四小龙”的新加坡、香港、台湾、韩国的人均收入水平已接近中等发达国家水平,此外中国、泰国、印尼等国的具有汽车购买能力的中产阶级的数量正飞速增长。世界汽车巨头都虎视着亚洲,尤其是东亚这块世界汽车业最后争夺的市场。宝马公司也将目标定向了亚洲。

1. 产品策略

宝马公司试图吸引新一代寻求经济和社会地位成功的亚洲商人。宝马的产品定位是:最完美的驾驶工具。宝马要传递给顾客创新、动力、美感的品牌魅力。这个诉求的三大支持是:设计、动力和科技。公司的所有促销活动都以这个定位为主题,并在上述三者中选取至少一项作为支持。每个要素的宣传都要考虑到宝马的顾客群,要使顾客感觉到宝马是“成功的新象征”。要实现这一目标,宝马公司欲采取两种手段,一是区别旧与新,使宝马从其他品牌中脱颖而出;二是明确那些期望宝马成为自己成功和地位象征的车主有哪些需求,并去满足它。宝马汽车种类繁多,分别以不同系列来设定。在亚洲地区,宝马公司根据亚洲顾客的需求,着重推销宝马三系列、宝马五系列、宝马七系列、宝马八系列。这几个车型的共同特点是：节能。

(1) 宝马三系列。三系列原为中高级小型车，新三系列有四种车体变化：四门房车、双座跑车、敞篷车和三门小型车，共有七种引擎。车内空间宽敞舒适。

(2) 宝马五系列。备有强力引擎的中型房车五系列是宝马的新发明。五系列除了在外形上比三系列大，它们的灵敏度是相似的。拥有两种车体设计的五系列配有从 1800 马力到 4000 马力的引擎，四个、六个或八个汽缸。五系列提供多样化的车型，足以满足人们对各类大小汽车的所有需求。

(3) 宝马七系列。七系列于 1994 年 9 月进军亚洲，无论从外观或内部看都属于宝马大型车等级。七系列房车的特点包括了优良品质、舒适与创新设计，已成为宝马汽车的象征。七系列除了有基本车体以外，还有加长车型可供选择。

(4) 宝马八系列。八系列延续了宝马优质跑车的传统，造型独特、优雅。

2. 定价策略

宝马的目标在追求成功的高价政策，以高于其他大众车的价格出现。宝马公司认为宝马制订高价策略是因为：高价也就意味着宝马汽车的高品质，高价也意味着宝马品牌的地位和声望，高价表示了宝马品牌与竞争品牌相比具有的专用性和独特性，高价更显示出车主的社会成就。总之，宝马的高价策略是以公司拥有的优于其他厂商品牌的优质产品和完善的服务特性，以及宝马品牌象征的价值为基础的。宝马汽车的价格比同类汽车一般要高出 10% ~ 20%。

3. 渠道策略

宝马公司早在 1985 年在新加坡成立了亚太地区销售机构，负责新加坡、香港、台湾、韩国等分支机构的销售事务。在销售方式上，宝马公司采取直销的方式。宝马是独特、个性化且技术领先的品牌，它锁定的顾客并非是大众化汽车市场的顾客，因此，必须采用细致的、个性化的手段，用直接、有效的方式把信息传递给顾客。直销是最能符合这种需要的销售方式。宝马公司在亚洲共有 3000 多名直销人员，由他们直接创造宝马的销售奇迹。

宝马在亚洲直销的两个主要目标是：一是要有能力面对不确定的目标市场，二是要能把信息成功地传递给目标顾客。这些目标单靠传统的广告方式难以奏效。直销要实现的其他目标还有：加强宝马与顾客的沟通，使宝马成为和顾客距离最近的一个成功企业；利用与顾客的交谈，与顾客建立长期稳定的关系；公司的财务状况、销售状况、售后服务、零件配备情况都要与顾客及其他企业外部相通者沟通；利用已有的宝马顾客的口碑，传递宝马的信息，树立宝马的品牌形象；利用现有的顾客信息资料，建立起公司内部营销信息系统。宝马还把销售努力重点放在提供良好服务和保证零配件供应上。对新开辟的营销区域，在没开展销售活动之前，便先设立服务机构，以建立起一支可靠的销售支持渠道。

4. 促销策略

宝马公司的促销策略并不急功近利地以销售量的提高为目的，而是考虑到促销活动一定要达到如下目标：成功地把宝马的品位融入潜在顾客中；加强顾客与宝马之间的感情连接；在宝马的整体形象的基础上，完善宝马产品与服务的组合；向顾客提供详尽的产品信息。最终，通过各种促销方式使宝马能够有和顾客直接接触的机会，相互沟通信息，树立起良好的品牌形象。宝马公司考虑到当今的消费者面对着无数的广告和商业信息，为了有效地使信息传递给目标顾客，宝马采用了多种促销方式。所采用的促销方式包括：广告、直销、公共关系活动。

(1) 广告。宝马公司认为：当今社会越来越多的媒体具备超越国际的影响力，因而要使广告所传达的信息能够一致是绝对必要的。宝马为亚洲地区制订了一套广告计划，保证在亚洲各国通过广告宣传的宝马品牌形象是统一的。同时这套广告计划要通过集团总部的审查，以保证与公司在欧美地区的广告宣传没有冲突。宝马公司借助了香港、新加坡等地的电视、报纸、杂志等多种广告媒体开展广告宣传活动。这些活动主要分为两个阶段：第一阶段主要是告知消费者宝马是第一高级豪华车品牌，同时介绍宝马公司的成就和成功经验；第二阶段宝马用第七系列作为主要的宣传产品，强调宝马的设计、安全、舒适和全方位的售后服务。

(2) 公关活动。广告的一大缺陷是不能与目标顾客进行直接的接触，而公关活动能够达到这一目的。宝马公司在亚洲主要举办"71" T 宝马国际高尔夫金杯赛和宝马汽车鉴赏巡礼两个公关活动。宝马国际高尔夫金杯赛是当时全球业余高尔夫球赛中规模最大的。这项赛事的目的是促使宝马汽车与自己的目标市场进行沟通，这是因为高尔夫球历来被认为是绅士运动，即喜欢高尔夫球的人，尤其是业余爱好者多数是较高收入和较高社会地位的人士，而这些人正是宝马汽车的目标市场。宝马汽车鉴赏巡礼活动的目的是在特定的环境里，即在高级的展览中心陈列展示宝马汽车，把宝马的基本特性、动力、创新和美感以及它的高贵、优雅的品牌形象展示给消费者，并强化这种印象。此外，宝马公司还定期举行新闻记者招待会，在电视和电台的节目中与顾客代表和汽车专家共同探讨宝马车的功能，让潜在顾客试开宝马车，这些活动也加强了宝马与顾客的沟通。

第一节　促 销 概 念

促销是指企业通过人员推销或非人员推销的方式，向市场中目标客户群体展示产品或服务的存在及其功能、特征、用途、性能等信息，通过主动帮助客户认识产品、了解产品等所带给客户的利益，从而引起或激发购买者的消费欲望，引起消费者兴趣，最终使消费者产生消费行为的活动。促销概念包括以下几个方面：

一、促销行为本质上是一种沟通，核心是沟通信息

企业在市场营销中，首要的活动就是与客户展开信息沟通。只有先进性沟通，企业才能了解消费者的需求，以便选择适当的产品满足消费者需求，如果企业不重视或未将自己的产品或服务信息传递给消费者，那么，消费者无从知晓企业产品，就更谈不上相互的交易。因此，企业必须通过促销，即产品信息的传递，引起目标客户的兴趣和购买欲望，最终产生购买行为。

二、促销的目的是达成与客户之间的购买行为

当消费者对产品或服务具有需求，且有能力实现这一需求时，外界的刺激和诱导将是消费者产生购买行为的重要因素。实现这一目标，促销是企业选择的重要策略。通过信息

的传递和沟通，促销行为将企业与目标客户紧密地联系起来，双方在互相沟通的前提下，逐渐达成交易。当前，各种商品博览会此起彼伏，正使越来越多的企业认识到促销的重要作用。

三、促销的途径主要分为人员推销和非人员推销两类

人员促销，也称人员推销或直接促销，是企业销售人员向消费者推销产品或服务的一种促销活动。它主要适合于消费者数量一定、在固定的场所或区域中、且人员比较集中的情况下进行的营销活动。非人员促销也称间接促销，是企业不依赖于人力，通过一定的媒介传递产品或服务等相关信息，以促使消费者产生购买欲望，发生购买行为的一系列促销活动，包括广告促销、营业推广、公共关系管理等。这种形式适合于消费者数量众多，呈分散状态的情况下进行的促销活动。当前，企业一般将两者相结合，综合运用各自的优势，展开营销活动。

通过以上分析可知，当前企业已经越来越重视促销在其整个营销战略中的地位，成为企业营销活动中不可或缺的重要组成部分。促销具有以下作用。

第一，沟通功能。产品营销是企业营销活动的中心，而沟通为顺利营销提供了保证。现实状况下，企业促销沟通主要有两种形式：单向沟通和双向沟通。单向沟通是企业(卖方)发出信息，消费者接收信息，间接促销主要采用的就是这种沟通形式，例如通过网络、电视、报纸、LED屏等发布产品信息。双向沟通是买方和卖方互通信息，双方都是信息的接收者和发出者，直接促销就是采用这种沟通形式。营销人员将企业产品信息传递给消费者，包括产品属性、特征、用途、价格等，而买方也会表达自己的需求、偏好，包括对产品的关注度、服务质量、服务内容、满意度等。这一过程，也是买卖双方进行沟通的过程，卖方针对消费者的关注点，逐次进行沟通，以刺激消费者的购买欲望，消除或降低消费者的疑虑，最终实现购买行为。

第二，突出优势，引发关注。在市场竞争激烈化的今天，同领域企业数量的增加，使得产品同质化趋势增强，在产品属性相差较小时，如何增加收益，成为企业运用促销手段的主要目的之一。企业通过促销活动，使消费者更加清晰地了解到本企业产品的独特之处，让消费者了解到产品相较于其他同质化产品的优势，确定消费者的一种意识，即购买本企业产品会获得更大的利益，从而促使消费者更乐于认购本企业的产品。生产者作为卖方向买方提供有关信息，特别是能够突出产品特点的信息，能激发消费者的购买欲望，变潜在需求为现实需求。

第三，稳定销售功能。在激烈的市场竞争中，企业产品的市场地位常常出现变动，出现较大的销量落差。企业运用适当的促销方式，开展促销活动，可使较多的消费者对本企业的产品产生偏爱，进而稳住自己的市场地位，实现销量稳定的目的。

整体来看，促销策略几乎成为企业实现销售战略的必选手段。它的作用也使得越来越多的企业对促销方式的偏爱。促销不是单一方式的应用，而是多种手段的结合，直接促销和间接促销综合运用。无论是直接促销，抑或间接促销，都有各自的优势和劣势，所以，在促销过程中，为了以最小的成本投入，获取最大的经济利益，企业需要对各种不同的促销手段进行组合，形成促销组合，从而使企业的全部促销活动相互配合，协调一致，最大

限度地发挥整体效果，顺利实现促销目标。

第二节 人 员 推 销

一、人员推销的形式

人员推销，是指企业通过派出推销人员与一个或一个以上可能成为购买者的人交谈，作口头陈述，以推销商品，促进和扩大销售。人员推销主要可以分为三种形式。

1. 组建销售队伍，构成企业内部部门，推销企业产品

在西方国家，企业自己销售队伍的成员叫做推销员、销售代表、业务经理、销售工程师。这些推销人员可以分为两类，一类是内部推销人员，他们一般在办公室内用电话等来联系、洽谈业务，并接待可能成为购买者的人来访；另一类是外勤推销人员，他们作旅行推销，进行上门服务，访问顾客。

2. 通过业务外包，使用合同制推销人员

当前，越来越多的企业为了降低用工成本，往往将人员推销业务进行外包，通过第三方专业公司进行人员招聘，并签订用工合同。这类人员在我国往往相对于"正式工"存在，他们的工资完全依赖销售业绩。

3. 临时推销人员

企业往往将一部分市场份额较小或需要其他人员协助推销的产品或服务的销售分派给临时推销人员，他们与企业签订一定期限的合同，往往期限较短，在这一阶段内，推销人员进行产品的销售，或协助企业内部销售人员进行推销。临时推销人员也正逐渐被企业使用。

二、人员推销的目标及其工作程序

1. 人员推销的目标

第一，掌握市场态势。推销人员应当探寻目标市场，进行详细的了解和调查，搜寻潜在客户，调查市场动态，掌握需求，并适时开拓新的市场。

第二，"让客户了解自己"。推销人员应当充分运用营销功能，向客户宣传和推介自己的产品和服务，让客户了解产品的信息，为客户提供购买决策的参考资料。

第三，实现销售。推销人员的最终目标是将产品为客户所购买，因此，实现销售的达成，是推销人员重要目标。

第四，收集信息。在营销逐渐成熟的今天，仅仅进行产品价值的转移是不够的，还必须进行信息的收集，掌握客户对产品的态度，了解产品的不足，以不断地改进产品，实现客户满意度的提升。

第五，构建与客户的合作伙伴关系。当前，推销人员的角色定义越来越广泛，营销产品只是其目标之一，一个合格的推销人员，必须在售前、售中和售后全过程为客户服务，以合作姿态与客户建立紧密关系，逐渐拓宽自己的销售渠道。

2．推销人员的工作程序

推销人员的营销工作，主要有以下几方面：

第一，寻找顾客。寻找顾客的方法有很多，如地毯式访问法、连锁介绍法、中心开花法、个人观察法、广告开拓法、市场咨询法、资料查阅法等。寻找顾客的目标是找到准顾客。准顾客是指一个既可以获益于某种推销的商品，又有能力购买这种商品的个人或组织。在寻找顾客过程中，对顾客资格进行审查是必要的程序，毕竟，在对顾客进行资格审查时，着眼点不一样，结果就不一样，公司的营销策略也就不一样。

第二，约见。推销人员在对目标顾客进行外拓营销时，应当事先征得顾客同意接见的行动过程。

第三，接近。包括：

(1) 产品接近法。推销人员直接利用推销的产品引起顾客注意，它适用于本身有吸引力、轻巧、质地优良的商品。

(2) 利益接近法。利用商品的实惠引起顾客注意和兴趣。

(3) 问题接近法。通过推介产品的功能和特性，引起顾客的问题意识，吸引顾客的注意。

(4) 馈赠接近法。推销人员利用赠品或折扣引起顾客注意和兴趣，进行面谈。

第四，面谈。它是整个推销过程的关键环节。

推销工作的一条黄金法则是不与顾客争吵。在面谈中顾客往往会提出各种各样的购买异议。

(1) 需求异议。顾客自以为不需要推销的商品。

(2) 财力异议。顾客自以为无钱购买推销产品

(3) 权力异议。即决策权力异议，是指顾客自以为无权购买推销品。

(4) 产品异议。顾客自以为不应该购买此种推销产品。

(5) 价格异议。顾客自以为推销品价格过高。

此外，还有货源异议、推销人员异议、购买时间异议等。

三、推销人员的管理

人员推销作为企业最重要的营销方式，在企业发展中居于重要地位，因此，企业要制订有效的措施和程序，加强对销售人员的挑选、招聘、培训、激励和评价。只有通过一系列的管理控制活动，才能把销售人员融入整个经营管理过程，使之为实现企业的目标而努力。

1．人员的挑选

企业的销售工作要想获得成功，就必须认真挑选销售人员。这不仅是因为普通销售人员和高效率销售人员在业务水平上有很大差异，而且用错人将给企业造成巨大的浪费，一方面，如果销售人员所造成的毛利不足以抵偿其销售成本，则必然导致企业亏损；另一方面，人员流动造成经济损失也是企业总成本的一部分。因此，挑选高效率的销售人员是管理决策的首要问题。

2．销售人员的招聘与培训

企业在确定了挑选标准之后，就可开始进行招聘。招聘的途径和范围应尽可能广泛，

以吸引更多的应聘者。企业人事部门可通过由现有销售人员引荐、利用职业介绍所、刊登广告等方式进行招聘。此后，企业要对应聘者进行评价和筛选。筛选的程序因企业而异，有的简单，有的复杂。一般可分为投递简历、简历筛选、笔试、第一轮面试、第二轮面试、资格审查、体检、是否录用、安排工作等程序。

许多企业在招聘到销售人员后，往往不经过培训就委派他们去做实际工作，企业仅向他们提供样品、订单簿和区域情况介绍等。之所以如此，是企业担心培训所要支付的大量的费用、薪金，并会失去一些销售机会。然而，事实表明，训练有素的销售人员所增加的销售业绩要比培训成本更高，而且，那些未经培训的销售人员其工作并不理想，尤其是在顾客自主意识和自由选择日益增强的今天，如果销售人员不经过系统的训练，他们很难与顾客进行沟通。所以，企业必须对销售人员进行培训。

3．销售人员的激励

激励是一种精神力量或状态，起加强、激发和推动作用，并指导和引导行为指向目标。事实上，组织中的任何成员都需要激励，销售人员亦不例外。由于工作性质、人的需要等原因，企业必须建立激励制度来促使销售人员努力工作。

(1) 销售定额。订立销售定额是企业的普遍做法。它们规定销售人员在一年中应销售多少数额并按产品加以确定，然后把报酬与定额完成情况挂钩。每个地区销售经理将地区的年度定额在各销售人员之间进行分配。

(2) 佣金制度。企业为了使预期的销售额得以实现，还要采取相应的激励措施，如奖金、销售竞赛、提成、旅游等。而其中最为常见的是佣金。佣金制度指企业按销售额或利润额的大小给予销售人员固定的或根据情况可调整比率的报酬。佣金制度能鼓励销售人员尽最大努力工作，并使消费费用与现期收益紧密相连，同时，企业还可根据不同产品、工作性质给予销售人员不同的佣金。但是佣金制度也有不少缺点，如管理费用过高、导致销售人员短期行为等。所以，它常常与薪金制度结合起来使用。

4．销售人员评价

销售人员评价是企业对销售人员工作业绩考核与评估的反馈过程。它不仅是分配报酬的依据，而且是企业调整市场营销策略、促使销售人员更好地服务企业的基础。因此，加强对销售人员的评价在企业人员推销决策中具有重要意义。

(1) 掌握和分析有关的情报资料。情报资料最重要的来源是销售报告。销售报告分为两类：一是销售人员的工作计划；二是访问报告记录。工作计划使管理部门能及时了解到销售人员的未来活动安排，为企业衡量其计划与成就提供依据，并可以由此看出销售人员计划及其工作的能力。访问报告则使管理部门及时掌握销售人员以往的活动、顾客账户状况，并提供对以后的访问有用的情报。除了情报资料外，还有其他方面，如销售经理个人观察、顾客满意度测评、顾客调查及与其他销售人员的交谈等。总之，企业管理部门应尽可能从多个方面了解销售人员的工作绩效。

(2) 建立科学的评价体系。评价体系由各个指标构成，评估指标基本能反映销售人员的销售业绩。主要有：销售量增长率；净利润；访问收到订单的百分比；销售费用占总成本的百分比；一定时期内新增顾客与流失顾客的比率；访问费用等。为了使评价结果更为客观，在评估时还应注意一些客观条件，如销售区域的潜力、区域形态的差异、地理状况、交通条件等。这些条件都会不同程度地影响销售效果。

(3) 实施正式评估。企业在拥有了足够丰富的资料、确定了科学的评价体系后，就可以对销售人员进行正式的评估。评估一般有两种。一种方式是将各个销售人员的绩效进行比较和排队。这种比较应建立在各区域市场的销售潜力、工作量、竞争环境、企业促销组合等大致相同的基础上，否则，就有失公平。同时，进行比较的内容也是多方面的，销售额并不是唯一的标准，销售人员的销售组合、销售费用、对净利润所做的贡献也要纳入比较的范围。另一种方式是把销售人员目前的绩效同过去的绩效相比。企业可以从产品净销售额、定额百分比、毛利、销售费用及其占总销售额的百分比、访问次数、每次平均访问成本、新客户数、失去的客户数等方面进行比较。这种比较方式有利于对销售人员长期以来的销售业绩有完整的了解，督促和鼓励其努力改进下一步工作。

第三节 广 告 促 销

广告的历史可以追溯到文字史的开端。在地中海沿岸，考古学家已经挖掘出一批标有各种事件和商品的文物。罗马人在墙上绘画，宣布角斗士的搏斗；腓尼基人在游行路线沿途的大石头上画图宣传他们的陶器；在希腊的黄金时期，街头公告员会宣布牛、手工艺品甚至化妆品的出售。这些是广告形成的雏形。现代广告是经过早期广告不断发展演化而来，所具备的样式、功能、创造性要比早期广告完善的多，且广告费用也越来越庞大，融入了人类文明的各项成果，如设计元素、绘画元素、计算机合成元素等。据统计，美国广告每年在可测量的广告媒体上平均花费约 1400 亿美元，全球广告支出预计超过 5570 亿美元。世界最大的广告主宝洁公司 2013 年在美国的广告支出大约为 50 亿美元，其全球广告支出超过 112 亿美元[①]。

尽管绝大部分广告主是商业公司，但现在越来越多的非营利组织、专业人士和社会机构也在使用广告向各种目标公众宣传它们的目标和理想。事实上，美国政府广告花费已排名到第 56 位，其广告形式多种多样。例如，其疾病控制中心投入 4800 万美元作为广告费用，告诫人们吸烟人群为相关疾病付出了昂贵的代价。广告作为告知和说服的方式，因其受众人群广、传播迅速、便捷，以为越来越多的组织和个人所采用。

商业组织为其盈利目的，使用广告形式，为人们所常见。当今，广告无处不在，无论是电视、网络、报纸，甚至是街头巷尾都能看到广告的影子。广告的形式，看似简单，但实质上却包含诸多复杂的内容，对于企业，尤其是大型企业来讲，如何利用广告以便实现目标，成为重点关注的问题。因此，在制订广告方案时，营销管理人员必须从四个方面着手：广告目标、制订广告预算、广告策略和评价广告效果。

一、广告目标

确定广告达成的目标，是营销管理人员的第一步，也是最基本的一步工作。广告目标的确定，应当基于企业所处市场、地位及营销手段，这些要素决定了广告在整个营销过程

[①] 加里·阿姆斯特朗，菲利普·科特勒. 市场营销学[M]. 北京：机械工业出版社，2016.

中所执行的任务。广告最主要的目标是通过传播产品价值建立与顾客之间的关系。具体来看，广告的目标包括以下几个方面。

1. 告知性广告

告知性广告是以提高产品知名度为目标的广告，主要用于产品的市场开拓阶段，目的在于刺激初识需求。

2. 说服性广告

说服性广告主要用于产品的成长期。这个时期的消费者还没有形成品牌偏好，可在不同品牌中进行选择。它的目的在于建立对某一特定品牌的选择性需求，使目标消费者从需要竞争对手的品牌转向需要本企业的品牌。说服性广告有时候带有一定的攻击性质，企业为拉拢顾客，抢占市场份额，往往会通过说服性广告比较自己的品牌与其他品牌的优劣，突出自己的优势，引起消费者的关注。但是，企业在选择具有攻击性的说服性广告时，应当持谨慎态度，避免出现同行业间恶意诋毁情况，违反市场法律，付出不必要的代价。

3. 提示性广告

提示性广告在产品生命周期的成熟阶段十分重要，其主要作用在于保持消费者对产品的记忆和偏好。

广告的目标是促使消费者向购买阶段移动。这一过程中，广告目标制约着广告预算、信息策略和媒体策略，不同目标的广告有着不同的要求，需要投入的成本也不同。根据广告目标制订广告投入预算，成为营销管理人员第二步工作的主要内容。

二、制订广告预算

制订广告预算是企业进行广告营销的第二步，就是为目标产品制订相应的广告费用。广告预算是企业为从事广告活动而投入的资源，包括人、财、物等。由于广告的效果只能在市场占有率或利润的提高上最终反映出来，因此，一般意义上的广告预算，是企业从事广告活动而支出的费用。企业常用的广告预算法主要包括量入为出法、销售百分比法、竞争对等法和目标任务法四种。

1. 量入为出法

这种方法是企业根据自身的支付能力所确定的广告预算。规模较小的企业或新成立企业往往会采用这种方法，毕竟，企业自身的经济实力有限，广告支出必须控制在一定范围内，不能超出企业现有的能力。量入为出法固然能够结合企业自身状况，制订出一定的预算，但是，这种方法将企业成本放在优先位置，较少地考虑广告所带来的后续效益。

2. 销售百分比法

销售百分比法是根据目前或预期销售额的某个百分比来确定广告预算，或者根据销售价格的某个百分比确定预算，如广告预算占据销售额的某个百分比，或者一件商品价格中所包含的广告费用百分比。销售百分比法使用简单，并且能够促使企业考虑广告成本、产品价格和利润之间的关系。尽管销售额百分比法的优势比较明显，但是，其缺点也相对突出。采用此方法的企业，往往根据销售额确定广告预算，而不是广告预算能够提升多少销售额，误将因果倒置。如果企业销售额下降或者产品销售价格下降，根据这种方法，广告预算也会相应下调，那么，对于企业产品的推广将带来不利的后果，甚至对最终销量产生负作用。

3. 竞争对等法

采用竞争对等法，是根据竞争对手的费用来确定自己的促销预算。它监视竞争对手的广告，或者从公共出版物或商业行会获得行业的促销成本估算，并根据行业平均水平确定自己的预算。但是，由于市场中各个企业自身发展状况差异较大，依照其他企业广告费用制订自己的预算，会导致广告投入与产出之间发生严重的失衡。

4. 目标任务法

企业根据它想要通过促销达成的目标来确定广告预算，就是目标任务法。目标任务法能促使企业理清它们关于所花费用和促销结果之间的关系，但这也是最难应用的一种方法。通常，企业很难分辨出哪些具体的任务会达成哪些具体的目标。采用目标任务法，需要企业确定具体的营销目标，决定达到这些目标所需要完成的任务，估算完成这些任务的成本。

除了采用科学的预算方法，企业在制订广告预算时，还应考虑影响广告效果的因素。第一，产品生命周期。对于处在生命周期不同阶段的产品，广告预算应有所差异。例如，新推出产品处于成长期，这就需要投入较高的广告预算；而处于成熟期的产品，广告预算应维持在一定的比例，并按市场实际进行相应地缩减。第二，市场份额。市场份额较大的企业，应主要维持其市场份额，因此广告预算在销售额中所占的比重较低；当企业想通过竞争扩大某种产品的市场份额时，则需要大量广告投入的支持。第三，竞争。当市场竞争激烈时，广告预算应置于较高的比例，否则，企业将无法维持其竞争优势。第四，广告频率。企业发布广告的次数多少，直接影响着广告预算。频率较高，则广告预算也会相对较多。第五，产品替代性。如果产品与其他同类产品极为相似，就需要较高的广告预算，以树立不同的形象；如果产品可提供独特的物质利益或特色，广告预算可相对少些。

三、广告策略

广告策略包含两个主要的因素：创造广告信息和选择广告媒体。以前，企业普遍认为媒体策划的重要性要低于信息创造过程。创意部门会首先制作出好的广告，然后媒体部门选择和购买向目标消费者投放广告的最佳媒体。这经常会在创意策划和媒体策划之间造成摩擦。当前，广告活动中使用何种媒体(电视、手机、网络抑或杂志)有时比活动的创意元素更为关键。而且，如今的品牌信息和内容也通常是在企业与消费者或消费者之间的互动过程中产生的。这使得越来越多的企业把信息和传递信息的媒体进行更紧密地协调。企业的目标是在广泛的媒体范围内创造和管理品牌内容。

1. 广告信息创造

广告信息创造的核心是怎样设计有效的广告信息。信息应能引起顾客注意，使其产生兴趣并采取行动。广告信息创造一般包括三个步骤：

第一，信息的产生。广告信息可通过多种途径获得，例如，许多创作人员从与顾客、中间商、专家和竞争对手的交谈中寻找灵感。创作者通常要设计多个可供选择的信息，然后从中选择最好的。在创作广告信息时，新颖性成为最重要的特征。当前，广告形式多样化，传播途径广泛，密集的广告发布使得消费者对广告产生了不满情绪，尤其是越来越多的广告出现在网络、电视的各个环节，消费者对广告产生了抵触，这对广告主造成了不利的影响。因此，广告的创作，不能再像以前那样通过媒体给消费者强制灌输千篇一律的乏味信息，为了获得消费者的关注，发挥其应有的效用，今天的广告信息要更好地进行规划，要更有创新性，更加有趣，在情感上更引人入胜。

第二，广告信息的评价和选择。对于各种广告信息，在创作完成后，应由广告主进行全面的评价，广告内容是否能够引起消费者的关注和兴趣，显现出该产品相较于其他产品具有独到之处。而且，广告信息必须是可信的，真实性是评价和选择广告信息的重要标准。

第三，广告信息的设计与表达。在广告设计中，广告主题和广告创意是最重要的两个要素。广告主题最重要的是突出产品能够给消费者带来的利益。一种产品不可能能够满足消费者所有利益，因此，广告最好突出产品的主要特性，强调一个主题，即使产品特性较多，涵盖多种顾客利益，但也必须分清主次，使广告内容明晰化。广告主题明确后，就必须关注于广告创意。广告必须具有创新性才能引起顾客的兴趣，所以，在表达广告信息时，应注意运用适当的文字、语言和声调，广告标题尤其要醒目易记、新颖独特，以尽可能少的语言表达尽可能多的信息。此外，还应注意画面的大小和色彩、插图的运用，并将效果与成本加以权衡，然后做出适当的抉择。

2. 选择广告媒体

确定广告信息后，接下来就是选择适当的传播媒体，力争以最低的广告费用支出达到最佳的沟通效果。广告必须通过适当的媒体才能抵达目标客户，而且，广告媒体常常占用了大量预算，因此，媒体的选择至关重要。企业在选择媒体时主要包括以下几步：决定触及面、频率和影响力；选择主要的媒体类型；选择具体的媒体介质；决定广告时间。

(1) 决定触及面、频率和影响力。在选择媒体时，广告主必须决定实现广告目标所需的触及面和频率。触及面指在一定时期内，广告活动在目标市场上能够触及的人员的比例。频率指在一定时期内，目标市场上平均每人见到广告信息的次数。但是，即使广告在触及面和频率方面很高，也不一定具有很好的效果，广告主还必须考虑媒体的影响力。有影响力的媒体在顾客心中具有很高的信任度，他们也愿意相信媒体中的广告，例如，在我国，中央电视台的广告在顾客心中的信任度比地方电视台的信任度要高。一般来说，广告主希望选择能够吸引消费者的媒体，而不是仅仅触及消费者。

(2) 选择媒体类型和媒介。广告媒体的种类很多，包括电视、数字和社交平台、报纸、直邮品、杂志、广播和户外广告。每种媒介都有其优势和劣势。广告规划者希望选择的媒体能将广告信息切实高效地传递给目标消费者，因此，他们需要考虑媒体影响力、信息有效性和成本。为了能够选择适当的媒介，广告主必须对相应媒介的优势和劣势进行比较。

第一，电视。电视的优点是覆盖面大，平均展露成本低，综合了图像、声音和动作，富有感染力。其局限性是绝对成本高、干扰多、播出时间短，观众选择少。

第二，报纸。报纸的优势是灵活、即时，在某一区域内覆盖面广，被广泛接受，可信度高。其局限性是保存性差，复制质量低，相互传递者少。

第三，互联网。网络的优势在当前越来越明显，尤其是手机的兴起，人们随时随地都在掌握信息，所以，其主要优势就是高选择性、低成本、及时性和互动能力强①。而限制因素就是影响力相对较低，特别是在当前网络信息泛滥的阶段，人们会主动地屏蔽大量信息，这也造成受众群体的可控制性强，"轻轻点击"就能关闭广告。

第四，邮件。邮件发送迅速，接受者选择性强，灵活，在同一媒体内没有广告竞争，可私人化订制。其缺点就是平均展露成本高，易造成"垃圾邮件"印象。

第五，杂志。杂志的优势是地理、人口统计特征上可选择性强，可信度和声誉度高，复制质量高，保存期长，可传阅。但是，杂志的广告购买前置时间长、成本高、版面无保证。

第六，广播。广播本地接受性强，地理和人口统计特征方面选择性强，低成本。但是，广播的特征决定了其只有声音，转瞬即逝，不太吸引人，且听众分散。

第七，户外广告。户外广告在近些年越来越被企业所利用，其优势是灵活、重现率高，成本低，信息竞争少，位置选择性高；但是，观众没有选择，缺乏创新，且更新速度较慢等，也成为其制约因素。

以上是企业在进行广告营销时通常采用的形式，随着市场的发展，企业在追求低成本、针对性更强的接触消费者的方法过程中，广告主发现了很多替代性的媒体，如户外广告：广告牌、广告标语、霓虹灯广告、LED 广告等；交通广告：车身广告、车内广告、站牌广告等；空中广告：利用气球或其他悬浮物带动的广告。这些广告形式多利用灯光、色彩、艺术造型等手段，集中于人口聚集区域、交通要道或公共场所，故比较鲜明、醒目，引人注意，同时，使人印象深刻，重复率高，成本较低。但是，缺点是传播范围有限，传播内容不宜复杂，且难以选择目标受众。

在选择媒体种类时，除了考虑各种媒体的主要缺点外，还应考虑以下几个因素：

第一，目标受众接触媒体的习惯。各种媒体对不同性别和不同年龄段的顾客，效果具有很大的差异性。有针对性地选择广告对象易于接受的媒体，能够有效地增强广告沟通的效果。如对于学龄前儿童，电视是最有效的广告媒体，尤其是将广告穿插在动画节目中，具有明显的效果。

第二，产品性质与特征。选择广告媒体时，应当考虑企业所推销的产品或服务的性质与特征，因为各类媒体在展示性、解释性、可信度、吸引力等方面具有不同的特点。

第三，广告内容。广告媒体选择还受到广告内容的制约。例如，要宣布未来某一段时间的促销活动，就必须在最近的时间里通过报纸、宣传页或电视进行广告宣传，保证信息传递的及时性。

第四，广告成本。不同的媒体，其播放广告的费用是不同的。如电视广告的成本就比报纸广告的成本要高。当然，依据媒体成本选择，最重要的不是看绝对成本的差异，而是看媒体成本与广告接收人数之间的相对关系。如果看电视的人数大大超过看报纸的人数，那么，按每千人成本计算，可能在电视上做广告的成本比报纸上的成本更低。

(3) 广告播出的时间选择。"金九银十"是目前耳熟能详的宣传语，这标志着企业营销是具有季节性的，同样，广告宣传也讲究时间性，例如，在电视上播放广告，就分黄金时段和一般时段，黄金手段收视率最高，广告接受者也最广泛，广告价格也最高。时间性

① 钱旭潮，王龙. 市场营销管理[M]. 北京：机械工业出版社，2016.

决定了广告的投放时间，即企业没有必要全年平均投放广告，在营销旺季前一个月到旺季结束后一个月集中投放广告，能使企业获得综合效益。有些产品的销售受到经济形势的影响较多，如经济形势好、投资踊跃时，高档产品的需求就大，销量就好。广告播出时间的选择，决定了广告人要选择广告播出的模式，主要分为连续性和节奏性。连续性是指在一定的时间内均匀地安排广告，节奏性是指在一定时期内不均匀地安排广告。因此，广告可以在一年内均匀播放，也可以选择一定的时间段集中播放。节奏性背后的理念在于在极短的时间内密集做广告，建立可以持续到下一广告阶段的品牌知晓度。那些主张采用节奏性广告的人觉得，节奏性广告可以采用更低的成本达到连续性广告一样的效果。但另一些人认为，虽然节奏性广告有利于建立知晓度，但是却以牺牲广告的深度为代价。

当前，随着网络和社交媒体的发展，使得广告商可以创建对事件做出即时响应的广告。例如，利用网络直播，对产品进行介绍，瞬时能够收到广泛的关注量。利用微信朋友圈的传递，获得更多的关注度。

（四）评价广告效果

企业进行广告决策的最后一个步骤就是对广告进行评价。广告计划是否合理，很大程度上取决于对广告效果的衡量。广告效果评价是完整的广告活动过程中不可或缺的重要内容，是企业上期广告活动结束和下期广告活动开始的标志。

广告效果是广告信息通过媒体传播之后所产生的影响。评价广告主要从两个方面进行：

第一，广告传播效果。即广告对消费者知晓、认知和偏好的影响。这方面的评估在广告推出前后都应进行。广告推出前，企业可邀请专家和具有代表性的目标顾客对制作的广告进行评价，了解广告的整体影响和不足之处。推出后，企业可再对顾客进行抽样调查，了解顾客对广告的具体反应。

第二，广告销售效果的评价。即广告推出后对企业产品销售的影响。一般来说，广告的销售效果较之传播效果更难评价，因为除了广告因素外，销售还受到价格或者竞争者等诸多因素的影响。通常，影响因素越少，效果越容易控制，广告对销售的影响也就越容易评价。采用邮寄广告时，销售效果最易评估，而在建立企业形象时，销售效果最难评估。

第四节 营 业 推 广

营业推广又称销售促进，是指"那些不同于人员推销、广告和公共关系的销售活动，它旨在激发消费者购买和促进经销商的效率，诸如陈列、展出、展览表演和许多非常规的、非经常性的销售尝试"。营业推广包括以下内容。

1. 针对消费者的营业推广

针对消费者的营业推广主要是激励老顾客继续使用，促进新顾客使用，动员顾客购买新产品或更新设备。引导顾客改变购买习惯，或培养顾客对企业的偏爱等行为。可以采用以下方式。

第一，赠送。向消费者赠送样品或试用样品，样品可以挨户赠送，在商店或闹市区散发，在其他商品中附送，也可以公开广告赠送，赠送样品是介绍一种新商品最有效的方法，费用也最高。

第二，优惠券。给持有人一个证明，证明他在购买某种商品时可以免付一定金额的现金。

第三，廉价包装。即是在商品包装或招贴上注明比通常包装减价若干，它可以是一种商品单装，也可以把几件商品包装在一起。

第四，奖励。可以凭奖励券买一种低价出售的商品，或者凭券免费以示鼓励，或者凭券买某种商品时给予一定优惠，各种摸奖抽奖也属此类。

第五，现场示范。企业派人将自己的产品在销售现场当场进行使用示范，把一些技术性较强的产品的使用方法介绍给消费者。

第六，组织展销。企业将一些能显示企业优势和特征的产品集中陈列，边展边销。

2．针对中间商的营业推广

针对中间商的营业推广目的是鼓励批发商大量购买，吸引零售商扩大经营，动员有关中间商积极购存或推销某些商品。可以采用以下方式。

第一，批发回扣。企业为争取批发商或零售商多购进自己的产品，在某一时期内可给予购买一定数量本企业产品的批发商以一定的回扣。

第二，推广津贴。企业为促使中间商购进企业产品并帮助企业推销产品，还可以支付给中间商一定的推广津贴。

第三，销售竞赛。根据各个中间商销售本企业产品的实绩，分别给优胜者以不同的奖励，如现金奖、实物奖、免费旅游、度假奖等。

第四，交易会、博览会或业务会议。企业通过举办交易会等形式，推进与中间商之间的洽谈合作，促成与中间商之间关系的建立。

第五，工商联营。企业分担一定的市场营销费用，如广告费、摊位费，建立稳定的购销关系。

第五节 公 共 关 系

公共关系是指企业为搞好与公众的关系而采用的相关策略与技术，企业进行公共关系的目标，就是促进与社会公众的关系，树立良好的企业形象，最终达到扩大企业产品销售的目的。公共关系部门处理以下部分或全部工作：

(1) 新闻关系或新闻机构：创造并在新闻媒体上刊登有新闻价值的信息，吸引大众对某些人物、产品或服务的注意。

(2) 产品宣传：宣传某些特定产品。

(3) 公共事务：建立并维持与全国和当地社区的关系。

(4) 游说：建立并维持与立法者和政府官员的良好关系，以影响相关立法和监管。

(5) 投资关系：维持与股东和其他金融界人士的关系。

(6) 开拓渠道：与捐赠者或非营利机构成员合作，以获得资金或志愿者的支持。

公共关系用于推广产品、人物、地点、活动、组织甚至国家。企业运用公共关系与消费者、投资者、媒体和社区建立良好的关系。行业协会利用公共关系重建大众对诸如鸡蛋、苹果、土豆、洋葱甚至巧克力牛奶日渐下降的兴趣。

企业进行公共活动依赖于运用一系列的手段。

第一，搜集信息，掌握公众偏好。企业要赢得公众的好感，树立良好的形象，就要使自己的行为符合公共利益。因此，企业要关注于公众的偏好和需求，并据此制订自己的行动准则。

第二，分析企业形象，按照企业搜集到的有关公众信息，分析企业在公众中的形象与地位，判断企业行为是否符合公众的利益与需求。

第三，根据形象分析结果，调整企业行为，进一步改进企业形象。

第四，利用宣传报道等手段进行对企业有利的信息传播。企业通过选择信息媒介，发布宣传文字或其他形式的信息，报道能起推广作用的新闻及事件，从而达到进一步完善企业形象、提高企业知名度的目的。

第五，加强与政府部门，特别是立法机构的联系。通过游说等活动，促使政府和立法机构制订对企业有利的政策和法规。

第六，扩大社会交往，加强社会联系。企业可以通过参加各种公益活动和其他社会交往活动，与各界建立良好的关系，赢得人们对企业的信任和好感。

在实际的经济活动中，企业公共关系主要涉及几个方面的内容：

(1) 新闻媒体关系。处理好与当地新闻媒体之间的关系是企业与社会公众增进了解、取得信任的基础。企业应与当地新闻媒体保持经常性频繁的接触与联系，为新闻采访工作提供各种资料和方便，争取新闻媒体的信任，与之建立良好的关系。尤其是当前网络的普及，新闻媒体传播速度与广度都极大增强，因此，企业良好的公共关系内容就必须包括与新闻媒体之间的关系，防止负面不实报道对自身竞争优势的衰弱。

(2) 政府关系。近年来，各国政府对经济的干预都在加强，特别是我国的宏观环境，政府充当着中坚力量，因此，如果是国内企业，与政府之间的良性关系，对企业的发展具有较强的推动作用；如果是跨国企业，则必须通过各种公共关系活动，加强与东道国政府的联系，争取得到当地政府的支持。

(3) 顾客关系。企业营销活动的目标是顾客。企业应利用公共关系活动，加强企业与顾客之间的联系与沟通，在顾客中树立良好的信誉与形象。

公共关系的应用，对企业具有一定的作用和影响。公共关系能够以比广告低得多的成本，对公众的认知产生强烈的影响。开展公共关系活动时，公司不需要为媒体所提供的版面或时间付费，但它要雇用专职人员创作并传播信息以及应对一些情况。而且，公共关系能够很好地吸引消费者，使之成为品牌故事的一部分并主动传播它。

尽管公共关系的潜在力量很大，但由于其有限的和分散的使用，常常不太受到重视，被形容为营销手段的"配料"。公共关系部门一般设在公司总部，或者由第三方代理机构负责。其员工忙于应对各类公众，如股东、员工、立法者、媒体，以至于那些支持产品营销目标的公共关系反而被忽视了。而且，营销经理和公共关系人员的论调并不总能协调一致。许多公共关系人员认为，他们的工作仅在于沟通，营销经理则对广告和公共关系如何影响品牌建设、销售额和利润，以及顾客参与度和顾客关系更感兴趣。

然而，这种情况正在改变。尽管公共关系在公司的整体营销预算里仍然只占很小的部分，但是它也可以成为强有力的品牌建设的工具。随着获得的和分享的数字内容迅速增长，公共关系在品牌内容管理中发挥着越来越大的作用。与其他部门相比,公共关系常常对创造重要的营销内容负责,为品牌吸引顾客而非仅仅发布消息。"知道在哪里产生影响和引发对话是公共关系的核心,"一位专家说道,"公共关系人员是组织中最重要的故事讲述者。总之,他们创造内容。"关键在于公共关系应该与广告在整合营销沟通方案中并肩作战,共同建立品牌与顾客关系。

复习思考题

1. 什么是促销?促销组合包括哪些内容?
2. 什么是广告?如何选择广告媒体?
3. 推销人员的工作主要有哪些?
4. 确定促销方式时应考虑哪些因素?

◇ 案例讨论

南航与微信

"对今天的南航而言,微信的重要程度等同于15年前南航做网站!"中国南方航空公司(以下简称"南航")总信息师胡臣杰说道。2013年4月26日,在,《商业价值》杂志联合ITValue举办的"2013制造业转型升级中国行系列论坛"之深圳站研讨会上,胡臣杰首次公开讲授南航微信的秘密,揭开了南航微信的神秘面纱。

在2013年6月5日的腾讯"把脉"沙龙上,微信产品总监曾鸣讲述了腾讯眼中微信公众平台的七个精品案例,南航微信位列其中,并被称为"整个行业的样本"。

"你如何使用微信决定了微信对你而言到底是什么。"腾讯公司副总裁、微信团队总负责人张小龙在接受《商业价值》杂志记者采访时如此表态。那么,对于南航而言,微信到底是什么?曾鸣在介绍南航微信公众账号时表示,亮点是"微信值机手续,业务查询办理,提供个性化服务"。

2013年1月30日,南航微信发布第一个版本,并在国内首次推出微信值机服务。随着其功能的不断开发完善,机票预订、办理登机牌、航班动态查询、里程查询与兑换、出行指南、城市天气查询、机票验真等通过其他渠道能够享受到的服务,用户都可通过与南航微信公众平台互动来实现。

2013年4月25日,南航微信用户达到20万人,其中有2万~3万人通过微信绑定了明珠会员卡,绑定后,用户可以直接通过微信获取里程查询、里程累积等会员服务。随着微信用户数量的上升,这一比例将进一步提高。这意味着南航又多了一个与会员沟通渠道。

截至2013年6月18日记者采访时,南航微信公众账号已经有超过50万用户,且以每天4500~5000人的速度增长。"面对这样一个量级的应用,没有理由不去重视。"胡臣杰说道。有报道称,随着微信的进一步商业化,未来有50%的APP可能会消失,这并不是危言耸听。

正是由于对微信的重视,如今微信与网站、短信、手机APP、呼叫中心一并成为南航五大服务平台。为什么微信平台会如此受重视?"微信拥有包括短信、网站、呼叫语音、手机 LBS 等所有特性，拥有广大的用户资源，而且大家每天都会看。"南航信息公司技术总监龙庚如此解释。

当然，重要并不意味着可以独大，未来五大服务平台仍将并存。"与原有的沟通平台相比较，微信更强调一对一的沟通。"龙庚认为，"不同的用户会有不一样的选择。"对用户来说，微信的意义在于多了一种可选择的沟通渠道。南航曾经做过这样的统计：当微信用户达到 30 万的时候，其中有 9000 多名会员是抛弃了 APP 转而使用微信的，大部分用户还是微信和 APP 同时使用。

"微信的起点就是一套消息系统。"张小龙进一步解释说，"这个消息系统的核心就是'对象'和'信息'，其最关键的使命是沟通。"南航显然深谙微信的出发点，并没有大张旗鼓地做微信营销。

微信只出现在应该出现的地方，比如，当用户通过短信邀约办理值机时，才会提示用户关注南航官方微信号。此外，南航微信只是通过南航的官方微博、官网、机上杂志等方式进行展示推广。而且，南航对于群发消息会特别慎重，以避免对用户造成骚扰。龙庚笑言，最开始测试时就发现，经常群发一次就会"丢掉 100 个粉丝"。

"微信不是营销工具，它可能会侧重服务和精品化的路线。"曾鸣公开给出了对微信公众平台的官方态度。恰好南航也一直按照精品化的路线来发展微信，完善其大数据时代的体验式服务。

早在 2009 年南航以"以产品为中心"向"以客户为中心"转型时，就对旅客旅行过程中的行为进行了剖析，分解出 12 个关键步骤：制订旅行计划→订座出票→值机→两舱服务(头等舱、商务舱)→机舱服务→行李服务→到酒店→酒店入住→离开酒店→到机场→值机→个性化互动，再到下次旅行计划，并且针对每个步骤进行服务的优化和改进，打造了一个围绕旅客旅行过程的"全行为链"服务网络。

"在南航看来，微信承载着沟通的使命，而非营销。"胡臣杰表示，南航同样希望用户在旅行的过程中能够感受到南航微信始终陪伴在身边。6 月 27 日，南航上线一个新的微信版本，新增并完善了包括机票预订、订单管理、出行指南等核心功能。通过以客户为中心的沟通和服务方式，开发差异化产品、提供个性化服务，可以让南航保持一直以来的同业竞争优势。

作为移动互联网的"超级入口"，用户可以在微信上订阅各种内容和服务，不管是去 APP 还是网站，都会从微信直接跳转——微信俨然已经成为一种生活方式。

如果将这种方式延伸至工作中，南航不担心员工在工作时间用微信休闲娱乐而耽误工作吗？龙庚坦言毫不担心。以空乘为例，相较于电脑，手机才是他们获取信息和交流的主要工具，通过微信应用展开工作方便快捷，而且他们本身也非常喜欢玩手机，这种社会信息化带来的 IT 红利，为何不用呢？

"在具体的工作场景中，微信更是一种工作方式。"龙庚总结道。这与张小龙的表达具有异曲同工之妙："微信的价值开始进一步提升到新的层次，那就是降低信息输入和信息输出的成本，增加信息的总量和流动效率。"

（资料来源：秦丽.南航：微信到底是什么？http://content.businessvalue. com.cn/post/12278.html.2013-07-02）

问题讨论：

1. 与传统电视、报纸、户外广告等相比，微信对营销沟通有哪些独特的影响？

2. 微信是一种什么样的营销沟通方式？

3. 你认为企业在使用微信时应更多的宣传企业品牌还是产品品牌？

 技能训练

1. 学习推销理论后，以两个同学组成一组，互换角色扮演推销员与顾客，进行推销模拟演示，其他同学观看后进行公开分析讲评，并进一步归纳提炼推销理论。

2. 你若是一家五星级酒店客服部经理，现有某外宾随从(女性，50 岁左右)来参加太原建城 2500 年庆典活动，并住在你所供职的这家酒店。一天，服务员清扫房间时发现，在酒店客房内陈设的一件小型古鼎不见了，而且确信被这位女性装在随身的小包里。作为客服部经理，你该如何处理此事？

3. 某推销员经过艰苦的努力，一年中实现了 100 万元的销售业绩，该推销员认为自己大大超额完成了工作任务。他非常高兴，主动地向销售主管汇报并提出额外奖金的要求。谁知销售主管只是说了些口头表扬的话，只字不提奖金的事。这位推销员等了好多天，什么也没等到。他知道额外奖金的梦破裂了，他的工作热情也没有了。如果这位销售主管是一位称职的管理者的话，你认为他不给推销员发额外奖金的最大可能原因是什么？

　　A．他怕大家过分地追求销售量，而忽视了服务质量

　　B．没有预先给出计划标准，缺少控制和考核的依据

　　C．企业正处于发展阶段，许多方面需要资金，不能发额外奖金

　　D．企业其他的推销人员也同样超额地完成了销售任务

4. 翟某是仙容化妆品公司的销售部经理。去年该公司招聘了一批刚毕业的大学生，其中有一位学化学的小唐，被认为很有培养前途。公司指定她负责 G 地区的销售工作，并设立了一种很有吸引力的佣金制度。一年下来，小唐尽管工作十分努力，但所分管地区的销售业绩就是上不去，她也承认 G 地区销售潜力不小。面对这种情况，有人给翟经理出了以下几个主意，你认为其中哪个主意最好？

　　A．在办公室张榜公布各地区的销售业绩，让大家都知道谁干得好，谁干得差

　　B．郑重告诉小唐，下季度若仍达不到分配给她的销售指标，公司就要请她另谋高就

　　C．让翟经理带小唐去走访几家新客户，给她示范销售老手的做法

　　D．顺其自然，什么事也不用做，反正通过实践摸索与经验积累，她会成熟起来的

5. 一家以生产化学添加剂为主的小型民营企业，对其销售员采取了按销售额提成的奖励办法，希望能够借此激励他们努力工作，扩大企业的产品销售。然而，此方法实行一年多后，伴随着企业销售额的大幅增加，却出现了销售回款额下降的严重问题。产生这种现象的原因在于：

　　A．用户财务状况恶化　　　　　B．企业催款力量不足

　　C．销售员责任心减弱　　　　　D．销售考核指标有缺陷

第十一章

营销礼仪与沟通

❀〆❀〆❀〆❀〆❀〆❀〆❀〆❀〆❀〆❀〆❀〆❀〆❀〆❀〆

◆ 学习目标

1. 了解礼仪的基本含义
2. 掌握市场营销礼仪的基本原则
3. 掌握市场营销沟通的基本原则与技巧

◆ 引导案例

沟通无处不在，沟通无时不在，大到世界国家，小到集体个人，都离不开沟通。任何人任何时间都不能否认和忽视沟通的作用和力量。沟通的力量是巨大的，它能够互通有无，温暖人心，可以使陌生人变成知己，可以使长期形成的隔阂自动消失。在矛盾与误会面前，沟通可以平息纷争，化干戈为玉帛。生活中有时会充斥着许多不和谐的音符，人性的弱点会将美好误为丑恶，把善意误为恶意，把真诚误为虚伪，把正确误为错误，把鲜花误为毒草。不恰当的沟通可能会给人与人之间的交流蒙上一层阴影，制造难堪甚至痛苦，所以这一切的不和谐最需要的就是沟通。让世界更加和谐，让人性更加美好。当国与国之间出现争端，矛盾即将激化的时候，两国之间需要用沟通获得和平。当企业与员工之间有了鸿沟，造成矛盾与对立的时候，领导与员工之间需要用沟通赢得合作，当朋友与朋友之间或同事之间有了误会，造成怨恨和不理解，友情遭到考验的时候，需要用沟通来取得谅解和信赖。当夫妻之间出现了裂痕，造成感情不和，婚姻面临破裂危险的时候，需要用沟通来增进感情。沟通能力是一笔无价的财富，也是一门需要用很大的耐心去研究的艺术。

首先，良好的沟通能力与语言表达能力是沟通的基础，好的表达能力能达到好的沟通效果，人人都会说话，但是不见得都会说好话，说别人爱听的话，说别人听得懂的话。每个人的说话方式、说话习惯和风格都有所不同，这也就导致了沟通千差万别，会说话的人有时只用一两句话就能解决问题，化解矛盾，攻破心结。

其次，沟通不仅只是口头上的一种表达，无声的语言和行动也是一种沟通，比如肢体语言、眉目传情、心灵感应都是一种耐人寻味的言有尽而意无穷的沟通。有时这种无声的沟通产生的效果比语言交流的效果更胜一筹。在某种特定的场合下，有的人不喜欢用语言上的沟通，这时候如果能运用肢体语言和行为来表现自己的喜好与好恶之情将别有一番情趣和意味。

最后强调的关键是，沟通并非只是信息的传递、声音的传达和行为举止的表现，沟通更注重思想和情感交流，也就是沟通要用心。缺乏思想和情感的交流，不能称得上是有效的沟通。在沟通中，如果用心程度不够，同样也无法达到沟通的目的。沟通需要方法，讲究艺术，在不恰当的时机不适当的场合沟通不能取得好的效果。同样在不同的人面前，如果只用一成不变的沟通方式也是不行的，不同的人用不同的沟通策略才能有效。

人无礼则不立，事无礼则不成。只有知礼、懂礼、行礼，在客户面前树立了有内涵、有修养的形象，客户才会欣然接受你，给你销售与服务的机会。因此，销售人员应该把礼仪贯穿于销售活动之中，这是销售能否成功的内在因素。营销活动可以说是最具有挑战性的职业之一。世界上很多富翁都曾从销售员做起，然而现在绝大多数的商品供应都呈现多元化趋势，客户的选择余地也越来越大，因此现代社会销售面临的竞争势必也更加激烈。天下难事必作于易，天下大事必作于细。销售工作从和客户见面交谈、成交到售后，包括数不清的繁琐细节，例如：介绍、打招呼、握手、递名片、入座等司空见惯的行为中一个礼仪细节就有可能打动客户促成交易，同样一个礼仪细节也可能惹恼客户而失去订单。因此，销售人员在与客户交往中，不仅要努力提高自己的专业知识水平，还应尽早了解和掌握销售礼仪，尝试从细节着手，提高自身的礼仪修养，以增进与客户之间的沟通，为日后合作创造良好的基础。

第一节　礼仪概述

一、礼仪的含义

礼仪是由"礼"和"仪"两个词组合起来的一个合成词。"礼"和"仪"这两个词在我国古代分别表示两个虽有联系却不尽相同的两个概念。

"礼"属于道德的范畴，是社会公德中极为重要的部分，它渗透人们的日常生活中，体现了人们的道德观念，确定了人们交往的准则，指导人们的行动。礼仪在现代生活中人人以礼相待，以诚相待并且成为自觉地行动是社会文明进步的表现。

最常见的与"礼"有关的词有三个：礼貌、礼节、礼仪。大多数情况下，它们是被视为一体的，混合使用的。但是从内涵上看，它们之间既有区别，又有联系。

1．礼貌

礼貌是指人们在交往处事时相互表示敬重和友好的行为规范。它体现着一个时代的风貌和道德水准,它体现着人们的文化层次和文明程度。礼貌是人在待人接物时的外在表现，侧重于表现人的品质与素养。它主要通过礼貌语言和行为来表现对人的谦虚恭敬。在营销的过程中，不仅有利于建立相互尊重和友好合作的关系，而且能够缓解和避免某些不必要的冲突。

2．礼节

礼节是指待人接物的行为规则。它是礼貌的具体表现方式，是人们在日常生活中，特别是在交际场合相互表示尊敬、问候、祝贺、慰问以及给予必要协助的惯用形式，也是社会文明的组成部分。在国际交往中，由于各国的风俗习惯和文化不同，具体理解的表达有着明显差异。如欧美国家的拥抱、亲吻；南亚各国的双手合十。尽管表达方式不同，但都是礼节的体现。在营销过程中，我们应该重视不同礼节的运用，以免因为失礼而导致合作失败。礼节与礼貌之间是相辅相成的。有礼貌而不懂礼节，就会容易失礼；懂礼节而没有礼貌，则会缺乏诚意。

3. 礼仪

礼仪是对礼节、仪式的统称。综合以上来说，礼仪是指人际交往过程中，以约定俗成的程序、方式来表现严于律己、尊敬他人的行为规范。从狭义上说，凡是表示重视、尊重、敬意等所举行的合乎社交规范和道德规范的仪式都称成为礼仪。

二、礼仪的构成要素

礼仪作为协调人际关系的行为规范，广泛涉及社会生活的各个方面，如个人礼仪、社交礼仪、职场礼仪、人际交往礼仪等等。但不管是哪种礼仪，都包括了四个基本要素，即礼仪主体、礼仪客体、礼仪媒介、礼仪环境。

1. 礼仪主体

礼仪主体是指礼仪活动的实施者和操作者。具体操作和实施礼仪活动通常是个人或组织，因此礼仪主体包括个人和组织两种类型。当礼仪行为或者活动规模较小或较为简单时，礼仪的主体通常是个人。如参加同事婚礼、举办生日宴会，参加者和举办者的言谈举止所代表的仅仅是其个人。当礼仪行为或礼仪活动规模较大时，礼仪的主体通常是集体组织。如甲公司祝贺乙公司开业时，甲公司就是礼仪的主体。个人主体与集体主体在一定条件下会发生变化。如我国的商务工作人员赴国外进行商务洽谈时，其言行不仅代表了他本人，也代表了他所在的公司。

由于组织主体的礼仪行为必须有具体的人来代表该组织进行具体操作和实施，个人在某些特殊情况下也需要委派代表者来实施礼仪活动，因此礼仪主体还有一种特殊情况：即礼仪主体的代表人。礼仪主体的代表人是指代表礼仪主体进行礼仪操作和实施的人。礼仪主体在选择代表人时要注意选派的代表能够真正代表礼仪主体，并且为礼仪客体所认可，能巩固发展礼仪客体与礼仪主体的良好关系。

2. 礼仪客体

礼仪客体又称礼仪对象，是各种礼仪行为活动的指向者和接受者。礼仪客体既可以是具体的，也可以是抽象的；可以是物质的，也可以是精神的；可以是有形的，也可以是无形的；可以是人，也可以是事物。如来宾接待活动中，来宾是礼仪客体；升旗仪式中，旗帜是礼仪客体。

礼仪主体与礼仪客体之间的关系不是绝对的，主客体的转化是由礼仪主体决定的。如商场服务员用礼貌的语言接待顾客时，服务员就是礼仪主体，顾客是礼仪客体；如果顾客也用礼貌用语回应服务员，那么服务员就是礼仪客体了。在人际交往中，为了促进双方关系的巩固和发展，主客体之间都应该自觉地促成这种转换。

3. 礼仪媒介

礼仪媒介是指进行礼仪活动时所依托的媒介，任何礼仪行为和礼仪活动都必须依托一定的媒介才能完成。礼仪媒介的种类是多种多样、千差万别的，但大体上可分为语言媒介、物体媒介、事件媒介。

语言媒介具体包括口头语言媒介、书面语言媒介、形体语言媒介、界域语言媒介，是指以口头语言、书面语言、形体动作及界域形式来传达礼仪信息的媒介。如通过口头问候、邀请信、微笑、礼宾次序等向礼仪客体表示友好时，口头语、邀请信、笑容以及礼宾次序就是礼仪媒介。

物体媒介是指通过物体来传递表达礼仪信息的媒介，如礼物、纪念品等。

事件媒介是指通过相关事件来传达礼仪信息的媒介，如开业仪式、宴请等。

4．礼仪环境

礼仪环境是实施礼仪行为和活动的特定时空条件。礼仪环境的内容十分复杂，大体上可以分为自然环境和社会环境。具体来说，季节气候、地理位置、战争胜负、历史时代等都可以成为礼仪的环境。

在礼仪实施过程中，以上四个要素缺一不可。没有礼仪主体，礼仪活动就无法进行；没有礼仪客体，礼仪就无从谈起；没有礼仪媒介，礼仪信息就无法传达；不讲究礼仪环境，礼仪就失去应有的作用。

第二节 市场营销礼仪

一、营销人员与消费者心理

营销人员的仪表影响消费者对企业的认识过程。

仪表是一个人的外表，一般包括容貌、服饰和言谈举止等内容，它是人的心理状态的自然流露，与人的生活情调、思想修养、道德品质相连。企业经营过程中，消费者对企业的判断和评价往往是从营销人员仪表的感觉开始的，所以，营销人员的仪表犹如企业的"门脸"，其整洁美观的仪容和明亮良好的风度，不仅表现了个人的精神面貌，而且反映了文明经商的企业风貌。它给消费者的视觉印象直接影响消费者在各种活动中的心理变化和对企业的综合印象。

(1) 健康的体态、精神饱满的容貌能够给消费者以安全、卫生、愉快的感觉。营销人员的体态是心理活动的外在载体，人们的各种内心世界活动状态往往通过人体的外观仪表与人体动作表现出来。营销人员的容貌主要体现在营销人员接待消费者时的面部表情以及表现出来的情感神韵。一般来说，精神健康、整齐清洁的营销人员，消费者愿意与之交换意见，并放心地购买其商品；反之，如果营销人员萎靡不振、蓬头垢面，则难以给消费者留下良好的印象，而只能给予不快之感。

(2) 整洁合体，美观大方的服饰能够给消费者以清新明快，朴实稳重的视觉印象和舒展端庄的感受。营销人员与消费者接触，首先映入消费者眼帘的是其着装。营销人员的穿着应当整洁合体、美观大方。企业统一分发的工作制服，营销人员在工作期间一律着装，应挂牌服务，利于消费者监督，并给消费者一种整体的感觉。没有分发工作制服的企业，营销人员的穿着应本着美观大方、合适合体的原则，既不能穿奇装异服，也不能过于老式陈旧。如果过于花哨，容易给消费者造成轻浮、不可靠的印象；相反，如果过于呆板、落伍，又会让消费者怀疑营销人员的鉴赏力，当营销人员为消费者推荐、介绍商品时，消费者对其提供的意见会大打折扣。

（3）良好的言谈举止能够给消费者以亲切、文雅的感觉。营销人员的言谈举止主要是指在接待消费者过程中语言的声调、音量及站立、行走、言谈表情、拿取商品等方面的动作等。营销人员的言谈举止最能够体现人的性格与心灵，反映人的文明程度和心理状态。在接待消费者的过程中，营销人员的言谈举止往往是消费者最为注意的因素，直接影响消费者心理活动的发展。一般来说，营销人员言谈清新文雅、举止落落大方、态度热情稳重、动作干净利落，会给消费者以亲切、愉快、轻松、舒适的感觉。相反，举止轻浮、言谈粗鲁，或者动作拖拉、漫不经心，则会使消费者产生厌烦心理。

二、营销礼仪的基本原则

营销礼仪是企业市场营销活动的一部分，是企业形象的一种宣传形式。营销礼仪传播手段是建立在平等诚信和互惠基础上的现代礼仪方式。销售礼仪是在企业营销活动和日常工作中体现出来的，包括企业及销售人员的行为或程序礼仪。公众的反应和反馈礼仪等是企业和公众之间的一种良性的情感互动和交流。销售礼仪在实施过程中必须遵守平等原则、诚信原则、互利互惠原则和谦虚原则。此外，销售人员个人还要坚守谦虚和自信的原则。

（一）平等原则

营销礼仪的实施必须讲究平等原则。平等是销售人员与客户交往时建立情感的基础，是保持良好客户关系的诀窍。销售活动中，销售人员与客户相互平等、相互尊重，是销售中礼仪最深刻的内涵。离开平等这一元素，任何形式上的礼仪都会显得苍白而虚伪。

心理学家证明人都有友爱和受人尊敬的心理需求，人们渴望自立，成为家庭和社会中真正的一员，平等地同他人沟通和与人交往，只有既不盛气凌人、高人一等，又不卑躬、屈膝低人一等，才能进行愉悦的沟通，建立起和谐的人际关系。

英国著名戏剧家诺贝尔文学奖获得者萧伯纳有一次访问苏联，他在莫斯科街头散步时遇到一位聪明伶俐的小姑娘，便与他玩了很长一段时间，分手时，萧伯纳对小姑娘说回去告诉你妈妈，今天和你一起玩的是世界有名的萧伯纳。小姑娘疑惑地看着萧伯纳，学着大人的口气说："回去告诉你妈妈今天同你一起玩的是苏联小姑娘安娜。"这时萧伯纳大吃一惊，立刻意识到自己太傲慢了。后来他回忆起这件事，并感慨地说，一个人不论有多大的成就，对任何人都应该平等相待，要永远谦虚，这就是苏联小姑娘给我的教训，我一辈子也不会忘记她。

在实践中，贯彻平等原则不仅需要平等观念，而且还要讲究艺术。一位教授回忆在延安见到毛泽东时的情景，他说：我去见主席，主席拿着纸烟招待我，可是不巧纸烟只剩下了一支。我想主席怎么办，他自己吸不请客人吸当然不好，请客人吸自己不吸，客人肯定不同意，然而主席将纸烟分成两半，给我半支他半支。从这件事情可以看出主席的诚恳、平等和亲切，这使我很感动，终生难忘。

平等原则是礼仪的基础，也是礼仪最根本的原则之一，但平等又是相对的，由于现实生活中人们之间存在着经济条件、政治地位、尊卑长幼、男女性别等方面的差异，反映到礼仪上来必然产生礼仪形式上的某种差异。

比如，按照中国人的习惯，长者对年幼者可以直呼其名，而年幼者对长者直呼其名则被视为无理。在同时介绍几位客人时，介绍者应先将社会地位高者、年龄较大者或者女士介绍给相应的人；拍照合影时辈分高或年龄大者应安排在中间；待客时主人应首先征询客人的意见。这些礼仪形式的差异以及礼宾过程中的先后顺序并非因人而定，而是平等原则的必要补充。

销售人员在销售活动中贯彻平等原则，就是以礼相待。销售是一个通过发掘和满足客户需要并说服其购买的过程，在此过程中，销售人员与客户是平等买卖关系，没有尊卑之分。销售人员一方面要尊重客户的人格意愿，同时也要充满自信，不卑不亢。另一方面要以平等的态度对待各类客户，并真诚坦白实事求是的与他们分享信息。即使面对财大气粗或身世显赫的大客户，千万不要因为对方的身份地位显赫而感到压力，或者是为了能达到成交而将自己放在比客户低的位置，其实这样做并不能为成交带来任何的益处，反而会带来相反的效果。

销售人员最大的禁忌就是在客户面前低三下四，过于谦卑。有些销售人员还未到正式谈判就已经矮人三分了，认为自己低客户一等。自己看不起自己，你就休想让别人看得起。你表现的懦弱，唯唯诺诺，根本不可能得到客户的好感，反而会让客户对你非常失望，因为你的表现证明你不是一个光明正大的可信赖的人，那么他对你所销售的产品就更不会相信了。所以销售人员在与客户交往中应适度把握平等原则，根据具体情况行使相应的礼仪。在与客户交往时，既要彬彬有礼，又不能低三下四；既要热情大方，又不能过于轻浮；要自尊，又不能自负；要坦诚，又不能粗鲁；要信人，又不能轻信；要活泼，又不能轻浮；要谦虚，又不能拘谨；要老练持重，又不能圆滑世故；唯有如此才能结交更多的客户。

（二）诚信原则

实事求是的做人处事原则是营销礼仪的基本要求之一。用真诚感动了客户，也赢得了客户。俗话说，以诚相待，金石为开。这句话对销售人员来说尤其重要。销售人员在与客户接触时，如能表现出诚实坦荡的品格，必然为客户所称道和信任，从而更加放心的与你做生意。事实上，现代人的知识水平与实践经验普遍提高，一般都有一定程度的判断力，靠花言巧语是蒙骗不了客户的。正如著名企业家洛克伍德在一封信里所说，企业界是相当狭窄的世界，骗子骗了这个人，则不能再骗那个人。不诚实的行为必定会招致其他不良的后果。

在开发市场，面对客户，我们要以诚相待。真诚待人，能够缩短你与客户之间的心理距离，能够架起你与客户相互沟通的桥梁，从而促使销售工作的完美与成功。

诚信如此重要，销售人员应该怎样展现自己的诚信？

1. 不浮夸产品

作为一名销售人员，在向客户推销产品时一定要讲诚信，绝不能信口开河，自吹自擂。销售人员应注意夸和吹嘘是两个不同的概念。夸是为了让客户知道自己的产品好在哪里，能为客户提供哪些便利，而吹嘘就是言过其实，虚张声势，造成销售失败往往是因为不该吹的吹得神乎其神，而应该赞赏和夸赞的地方却没有夸。关于夸，我们来看看英国一家餐馆在菜肴推销上是怎样设计菜单的。

咖喱肉汤：印度汤，用春天的鸡肉、火腿、洋葱、苹果加上东方的调料和丁香肉、豆蔻、干皮、月桂树叶烹调而成。

韭菜鸡肉汤：一种苏格兰传统汤，用韭菜、黄油、鸡肉片、月桂树叶和鸡肉原汁慢炖而成。

这样的菜单当然比常见的那种写着菜名的菜单更能打动人心，它带给我们意味深长的启发：在清楚了解所销售的商品的前提下，去认真研究一下究竟怎么去夸商品该夸的地方。销售人员在想方设法夸自己商品的同时，绝不要越雷池半步，一定要牢记，决不能把夸赞变成吹嘘。

世界著名推销大师乔吉拉德说：任何一个头脑清醒的人都不会卖客户一辆六汽缸的车，而告诉对方你买的车是八个气缸，客户只要一掀开车盖，数数配电线，你就死定了。销售人员在销售过程中，需要说实话。一是一，二是二，说实话往往对销售人员有好处，尤其是所说的事客户过后可以查证的，这样就可诚招天下客。

2. 不说谎

真诚是绝对必要的。推销中千万别说谎，即使只说了一次，也可能使你信誉扫地，有的时候即使是最专业的推销员，也不可能回答客户所有的问题，遇到这种情况，你可以直率地说对不起，我现在无法回答你，但我回去后会马上查找答案，很快就回你电话。记住，要是你总是这样解释，那就说明你没有准备充分。不过这种坦率的回答倒是体现了你的诚恳，这总比说假话敷衍你的客户要好得多。若是时间允许的话，你最好立刻着手查找答案，比如客户问起你不熟悉的汽车挡位时，你可以说咱们现在就去请教专家，然后把他带到一位汽车技师那里，让他当面提出问题，并得到答案。

3. 不轻易许诺

不轻易许诺，是守信的重要保证。在与他人的合作中许诺要慎重，无论是答应客户所提出的要求还是向客户许诺，都要量力而行，一切从自己的实际能力以及客观可能性出发，同时还应考虑是否符合法律和道德的要求，切勿信口开河。不守承诺的人是不受欢迎的，尽管你可能得到一次好处，但这无异于杀鸡取卵，竭泽而渔。

如果已经答应了客户的某些事情，就一定要想办法做好，做到对客户负责，也是对自己负责，随便夸海口拍胸脯，这样极不利于树立良好的信誉。如果推销人员答应客户，但事情无法做到，那就要诚恳地向客户道歉，而且这样的事情千万不能再次发生，否则再多的道歉和解释都无法挽回客户的信任。

总之，学习如何以真诚的态度面对你的客户，是一个优秀的推销员所不可或缺的能力。有人做过调查，世界上最伟大的推销员之所以取得成功，并不是依靠巧舌如簧的嘴，而是他们的诚实，当我们还在努力的争取他人信任的时候，他们却已经以自己的人格魅力征服了他的客户了，并与其成了朋友，所以做人做事应该以真诚为本，这是我们敲开成功大门的魔杖。

(三) 互利互惠原则

互利互惠原则是指在销售过程中，销售人员要以交易为双方带来较大的利益或者能够为双方都减少损失为出发点，不能从事伤害一方或给一方带来损失的销售活动。

有一名汽车销售员刚开始卖车时，老板给了他一个月的试用期，29 天过去了，他一部车也没卖出去，最后一天老板准备收回他的车钥匙，请他明天不要再来公司了。然而这名销售员却不肯放弃，并坚持说还没到晚上 12 点，我还有机会，于是这名销售员继续坐在车里等。午夜时分传来敲门声，是一位卖锅者，身上挂满了锅，冻得浑身发抖，卖锅者看见车里有灯光，想问问车主要不要买一口锅，销售人员看到这家伙比自己还落魄，就忘掉了烦恼，请他坐在自己车内取暖，并递上热咖啡，两人开始聊天。销售员问：如果我买了你的锅，接下来你会怎么做？卖锅者说继续赶路，卖掉下一个。销售人员又问：全部卖完以后呢，卖锅者说回家再背几十口锅出来卖。销售员继续问，如果你想使自己的锅越卖越多，越卖越远，你该怎么办？卖锅者说那就得考虑买车，不过现在买不起，两个人越聊越起劲。天亮时，这位卖锅者订了一部车，提货时间是五个月以后，订金是一口锅的价钱。因为有了这张订单，销售员被老板留了下来，他一边卖车一边帮助卖锅者寻找市场，卖锅者的生意越做越大，三个月以后提前提走了预订的车。销售员从说服卖锅者签下订单起就坚定了信心，相信自己一定能够找到更多的用户。同时从第一份订单中他也悟到了一个道理，销售是一门双赢的艺术，如果只想自己赚钱，很难打动用户的心，只有设身处地地为客户着想，帮助客户成长或解决客户的烦恼，才能赢得订单。秉持这种推销理念，15 年间这名销售人员卖掉了 1 万多部汽车。

在与客户交往时，销售人员必须遵循互利互惠原则。上述案例中，这名汽车销售员能取得成功就是因为他把销售建立在了与客户双赢的互利互惠基础上，付出总有回报。当客户懂得了你的良苦用心，并感受到从购买中得到的好处时，他们一定会投桃报李的。

营销工作中掌握互利互惠原则的意义如下：

(1) 互利互惠是双方达成交易的基础。在商品交易中，买卖双方的目的是非常明确的，双方共同的利益和好处是交易的支撑点，只有在双方都感受到这种利益时，才有可能自觉的实现交易。

(2) 互利互惠能增强销售人员的工作信心。因为社会对销售存在的一些成见，销售人员或多或少的有一种共同的心理障碍，就是对自己的工作信心不足，总是担心客户可能对自己的态度不满意，怕留给客户唯利是图的印象。产生这种心态的重要原因在于他们或者没有遵循互利互惠的原则，或者没有认识到交易的互利互惠性。销售人员应该认识到，正是由于自己的劳动，当客户付出金钱时也获得了一份美好的生活。从这种意义上来说，销售人员是客户生活的导师，如此有意义的工作，获得利润和报酬是理所应当然的。

(3) 互利互惠能形成良好的交易气氛。由于买卖双方各自有立场和利益的不同，双方的对立情绪总是存在的，其实客户对销售人员的敌对情绪是因为不能确定自己将会获得的什么样的利益，所以销售人员要以稳定乐观的情绪和耐心细致的态度，把能为客户带来的利益告知对方，有利于推销业务的发展。互利互惠的交易，不仅能将新客户发展成为老客户，长久的保持业务关系，而且老客户还会不断地以自己的影响带来新客户，使你的业务日益发展，事业蒸蒸向上。

实现双赢是培养长久客户的基本要求和条件之一，是客户不断购买的基础和条件，也是取得客户口碑的基础和条件。要想成为受欢迎和被期待的销售人员，就必须遵循互利互惠的原则，互利互惠是商品交易的一项基本原则，但在具体执行中并没有明确的利益分割点，双方利益的分配也并非是简单的一分为二。优秀的销售人员总是既能使客户的需求得到最大限度地满足，又能使自己获得最大的利益。一般来说，客户最大的利益点就在于省钱，只要销售人员在销售时为客户提供省钱的产品，往往能够打动客户的心。

有一位销售培训师对学生说能够把冰箱卖给爱斯基摩人的推销员，不是一个好推销员，因为这个爱斯基摩人在发觉上当后就再也不愿意见他了，推销员再也不能回到那里卖其他任何东西了，因为对方已经对他失去了信任。积极地为客户着想，以诚相待，以心换心，是销售人员对客户的基本原则，也是销售人员成功的基本要素。

有一名机械设备推销员，费了九牛二虎之力谈成了一笔价值 40 多万元的生意，但在即将签单时发现另一家公司的设备更适合于客户，而且价格更低，本着为客户着想的原则，他毅然决定把这一切告诉客户，并建议客户购买另一家公司的产品，因此客户非常感动，结果虽然这名销售员少了上万元的提成，还受到了公司的责罚，但是他在后来的一年时间内，仅通过这名客户介绍的生意就达到上百万元，而且为自己赢得了很高的声誉。当你本着互利互惠原则为客户着想时，可能也会遇到上面所提到的问题，这时你应该怎么办？最明智的办法就是放弃眼前的利益，以使自己获得更加长远的利益。

曾经，有一位客户对袁一平说，我目前买了几份保险，想听听你的意见，也许我应该放弃这几份，然后重新买一些划算的。袁一平告诉他已经买了的保险，最好不要放弃，想想看你在这几年保险上已经花了不少钱，保费是越付越少，好处是越来越多，经过这么多年放弃这几份保险非常可惜，如果你觉得有必要，我可以就你的需要和你现有的保险合约特别为你设计一套，如果你不需要买更多的保险，我劝你不要浪费那些钱。袁一平自始至终，只想着如何诚实的做生意，如果他觉得对方的的确确需要，他会坦白地告诉对方，并替对方计划一个最合适的方案，如果没有必要，他会直截了当地告诉对方不需要再多投一元钱。正是这种为客户打算，想着客户需要的销售心态，使袁一平成为创造日本保险业神话的销售之神。

(四) 谦虚原则

人都是需要被人尊重的，无论是你的上级还是你的下属，无论是合作关系还是敌对关系。与人交往时，你所表现出来的谦虚态度本身就是对他人的一种尊重，尤其在与你客户交往时，谦虚的态度会赢得客户的高度配合与认可，也是营销的一种非常有效的手段。微笑是赢得客户良好印象的直接因素，也是拉近彼此间距离的有效手段。同时，微笑是销售人员必备的一项基本素质，也是赢得客户的前提条件和最好的语言，真诚的微笑能够打动人感染人，令客户感到满意和愉快。记住，千万不要整天一副苦瓜脸，试想如果你是客户，你愿意看到营销人员板着脸吗？销售人员不仅要保证微笑，更重要的是使对客户微笑成为一种习惯，成为自己生活的一个部分。可以说现代社会从事任何职业都要懂得营销，就是做人，也要懂得为自己做营销，懂得谦虚使人进步，骄傲使人落后，但过分谦虚就是懦弱，适度骄傲则是果敢。谦虚不是一味的奉承，销售新手要虚心学习前辈的销售经验，争取超越有经验的销售人员，学习的最大好处就是通过学习别人的经验和知识，可以减少犯错，缩短摸索时间，使自己更快速的走向成功。别人成功和失败的经验是我们最好的老师，成功本身是一种能力的表现，是能力的培养。销售是一个不断探索的过程，销售新手难免在此过程中不断犯错误，反省就是认识错误改正错误的前提。成功的销售人员总是能与他的客户有许多共识，这与销售人员本身的见识和知识分不开，有多大的见识和胆识，才有多大的知识，才有多大的格局。顶尖的销售人员都是注重学习的高手，他们不仅向销售前辈学习，还向客户虚心请教，通过学习培养自己的能力，让学习成为自己的习惯。因此成功本身是一种思考和行为习惯，所以，销售新手要有强烈的学习欲望，有选择地学习销售高手的技巧和方法，有目的的向客户学习，了解什么是合同的商务条件和技术条件，了解什么是账期，什么是公司的财务成本和现金流，了解客户的需求和公司的意图等。懂得谦虚是一个人成熟的表现。IBM 总裁送给儿子的座右铭，恰当的把两者结合起来。心灵像上帝，行动如乞丐。心灵要永远高傲，但行动要向乞丐一样去珍惜，去把握一切有助于我们人生幸福与成功的机会。宽阔的河流平静，知识渊博的人谦虚。凡是对人类发展作出巨大贡献的人物，都有谦虚的美德。

三、营销礼仪仪式

（一）开业仪式

开业仪式要营造出隆重的气氛。销售人员小王所在公司的一家下属分公司开业，公司全体人员参加了开业仪式。开业那天，小王碰到了下派到分公司开展工作的老同事，长时间未见的两人热烈交谈，甚至在仪式的过程中窃窃私语，引起周围人侧目而视。回到公司后，小王受到了销售部经理的严厉批评。

开业仪式是指在企业创建或某项工程正式开始之际，为了表示庆祝或纪念而按照一定的程序所隆重举办的专门仪式，从仪式礼仪的角度来看，开业仪式其实是一个统称，在不同的城市有不同的称呼，它往往会采用其他一些名称。销售人员参加开业仪式时，无论是作为主办单位的人员还是外单位的宾客，均应注意自己临场的举止表现，尊守礼仪惯例。

首先，对于主办方人员来说，整个礼仪过程都是礼待宾客的过程，销售人员的仪容仪表都不能忽视。假如在庆典中穿着打扮随便，举止行为失当，很容易造成对本企业形象的反面宣传。按照仪式礼仪的规范，作为东道主的销售人员在出席开业仪式时应当严格遵循以下七点：

(1) 仪容要整洁。所有出席开业仪式的人员事先都要洗澡理发，男士还应刮胡须，无论如何都不允许蓬头垢面、胡子拉扎、浑身臭汗，以免有意无意地给公司企业形象抹黑。

(2) 服饰要规范。有条件的企业最好穿着统一式样的企业服装，无统一服装的企业，则必须穿着礼仪性服装，如男士穿深灰、深色西装套装，配白衬衫，素色领带，黑色皮鞋；女生穿黑色西装套装，套裙配长筒肉色丝袜黑色高跟鞋或者穿花色素雅的连衣裙，绝不允许在服饰方面任其自由放任，把一场庄重庄严隆重的庆典搞得像一场万紫千红的时装或休闲装的博览会。倘若有条件，将本单位出席者的服装最好统一起来。

(3) 要遵守时间。庆典起始时间要严格遵守，这是基本的礼仪之一，身为主办方的一员，更不得小看这一问题。无论是公司高层负责人还是普通员工，都不得迟到、无故缺席或中途退场。如果开业仪式的起止时间已有规定，则应准时开始，准时结束，向社会证明本单位言而有信。

(4) 表情要庄重。在开业仪式举行期间，不允许嬉皮笑脸嘻嘻哈哈或是愁眉苦脸，一脸晦气唉声叹气，否则会使来宾产生很不好的想法。在举行开业仪式的整个过程中，都要表情庄重，全神贯注，聚精会神。假若庆典之中安排了唱国歌的环节，一定要正面面向主席台行注目礼，并且表情严肃此刻不许不起立不脱帽。

(5) 态度要友好。在开业仪式的现场，主办方人员要以主人翁的身份热情待客，遇到来宾要主动热情的问好，对来宾提出的问题要立即予以友善的答复，不要围观来宾、指点来宾或是对来宾持有敌意。当来宾在仪式上发表贺词或是随后进行参观时，要主动鼓掌表示欢迎或感谢，不论来宾在台上台下说了什么话，主办方人员都应当保持克制，不要吹口哨，不允许打断来宾的讲话，向其提出带有挑衅性质的问题，不应与其进行辩论或是对其进行人身攻击。

(6) 行为要自律。参加开业仪式，主办方人员就有义务以自己的实际行动确保它的顺利与成功，至少不应当因为自己的举止失当而使来宾对仪式做出不好的评价。在出席仪式时，主办方人员不要想来就来想走就走或是在仪式举行期间到处乱走乱转，不要与周围的人说悄悄话开玩笑，不要朝他人甚至主席台上的人挤眉弄眼做怪样子。

(7) 发言要简短。在企业开业仪式上发言，务必谨记以下四点：上下场时要沉着冷静；要讲究礼貌；按规定时间结束；发言时少做手势。

其次假如销售人员受邀参加客户的开业仪式，就更要注意自己的言行举止，以自己上佳的临场表现来表达对于主办方的敬意和对仪式本身的重视。要注意穿着打扮整洁得体，仪表庄重，风度潇洒，表情愉悦，这样才能与喜庆的气氛相协调；要守时，准时参加开业仪式，为主办方捧场，如有特殊情况不能到场，应提前通知主办方，以便让对方另做安排；宾客可在开业仪式前或开业仪式时送些贺礼，并在贺礼上写明庆贺对象、庆贺缘由和说词及祝贺单位；见到主办方负责人应向其表示祝贺，并说开业大吉，大吉大利，财源滚滚等吉利话，入座后应礼貌与邻座打招呼，可通过自我介绍互换名片等方式结识更多的朋友；在仪式上祝贺贺词时，应简短精练，不能随意发挥，拖延时间，而且要表现的沉着冷静心平气和，注意文明用语；在仪式的进行过程中，宾客要做一些礼节性的附和，例如当其他人致辞完毕应一同鼓掌。典礼结束前应一同跟随主人进行参观写留言等。宾客离开时，要与主办方领导、主持人、服务人员等握手告别，以致谢意，切不可悄悄走掉。

(二) 签字仪式

签字仪式通常是指与客户就某一事项谈判达成协议后签订合同或协议时所举行的仪式。举行签字仪式不仅是对谈判成果的公开化、固定化，而且也是有关各方对自己履行合同协议所作出的一种正式承诺，它表明双方已形成共识，愿受法律约束与保护。

1. 位次排列

从礼仪上来讲，举行签字仪式时最为引人注目的当属座次的排列问题。一般而言，举行签字仪式时座次的排列有三种基本形式：并列式排座是举行双方签字仪式时最常见的形式，它的基本做法是签字桌在室内面门横放，双方出席仪式的全体人员在签字桌后并排排列，双方签字人员居中面门而坐，客方居右主方居左；相对式签字仪式的排座与并列式签字仪式的排座基本相同，二者之间主要的差别只是相对式排座将双方签字仪式的随从人员移到签字人的对面；多坐式排座主要适用于多方签字仪式，其基本做法是签字桌在室内横放，签字席仍设在桌后面，桌后面对正门只设一个并且不固定区域安排座位。举行仪式时，各方人员包括签字人在内，皆背对正门面向签字席就座。签字时各方签字人仍应以规定的先后顺序依次走上前进行签字，然后即应退回原处就座。

2．基本程序

在具体操作签字仪式时可依据以下基本程序进行：宣布开始，此时有关各方人员应先后步入签字厅，在各自既定的座位上就坐；签署文件通常的做法是先签署应由乙方所保存的文件，然后再签署应由他方所保存的文件。依照礼仪规范，每一位签字人在乙方所保留的文本签字时，应当名列首位。因此，每一位签字人均需首先签署将由乙方所保存的文本，然后再交由他方签字人签署，此种做法通常称为轮换制，它的含义是在文本签名的具体排列顺序上有关各方均有机会位居首位，以示各方完全平等；交换文本，各方签字人此时应热烈握手，互相祝贺，并互换刚才用过的签字笔以示纪念，全场人员热烈鼓掌以表示祝贺之意。若是饮酒庆贺，有关各方人员一般应在交换文本后当场饮上一杯香槟酒，并与其他方面的人士一一干杯，这是国际上所通用的增加签字仪式喜庆色彩的一种常规行为。

（三）营销宴请

销售人员所在企业为了销售业务等原因准备设宴招待客户时，有以下几点需要注意：① 提前发出邀请函或请柬。宴会的邀请函或请柬一定要提前发出，电话邀请也应提前几天进行，在紧迫的时间内请客户赴约是不礼貌的，容易让客户认为自己是补充不能应邀前来的人的空缺。② 邀请函上应注明活动主题和具体时间地点，必要时可事先征求一下主宾的意见，然后再定夺。宴请地点一般不宜选在客户入住的酒店，因为客户往往会把住宿的酒店当成自己的家，所以在他们所住的地方招待客户就等于在客户家里招待他们一样，一般不妥。③ 席位安排。销售人员作为主人，在客户到达之前要事先安排好桌次和座次，以便参加宴会的人都能各就各位，入座时井然有序。按国际上的习惯安排座次桌次，地位的高低以距主桌位置的远近而定，以主人为基准座次的高低以距离主人的座位远近而定，右高左低近高远低。也可男女穿插安排，以女主人为主，主宾在女主人右上方，次宾在男主人右上方。我国的习惯是按个人职务排列，以便谈话。若夫人出席，通常把女方安排在一起，主宾坐在男主人右上方，其夫人坐在女主人右上方，陪同人员要坐在末端，避免让客人坐末端。

作为宴会的主人，销售人员招待客户进餐要注意仪容仪表修饰，最好穿正式服装，整洁大方，女士要适当化妆，男士亦应梳发剃须，显得隆重，有气氛；宴会开始前，主人应站在门口迎接来宾，对规格高的贵宾还应组织其他人员到门口列队欢迎。客人抵达后，主人要主动上前握手问候，随即由工作人员将客人引到休息厅小憩，若无休息厅可请客人直接进入宴会厅，但不可马上落座。主宾到达后，主人应陪同他进入休息厅与其他客人会面，当主人陪同主宾进入宴会厅后，全体人员方可入座，此时宴会即可开始。在客人右侧上菜，在客人左侧斟酒，只需斟至酒杯 2/3 即可。用餐时主人应努力使宴会气氛融洽、活泼有趣，要不时找话题进行交谈，还要注意主宾用餐时的喜好，掌握用餐的速度。客人在用餐完毕告辞时，主人应热烈送别感谢他的光临。上述宴请的要求较为严格规范，销售人员一般在销售宴请时可适当灵活一些，但基本的礼节要遵守。

第三节　市场营销沟通概述

一、营销沟通的含义

现代社会讲究沟通的艺术，沟通无处不在，人际交流需要沟通，矛盾化解需要沟通，意见传达需要沟通，执行命令需要沟通，心灵交流需要沟通，增进情感需要沟通，可以说，人生处处离不开沟通。用沟通化解难题疏通障碍，用舌头代替拳头，用情感感化人心，这就是沟通的伟大力量。

沟通是人与人之间，人与群体之间思想与感情的传递和反馈的过程，以求达成思想的一致和感情的通畅。他是一个人获得他人思想、感情、见解、价值观的一种途径，是人与人之间交往的一座桥梁。通过这座桥梁，人们可以分享彼此的感情和知识，也可以消除误会，增进了解。沟通的信息是包罗万象的，在沟通中我们不仅仅传递消息，而且还表达赞赏、不悦之情或提出自己的意见和观点。

如果信息接收者对信息类型的理解与发送者不一致，就有可能导致沟通障碍和沟通信息失真，在许多发生误解的问题中，其核心在于接收人对信息到底是意见观点的叙述还是事实的叙述混淆不清。比如，小王常常在单位的组织生活会上发言和小王爱出风头是两个人对同一现象作出的描述，一个良好的沟通者必须谨慎区别推论的信息和基于事实的信息。也许小王真的是爱出风头，也有可能是他关心集体事业，畅所欲言，踊跃给领导提出合理化建议。另外，沟通者也要完整理解对方传递来的信息，即获取发送者的真实意图，这样才能达到有效的沟通。

二、沟通的类型

在了解沟通含义的基础上，依据不同的划分标准，可以把沟通分为不同的类型。

按照沟通的模式，可分为语言沟通和非语言沟通，语言沟通又包括书面沟通与口头沟通。

根据沟通的结构性和系统性，可分为正式沟通和非正式沟通。

根据在群体或组织中沟通传递的方向，可分为自上而下的沟通、自下而上的沟通和平行沟通。

根据沟通中的互动性，分为单向沟通和双向沟通。

从发送者和接收者的角度而言，可分为自我沟通、人际沟通与群体沟通。

1. 语言沟通

语言沟通建立在语言文字的基础上，又可细分为口头沟通和书面沟通两种形式。人们之间最常见的沟通方式是交谈，也就是口头沟通，常见的口头沟通包括一对一讨论、小组讨论、非正式的讨论以及传闻或小道消息的传播。书面沟通包括备忘录、信件、组织内发行的期刊、布告栏及其他任何传递书面文字或符号的手段。其中口头信息沟通方式十分灵活多样，它既可以是两个人之间的娓娓深谈，也可以是群体中的雄辩舌战；既可以是正式的磋商，也可以是非正式的聊天；既可以是有备而来，也可以是即兴发挥。口头信息沟通是所有沟通形式中最直接的方式，它的优点是信息快速传递和及时反馈。在这种方式下，信息可以在最短时间内被传送，并在最短时间内得到对方回复。如果接收者对信息有疑问，迅速的反馈可使发送者及时检查，改正其中不够明确的地方。它的缺点是，信息从发送者以一段段接力方式传送的过程中存在着巨大的失真的可能性。每个人都以自己的偏好增删信息，以自己的方式诠释信息，当信息经长途跋涉到终点时，其内容往往与最初的含义存在重大的差异。而且这种沟通方式并不总能省时。

2．书面沟通

书面沟通具有一系列的优点。首先，书面记录具有有形展示、长期保存，可作为法律依据等优点。一般情况下，发送者和接收者双方都拥有沟通记录，沟通的信息可以长期保存下去，便于事后查询。一个新产品的市场推广计划，可能需要好几个月的工作量，以书面的方式记录下来，可以使计划的构思者在整个计划的实施过程中有一个依据。其次，书面沟通显得更加周密，逻辑性强，条理清楚。最后，书面沟通的内容易于复制传播，十分有利于大规模传播。当然，书面沟通相对于口头沟通而言，书面沟通耗费时间较长，同等时间的沟通口头比书面表达传达的信息要多得多。此外，书面沟通缺乏内在的反馈机制，不能及时提供信息反馈，其结果是无法确保所发出的信息能被接收到，即使接收到也无法确保接收者对信息的解释正好是发送者的本意，发送者往往要花费很长时间来了解信息是否被接收并准确的理解。

3．非语言沟通

非语言沟通是指通过某些媒介而不是讲话或文字来传递信息。在礼节性拜访中一边说热烈欢迎，一边不停地看手表，客人便该知道告辞的时间已到。事实上，在言语举止只是一种烟幕的时候，非语言的信息往往能够非常有力的传达真正的本意。扬扬眉毛、有力的耸耸肩、突然离去，都能够传达许多具有价值的信息，非语言沟通的内涵十分丰富。为人熟知的领域是身体语言沟通和副语言沟通。

身体语言沟通是通过动态无声的目光、表情、手势语言等身体运动或者静态无声的身体姿势及衣着打扮等形式来实现沟通。人们可以借由面部表情和手部动作等身体姿态来传达诸如恐惧、腼腆、傲慢、愉快、愤怒等情绪或意图。比如在你一日最忙碌的时刻有位职员来造访你，讨论一个问题，在把问题解决之后，这位职员却站着不走，并把话题转向社会时，在你内心里很希望立刻终止这个讨论而继续工作，可是在表面上，你却很礼貌、专注地听着，然后把椅子往前一挪，并坐直了身体，且整理桌上的公文，这暗示这位职员该是离开的时候了。

人与人之间的空间位置关系也会影响个人之间的沟通过程。有关研究证实学生对于课堂讨论的参与情况直接与学生座位有关，以教师讲台为中心，座位居中位置的学生参与课堂讨论的比例较大。沟通中空间位置的不同还直接导致沟通者具有不同的沟通影响力，有些位置对沟通的影响力较大，有些位置影响力较小。比如同一种发言，站在讲台上讲与在台下自由发言所引起的作用是不同的，高高的讲台本身具有某种权威性。沟通者的服饰往往也扮演着信息发送员的角色，比如在外交场合穿笔挺的深色西服系深色领带，给人以庄重威严之感，而在日常会见时穿浅色的休闲服则显示亲民色彩。最新的心理学研究成果揭示副语言在沟通过程中起着十分重要的作用，一句话表达深层次的意思，不仅决定于其字面的意义，而且决定于它的弦外之音。语言表达方式的变化，尤其是语调的变化，可以使字面相同的一句话具有完全不同的含义。比如一句简单的口头语"真棒"，当音调较低、语气肯定时，表示由衷的赞赏；而音调升高，语气抑扬，则完全变成了刻薄讥讽和幸灾乐祸。沟通是人类组织的基本特征和活动之一，没有沟通就不可能形成组织和人类社会。沟通是维系组织存在，保持和加强组织纽带，创造和维护组织文化，提高组织效率效益，促进组织不断进步发展的主要途径。有效的沟通可以高效的把一件事情办好，让我们享受更美好的生活。善于沟通的人懂得如何维持和改善人际相互关系，更好的展示自我需要，发现他人需要，最终赢得更好的人际关系和成功的事业。

第四节　市场营销沟通技巧

一、营销人员的服务态度、服务方式影响消费者的情感过程

消费者的情感过程是消费者对客观事实是否符合自己需求而产生的态度，体验的过程是消费者心理活动的一种特殊反应形式，贯穿于购买心理活动中的评价阶段和信任阶段，对购买活动的进行具有重要的影响，在影响消费者情感过程的诸多因素中，营销人员的服务是一个极为重要的因素。

1．为消费者着想

给消费者提供必要的售前服务，能够使消费者对企业产生好感。企业在经营活动过程中，应当处处体现以消费者为中心的现代市场经营观念。以消费者为中心的经营观念，要求企业在经营活动中根据消费者的习惯需要做好店堂布置工作，对商品进行合理陈列，精心安排室内灯光照明，恰当调配色彩，同时通过各种渠道积极向消费者提供企业经营信息。只有这样，企业才能拥有一个良好的购物环境，使消费者对企业有较为充分的了解，从而对企业产生好感。

2．耐心介绍

做好消费者的参谋，为消费者提供周到的售中服务，使消费者产生购买激情。营销人员应当掌握消费者心理，学会判断消费者的需要。在经营过程中向消费者提供最佳的服务。根据消费者的不同个性特点及需要，适时的向消费者展示商品，介绍商品，并有针对性的进行现场演示，更多地向消费者传递有关商品的信息，诱发消费者的积极联想，必要时帮助消费者进行决策，做好消费者的参谋，使消费者产生购买激情。

3．提高企业的信誉度

向消费者提供可靠的售后服务，使消费者对企业产生积极的评价，从而实现重复性购买。企业信誉度的高低是消费者选定某一企业的主要依据之一，营销人员要努力为消费者提供各种形式的售后服务，尽可能的消除消费者在购买过程中产生的各种疑虑，使消费者在使用购买的商品中真正达到满意，从而使消费者对企业产生积极的评价，对在本企业实

现重复购买起到积极的促进作用。

二、营销人员与顾客沟通的技巧

企业将产品生产出来后，要通过一定的渠道告知消费者自己产品的性能价格优势，一般都是通过销售公司把产品卖给消费者，消费者买还是不买，沟通营销沟通很重要，这里我们重点谈营销员与顾客沟通的技巧。

(一) 产品推销五步骤

(1) 气氛和谐。营销人员应自然的面带笑容，主动与顾客打招呼，简短的语句，谈顾客感兴趣的话题。

(2) 引发兴趣。营销人员以生动的解说吸引顾客，告诉顾客使用该产品能够带来的好处。

(3) 提供解答。营销人员可以用问问题的方式找出顾客需要什么及需要的理由，然后给予详细解答。

(4) 介绍产品时要具体不要笼统，不可对产品过分吹嘘，以免失真而引起顾客反感，营销人员要时刻把顾客放在心里，让顾客觉得没有使用你的产品是一种损失。

(5) 完成交易。营销人员要注意顾客发出的购买信号，及时成交。

(二) 接待顾客技巧

(1) 顾客肯定是带着某种目的来购物场所的，营销人员要注意观察顾客的一举一动，选择适当的时机与他们接触，在接触的最初 30 秒，留给顾客的印象最深刻，要取得顾客的好感，才能使顾客对你的产品产生兴趣。

(2) 在不了解顾客的意图之前不弃不离，大大方方的观察顾客动静，切忌紧随顾客左右，让其产生厌烦心理。

(3) 当顾客许久注视产品时，要轻松大方从斜后方与顾客打招呼，如您好，这是……

(4) 顾客在寻找某种产品或突然在导购面前停下来时，应立即上前与顾客打招呼；顾客对某一品牌都浏览一遍，逗留时间较长时，应耐心细致的介绍产品，让其产生主动了解的欲望，成为义务宣传员，扩大产品的知名度。

(5) 与顾客打招呼，而顾客无反应，应沉默，然后自然的离开，寻找下一次再接触的机会。

(三) 营销员言谈举止方面的技巧

(1) 说话时眼睛不看着顾客，会暴露出内心的胆怯，使顾客产生怀疑。

(2) 眼睛要自然平视，但目光要时常移动，不要总盯着一个部位。

(3) 不要神情紧张，口齿不清，站姿要正确，不要有小动作。

(4) 与顾客交谈时不要东张西望或打哈欠，这样会显得无精打采。

(5) 讲话时不要夹带不良口头语或说话时唾沫四溅，切忌谈论顾客生理缺陷。

(6) 避免让顾客说不。

(7) 有顾客在场时不要与同事或亲朋好友说笑。

(8) 优点要逐一介绍，以加深顾客印象，而不要将几点几条概括在一起介绍。

(9) 推销要点要言简意赅，一针见血，切忌夸夸其谈，忘乎所以。

(10) 切忌贬低竞争对手的产品以衬托自己的产品，并夸大自己的产品。

(11) 当顾客刚进入商店时，切忌立即跟随其左右。

(12) 切忌用消极的态度或面带怒色对待顾客的抱怨。

(四) 营销人员的职责

营销人员的职责不仅是推销自己的商品，同时还包括推广公司的形象、商品的品牌等。因此，在推销商品失败时，千万不要灰心丧气。顾客虽然未购买商品，但通过你的详细解说和周到的服务，顾客已把你推销的商品和你所在的公司记在心里，如顾客的亲朋想购买这一商品时，这位顾客无形中便可能承担起营销人员的职责，把你向他推荐的商品又向他的亲朋大力推荐，并说某某公司服务周到热情，价格也合适，极力推荐他的亲朋来你所在的公司购买商品，实际上此时你已间接成功的行使了你的职责。因此，营销人员在向顾客介绍产品的过程中，不要因为顾客未购买商品而有所忽略，更不能以衣取人，70%的生意来自你30%的老顾客。老顾客不仅指已购商品的顾客，还包括经过你详细解说商品与你接触过的顾客。

(五) 销售沟通

1. 保持适当的谈话音量

一次成功的销售应该像一个好的电视节目，有好的画面和好的音响。如果电视机的声控不佳，音响效果就不好。不管你是现场销售还是电话销售，都是用声音传递信息给客户，所以必须随时注意自己的说话音量，声音太小，细如蚊子，客户听不清，而声音太大，则又会造成客户情绪及听力上的负担，形成疲劳轰炸。我们都曾有过这样的经验。接听电话时，如果听筒传来声音太大，我们通常会将听筒远离耳朵，其实面对面谈话也一样，如果你说话的音量太大，也会令客户刻意与你保持距离，而且大声说话也容易产生误会，让客户误以为你在生气或者想吵架，这样会影响销售效果。因此，无论是在现场交易中还是在给客户打电话时，销售人员应该根据场所的大小、客户的多少及与客户相互距离来确定音量的大小，要以客户能听清楚又不刺耳为宜。

如何在客户沟通的过程中保持自己适中的音量呢？

(1) 找到自己最适合的音量。语言的威慑力和影响力与声音的大小是两回事，千万不要以为大喊大叫就一定能说服和压制他，声音过大，只能使他人不愿意听你讲话或讨厌你说话的声音和音调。我们每个人说话的声音大小也有其范围，试着发出各种音量大小不同的声音，并仔细听听，找到一种最为合适的音量。

(2) 音量的大小要适中，打雷般的说话方式会造成听众情绪及听力上的负担，相反音量太小时客户要身体前倾用心听才能听得到的话，这也是不合适的。正确的做法是在两人交谈时，客户能够清楚地听到你谈话就行。

(3) 控制自己的音调。每个人说话的音调不同，有的高亢有的低沉，有的浑厚，说话时必须善于控制自己的声音，高声尖叫意味着紧张惊恐或者兴奋激动。相反，如果你说话的声音过于低沉，有气无力，会让人听起来感觉你缺乏热情，过于自信，不屑一顾，或者让人感觉到你根本不在乎。当我们想使自己的话题引起他人的兴趣时，便会提高自己的音调，有时为了获得一种特殊的表达效果，又会故意降低音调，但大多数情况下应该在自身音调的上下限之间找到一种恰当的平衡。充满热情与活力的声音，给人以充满生命力之感。

当你说话时，你的情绪表情同你说话的内容一样，会带动和感染你的客户。每个人打电话的声音与原来的声音都不同，大致可分为铿锵有力的、柔和有节奏的、冰冷的、沙哑的、有磁性的等各种声音。你不妨向家人和朋友询问你打电话时的声音，以便了解自己倾向何种类型。通电话时不要装腔作势，要以平常见面说话的同一语调说出，且要调好嘴巴和话筒的距离，一般以对方听得清为宜。声音大的人要把话筒拿的远一些，声音小的人要把话筒拿的近一些，声音高亢的人说话轻柔些。相反的，声音低沉的人若勉强把声音说得很大，反而使自己感到不自然不舒服。另外，销售人员打电话时要注意说话要热情，声音冷冰冰的，会让客户以为你迫不得已才和他做生意。即使一直要以平静的语气说话，但是声音低，话筒又离得远，也容易让人产生冷淡的感觉。另外说话不带感情，语调没有抑扬顿挫，也会让客户产生不良的感觉。

2. 熟练控制说话的语调

语调是表达情绪传递思想的重要手段，不同的语调会带给人不同的感受，一个人在生气、惊愕、怀疑、激动时所表达出来的语调自然也不同。从你的语调中，人们可以感受到你是一个令人幸福幽默，可亲可敬的人，还是一个呆板保守，具有挑衅性、阿谀奉承或阴险狡猾的人。你的语调同样也能反映出你是一个优柔寡断，自卑充满敌意的人，还是一个诚实自信坦率以及尊重他人的人。因此可知，销售人员说话的语调能否吸引住客户，这是你的销售是否成功的关键。无论你的谈话是什么话题，都应保持说话的语调与所谈及的内容互相配合，并能恰当的表明你对某一话题的态度。要做好这一点至少要具备两个基本条件：第一要注意自己说话的声音；第二每天要不断的练习。

同时要掌握以下几点，一是沟通中的语调控制对与客户沟通效果非常重要，当一个人心存怒气时，说话的语调无疑会上扬，形成一种尖刻的没有耐心的高语调，这种语调有很强的传染性，会使客户马上受到传染，针锋相对。所以在与客户交谈时，销售人员必须善于控制自己的情绪，不要让自己的语调过于上扬。二是语调要低沉，缓和交流是相互影响的，销售人员的音调会影响到对方的情绪。当你高声说话时，客户为了达到和你同样的效果，也会情不自禁的提高自己的嗓门。如果你以低沉和缓和的语气交谈，即便语气和内容都很强硬，客户也能接受使交谈顺利进行，而你可以给人留下有涵养印象，所以要给客户难忘的印象，使用低沉缓和的语调往往效果更佳。三是模仿客户的语调，模仿客户语调的作用在于有意识的创造一种感情融洽的气氛，以便客户更好的接受你每一个建议。每一个人在交谈时，声音都是有高有低有快有慢有缓有急，有不同的语调、不同的语速，这些不同会产生反差鲜明的结果，销售的关键是你能不能达到用跟客户同步的语调和语速与其沟通，如果客户说话慢、声音低，你说话快声音大，不模仿是怎么也不能谈到一块的。

复习思考题

1. 如何做一名优秀的沟通人员？
2. 如何在与客户沟通交流时给客户留下良好的印象？

◇ 案例讨论

案例(一)：销售人员在与客户交往中最容易犯的错误之一往往是自降身份，把自己放在与客户不对等的位置上。如何改变这种心理状况呢？销售新手可以从以下三方面入手。

1. 正确评价自我价值

一些销售人员在从事销售工作时为自卑而感到苦恼，站在客户面前时总会变得局促不安结结巴巴的，不知道自己在说什么，总觉得在客户面前自己非常渺小，这是自己的心理在作怪，只有充分肯定自己的价值，才能改变这种心理。一个人的最高仲裁者不是别人，而是自己，为什么要把评价自我价值的权利交给别人？

2. 克服对大人物的恐惧

马克思十分欣赏这样一句格言，你所以感到巨人高不可攀，只是因为自己跪着，只要你站起来，自己并不一定比别人矮一截，超越了自卑，你一定会超越自己。当你消除了对大人物的恐惧时，你的销售生涯才能真正走上一个新台阶。其实那些老板级别的大人物并非是不可接近，实际上，平易近人也是他们成功的原因之一，只是少数人看上去比较高傲，他们中的很多人是愿意听取意见的，而且也喜欢和普通的销售人员相互沟通，所以你不能因为恐惧这个理由而不敢去争取与那些可能成为你客户的大人物相结识的机会。这类人物都是决策者，他们能让你在销售工作上更上一层楼。

3. 正确认识销售工作

说到推销，马上就会想到推销产品，其实产品的概念很广泛，除了日常理解的牙刷、化妆品、汽车、楼盘等物质产品以外，还有信息产品，你的见解建议、计划设计。推销是我们熟悉的一种工作，其实它更是一种人生状态，推销员推销的是产品，而我们每个人都需要在人生道路上推销自己，其实每个人都是自己人生中的推销员，无论你做什么工作，无论你地位高低，所以销售人员要正确认识自己的工作，不要认为自己是卖物质的产品，就低人一等。人人都是推销员，任何事情归根结底都与推销有关，只是你是专职的，他们是兼职的而已。交流双方位置的不同，对人的心理是有很大影响的，所以销售人员在销售工作过程中，只有与客户平等才能心平气和的开展销售工作。如果你的位置相对较低，就会影响你情绪的稳定，会感到强烈的不安，因此销售人员与客户面谈时，尽量与对方保持一致，对方站着你也站着，若对方坐着，你也要坐下，与他保持同一水平线。

问题思考：销售人员在与客户接触过程中如何调整自己的心态？

案例(二)：20世纪初，在美国的一个乡间小镇上，有家商店的店主慧眼独具，从一次偶然发生的事件中得到启示，并以它为模式开一代风气之先，为商家独创了一种崭新的庆贺仪式剪彩。这家商店即将开业，店主在门框上系了一条布带子，防止蜂拥的人群涌入店内，将优惠的便宜货抢购一空，不料此举竟然更加激发了店外客户的好奇心，促使他们更想早一点进入店内，对即将出售的商品先睹为快，巧的是当店门之外的人们好奇心上升到极点的时候，店主的小女儿牵着一条小狗突然从店里跑了出来，那条可爱的小狗无意的将栓在门柜上的布带子碰落，不明真相的人们误以为这是该店为了开张自己所搞的把戏，于是立刻一拥而入大肆抢购。小店的开业之日的生意居然红火得令人难以置信，店主认为自己的好运气全是由那条小狗碰落带子所带来的。于是在他旗下的几家连锁店陆续开业时，如法炮制。久而久之，他的小女儿和小狗无意中发明的程式逐渐成为了一整套仪式，先是在美国，后在全世界广为流传，在流传的过程中被人们赋予了一个极其响亮的名字："剪彩"。

1. 剪彩准备工作的礼仪

剪彩仪式的准备工作，一般来说与开业典礼的准备工作大同小异。剪彩仪式前要运用各种媒介广泛宣传，造成轰动效应，目的是为了使剪彩仪式能够引起社会上众多人士的注意，扩大宣传效果，提高企业知名度。向有关单位和个人发送请柬，特别是对剪彩者应发出郑重邀请。剪彩者一般由上级领导、合作伙伴、社会名流、员工代表或客户代表所担任。因此，应由举办剪彩仪式的单位领导亲自出面或委派代表专程前往邀请，若是邀请了几位剪彩者一起剪彩时，应事先征求每位剪彩者的意见以得到同意，否则对剪彩者是失礼的，甚至闹出误会，把剪彩的氛围弄得很僵。

2. 剪彩的人员应遵守的礼仪

剪彩者是剪彩仪式的主角，一定要注意仪容仪表，剪彩者一般都具有极高的威望，深受大家尊敬和信任。剪彩者的仪容仪表直接关系到剪彩仪式的效果和企业形象。因此，作为剪彩者具有荣誉感，也有责任感，衣着服饰要大方整洁，容貌要适当修饰，看上去容光焕发，充满活力，给人精干和文明的印象。剪彩者必须注意剪彩过程中，要使自己保持一种稳重的姿态，洒脱的风度和优雅的举止。当主持人宣布开始剪彩时，剪彩者要面带微笑，步履稳健的向前剪彩，当礼仪小姐用托盘呈上剪彩用的剪刀时，可用微笑来表示谢意，并随即拿起剪刀然后聚精会神严肃认真的把彩带一刀剪断，如果有几位剪彩者同时剪彩时，处在外端的剪彩者应用眼睛余光注视处于中间位置剪彩者动作，力争同时剪断彩带，同时还应和礼仪小姐配合注意让彩球落入托盘内，然后把剪刀放回托盘。有的剪彩者将彩带剪断后，举剪向众人微笑示意，也是一种礼仪举止，但示意一下即可，不可久停。在剪彩过程中，剪彩者言谈举止要有节制。剪彩仪式开始前，可以和举办单位领导、来宾及共同剪彩人随意交谈。当宣布剪彩仪式开始后，立即中断谈笑，全神贯注听主持人讲话。如果继续谈笑或向别人打招呼会有失礼仪。剪彩完毕应转身向四周的人们鼓掌致意，这时可与主人进行礼节性谈话或同其他剪彩者进行赞赏性谈话，但时间都不宜过长。在这种场合无休无止的高谈阔论或旁若无人的纵情谈笑都是不合礼仪的。

在剪彩的过程中，从旁为其提供帮助的人员(助剪者)多由礼仪小姐担任，礼仪小姐有的是从本企业中挑选，有的可从外单位临时聘请。礼仪小姐的基本条件是相貌姣好，身材修长，年轻健康，气质高雅，音色甜美，反应敏捷。礼仪小姐的最佳装束为化淡妆。盘起头发，身着款式面料色彩统一的单色旗袍，配肉色连裤丝袜和黑色高跟皮鞋，一般不佩戴任何首饰。有时礼仪小姐身穿深色或单色的套裙也可，但是她们的穿着打扮必须尽可能统一整齐，要展示端庄而非鲜丽的形象。剪彩的程序必须有条不紊，一般来说，剪彩礼仪宜紧凑，所耗时间短则 15 分钟即可，长则不超过 1 小时。

问题思考：

剪彩仪式过程中礼仪人员应注意哪些问题？

 **技能训练**

1. 注意语调

通常语调分为四种：升调、降调、曲调、平调。

升调的特点是前低后高，整个句子的后半句语调明显升高，句末音节比较高亢。当人们在提出问题、感情激动、情绪亢奋、发号施令、宣传鼓动等情况下，会用升调。

降调时声音先高后低，语调逐渐降低，句末音节短而低。降调是日常交际中运用最广的一种语调变化，它用于情绪平稳的陈述句、感情强烈的感叹句、表达愿望的祈使句等。

表达复杂的情绪或隐晦的感情时，人们往往用曲调。曲调顾名思义就是语调不断，由高向低再升高或自低转高再降低，运用曲调可以充分达到语义双关、言外有意、幽默含蓄、讽刺嘲笑的意思。

当人们表达庄重严肃、冷淡漠然、思索回忆、踌躇不决时的情绪时，常常运用平调。平调的语调变化不大，比较平稳舒缓。

2. 把握好说话的节奏

节奏即说话时不断发音或与停顿而形成的强弱有序的周期性变化。如果节奏太快，会显得心急，情绪不稳，而且会使某些词语说得含糊不清，他人就无法听懂你所说的内容；如果节奏太慢，会令人生厌；而如果讲话磕磕绊绊没有任何的节奏感，则又很难打动客户。只有说话节奏适度，方能显得自然、自信有力度，易于从心理上影响对方，产生良好的心理效应，因此，销售人员必须学会控制自己说话的节奏。

销售人员要掌握好说话的节奏应注意以下几点：

第一，应熟悉说话的主题。当我们的思考不发生任何迟疑时，要说的话就会张口即来，另外，熟悉主题会使销售人员更有激情，这种激情会使销售人员的整个身心都投入其讲话的意境之中，这样讲话就不会磕磕绊绊，毫无节奏感。

第二，发音要准确，讲话流利。发音含糊不清是一种说话犹豫的表现。如果销售人员连续几个地方都有迟疑不决的现象，就会使客户对他所讲内容产生疑问。因此，如果销售人员有意识的在发音标准、说话流利的方面做些努力，那么推销就会收到很好的成效。反之，如果销售人员在推销说服的其他方面多下工夫，而在与客户交流时候说话不自然不流利，那结果就可想而知了。

第三，注意讲话的速度。在语言交流中，讲话语速的快慢将直接影响客户传递信息的效果。如果销售人员讲话速度太快，尤其是介绍所推销的产品。对客户来说比较陌生，那么客户可能还没有听清你说什么，你说的话就已经结束了。客户听不清楚，自然就会失去兴趣，这肯定会影响到推销的效果。语速变化是情绪表达的一种重要手段，语速快会使人感到局促紧张，语速慢会使人感到安详平静。恰当地运用语速的变化，并结合其他言语技巧，可以烘托气氛，增加语言的节奏和气势，产生巨大的感染力。使语言富于节奏变化主要体现为讲话的快慢和停顿，说话没有节奏变化，就像催眠曲一样使人昏昏欲睡。说话时应该减速的地方有需要特别强调的事情、极为严肃的事情和使人感到疑惑的事情等；说话时应该加速的地方有任何人都知道的事情，不太重要的事情；精彩的事情进入高潮时、无法控制感情时，要有停顿。

第四，适当沉默。沉默是控制节奏，吸引客户注意力，调节现场气氛的重要方法。不懂沉默的人就是不懂得说话的人。美国前总统林肯非常善于运用沉默的技巧，当林肯说到某项要点时，他往往会倾身向前直接注视听众达一分钟之久，这种沉默高度集中了听众的注意力，甚至比怒吼更有力量。

第五，注意对客户的应对速度。对客户讲话时应对速度也很重要，销售人员如果对客户说话反应太快，特别是在知道客户下面要说什么的情况下而打断客户，那么就是一种不尊重客户的表现，往往会被客户误解为销售人员没有耐心倾听自己的谈话。反之，销售人员对客户说话的反应如果太慢，会被客户认为，销售人员根本就没有认真听他讲话。当客户讲述完自己的观点时有意让你对他刚才说的事进行阐述时，这才是你说话的好时机，此时要注意让自己的语言保持一个适当的速度，适中的语速是大多数客户所乐意接受的。

3. 运用好停顿

停顿是销售人员在日常说话时需要掌握的一种技巧，适当的停顿可以让销售人员快速整理自己的思维，观察客户反应，促使客户回话，强迫客户下决定等。

运用停顿的语言可以吸引客户的注意，甚至可以加强说话的重要性和感染力。适当的停顿是一个制造气氛的好方法，而且有助于听者更清楚的理解谈话的内容，在停顿的间隙进行消化思考回味，同时亦令讲者有换气的机会，需要停顿的种类如下：

转换停顿。当我们转换话题承上启下或提出重点总结中心思想的时候，就需要转换停顿，转换停顿应自然合理适当且受语言逻辑制约。

换气停顿。人的正常呼吸大约是四秒一次，由于换气的需要，在讲话过程中必然要有停顿，这种停顿即换气停顿，特别是长句中间没有标点符号，而一口气却无法说完，必须酌情进行换气停顿。

事实上，换气停顿还不仅是为了换气，也是为了加强语言的清晰度和表现力。

感情停顿并不受语言逻辑所约束，完全是基于讲话者的本身情感心态的需要而作出停顿。停顿的长短会依照情感的支配，通常感情停顿会运用在激动、思考、回忆、悲哀等环节中，讲话者的声音会因停顿而中断，但气氛及神情不散，感情停顿需要以真实的感情为基础。一般来说，如果想表达出蕴藏在自己内心的激情，讲话时应抑扬顿挫。另外，感情停顿并不仅限于声音的停顿，还可以配合动作和手势进行。一个人在交谈时的措词就如同他的仪表和气质，会影响谈话的结果。销售人员在日常工作和生活中经常会遇到风度翩翩、谈吐不俗的人，销售人员可以将他们视为学习对象，注意他们谈话时的语气和节奏，多加琢磨，以提升自己的讲话水准。

4. 注意交谈时的语气

销售人员在和客户沟通时语气要和缓委婉，不能咄咄逼人。和缓委婉的语气能冲淡对方的戒备心理，使对方产生一种信任感诚实感；激化矛盾语气往往体现在表述方式上如追问、反问、否定，会使语气显得生硬激烈，易引起对方的反感。而语气往往能营造出平和融洽的谈话气氛，有利于减轻对方的压力，阐明事实，表明观点。

说话中通常带有相应的词义，它可以独立成小句，也可以用于句子的末尾。销售人员应注意，有时说话的表情语气比内容更重要，如果表情不好，语气强硬，即使内容再好，再简单的道理客户也听不进去，如果换一种方式说，且注意说话的表情、语气就容易让客户接受。表态语气，销售人员运用这种语气与客户沟通，能表达自己对某件事的态度。当用一种方式和客户交谈而无结果时，就需要考虑改变自己说话的语气和方式。根据不同的场合、不同的时机和环境、不同对象灵活恰当地运用语气的各种形式，以达到推销的目的。

一般来说，场面越大越要注意，适当提高声音，放慢语速，把握语调上扬的幅度，以突出重点。相反，场面越小，越要注意适当降低声音，适当加大词语密度，并把握好语调的下降幅度。

相信自己能成功，这是销售人员取得成功不可或缺的信念，销售大师乔吉拉德说信心是推销胜利的法宝。乔坎多尔福也曾说过，在销售过程中的每一个环节，自信心都是必要的成分。人们通常喜欢与才能出众的人交往，客户也一样，他们不希望与毫无自信的销售员打交道，因为他们也希望在别人面前自我表现一番，只有信得过自己的人，别人才会把责任放心的托付在他身上。当你和客户洽谈时，言谈举止若能流露出最充分的自信，肯定会赢得客户的信任。客户信任你，才会相信你的商品，从而放心的购买。只有销售人员自信，才能使客户产生信任，信任则是客户购买你商品的关键因素。

第十二章
市场营销策划

❀※❀❀※❀❀※❀❀※❀❀※❀❀※❀❀※❀❀※❀❀※❀❀※❀❀※❀

◆ 学习目标

1. 理解营销策划的含义、分类
2. 熟悉营销策划的内容与程序
3. 熟悉品牌策划原则与技巧
4. 了解企业形象策划的内容，熟悉企业形象策划的方法

◆ 引导案例

新百伦于 1906 年在美国成立，该公司生产的鞋受小布什、奥巴马、乔布斯、比尔·盖茨等政要和商界精英的青睐，又被誉为"总统慢跑鞋"。同时你也会发现很多明星对新百伦"情有独钟"，身边穿新百伦的年轻朋友也越来越多。新百伦凭什么打动了这么多人？流行的背后隐藏着哪些引爆点和秘密？这股热潮能持续多久？

20 世纪 90 年代，新百伦曾进入中国市场，后因渠道之乱而无奈退出；2003 年新百伦重返中国后弃用原中文名，并从 2009 年开始直接运作中国的业务。近两年新百伦加强了品牌营销的投入力度，在资源、创意、传播渠道等层面进行突破。为了清晰地传递品牌信息，新百伦提出"3+1"产品布局，聚焦于支柱产品，加大宣传、沟通力度；强化形象和定位，向消费者沟通各自的卖点，打出知名度和喜好度。新百伦非常注重对潮流趋势的引导，把鞋款推荐给形象气质契合的业界领袖，在全球与多位设计师、潮流业界领袖和多家潮牌合作推出联名款，通过视频、软文、穿搭图册等推广穿搭风格，以此带动普通消费者，这样即使不做广告也能保有一定的曝光度。

国内慢跑市场还不成熟，很多消费者并没有慢跑习惯，对此，新百伦主要采用了以下策略。

策略一：培养消费者慢跑习惯

新百伦在全球的慢跑沟通主题是"this is runnovation"，倡导慢跑是可以不断创新的、有更多乐趣和意义的。runnovation 在中国的本土化落地，则是针对慢跑者"文火慢炖"。

(1) 倡导慢跑这种运动习惯和生活态度，强调享受每一步，跑对每一步。

(2) 尊重并充分了解本土跑步者的需求，在产品细节上下工夫。例如新百伦会和专业的跑步者合作，开发适合他们训练和竞赛的跑步鞋。

(3) 打造不同的沟通互动平台，把积累的知识、专业技能提供给跑步者。例如新百伦打造的慢跑课堂、新百伦冠军门徒训练营、6 公里公益跑等。

(4) 在慢跑平台和活动的选择上，选择更多都市初跑者喜闻乐见、乐于参与的活动平

台，如 Color Run。

(5) 注重通过跑步达人和意见领袖去影响更多跑步者。例如请世界跑步冠军辛普森、中国明星赵又廷拍摄广告。

策略二：引导消费者参与活动

为吸引刚刚开始对慢跑感兴趣的人群参与到这项运动中来，需要举办一些趣味性强、参与门槛低的慢跑活动。Color Run 的高参与性和高趣味性，适合都市初跑者，所以新百伦选择赞助 Color Run。而且，Color Run 是新闻价值和社会化程度很高的平台，几万人参加却能辐射十万甚至上百万，有助于新百伦的品牌信息传播。因此，新百伦中国区市场部围绕这个活动加强了与消费者的互动沟通。

(1) 通过广告投放、社交媒体持续沟通、现场品牌露出和互动游戏等传播组合，强化新百伦品牌与 Color Run 活动的连接。

(2) 通过多项体验设计，让消费者亲身感受并建立"New Balance 慢跑专家"的认知，例如为消费者进行专业的步态分析，并针对其脚型和慢跑习惯推荐适合的跑鞋款式，提供关于慢跑动作的一些指导；为赛事提供专业的教练，帮助跑者建立正确的跑步习惯。

(3) 将科技卖点视觉化、体验化，再配合慢跑动态下的产品试穿，从而提升产品的认知和渗透。

策略三：借助本土明星制造话题、提升关注度

慢跑领域缺乏能够引起广泛关注和热情的"超级明星/英雄"，要求品牌更加重视意见领袖、慢跑社区和社团，挖掘跑者的需求，和慢跑达人合作，透过这些意见领袖去影响更多跑者。同时，如何利用创意去扩大辐射力，也是一个营销重点。

2014 年，新百伦搭建了"冠军门徒"慢跑沟通平台，在"冠军门徒"发布会现场及广告片中，赵又廷作为都市跑者与世界冠军辛普森双城对话，把品牌慢跑的专业性用更本土化的故事诠释出来。新百伦希望通过此举来提高知名度和关注度，也希望每一个初跑者都能从赵又廷身上看到自己的影子，从而对品牌的讯息产生亲近感和认同感。

在慢跑活动冠军门徒的推广中，新百伦也尝试做一些传播和体验上的创新。消费者邀请好友扫描二维码，两部手机同步分别播放冠军版和门徒版，拼在一起即可观看完整故事，在播放过程中摇一摇手机就可双屏互换。通过这样的双屏互动，使得"跑对每一步"这件略显枯燥的事得以鲜活起来。

从 2012 年到 2014 年，新百伦在中国内地的年销售额达到 3 位数的增长，其在华门店数量也从 2012 年的 573 家增长到 2014 年的 1600 多家。借助营销策划的力量，新百伦成为中国最受追捧的潮流运动品牌之一。由此可见，营销策划对于一个企业非常重要。

第一节　市场营销策划概述

一、营销策划的内涵与类型

(一) 营销策划的内涵

"策划"之说可谓历史悠久，如《后汉书·隗嚣公孙述列传》中所载，"是以功名终

申，策画复得"，这里的"画"通"划"，又如《淮南子·要略》中所述，"擘画人事之终始者也"，这里的"擘画"即为"策划"之意。而策划活动更是贯穿于人类的历史长河之中，从古至今，为了达到特定的目标，人们总是有意无意地进行着策划活动。应该说策划最早始于军事领域，在我国的战争史上可谓处处皆策划，其中不乏大量的令今人啧啧称赞的经典策划活动，如"完璧归赵"、"鸿门宴"、"火烧赤壁"等。古人所说的"运筹于帷幄之中，决胜于千里之外"、"谋变而后动"，其本质上就是在进行军事策划。尤其是当今社会，从事商业领域的人渐渐发现这样一个道理，即商场如战场，许多军事上的谋划同样适用于商业场合，于是他们也开始对自己的商业活动进行策划，希望通过策划来提高商业活动的成功率。

随着社会的发展，人们对于策划的认识逐步深化并赋予了新的诠释。日本策划家和田创认为，策划是通过实践活动获取更佳成果的智慧或智慧创造行为；菲利普·科特勒则认为，策划是一种程序，在本质上是一种运用脑力的理性行为。其实，策划就是一套为了提高成功可能性而针对未来要发生的事情所做出的当前决策及其决策的执行与控制过程。就广义而言，策划是社会组织或个人为了提高成功可能性而对未来活动所进行的谋划。

所谓营销策划，是指市场营销策划活动的主体，根据企业的整体战略，在企业内部条件和外部环境的分析的基础上，设定预期的营销目标并精心构思、设计和组合营销因素从而高效率地将产品或服务推向目标市场的操作程序。营销策划是现代企业管理的重要内容，是企业竞争力提升的必要途径。在对策划的特点和营销策划定义的认识的基础上，可以归纳出营销策划的以下特点：

(1) 前瞻性。营销策划是对未来营销活动所做的当前决策，因而具有前瞻性。

(2) 战略依托性。一个营销策划不能挣脱企业的整体战略而独立存在，否则的话，这个营销策划无论自身多么优秀，也是无效果可言的，因为它与公司的整体战略方向发生冲突，结果只能费力不讨好。

(3) 科学性。营销策划是一门思维的科学，要求定位准确、审时度势、把握主观与客观，辩证地、客观地、发散地、动态地把握各种资源。要进行营销策划，必须得对企业的自身条件和外部环境进行分析，以便有的放矢。没有环境分析做营销策划的基础，所做出的营销策划就变成无源之水、空中楼阁，毫无根据，是极不科学的。

(4) 目的性。在营销策划中，一定要设定企业的营销目标，即企业希望达到的预期目标。比如在销售量、市场份额、利润等方面，而且应该对这些目标进行可以量化的表述。一个营销策划若没有相应的营销目标就无法检测营销策划的质量，同时也失去了其存在的意义。

(5) 程序性。理论和实践均证明了营销策划的进行应该遵循一定的程序，程序是营销策划质量的保障，脱离程序不但提高了营销策划本身的难度，而且会使营销策划的质量大大降低。同时应该看到营销策划的程序性并不会阻碍创造性思维的发挥，而是会使创造性思维得到更合理的发挥。

(6) 创新性。创新性是营销策划的灵魂所在，一个营销策划切忌模仿他人，没有创意，否则就会失去策划的生命力。只有那些拥有创意的营销策划才能在激烈的市场竞争中脱颖而出，取得最终的成功。

（二）营销策划的类型

营销策划由于覆盖的领域广阔，内容丰富，因此可以从不同的角度对其进行划分。

(1) 按营销策划作用时间的长短划分，可将其分为过程策划、阶段策划和随机策划。过程策划指的是贯穿于企业营销全过程的长期策划；阶段策划则是指处于企业营销的不同阶段的短期策划；随机策划是指在企业营销的某一时点随时策划，属于更短期的策划。

(2) 按营销策划的主体划分，可将营销策划分为企业内营销策划和第三方营销策划。企业内营销策划指的是由企业内的市场部或企划部人员做出的营销策划；第三方营销策划则是由独立的营销策划公司、管理咨询公司等中介机构做出的营销策划。

(3) 按营销策划的客体划分，可将其划分为市场调研策划、营销战略策划、新产品开发策划、价格策划、渠道策划、促销策划、品牌策划、企业形象策划、广告策划、网络营销策划等，本书在后面相关章节将对这些策划客体的部分进行论述。

(4) 按照营销策划的目标划分，可将其划分为营销战略策划和营销战术策划。营销战略策划注重企业的营销活动与企业总体战略之间的联系，内容涉及企业战略发展方向、战略发展目标、战略重点等，并依此设计企业的营销战略，例如营销战略目标的策划、营销战略重点的策划和 STP 的策划等；营销战术策划则注重企业营销活动的可操作性，是为实现企业的营销战略所进行的战术、措施、项目和程序的策划，例如产品策划、价格策划、分销策划和促销策划等。营销战略策划与营销战术策划关系密切，前者为后者指明方向，而后者则为前者的完成提供支撑和保障。

上面这几种划分彼此并不是孤立的，比如过程策划可以视为战略策划，阶段策划可看作战术策划，而价格策划、品牌策划等本身也是战术策划，所以这三种分类之间是相互联系，密切相关的。

二、营销策划的原理与流程

（一）营销策划的原理

营销策划的原理就是指通过科学总结而形成的对营销策划活动具有理性指导作用的规律性知识。营销策划的原理具有客观性、稳定性和系统性。营销策划所依据的原理主要有下列几个方面：

1. 人本原理

所谓人本原理是指营销策划以人力资源为本，通过探究消费者的需求和发挥策划人的创造性来推动企业发展的理论。这里的人主要是指企业内部人员，也包括企业外部的消费者。在拟定营销策划方案时，一方面要调动和激发企业内部相关人员的积极性和创造性，以企业员工的智慧来充实和丰富营销策划方案；另一方面也要体现"以消费者为中心"的理念，把企业行为与销售对象紧密地连接在一起，使营销方案有利于目标顾客的接受。因此，营销策划不能脱离企业内部人员和企业外部目标顾客而孤立地设计，否则就会导致策划活动有劳无功。另外，人本原理特别崇尚"天人合一"的理念，即营销策划要把企业发展、社会发展和自然生态发展统一起来，形成绿色营销策划的最高境界，以实现可持续发展，维护人类的根本利益。

2．差异原理

差异原理是指在不同时期，对不同主体，视不同环境而做出不同选择的理论体系。这追溯到哲学上就是唯物主义辩证法。唯物主义辩证法要求认识事物必须从实际出发，一切以条件、时间和空间为转移。营销策划不是空洞的玄学，在策划过程中必须审时度势，用动态的理念从客观存在的市场环境、策划对象、消费者等具体情况出发，因事制宜地进行营销方案的设计和制订。这就是说，营销策划没有固定的模式，营销策划工作不能刻舟求剑、生搬硬套。不同的策划主体和客体以及不同的时间和环境都决定了营销策划文案的差异性。那种无视客观环境变化而盲目照抄照搬别人现成的"模式"的营销策划行为，本身就违背营销策划的内涵，是不科学的乱干行为。当然，对于那些没有经验的初学者来说，一段模拟学习的过程是必要的，也是不可避免的，但真正的实战则不能停留在模仿的水平上，而必须要有创意。在激烈的市场竞争中，只有有创意的营销策划方案，才能出奇制胜。

3．整合原理

整合原理是指营销策划人要把所策划的对象视为一个系统，用集合性、动态性、层次性和相关性的观点处理策划对象各个要素之间的关系，以正确的营销理念将各个要素整合统筹起来，从而形成完整的策划方案并达到优化的策划效果。整合原理要求营销策划要围绕策划的主题，把策划所涉及的各方面以及构成文案的各部分统一起来，形成一个有机整体。同时，整合原理还强调策划对象的优化组合，包括主附组合、同类组合、异类组合和信息组合等。营销策划在整合原理的指导下，就会产生产品功能组合、营销方式组合、企业资源组合、企业各种职能组合等策划思路。

4．效益原理

效益原理是指营销策划活动中，以成本控制为中心，追求企业与策划行为本身双重的经济效益和社会效益为目的的理论体系。企业在进行各种活动中都要与其盈利性相一致，这种盈利既可以是短期的，也可以是长期的。同样企业在进行营销策划时也要注重其投资回报率，不要为策划而策划，要抓住最根本的东西，即营销策划活动能为企业带来的利润是多少。所以，营销策划效益是策划主体和对象谋求的终极目标，企业之所以要进行营销策划，就在于谋求企业的经济效益和社会效益(好的社会效益能为企业带来长期的企业利润)。营销策划如果不能为企业带来利润，那么就丧失了它的存在意义，也就不会有公司愿意做营销策划。

(二) 营销策划的流程

营销策划作为一门实践性很强的科学性与艺术性相结合，既有严谨的内在逻辑联系性，又有可操作性的市场营销程序，应按照一定的流程逐步进行，以提高营销策划的质量和科学性。

营销策划的流程由七个环节组成，下面将对每一个环节进行介绍。

1．环境分析

环境分析是指企业营销策划者通过对企业的外部环境和内部环境进行调查和分析，进而确定外部市场机会和威胁以及企业自身的优势和劣势，从而明确企业目前所处位置的一种方法。任何营销策划都必须首先从环境分析入手，这一步骤对整个营销策划的质量是至关重要的，若不进行环境分析，那么所做的营销策划就没有根据，成了无源之水、空中楼阁。

2. 营销目标设定

在完成了环境分析之后，下一步就是在环境分析的基础上，确定营销目标，而这也是营销策划整个流程的关键环节。目标就是你想完成什么，目标的设定应该遵循 SMART 原则，即具体(specific)、可衡量(measurable)、可操作(available)、现实性(realistic)、时限性(timed)。因此，营销目标在设定时也要遵循上述的 SMART 原则。

营销目标就是营销策划要实现的期望值，例如一年内企业某一产品的市场份额达到10%。应该明确的是营销目标只与产品和市场有关，通行的原理是仅仅通过把某些东西卖给某些人，从而达到公司的财务目标，而广告、定价、服务水平等只是取得成功的方式，所以定价目标、促销目标、广告目标以及其他类似目标不应与营销目标相混淆。营销目标应包括下列一项或多项内容：为已存在市场而生产的已存在产品；为已存在市场而生产的新产品；为新市场而生产的已存在产品；为新市场而生产的新产品。

营销目标的设定要明确，否则策划对象就会很模糊，不易产生策划构想。在设定营销目标时必须注意以下几点：

(1) 营销目标要尽量量化，以便于测量。对于不易量化的目标，也要尽量想出较为客观的评价标准。

(2) 营销目标不要设定得太高，也不要设定得太低。太低的话，起不到激励效果，达不到营销策划的目的；太高的话，又难以实现，容易产生消极影响。

(3) 如果存在多个营销目标，那么应该使营销目标相互协调一致。在目标之间有难以协调的矛盾时，要明确表述目标的优先顺序。

3. 营销战略策划

营销目标即要达到的目的地，而营销战略策划则勾画了如何达到这一目的地的整体框架。营销战略策划在整个策划流程中居于十分重要的地位，因为营销目标的实现完全取决于营销战略策划这一环节，可以说是整个策划流程的核心所在。营销战略策划主要包括市场细分、市场目标化、目标市场定位等，也就是营销中常提到的 STP 活动。

4. 营销战术策划

营销战术策划是指企业根据营销战略策划而制订的一系列更为具体的营销手段，具体内容包括产品策划、价格策划、分销策划、促销策划、品牌策划等。营销战术策划是营销战略策划由宏观层面向微观层面的延伸，它在营销战略策划的总体指导框架之内，对各种各样的营销手段进行综合考虑和整体优化，以求达到理想的效果。在营销战术策划中需要强调以下两点：

(1) 营销战术策划中可利用的可控因素有多种，对于不同的企业其侧重的程度是不同的。企业不能将可利用的营销策划的可控因素教条化，认为仅仅局限于在营销学科中常常被提及的 4P，即产品、价格、分销和促销，或者认为只有这四个 P 才是最重要的。其实企业在营销策划中可利用的可控因素远不止这四个，而且营销学中的 4P 理论是基于日常消费品提出的，对于其他的产品而言，其有效性不一定那样可靠，因此企业应根据所处行业的具体环境以及自身的条件，有选择地使用和侧重供营销策划所用的可控因素，不能把自己设置在一个框框中，束缚住自己的手脚。

(2) 企业的营销战术策划可以是全面的，比如一个企业整体的营销策划；也可以是单项的，比如一个企业的品牌策划。不管是全面策划还是单项策划，其策划的思路是基本相同的，需要考虑的战术要素也是相似的。

5．形成营销策划书

营销策划书是整个营销策划内容的书面载体，它一方面是营销策划活动的主要成果，另一方面也是企业进行营销活动的书面行动计划。营销策划书凝聚着整个策划活动的智慧，其写作水平的高低直接影响着营销策划方案的有效表达，从而影响市场营销决策。一般来讲，营销策划书作用如下：

(1) 帮助营销策划人员整理信息，全面、系统地思考企业面临的营销问题。
(2) 帮助营销策划人员与企业高层决策者进行沟通。
(3) 帮助企业决策者判断营销方案的可行性。
(4) 帮助企业营销策划管理者更有效地实施营销管理活动。

6．营销策划实施

一个营销策划通过营销策划书表现出来以后，接下来的工作就是将营销策划书中所写的营销策划方案在实践中加以实施。营销策划实施指的是营销策划方案实施过程中的组织、指挥、控制和协调活动，是把营销策划方案转化为具体行动的过程。再理想的营销策划方案如果不通过企业各相关部门的有力实施，其结果只能是纸上谈兵，对企业来说毫无意义。所以，企业必须根据营销策划方案的要求，分配企业的各种资源，处理好企业内外的各种关系，加强领导，提高执行力，把营销策划方案的内容落到实处。

7．评估与修正

营销策划一旦进入实施阶段，伴随而来的就是营销策划的效果评估和修正。营销策划的评估就是将营销策划方案的预期目标与现实中得到的实际目标加以比较，通过比较对营销策划实施的效果进行评价；营销策划的修正则是当发现营销策划的实际实施效果不理想时，对造成不利影响的因素加以修正，以便营销策划能够达到策划者所希望获得的目标。

三、营销策划认识上的一些误区

进入 20 世纪 90 年代后，中国市场的竞争变得十分激烈，许多企业逐渐认识到了营销策划的作用，于是纷纷做起了营销策划。然而由于大多数企业缺乏营销策划的知识，因此就借助于外脑，即外部的策划公司和策划人员。但是，由于过去一些策划公司和策划人员为了自己的短期利益，不负责任地设计了一些质量低下的方案，使不少企业耽误了营销机会，结果不但没有为企业带来利润，反而造成了许多损失，以致一些身受其害的企业至今对营销策划不敢问津。造成这样的局面主要是因为人们对营销策划的认识存在一定的误区，具体主要表现在以下几个方面：

（一）营销策划是"包治百病"的良方

一些企业的管理人员认为营销策划是解决企业在经营和管理中所遇到的难题的万能钥匙，这本身就是对营销策划的一种误解，也无形中夸大了营销策划的作用。其实营销策划只是企业众多职能之一，它不可能包办企业中的所有问题。而且营销策划要取得成功光靠营销策划过程自身是不够的，有许多因素影响着营销策划的成功率，这些因素包括公司的规模、国际化程度、管理风格、公司高层的支持力度等。因此企业的管理人员要正确看待营销策划，要认识到营销策划的局限性。一个企业要在激烈的竞争中生存发展，首要任务是苦练内功，企业自身的综合素质才是决定企业成败的关键因素，要不断地加强企业的市场应变能力，提高企业的核心竞争能力。只有企业自身的综合素质得到提高，企业才能更好地运用营销策划和驾驭营销策划。

（二）营销策划是误人子弟的东西

一些企业认为营销策划对企业是毫无用处的，并且还会给企业带来损失。这种观点显然是另一个极端的误区。造成这种想法的原因是多方面的，例如在现实中，一些在营销策划方面比较粗心的公司经营得很好，而那些在营销策划方面做得很好的公司却经营得很差；一些企业曾经利用外部策划机构和人员做过策划，但是结果却十分不好；社会上一些策划公司和策划人员缺乏职业道德，只考虑自身利益，坑害了客户等。造成上述现象的原因是多样的，比如前面讲的营销策划受许多因素的制约以及各个企业所处的行业环境等。但这些均不能证明营销策划一无是处。营销策划建立在多种市场理论和管理理论基础之上，并随着市场实践的探索而不断完善、发展，是一种有严密的逻辑和操作程序的边缘应用型综合技巧，它本身是科学性和艺术性的紧密结合，其效果并不因为某些失败的案例而被否定。反而随着世界经济一体化趋势和市场竞争激烈程度的加剧，企业的经营活动与管理活动中更加需要营销策划，以便为企业的竞争和发展指明方向，为决策者提供有价值的参考。

（三）营销策划方案可以模仿着做

在如今激烈的市场竞争中，企业要获取竞争优势就必须进行一系列的创新，在营销策划方面更是如此。创新性是营销策划的灵魂所在，只有有创新的营销策划才能为企业带来胜利。那些模仿他人营销策划而做出来的营销策划本身是对营销策划核心的误解，是不能取得成功的。因此，企业在做营销策划时要彻底摆脱"营销策划方案是可以模仿着做"的误区。一定要从创新的基点出发来进行营销策划方案的构思和设计，只有这样才能真正体现出来营销策划方案的价值，为企业带来竞争优势。

（四）有专业知识就能做好营销策划

一些人认为拥有专业的知识就能做好营销策划，这也是营销策划认识上的一个误区。应该指出的是，一个好的营销策划方案的诞生是离不开经济理论、市场营销、策划理论等方面的专业知识的，但是成功的营销策划除了专业知识外，还需要策划人具有广博的知识，涉猎的知识面越多越好，而且更需要丰富的行业营销管理经验，这是由营销策划实践性很强的特性所决定的。这就说明了有专业知识只是优秀营销策划方案的必要条件，而不是充分条件，同样的道理也适用于那些只有丰富实践经验而缺乏专业知识的人。

（五）营销策划越复杂越好

做好营销策划需要丰富的理论知识和实践经验，但这并不等于说营销策划越复杂越好。营销策划的目的在于高效率、高效果地完成营销任务，而不在于追求复杂，如果简单地认为简洁的营销策划意味着质量不高，复杂的营销策划则代表高质量，那么就犯了形而上学、舍本逐末的错误。此外，营销策划要根据企业高层决策者的特点来进行，一些企业高层管理者是不喜欢复杂的策划书的，他们更青睐于简单有力的形式，这时候复杂的策划书往往会引起他们的反感，遭到否决。所以，营销策划书要考虑其服务对象的特点，选择其表达方式的复杂程度。

（六）营销策划方案一定要不折不扣地执行

这种误区体现在营销策划方案的实施和控制过程中。营销策划方案的制订，是调查和分析了过去和当时的状况之后，在对未来的不确定性所做的预测的基础上形成的。这种预测虽然有一定的依据，但并无法保证未来就是按照方案中所预测的那样进行。正如有人所说的那样，在现在社会中唯一不变的就是变化。市场往往是瞬息万变的，这就会导致一些策划者没有考虑到的问题的出现以及实际的情况与原来设想的有偏差，这时候就需要企业在执行营销策划方案时具有一定的灵活性，针对情况的变化对策划方案做一定的调整，必要时甚至可以放弃原方案。只有这样才能使营销策划方案达到理想的效果。

营销策划涉及的内容比较多，如市场营销调研策划、营销整合策划、产品品牌策划、价格策划、渠道策划、促销策划、网络营销策划以及企业形象策划等等。由于篇幅所限，以下仅就产品品牌策划和企业形象策划做详细介绍。

第二节 品 牌 策 划

一、品牌的内涵

品牌是现代企业获取竞争优势，提升企业竞争力的重要手段，因而它是中国企业和企业家力图高举的一面大旗，也是被谈论最为热烈的话题之一。同时品牌也一直是一个谈了很久但仍比较模糊的概念。现实中有大量的企业从对品牌一无所知到盲目迷信品牌就是一切，通过广告轰炸、媒体炒作来树立品牌，结果自然黯然收场，惨败而归。能够真正运用品牌管理的理念和方法来建立起自己的品牌并保持品牌持久生命力的企业仍是凤毛麟角。

一个企业如果想通过树立品牌来构建自身的竞争优势，必须深刻理解品牌的内涵，否则品牌的策划活动就会失去方向，也达不到企业的策划目标。那么究竟什么是品牌呢？

国际上公认一个品牌能够表达出六层含义，即属性、利益、价值、文化、个性和使用者。属性指的是品牌带给人的特定属性，例如梅赛德斯表现出昂贵、优良制造、工艺精良、耐用和高声誉；利益指的是品牌给购买者带来的物质与精神上的享受，例如梅赛德斯不但使消费者可以舒服地驾驶，而且还使拥有该车的人备受别人的关注与羡慕；价值则是品牌体现出的制造商的某些价值感，例如梅赛德斯体现了高性能、安全和威信；文化是指品牌象征了一定的文化，例如梅赛德斯意味着德国文化，象征着有组织、有效率和高品质；个性表示品牌代表了一定的具有差异化的个性，例如梅赛德斯可以使人想起一头有权威的狮子或一位文雅的绅士；使用者则表示品牌体现了购买或使用这种产品的是哪一种消费者，例如我们期望看到的是一位50多岁的高级经理坐在梅赛德斯车的后座上，而不是一位20多岁的女秘书。

品牌的价值、文化和个性是它最持久的含义，这三者确定了品牌的基础，一个品牌若要持久的生存下来，就必须赋予它独有的价值、文化和个性，当然品牌的价值、文化和个性是建立在品牌的固有属性、利益和使用者的基础之上的。

◇ **案例 12.1**

中国红茶品牌——红岁的奢侈品之路

目前，中国奢侈品发展比较成功的是中国红茶品牌——红岁，它已经有了超过7亿元(每克100元)的年销售额。红岁的成功可以展示一些中国本土奢侈品成功的经验。

(1) 创始人姚研是一个有着远大目标的企业家。他愿意创建中国自己的茶叶奢侈品牌，并使其成为世界茶叶的品牌标杆。为此，姚研投入了十年时间，花费了20多亿元的广告和运作费。从他本人讲解的创建红茶品牌的艰苦历程可知，茶叶奢侈品牌与国外奢侈品牌一样，都有一个"教父"式的领军人物。可以说，姚研在创建红岁的品牌文化、品牌精神、产品品质方面起到了不可替代的作用，更是品牌灵魂的舵手。

(2) 奢侈品的产品品质是第一位的，它与产品的文化互为依托。为了保障消费者的利益，红岁从茶叶的原产地到茶叶的36道生产工艺，再到产品的包装都下足了工夫，没有一点马虎。同时，红岁不断加大产品研发的力度，因为消费者是最不容易满足的。今天的款式成了爆款，如果明天企业依然用同样的款式进行营销，便会发现周围其他品牌已经有了同样的产品，而且价格还相差很多，此时品牌差异化策略就很难再奏效。

(3) 奢侈品的通路建设要特别讲究。奢侈品对店铺的装修是非常讲究的，一件奢侈品的霸气是通过店面装修、陈列包装以及产品的销售人员形象共同体现出来的。此外，企业渠道终端的直营控制对奢侈品管理也是重中之重，这就要求创建奢侈品牌的企业必须准确锁定目标消费人群的文化特征，把其他的异类人群限制在外。红岁专卖店明确标出的"穿背心、拖鞋的客户恕不接待"提示，就体现了为目标客户服务的理念和文化的差异性。

(4) 创建奢侈品牌等同于创建一种文化。奢侈品牌是一种多数人向往、少数人可以享受到的文化，卖的是炫耀，企业要给它展示的机会。红岁对产品的包装花费了1.3亿元进行专利注册。创始人的解释是："红岁卖的是东方的文化，卖的是闻名的生活方式，卖的是你家不可缺少的装饰品。"

二、品牌策划的内容

1. 品牌化策划

在品牌策划中，遇到的第一个问题就是是否采用品牌。在目前激烈的市场竞争当中，品牌是企业获取竞争优势的重要手段之一，它可以为企业赚取巨大的利润。但是，打造一个品牌往往需要企业投入大量的人力、物力和财力，从而使企业的成本上升。这就是说企业在树立品牌过程中，承担着一定的风险，一旦品牌经营失败，则往往会大幅削弱企业的实力，甚至将一个企业拖垮。同时，有的产品使用品牌的意义不大，不采用品牌比采用品牌的效果更好。一般来说，企业在下列情况下，应当倾向于不采用品牌。

(1) 同质性产品。品种、规格相同，产品不会因为生产者的不同而出现差别。

(2) 人们不习惯认牌购买的产品。比如，白糖、食盐、一些农副产品和零部件等。

(3) 生产简单、无一定技术标准的产品，如土纸、小农具等。

(4) 人们已经习惯于某个经销商的品牌，乐于在此处购买包装简单、无品牌的商品。

由于产品不采用品牌会省下一大笔费用，因此在出售价格上会具有很大的优势。例如，在 20 世纪 70 年代早期，法国巨型超市家乐福在其商店内推出了一系列"无品牌"的商品，如细条实心面、面巾纸以及罐装桃子等，这些产品基本属于日常消费品和药品，同时在质量上符合标准，但是由于产品的标签、包装费用以及广告宣传费用的减少，其售价比品牌产品低 20%～40%，深受那些对价格比较敏感的消费者的欢迎，销量比较好。

然而，由于品牌化是一种有效的市场营销战略，目前越来越多的传统上不用品牌的产品也开始采用品牌，如大米、食油、水果等。那些原先就采用品牌的产品大部分都加大了对品牌的投入。原因在于产品采用品牌能为企业带来一系列的好处，这些好处包括以下几种：

(1) 有利于产品在市场上树立形象，减少新产品进入市场的费用。如果企业有一种或几种品牌的产品线，增加一种新产品到产品组合中是比较容易的，在新产品进入市场时，更容易被消费者接受。

(2) 品牌化有助于企业细分市场。通过品牌所传播给消费者的特定信息，可以自然将消费者划分出不同的群体，即对消费者进行市场细分。例如，宝洁公司在洗发水市场上推出飘柔、海飞丝等多个品牌的产品，每种品牌都有针对性地解决消费者对头发某方面的要求，从而更好地为消费者服务，因此，宝洁赢得了洗发水产品市场上的绝大部分的市场份额。

(3) 品牌可以有效降低消费者的价格敏感度。企业可以通过品牌建立良好的知名度、美誉度和忠诚度，品牌增加了产品的价格，从而有利于产品制订较高的价格。消费者对于美誉度高的品牌产品的价格的敏感度相比于那些无品牌或品牌知名度低的产品大大降低了，他们愿意付更高的价钱去买著名品牌的产品，尽管实际上这些著名品牌的产品在质量上并不比其他同类产品高出多少。

(4) 品牌有助于建立公司形象。强有力的品牌有助于建立公司在公众心目中的良好形象，从而使公司更容易推出新产品并获得分销商和消费者的信任和接受。

企业应根据自身产品的特点、企业内部资源的情况和外部市场的情形，决定是否对其产品进行品牌化，切不可盲目地进行品牌化决策，否则就可能造成极大的经济损失。但是，对于绝大多数产品而言，品牌化已是一个不可回避的现实，当企业决定为其产品进行品牌化时，下一步的工作就进入到品牌使用者策划阶段，即确定企业的产品使用谁的品牌。

2. 品牌使用者策划

当企业决定自己的产品需要品牌后，就要进一步决定使用谁的品牌。对此，生产者可有三种选择：一是使用自己的品牌，即制造商品牌；二是使用别人的品牌，如中间商品牌或别的制造商品牌，即分销商品牌或许可品牌；三是使用自己和别人共有的品牌。做出品牌使用者策划的关键是确认哪一种做法对企业及其产品更有利。

(1) 使用制造商品牌。绝大多数生产者都使用自己的品牌，制造商品牌长期以来一直支配着市场。虽然生产者使用自己的品牌要花费一定的费用，但品牌作为企业不可忽视的一笔无形资产，可以为企业带来很大的利益。生产者使用自己的品牌，可以获得品牌带来的全部利益。

(2) 使用中间商品牌。随着商业的发展，中间商品牌得到了强劲发展，近十几年来，美国等西方国家的大零售商、大批发商都在发展自己的品牌，例如，美国著名的商业公司西尔斯·罗巴克所经营的商品 90%以上使用自己的品牌。中间商品牌的发展主要得益于两方面的现实状况：一方面，一些资金薄弱、市场经验不足的企业，为集中力量更有效地运用其有限的资源，宁可采用中间商品牌；另一方面，顾客对所需产品并不都是内行，不一定有充分的选购知识，因而顾客除了将制造商品牌作为选购依据外，还经常依据中间商品牌，愿意在商誉良好的商店购买。中间商树立自己的品牌会带来一些问题，例如，必须额外花费较多的促销费用以推广其品牌；要承担更大的风险，一旦消费者对某一种中间商品牌的产品不满，往往会影响其他品牌的销售；中间商本身不从事生产，必须向生产厂家订货，这会使大量资金用于商品的库存，资金流动率降低。同时，中间商使用自己的品牌也有许多好处，主要包括：中间商有了自己的品牌不但可以加强对价格的控制，而且可以在一定程度上控制作为供应商的生产者；中间商可以找到一些生产能力过剩的厂家、无力创立品牌或不愿自立品牌的厂家，使其使用中间商的品牌制造产品，这样可以减少一些不必要的费用，中间商就可以降低产品的售价，提高产品的市场竞争力，同时还能保证得到较多的利润。作为生产者，是使用自己的品牌还是中间商的品牌，主要根据品牌在市场上的声誉。如果一个企业对市场不熟悉或者自己的品牌声誉远不及中间商的品牌声誉，就可以考虑使用中间商品牌，以便集中自己有限的资源去做对企业更有利的事情。

(3) 使用混合品牌。使用混合品牌是一种既用生产者品牌又用经销商品牌的策略，这种策略有三种方式：其一，生产者部分使用自己的品牌，部分批量卖给经销商，使用经销商品牌。这样既能保持本企业品牌的特色，又能扩大销路。其二，为了进入新市场，企业先使用中间商的品牌，取得一定市场地位后再使用自己的品牌。其三，两种品牌并用，即一种制造商品牌与一种中间商品牌或另一种制造商品牌同时用于一种产品，以达到兼有两种品牌各自的优点或说明某些不同的特点。例如，日本的通用电气公司与日立公司的日光灯和花旗银行与美国航空公司共同发行的花旗银行 AA 级信用卡。

3．品牌数量策划

对于那些决定使用自己品牌并且生产非单一产品的企业来说，下一步就是要对使用多少品牌做出决策，企业可以根据自身的具体情况选择使用以下几种策略。

(1) 使用统一品牌。这种做法是指企业的各种产品使用相同的品牌推向市场，例如，美国通用电气公司的所有产品只用一个品牌——"GE"。使用这种策略的好处在于：可以节省发展过多新品牌的时间、费用；大量产品共用一个品牌可以显示企业的实力，提高企业的声誉；新产品可以借助已有品牌的影响力，从而更加容易打入市场；在市场传播方面，企业可以集中力量突出品牌形象，同时也可以节约促销费用。在使用统一品牌时，要注意各种产品的质量水平应大体接近，如果质量水平参差不齐，势必影响品牌的声誉；同时，在统一品牌下，如果其中一种产品出现了问题，其他的产品也会受到一定程度的负面影响。

(2) 使用个别品牌。这种策略下，企业不同的产品使用不同的品牌。其主要优点在于可以有效避免企业的声誉过于紧密地与各别产品联系，同时可以为每种产品寻求最适当的品牌定位，有利于吸引顾客购买。但是这种做法需要企业投入大量的时间和费用，一般实力的企业无法承担多种品牌发展和市场传播所需的大量资源。

(3) 使用个别的统一品牌。企业依据一定的标准将其产品分类，并分别使用不同的品牌。这种策略可以看作上述两种策略的折中，可以兼收统一品牌和个别品牌两种策略的优点。例如，李宁体育用品公司在运动鞋、运动衣、户外运动装备中普遍使用"李宁"品牌，在专业的羽毛球鞋、球衣、球拍中还使用"凯胜"品牌。

(4) 使用统一的个别品牌。这是兼有统一品牌和个别品牌优点的又一种策略。通常是把企业的商号和商徽作为统一品牌并与每一种产品的个别品牌联用。这样，在产品的个别品牌前面冠以企业的统一品牌，可以使新产品正统化，分享企业已有的声誉；在企业统一品牌后面跟上产品的个别品牌，又能使新产品个性化。例如，日本的丰田汽车，便用丰田锐志、丰田凯美瑞和丰田皇冠等。

三、品牌命名策划

俗话说，"名不正则言不顺，言不顺则事不成"，这足以道出名字的重要性。同样，企业要想自己的产品卖得好，那么除了产品自身的质量有保障外，给产品起个好名字也是至关重要的。好的品牌名称既可以引起消费者的独特联想，还能反映产品的特点，有强烈的冲击力，增强消费者的购买欲望。例如，"奔驰"使人们联想到尊贵、成功，同时也反映了汽车制造工艺的优良等特点。由此可见，品牌名称是品牌的代表，是品牌的灵魂，体现了品牌的个性和特色。

在品牌命名策划活动中，策划人员应当遵循以下几个主要的品牌命名策划原则：

(1) 易读易记。一个品牌名称要容易拼写、容易发音，这样才有助于公众和消费者记忆，并提高其对品牌的认知能力，从而便于品牌在消费者中的流传。根据人们的记忆规律，品牌名一般应以两三个字为宜，超过五个字以上的品牌名则不易记忆，而且印象模糊。例如，世界十大品牌排行榜上位于第一位的可口可乐，不仅读音响亮，音韵好听，而且易读易记；中国的"娃哈哈"三个字的元音都是"a"，叫起来顺口，更适宜儿童发音和模仿。

(2) 独特新颖，不落俗套。选择一个易读易记的品牌名称有助于增加人们对品牌的记忆，而一个与众不同、独特的品牌名称则更有利于品牌的识别和品牌保护。独特的品牌名称便于记忆和识别，不容易被市场上众多的品牌所淹没。那些通过模仿形成的品牌名称由于缺乏个性，无法吸引消费者的注意。企业可以选用一般字典上不常用或查不到的词来做品牌名称，这些词多数没有什么意义，既易于注册又不易被假冒，在法律上具有专利性，可以说是为企业品牌命名专门创造的。例如，日本的索尼(SONY)，美国的柯达(Kodak)在作为品牌名称使用之前，任何国家的词典上都没有这两个词，现在则被人们看作公司的品牌名称，因而更具有显著性、标志性和新颖性；美国的"克宁"奶粉，采用"KLIM"作为品牌名称，而"KLIM"是英文"牛奶"(milk)倒序写成的，这个名称构思巧妙，与众不同，已成为品牌命名上的一个经典案例。

(3) 注重文化意蕴。富有文化意蕴的品牌既体现了企业的精神面貌，鼓舞员工士气，又容易赢得消费者的好感，取得其赞同和认可。拥有丰厚文化底蕴的品牌名称，无论是对内还是对外，都会产生强大的感召力和激发力。在中国，给品牌起个具有文化底蕴的名字尤其重要，中国拥有五千年的悠久历史，这造就了浓厚底蕴的文化，中国人的传统文化根深蒂固，倾心于具有文化底蕴的品牌名称。因此，品牌策划者应该从丰富的历史文化中吸取营养，提高品牌的文化意蕴。这方面做得出色的例子也比较多，例如，山西杏花村酿酒公司利用唐代诗人杜牧的名篇《清明》中的"借问酒家何处有，牧童遥指杏花村"的著名诗句，把汾酒定位为中国悠久的酒文化的代表而使汾酒名扬四海；又如，"九"在中国是最大至尊的数字，并与"久"谐音，给人"天、地、人长久"的感觉，三九胃泰的取名便是取其意义，更因为其产品的主要成分是三叉苦和九里香，取两味中药的字头，便是三九，堪称绝妙的品牌命名。

(4) 不触犯法律，不违反社会道德和风俗习惯。品牌名称作为一种语意符号，其间往往隐藏着许多鲜为人知的秘密，稍有不慎，便可能触犯目标市场所在国家或地区的法律，违反当地社会道德准则或风俗习惯，使企业蒙受不必要的损失。这对产品行销国际市场的企业尤为重要，一些在国内看来没问题的品牌名称在其他国家可能就成为忌讳。

四、品牌设计策划

按照品牌的完整性，品牌可以划分为完全品牌、品名品牌和品标品牌。品名品牌只有品牌名称而无品牌标志；品标品牌只有品牌标志而无品牌名称；完全品牌则是同时具有品牌名称和品牌标志的品牌。企业树立品牌一般都采用完全品牌，而少用品名品牌和品标品牌，尤其是品标品牌。因为完全品牌凭借其形象丰满，更有利于品牌的传播，加深消费者对品牌的印象。例如，奔驰不仅因其品牌名称简洁而便于传播，而且也因其类似方向盘的三叉星的品牌标志而更易于加深记忆。因此，品牌除了要有好的名称，还要有好的标志，名称与标志相互融合，并与产品相应生辉、相得益彰。品牌设计则是达到品牌名称与品牌标志和谐统一，完美组合的基础。

品牌标志要和品牌名称紧密地联系在一起，这样两者才能相得益彰，突现整个品牌的亮点，赢得消费者的青睐。品牌设计策划者在进行品牌设计策划时，应当遵循以下几个原则：

(1) 简洁明了，新奇独特。品牌是产品的标记，必须具有显著的特征。好的品牌设计，应当图案清晰，文字简练，色彩醒目，没有多余的装饰。同时，好的品牌设计，不应随波逐流，要有鲜明的个性。例如，耐克的标志形似对号的标记，不但简洁明了，而且使人感到新奇和独特，从而给消费者留下深刻的印象。

(2) 易懂易记，引发联想。品牌策划所蕴含的信息，要使人容易明白，这样消费者才容易记忆，如果消费者无法理解品牌所承载的信息，就无法达到品牌与消费者之间的沟通。同时，好的品牌设计能够给消费者以意会、机智或趣味方面的心理享受，引发联想。例如，北京"同仁堂"品牌的设计，"同仁堂"三个字由与清宫有密切关系的书法大家启功先生所写，力道十足，同时"同仁堂"三个字的周围由两条戏珠飞龙来环绕，整个品牌的设计，不但易懂易记，而且会使人引发一种历史悠久，至高无上的联想。

(3) 形象生动，美观大方。品牌在设计上，应当形象生动、美观大方，这样才会有强烈的艺术感染力，给人一种美的享受。那些设计草率、质量低劣或抄袭别人品牌，不但会使人产生厌恶，而且影响企业和产品的形象，不利于企业的发展，因为品牌是企业和产品形象的代表物。例如，海尔品牌是由两个活泼的小男孩构成，面带微笑，十分具有亲和力，看上去就十分形象生动，并且美观大方。

(4) 功能第一，传播便利。品牌设计应立足于有效传达企业和产品的信息，增加企业和产品的价值，而不应当将其看作一件独立的艺术品。因为品牌是企业或产品的一个有机组成部分，不能脱离企业或产品而孤立存在，否则就失去了它存在的意义。例如，一件衬衫的品牌往往设在胸前、袖子等显著部位，目的不仅为了装饰，更是为了便于消费者辨认。同时，品牌作为市场传播的主要信息载体，应当尽可能适用于各种传播媒体的特点，比如电视、广播、报纸、杂志、互联网和霓虹灯等，以便于品牌的传播。

五、品牌定位策划

品牌定位是指对品牌进行设计，构造品牌形象，以使其能在目标消费者心目中占有一个独特的、有竞争优势的位置。品牌定位不是针对产品本身，而是对消费者内心深处所下的工夫，力求在目标顾客的头脑中占据最有利的位置，塑造良好的品牌形象，从而借助品牌的力量使品牌产品成为消费者的首选。品牌定位是市场营销发展的必然产物和客观要求，是品牌建设的基础，也是品牌成功的前提。在当今商品同质化日趋严重、信息爆炸的年代，品牌定位直接关系到品牌在市场竞争中的成败。因此，品牌定位策划具有不可估量的营销战略意义。

1. 品牌定位策划的原则

品牌定位策划的目的在于使品牌与消费者之间产生交流和互动，激活消费者对品牌产品的购买欲。因此，品牌定位策划不可随心所欲，而需要遵循一定的原则。具体说来，品牌定位策划主要遵循以下几条原则。

(1) 以目标消费者为导向。品牌定位作为企业与目标消费者之间的互动性活动，其成功与否关键在于其能否突破目标消费者的心理障碍。因此，品牌定位策划要为消费者接收信息的思维方式和心理需求所牵引，突破信息传播的障碍，将定位信息进驻于消费者的心灵。品牌定位必须站在满足目标消费者需求的立场上，借助于各种传播手段让品牌在消费者心目中占据一个有利的位置。

(2) 以差异化为标准。竞争者是影响定位的重要因素，没有竞争的存在，定位就失去了价值。因此，不论以何种方法、策略进行品牌定位，始终都要考虑竞争者。营销策划人员在进行品牌定位策划活动中，应当选择与竞争对手不同的品牌定位，制造差异，以便和竞争者区别开来，从而有利于塑造个性化的品牌形象，凸显竞争优势。差异创造竞争价值，差异创造品牌的"第一位置"。品牌定位的差异化不但可以规避与竞争对手的简单价格竞争，而且更能保证品牌成为目标消费者心目中的"第一选择"。

(3) 以产品特点为基础。品牌是产品的形象代表，产品则是品牌的物质载体。两者相互依存的紧密关系决定了策划人员在进行品牌定位策划时，必须考虑产品的质量、性能、用途等方面的特点。品牌定位包含了产品定位，这种定位不是随手拈来，而是来自于产品与生俱来的特点，否则，这种定位就失去了物质层面的支撑，是站不住脚的。例如，农夫山泉"有点甜"以及"天然水"的定位就是来自于产品实实在在的特点，如果产品不具有这种特点，那么这些定位就会成为不堪一击的笑料。

(4) 考虑成本效益比。追求经济效益最大化是企业的经营宗旨，任何工作都要服从这一宗旨，品牌定位也不例外。品牌定位是要付出经济代价的，其成本的多少因定位不同而有所差异。不考虑成本而一味付出，不求回报不符合企业的经营宗旨。所以，策划人员在进行品牌定位策划活动时，必须考虑成本效益比。品牌定位策划要追求令企业满意的成本收益比，遵循收益大于成本这一原则。收不抵支的品牌定位只能使品牌定位失败。例如，将洗碗用的百洁布定位于高端豪华产品就不合适，因为没有多少人愿意掏高价钱去购买这种最普通的家庭日常用品，结果只会增加成本，降低经济效益。

2. 常见品牌定位策略

品牌定位是一项创造性的活动，这就注定了其没有固定的模式。也正因为没有固定的模式，品牌之间的差异性才能体现得淋漓尽致，增强品牌自身的价值。但是，现实中也有一些常见的品牌定位策略，这些策略往往因为在实践中曾取得巨大的成功而被总结出来，以供企业借鉴。这些策略可以单独使用，也可以相互组合，以达到更好的效果。这里简要介绍一些最常见的品牌定位策略，以供读者借鉴。

(1) 利益定位。所谓利益定位，就是将产品的某些功能特点与消费者的利益联系起来，向消费者承诺产品能带给其某种利益。利益定位可以突出品牌的个性，增强品牌的人文关怀，从而获得消费者的认可。利用利益定位时，利益点的选择不宜太多，最好不要超过两个，因为消费者对信息的记忆是有限的，也不喜欢复杂的品牌信息，因此一般说来，利益点以单一为好。采用利益定位策略的例子很多，例如，"高露洁，没有蛀牙"、"保护嗓子，请选用金嗓子喉宝"等。

(2) 情感定位。情感定位是利用品牌带给消费者的情感体验而进行定位的，它立足于激起消费者的联想和共鸣，进而促使其购买产品。情感定位要着重考虑品牌与消费者之间的情感沟通，让品牌和消费者产生联系。同时，情感是维系品牌忠诚的纽带，有效的品牌建设需要与人们的情感建立恰当而稳固的联系。采用情感定位策略的例子有：海尔的"真诚到永远"；伊莱克斯冰箱的"好得让您一生都能依靠，静得让您日日夜夜察觉不到"；纳爱斯雕牌洗衣粉的"妈妈，我能帮您干活啦"等。

(3) USP 定位。USP 是英文 unique selling proposition 的缩写，中文的意思为"独特的销售卖点"。所谓 USP 定位，是在对产品和目标消费者进行研究的基础上，在产品特点中寻找最符合消费者需要的、竞争对手欠缺的最为独特的部分，并以此部分作为品牌的定位。在同类产品品牌众多、竞争激烈的情形下，运用 USP 定位可以突出品牌的特点和优势，让消费者按照自身偏好将不同品牌在头脑中排序，置于不同的位置，在有相关需求时，可便捷地选择品牌。许多企业在品牌定位时，采用了这一策略，例如，乐百氏纯净水的"27层净化"、M&M 巧克力的"只溶在口，不溶在手"；宝洁公司旗下汰渍洗衣粉的"去污更彻底"等。

(4) 空当定位。所谓空当定位，指的是找出一些为消费者所重视而竞争者又未开发的空当作为品牌的定位。空当定位策略关键在于能够善于发现这样具有商业价值的市场空当并及时加以实施。一般说来，市场空当主要有时间空当、年龄空当、性别空当、使用量上的空当、价格空当等。空当定位有利于品牌避开激烈的竞争，往往能达到另辟蹊径、出奇制胜的效果。例如，西安杨森的"采乐去头屑特效药"在洗发水领域独领风骚，其关键是找到了一个市场空白地带，使定位获得了巨大成功。

(5) 比附定位。所谓比附定位，是通过与竞争品牌的比较，借助竞争者之势，衬托自身品牌形象的一种定位策略。比附定位的目的是通过品牌竞争提升品牌自身的知名度和价值。

一般说来，只有与知名度、美誉度高的品牌做比较，才能抬高自身品牌的身价，因此比附定位所选择的比照对象主要是有较好市场业绩和良好声誉的品牌。这样在消费者欣赏并记住这些强势品牌时，也让作为陪衬级别的自身品牌分到消费者注意力的"一杯羹"。运用比附定位策略取得成功的经典案例当推艾维斯租车公司，其主动承认自己不如竞争对手赫兹公司，推出了"我们第二，所以更努力"的品牌新形象，消费者被艾维斯租车公司的谦虚诚恳所打动，很快地信任并接纳了"新"的艾维斯，其品牌定位取得了巨大的成功。

(6) 产品类别定位。所谓产品类别定位，是把产品与某种特定的产品种类联系起来，以建立品牌联想。产品类别定位力图在消费者心目中造成该品牌等同于某类产品，已成为某类产品的代名词或领导品牌。七喜汽水的"非可乐"的定位是借助类别定位的一个经典案例，不仅避免了与可口可乐和百事两大巨头的正面竞争，还巧妙开辟了可乐饮料之外的另一选择，取得了巨大的成功。

(7) 文化定位。所谓文化定位，是指将某种文化内涵注入品牌之中，形成文化上的品牌差异。文化定位将普通商品升华为情感象征物，更易获得消费者的心理认同和情感共鸣，使产品深植于消费者的脑海中，达到稳固和扩大市场的目的。这方面的品牌定位策略也不乏例子，例如，孔府家酒将自己定位于"家酒"；七匹狼品牌则着眼于"勇往直前、百折不挠、积极挑战人生的英雄气概"；张裕红酒的"传奇品质，百年张裕"等。

(8) 目标消费者定位。所谓目标消费者定位，是把产品和消费者联系起来，以某类消费群体为诉求对象，突出产品专为该类消费群体服务，从而树立独特的品牌形象。目标消费者定位策略直接将品牌定位于产品的使用者，依据品牌与目标消费者的生活形态和生活方式的关联作为定位。例如，"太太口服液，十足女人味"、"百事可乐，新一代的选择"，广东客家酿酒的"女人自己的酒"等。

六、品牌传播策划

当一个品牌拥有好的产品质量和一定的特色、优势时，下一步就涉及品牌传播。由于品牌形成的过程实质上是品牌在消费者中传播推广的过程，也是消费者对该品牌的逐渐认识过程，因此，离开品牌的传播推广，品牌的塑造和成长几乎是不可能的。企业在创建其自身品牌时，必须做好品牌传播策划，好的品牌传播策划是提高品牌的知名度、美誉度不可或缺的营销手段。

品牌传播媒介的选择是品牌传播的关键部分，直接关系到能否有效地将品牌特征信息传递给顾客或潜在的消费者。选择正确适用的媒介是企业获得高品牌投资回报率的关键所在，一旦企业所选择的媒介不能有效地将品牌信息传递给目标顾客，那么用于品牌传播的金钱大部分都白白浪费了。那么企业如何选择品牌的传播媒介呢？媒体计划是用来解决这一问题的，媒体计划的目标就在于找到一种媒体组合，使品牌的传播推广以最有效的方式、最低的成本把品牌特征信息传播给尽量多的顾客或潜在消费者。被誉为"整合营销之父"的著名营销大师唐·舒尔茨在其一本有关品牌的著作中提出，21世纪的媒体计划应该从顾客和消费者怎样与企业的品牌进行接触开始，而不是从企业主观提出的媒体计划或可购买的媒体节目着手。因此，要弄清楚那些可能会成为企业品牌的最佳顾客或潜在消费者的人可能会以何种方式、在什么时候、什么地点接触到企业的品牌，当他们出现的时候，品牌也要努力在他们出现的地点以他们愿意接受的方式出现。所以，媒体计划的关键在于目标顾客与品牌的接触点，而非媒体系统。

媒体计划应该始于顾客，了解他们是如何与品牌进行接触的，然后要搞清楚在那些接触中，对于顾客和潜在消费者来说，哪些是最相关和最有意义的信息和激励，同时还要了解他们希望什么时候从品牌那里接收相关的信息。知道了这些以后，企业才能根据目标顾客并结合自身的实力和各媒体的特点来进行媒体选择，挑选出最适合企业品牌传播的一组媒体，进行品牌的整合营销传播。整合营销传播的实质在于：制订一个经得住推敲的、连续一贯的和以顾客为中心的品牌策略，然后再借助于一系列前后一致的、协同合作的和以顾客为中心的行销传播活动来实施这种策略。整合营销传播不只是广告，也不只是公共关系，它是在所有可能的品牌接触点上建立与顾客和潜在消费者的关系的全部方法的总和。在互联网时代，微信、微博、社交网站等新媒体的使用尤为重要。

第三节　企业形象策划

一、企业形象识别系统的构成

企业形象识别系统(corporate identity system，CIS)也被称为企业形象整体系统，即由一个企业区别于其他企业的标志和特征所形成的系统，目的是在公众心中占据特定位置，进而树立独特的形象。它是企业对组织的理念、行为和视觉形象等进行系统化、标准化、规范化设计所形成的科学管理体系。

企业形象识别系统包括三个构成要素，分别是理念识别系统(mind identity system，MIS)、行为识别系统(behavior identity system，BIS)和视觉识别系统(visual identity system，VIS)。

1. 理念识别系统

理念识别系统(MIS)是一套揭示企业目的和主导思想，凝聚员工向心力的价值观念。MIS是CIS的核心和基本精神，是最高的决策层次，也为CIS的顺利实施提供原动力。

理念识别系统主要包括企业使命、企业精神、道德规范、文化性格、发展方向、经营哲学、进取精神和风险意识等。

◇ **案例 12-2**

日本的松下公司，其企业理念体现在松下七精神、松下基本纲领、松下员工信条和松下经营哲学四个方面[①]。

松下七精神：产业报国精神、光明正大精神、友好一致精神、奋斗向上精神、礼节谦让精神、适应同化精神、感激报恩精神。

松下基本纲领：认清我们身为企业人的责任，追求进步，促进社会大众的福利，致力于社会文化的长远发展。

松下员工信条：唯有本公司每一位成员亲和协力、精诚团结，才能促成进步与发展，我们每一个人都要记住这一信条，努力使本公司不断进步。

松下经营哲学：坚定正确的经营观念、自主经营、堰堤式经营、量力经营、专业经营、靠人经营、全员式经营、共存共荣式经营、适时经营与求实经营。

2. 行为识别系统

行为识别系统(BIS)是一套企业全体员工对内、对外活动的行为规范和准则，表现为动态的识别形式。

行为识别系统的内容相当广泛，从企业活动的内容来看，主要包括对内和对外两个方面。对内的活动主要包括员工培训、礼仪规范、作业制度、生活福利、工作环境、管理模式、经营决策、生产研究等；对外活动主要包括市场调查和开发、产品开发、公共关系、促销活动、营销和广告、竞争战略等。

3. 视觉识别系统

视觉识别系统(VIS)是一套将企业理念和行为进行传播的可感知的要素，表现为静态的、具体化的识别符号。一般来说，对 VIS 的管理是通过编制 CIS 手册来完成的。视觉识别系统主要包括基本要素和应用要素。基本要素即识别符号，包括企业和品牌的名称和标志、企业标准字和标准色、宣传标语和口号、象征图形等；应用要素是基本要素的传递途径，包括办公用品、广告发布规范、员工形象、品牌包装、交通工具、建筑设计、展示设计等。

CIS 是一个整体系统，它由 MIS、BIS、VIS 三个子系统构成，这三个子系统有机结合，相互作用，共同构成了 CIS 的完整内涵，并且塑造了各具特色的企业形象。MIS 比较抽象，是企业最高层次的指导思想和战略体系，是 CIS 的灵魂，并为 CIS 的运作提供原动力；BIS 比较复杂，是动态的识别形式，规范了企业的行为方式，实际上是企业选择的运作模式；VIS 比较直观，是静态的识别符号，可以最直接、最全面地向社会公众传递企业信息。总之，MIS 规定了 BIS，并且通过 VIS 来展示，三者共同塑造了企业独特的形象，达到企业识别的目的。如果把 CIS 比作人的话，那么 MIS 是人的思想，BIS 是人的行为，VIS 则是人的外表。

二、企业理念识别系统策划

(一) 企业理念识别系统的内容

企业理念识别系统是企业赖以生存的原动力，是企业形象识别系统的核心，在企业发

---

① 王学东. 营销策划：方法与实务[M]. 北京：清华大学出版社，2010.

展中发挥着导向、规范、凝聚和激励的作用。企业理念识别系统主要包括企业使命、企业价值观、企业经营思想，虽然只有三个方面，却描述了企业精神、行为准则和道德规范、经营方向、经营风格和作风等丰富的内容。

1. 企业使命

企业使命是指企业存在的意义，即企业在社会经济活动中所扮演的角色、履行的责任以及因此而从事的业务。企业使命为企业发展指明方向，也是企业确定目标和战略的前提，只有明确企业使命，才能持续激发员工的创造热情，也才能得到社会公众的认可和接受。因此，企业在进行理念识别系统策划时，必须从分析确定企业的使命入手，要使企业理念识别系统充分体现企业的使命。

企业在确立其使命时，可以参考美国管理大师彼得·德鲁克的五个经典问题：我们的企业是干什么的？顾客是谁？我们对顾客的价值是什么？我们的业务将是什么？我们的业务应该是什么？这些问题听起来很简单，却是企业必须慎重、全面做出解答的难题，也是企业确立使命时经常使用的方法。

很多企业通过制订企业使命说明书来使员工负有使命感和责任感，一份好的使命说明书可以清晰地阐明经营方向、目标和机会，引导众多而又分散的员工各自而又一致地朝着共同的组织目标迈进。例如，eBay 在其使命说明书中是这么描述的："我们帮助人们对地球上的任何商品进行交易。我们将持续提高所有人在线交易的体验，包括收藏者、经销商、企业、特殊商品寻求者、讨价还价者以及浏览者"。

2. 企业价值观

企业价值观是企业理念识别系统的基础，是企业内部形成的、全体员工共同认可的对待客观事物的态度和观念。企业价值观可以准确反映全体员工对其工作意义的认识和行为目标的取舍，也可以体现企业的经营风格和作风。价值观作为一种意识形态，对企业员工行为产生重大影响，坚定了员工的信念，确立了员工的行为准则和道德规范，并且贯彻到企业生产经营的各个环节中，此时，企业意志也就得到了充分展示。

以华为为例，其核心价值观如下：

(1) 成就客户。为客户服务是华为存在的唯一理由，客户需求是华为发展的原动力。我们坚持以客户为中心，快速响应客户需求，持续为客户创造长期价值进而成就客户。

(2) 艰苦奋斗。我们没有任何稀缺的资源可以依赖，唯有艰苦奋斗才能赢得客户的尊重与信赖。我们坚持以奋斗者为本，使奋斗者得到合理的回报。

(3) 自我批判。自我批判的目的是不断进步，不断改进，而不是自我否定。只有坚持自我批判，才能倾听、扬弃和持续超越，才能更容易尊重他人和与他人合作，实现客户、公司、团队和个人的共同发展。

(4) 开放进取。为了更好地满足客户需求，我们积极进取、勇于开拓，坚持开放与创新。我们坚持客户需求导向，并围绕客户需求持续创新。

(5) 至诚守信。我们只有内心坦荡诚恳，才能言出必行，信守承诺。诚信是我们最重要的无形资产，华为坚持以诚信赢得客户。

(6) 团队合作。胜则举杯相庆，败则拼死相救。团队合作不仅是跨文化的群体协作精神，也是打破部门墙、提升流程效率的有力保障。

需要强调的是，企业价值观的正确取向应该包括以下两方面的内容：第一，企业价值观应该放在社会价值观中考虑和对待，追求企业价值观不能损害社会整体利益；第二，企业价值观是从高层决策者到基层员工的全体意志，而不是仅仅局限于高层决策者，只有全体员工形成了共同一致的价值观，才能保证企业上下步调一致。

3．企业经营思想

企业经营思想是企业高层领导者的价值观和经营哲学在企业经营活动中的运用和体现，是企业经营活动的指导思想和基本原则。企业经营思想集中体现了企业的经营哲学、信念和道德规范，对全体员工具有巨大的导向作用。因此，经营思想是企业理念识别系统的决定性因素，规定着其他识别系统要素的性质，是整个企业活动的灵魂。"蓝色巨人" IBM 公司的掌门人小沃森就认为"一个企业的基本哲学对成就可能起的作用，远远超过其技术或经济资源、组织结构、发明创造和时机选择等因素可能起的作用"。

以 IBM 为例，自 1914 年老沃森创立该公司起就确立了公司的经营宗旨，1956 年小沃森导入 CIS 时，又重申了 IBM 的宗旨，其内容是：

(1) 必须尊重每一个人。

(2) 必须为用户提供尽可能好的服务。

(3) 必须创造最优秀、最出色的成绩。

当然，企业的经营思想不是一个简单的口号，而是企业在长期的生产经营实践中形成的文化精髓。小沃森所强调的"尊重人，服务顾客，放眼企业未来"的经营思想，也是包括老沃森在内的几代人努力的结果。因此，经营思想是企业长远发展的重大财富，也是企业永远坚持和维护的传家之宝。

企业理念识别系统由企业使命、企业价值观和企业经营思想组成，不论哪一部分内容都要在顾客、市场、技术、产品或服务、盈利能力、组织结构、激励效果、公众形象、相关利益者回报等方面做出客观准确的判断，只有这样才能形成完整的理念识别系统。

(二) 企业理念识别系统的导入流程

企业理念识别系统的导入也有其程序，一般来说，有以下几个步骤：第一，分析企业形象现状；第二，确定企业理念识别要素；第三，表述企业理念；第四，对企业理念识别系统进行测试；第五，企业理念识别系统的实施。

1．分析企业形象现状

企业理念识别系统是整个企业形象识别系统的核心和灵魂，是企业最高层次的指导思想和战略体系，它规定和指导企业的各种活动。因此，只有对企业的整体形象现状进行分析，才能发现企业理念系统的现状，才能为企业理念系统的正确导入打好基础。对企业形象现状的分析，包含了很多内容。

首先，进行企业形象调查。在对企业形象进行调查时，应该着力回答以下问题：与竞争对手相比，企业的形象地位如何，有何特殊形象？同行业中，企业知名度如何，是否存在知名度错位，知晓程度有多深？与竞争对手相比，企业美誉度如何，赞美的内容是什么，赞美的原因是什么？从全社会来看，社会公众对企业的基本视觉要素和应用视觉要素设计的态度如何，哪些方面需要改进？与竞争对手相比，消费者对企业品牌评价如何？企业形象在哪些方面影响企业的发展？

其次，分析企业经营状况。分析企业经营状况，应该思考以下问题：与同行业相比，企业规模如何，企业利润如何，目前的优势和劣势是什么？与竞争对手相比，企业的市场地位如何，产品地位如何，营销情况如何？如何面对竞争对手的挑战？与竞争对手相比，企业收益性如何，未来盈亏趋势如何变动，资金链情况怎么样，财务状况如何，财务制度是否有缺陷？

再次，考察企业的信息传播渠道。考察信息传播渠道时，需要回答以下问题：与竞争对手相比，在对外沟通上企业最重要的识别项目是什么，现存识别系统有无问题？企业的专长在哪里？传播渠道的选择是否合理，如何改善？在对内沟通上，是否高效率，主要方法是什么，存在什么问题，如何改善？

最后，诊断企业现有理念。在分析企业现有理念时，可以考虑以下问题：企业的使命是什么？企业的价值观念体现在哪些方面？企业经营思想包括哪些内容？最重要的经营理念是什么？最重要的经营方针是什么？企业如何制订各种发展战略？存在什么问题？

2. 确定企业理念识别要素

基于以上的企业形象现状分析，便可以概括目前的企业理念。如果通过企业形象分析，发现目前企业形象不佳，则需要对原有企业理念进行修正，进而调整企业理念识别系统。因此说，客观准确的企业形象现状分析是确定企业理念识别系统的基础。

企业理念是一个抽象概念，因此，必须具体化为可以被识别的要素，企业理念的识别是通过基本要素和应用要素来实现的。企业理念识别的基本要素包括企业目标、经营战略、管理制度、组织制度、公共关系原则、企业道德等；应用要素包括企业信念、企业标语和口号、企业歌曲、企业座右铭、企业条例和守则等。

3. 表述企业理念

在确定理念识别要素后，需要对每个要素逐一界定，用最简练的文字和语言对所要设计的要素进行表述，并概括所要表达的全部要素内容。表述过程中，在能够正确表达含义的基础上，一定要贯彻易于传播和记忆的原则，另外，在表现形式和表达方法上，也应该有所考虑。

一般来说，企业理念的表现形式有标语、口号、企业歌曲、企业座右铭、企业条例、企业守则、广告、建筑物设计、商品包装设计以及其他视觉应用系统等。

企业在进行理念表述时，还要注意方法。常用的方法有以下几种：

(1) 厂名命名法：如"大庆精神"、"鞍钢精神"、"松下精神"等。

(2) 产品命名法：如沈阳风动机厂根据自己的拳头产品"凿岩机"敢于碰硬的特点，将该厂的企业精神命名为"凿岩机精神"。

(3) 人名命名法：如大庆油田的"铁人精神"、鞍钢的"孟泰精神"等。

(4) 概括命名法：如日本佳能公司的"三自精神"(自发、自治、自觉)。

(5) 借物寓意命名法：如戚墅堰机车车辆厂的"火车头精神"、日本 SONY 公司的"土拨鼠精神"等。

4. 对企业理念识别系统进行测试

对企业理念识别要素和内容进行设计后，不能马上投入实施，还需要在企业内外进行适当的测试。测试过程中，对内表现为自下而上的讨论和自上而下的宣讲，达成内部一致性；对外则是对社会公众、专家以及媒体的意见征询。经过对内和对外几个过程的反复，最终要实现由内至外和由外至内的共识。

另外，测试标准是这个阶段的关键，除了内容本身要合理之外，还要使理念识别系统易于传播。一般来说，需要解决以下问题：是否得到顾客的认同和理解？是否容易被社会公众所传播？企业目标与员工目标是否一致？是否获得了企业大多数员工的认同？是否符合企业实际情况？是否在企业生产经营活动中得到自觉体现？能否激励员工的工作热情？能否包容企业多年形成的优良文化？能否适应未来社会经济环境的变化？

5. 企业理念识别系统的实施

企业理念识别系统的实施过程本质上包括两方面内容：其一，要将理念渗透到组织与员工的行为中，即 BIS 策划；其二，要将理念渗透到企业的视觉标志中，即 VIS 策划。

企业的理念首先要内化为员工的意识和自觉行为，使员工深刻领悟企业理念的含义和真谛，在实践中自觉规范自己的行为，这是一个不断渗透、贯彻、教育和实践的过程；除此之外，理念的渗透还要涉及视觉标志的很多方面，包括建筑物设计、商品包装设计、员工制服及其他视觉应用系统。

三、企业行为识别系统策划

在确定企业理念识别系统后，就要把理念信息传递给社会大众，使之了解企业，产生认同感。在企业形象识别系统中，理念的传递途径主要有两条：一条是静态的视觉识别系统，即 VIS；另一条是动态的行为识别系统，即 BIS。

如果说理念识别系统是 CIS 中的"想法"，那么行为识别系统就是 CIS 中的"做法"，它使得"想法"在具体的生产经营活动中得以落实和体现。企业行为识别系统由两部分组成：一部分是企业内部行为系统，包括企业制度、企业风俗、企业员工行为规范等；另一部分是企业外部行为系统，主要包括市场调研、营销战略、产品开发、促销安排、广告活动、公共关系等经营管理行为。由于企业外部行为系统的内容在本节已有详细论述，所以，这里主要介绍行为识别系统中的内部行为系统。

(一) 企业制度策划

企业制度是企业为了保证生产经营活动的顺利进行而制订的工作秩序和规定，企业制度集中体现了企业理念对企业组织和员工行为的要求，是企业行为识别系统策划的基本和主要的内容。企业制度的建立，本质上是为了实现科学化管理，因此，科学合理是其制订的第一原则；另外，不论企业制度的内容是什么，归根结底都是由人来执行的，因此，还要保证企业制度能够充分体现"以人为本"的管理思想，从企业实际需要出发，刚柔并济、宽严有度，贯彻"人性化"原则。

(二) 企业风俗策划

企业风俗是企业长期继承、约定俗成的文化活动，包括节日、习惯、典礼、仪式等。企业风俗是企业在长期发展过程中自发形成的，因企业的不同而有明显区别，所以成为区别不同企业的显著标志，也是企业行为识别系统的重要内容。

企业风俗表现为风俗习惯和风俗活动。风俗习惯是企业长期坚持的、表现企业风俗的器物、场景和布置等，比如灯笼、鲜花、对联、标语等。风俗活动是企业风俗的具体内容，表现为各种活动。风俗活动又可以分为一般风俗和特殊风俗，一般风俗是企业由于行业、地域或者直接借鉴使用而具有的相近的企业风俗，比如庆典活动、企业展览、文艺演出、歌舞会等；特殊风俗则是企业特有的风俗，比如，大连麦凯乐商场每天早晨都会组织员工举行露天集会，在消费者的注目下，高喊企业口号，总结前一天的经营问题，布置当天的工作任务。

（三）企业员工行为规范策划

员工是企业的主体，也是与社会接触最频繁的企业个体。从现实情况看，员工的行为还是表现为不自觉，因此，企业必须确立员工的行为规范和准则，使员工的行为变得自觉和统一。只有这样，才能提高整个企业的运转效率，才能向社会展示企业风貌，树立健康的企业形象。一般来说，员工的行为规范策划包括素质与修养、岗位纪律和工作程序三个方面。

四、企业视觉识别系统策划

企业视觉识别系统是传递企业形象信息的静态识别符号，也是企业形象识别系统中与社会公众联系最紧密的子系统。视觉识别与理念识别和行为识别相比，具有明显的直观性，是在确定企业经营理念的基础上，设计出直观的、易于交流的识别符号，借助各种传播媒体，快速渗透给社会公众，以达到形象识别的目的。

（一）视觉形象选择的依据

构建企业视觉形象子系统，需要将企业的营销理念和战略构想翻译成词汇和画面，把抽象的理念转化为具体可见的符号，形成一整套象征性、同一性、标准性、系统化符号的过程。企业视觉形象系统强调引人注目、寓意隽永、简洁明了、易识易记，使企业的营销理念和企业特色为公众认同。企业形象的表现方式多种多样，可以通过产品本身的包装、造型和款式风格来表现，可以通过企业创始人或有名的领导人形象来表现，也可以通过趣味故事或代表性的建筑物来表现，甚至通过卡通、漫画等艺术形式也可以。不管是采用哪种方式，其选择的主要依据有以下几个标准。

1. 独创性

独特的设计或创意是视觉形象策划的首要标准。独创性要求设计师充分发挥聪明才智，用心挖掘生活积累和创造潜能，以"独树一帜、别具一格"、"不嚼别人嚼过的馍"的精神进行创作。

2. 针对性

企业视觉形象的选择要求针对不同的诉求对象、不同的民族文化背景、不同的地域和历史条件进行设计。选择符合审美规律并且和谐统一的表现手法，营造出令人神往和惬意的文化氛围，引导消费者产生认同感。当然也不排除反常规逆向思维的审美形式，别出心裁的创意能够激发人们的好奇心，有助于加深对产品的记忆程度，从而也可形成较强的视觉冲击力。

3. 情趣性

要求设计师以"来源于生活又高于生活"为原则，将人世间富有情感、幽默感和精神趣味的东西应用于企业标志、商业广告、商品包装、商标设计、商品展示等活动中，以增强产品的吸引力和感染力。

4. 艺术性

要求设计师通过准确、鲜明、生动的艺术形象来表现审美主体，使审美主体在形式、结构和表现技巧上尽可能地达到尽善尽美、美轮美奂的境界。无论是在产品造型、装潢设计、徽章创意，还是建筑物、室内、办公用品设计等方面都能充分体现出企业高雅的审美价值和灵活的管理艺术。

(二) 视觉识别系统的基本要素策划

视觉识别系统的基本要素即识别符号，主要包括企业名称、企业标志、企业标准字、企业标准色、企业吉祥物等。

1. 企业名称

在设立新企业或者老企业需要塑造新形象时，都要考虑名称设计。企业名称是企业与企业之间相区别的根本标志，是用文字来表现的识别要素，一旦注册，便受法律保护。但是，企业名称又不是简单的文字符号，它是企业理念的浓缩，需要综合考虑企业规模、经营范围等因素，而且必须与企业目标、企业宗旨、企业精神等相协调，要有利于树立形象、宣传促销、创造品牌等。

在设计企业名称时，一定要突出两个原则，即名称的设计要有个性，而且简短易记，这样才能利于传播。比如，清华同方是清华大学创办的高科技股份制企业，其名称"同方"便出自《诗经》，寓意为"有志者同方"，这样的名称不仅具有深厚的文化底蕴，还有明显的区别作用，容易记忆。实践证明，清华同方也确实得到了社会公众的认可。

2. 企业标志

企业标志是企业的文字名称、图形及其组合的设计，目的是把抽象的企业理念精神用具体的标志传达给利益相关者。也就是说，企业标志要给利益相关者带来联想，通过标志，可以识别企业及其理念、产品、服务等。因此，企业标志是企业视觉识别要素的核心，一旦确定后，不宜经常改变。

企业标志被广泛应用在广告、产品、包装以及视觉识别系统中。按照其表现方式的不同，企业标志可以分为文字标志、图形标志、组合标志等。

一般来说，企业标志的设计要经过以下几个程序：第一，明确理念，产生创意；第二，拟定设计要求，形成设计预案；第三，进行方案评估，选定企业标志；第四，根据企业标志，进行辅助设计；第五，进行设计制作。

苹果的第一个标志由罗纳德·韦尼(Ronald Wayne)设计，标识非常复杂，它是牛顿坐在苹果树下读书的一个图案，上下有飘带缠绕，写着 Apple Computer Co. 字样，外框上则引用了英国诗人威廉·华兹华斯(William Wordsworth)的短诗："牛顿，一个永远孤独地航行在陌生思想海洋中的灵魂。"据说该图案隐藏的意思是，牛顿在苹果树下进行思考而发现了万有引力定律，苹果也要效仿牛顿致力于科技创新。

后来乔布斯认为这一标志过于复杂，影响了产品销售，因此聘请顾问公司的罗勃·简诺夫(Rob Janoff)为苹果设计一个新标志。这就是苹果的第二个标志——一个环绕彩虹的苹果图案。1976—1997 年，苹果一直使用这一标志。那么，为何这个苹果被咬掉一口呢？这或许恰恰正是设计者所希望达到的效果。在英语中，"咬"(bite)与计算机的基本运算单位字节(Byte)同音，因此"咬"同样也包含了科技创新的寓意。

1997 年，史蒂夫·乔布斯重返苹果后重整公司，将品牌定位成简单、整洁、明确。在新产品 iMac、G4 Cube 上应用了全新的半透明塑胶质感的新标志，标志显得更为立体、时尚。这一次标志变化的原因是新产品都采用透明材质的外壳，为了配合新产品的质感而改变。黑色标志也几乎同时出现，大部分是出现在包装、商品或需要反白的对比色上，为了配合产品的宣传。至今苹果的单色标志仍然被使用着，也是最能体现乔布斯对苹果的品牌定位的标志。

2001 年，苹果标志变为透明的，主要目的是为了配合首次被推出市场的 Mac OS X 系统而改变的。这次苹果的品牌核心价值从电脑转变为电脑系统，苹果标志也跟随了系统的界面风格变化，采用透明质感。

2007 年，苹果推出 iPhone 手机时，也正式地将公司名从苹果电脑公司改为苹果公司。苹果标志采用玻璃质感的标志，为了配合 iPhone 创新地引入了 Multi-touch 触摸屏幕技术，带来了一种全新的用户体验。

其实，苹果标志的每一次变化都是核心产品的变革，苹果并不是放弃简约主义，而是品牌的核心价值在随着时代不断变化。(郭丽．你知道苹果标志的由来吗[OL]．http: //sheji.baike.com/article-83153.html,2011-10-7)

3. 企业标准字

企业标准字是将企业名称、品牌名称、广告口号等经过字体的选择和搭配、字间距、背景颜色、线条效果等设计和处理而形成的表现方式。企业标准字借助不同形式的视觉识别，增强文字的表现力，进而形成形象差异，强化企业对外交流的诉求力。

在设计标准字时，有以下几个要求：第一，企业标准字应该与企业标志等视觉识别的其他要素相配合；第二，企业标准字应该与经营范围及其产品相呼应，比如，香水、纤维制品等企业经常使用英文曲线；第三，企业标准字应该具有独特性，但是一定要利于识别和记忆。

4. 企业标准色

企业标准色是根据企业理念和产品特质等的需要而选定的代表企业形象的特定色彩。

标准色一般是一种或几种颜色的组合，经常与企业标志、标准字等配合使用。标准色是一种独特的企业形象，它利用色彩产生的视觉刺激和心理反应，使社会公众产生联想，进而拉近企业与社会公众的距离。企业标准色是传递企业理念、塑造企业独特形象的有力工具。

在设计标准色时，要注意以下问题：第一，企业标准色要有利于表现企业理念和企业形象，比如，可口可乐的红色代表了激情、青春和健康；第二，企业标准色要考虑到不同颜色所产生的心理反应，比如，银色让人冷静、优雅和高贵；第三，企业标准色要注意民族倾向，比如，埃及人喜欢绿色，禁忌蓝色；第四，企业标准色应该具有差异性。

5．企业吉祥物

企业吉祥物是为了强化企业形象而设计的企业造型和具体图案。企业吉祥物很容易唤起社会公众的亲和力和想象力，引起社会关注，与抽象的企业标志和企业标准字相比，往往更有视觉冲击力和情感偏好，更有助于企业与社会公众之间的沟通。

在设计企业吉祥物时，要充分考虑企业形象定位，还要考虑信仰和风俗问题，另外，还要注意企业经营范围和产品特性。

（三）视觉识别系统的应用要素策划

视觉识别的应用要素是指基本要素组合应用的传递媒体，主要包括办公用品、接待用品、人员服饰、交通工具、环境设计、宣传用品、产品包装、广告传播等。

1．办公用品

办公用品用量大、辐射面广，而且长期使用，因此，具有很强的实用价值和视觉识别效用。办公用品主要有：名片、信纸、信封、便笺、请柬、贺卡、证书、记事本、公文夹、文件袋、文具、票据、员工证件、报表、资料卡、旗帜、公文箱、公文包等。

2．接待用品

接待用品可以很好地向企业的利益相关者展示企业风貌。接待用品主要有：水杯、茶壶、保温瓶、烟灰缸、垃圾桶、毛巾等。

3．人员服饰

企业人员服饰也可以有效传达企业的经营理念、行业特性、精神面貌等，也是企业的应用视觉要素。人员服饰主要有：各类员工的服装、领带、公事包、徽章、胸卡、帽子等。

4．交通工具

交通工具是流动的形象展示平台，如果与企业标志、标准字以及标准色配合使用，将会产生很强的视觉冲击力。交通工具主要有：货车、客车、轿车、班车、旅行车、集装箱、小推车、船舶等。

5．环境设计

环境设计包括室内设计和室外设计。室内设计主要有：办公设备、空间设计、室内装修、车间布置、公共环境标识、公告栏等；室外设计主要有：建筑外观、风景设计、门面招牌、路标等。

6．宣传用品

宣传用品是推出和介绍企业的有效手段。宣传用品主要有：企业简介、企业刊物、小册子、图片、宣传单、公关礼品等。

7．产品包装

产品包装具有商品宣传和美化的作用，是"无声的推销员"，也是视觉识别系统的重要内容。产品包装设计主要有：包装箱、包装盒、包装绳、手提袋、包装造型、运输包装、分类包装、赠品包装、印刷品、专用包装纸、标签等。

8. 广告传播

广告是一种经济有效的传播信息的方法。广告传播主要有：报纸、杂志、电视、广播，户外的媒体选择和广告设计、展示和促销设计、POP 广告、DM 广告等。

复习思考题

1. 如何理解营销策划的涵义？
2. 营销策划的程序有哪些？
3. 产品品牌策划原则是什么？
4. 怎样有效地对企业形象进行策划？

◇ 案例讨论

华为手机的品牌策划

华为手机自成立以来，在市场上一直默默无闻，在消费者的心目中，品牌形象和普通山寨手机无异。直到 2010 年，华为才发力手机终端市场运作，并取得了不俗的成绩。与辉煌的销售数据相比，华为更大的成功在于树立了华为手机在消费市场的品牌地位，消费者逐渐意识到华为并非一般的山寨品牌，而是一个具有强大研发实力和可靠产品质量的一流手机品牌。2014 年 11 月 14 日，全球领先的品牌咨询公司 Interbrand 正式发布"最佳中国品牌"百强榜，在发布会上特别向华为授予了"最佳全球品牌"荣誉称号，这是该榜单在全球发布 15 年以来，首次出现中国品牌。

一、策划案背景

(1) 国产手机的崛起。中国不仅是世界最大的手机消费市场，占全球手机市场份额的1/3，同时也是世界手机重要的生产和出口大国，在全球手机排名前十中，中国手机已经占据了 4 席。据工信部统计，2013 年第一季度，国产手机占国内市场份额的 71%，时隔十年，国产手机再次在国内占据主导地位。曾经的两大国际巨头诺基亚和摩托罗拉分别被微软和谷歌收购，国内曾经的手机霸主如波导、科健、东信和首信等已然没了踪影，取而代之的是苹果、小米、华为、联想等 IT 出身品牌。

(2) 手机定义的转变。手机产品的更新换代速度非常快，国内手机企业由于大部分从家电企业延伸而来，短时间内未能建立起相应的研发、生产和配套体系，产品质量很不稳定，产品的更新换代速度也跟不上，结果是国产手机迅速崩盘。直到苹果手机的问世，手机的定义和消费者需求被彻底颠覆。手机不再仅仅是一个通话的工具，而是一个集通信、分享、娱乐、学习、消费甚至办公为一体的移动终端。消费者关注的不再是耐用性、可靠性和稳定性，而是整体使用体验，包括系统界面的友好性、产品的反应速度及相应配套应用软件的丰富程度以及在产品使用过程中与品牌的交互作用产生的品牌共鸣(个性、价值观、生活方式等)。这些改变为国内手机厂商创造了新的机会，尤其是曾经从事 IT 的企业，他们在软硬件研发实力和对消费者需求把握上比传统的家电企业要强得多，这其中进步最快、发展潜力最足的当华为莫属。

二、华为手机业务分析

华为手机在进行品牌策划之前需要对其进行 SWOT 分析，分析如下。

1. 优势

(1) 企业综合实力强，有明确的战略导向。

(2) 建立了良好的品牌优势和影响力。

(3) 极大的产品和通信技术的积累。

(4) 高素质、低成本的人才优势。

(5) 本土化与差异化并存。

2. 劣势

(1) 国产手机品牌用户忠诚度低。

(2) 财力资源相对薄弱。

(3) 宣传力度相对不足。

3. 机会

(1) 中国移动互联网市场空间巨大，5G 网络技术的研发。

(2) 智能手机更新速度加快。

(3) 海外市场的扩张，品牌国际化。

4. 威胁

(1) 低价优势不明显。

(2) 国际贸易保护手段的阻挠。

(3) 智能手机市场竞争激烈。

三、华为的品牌策略

1. 企业品牌对产品品牌的背书

华为企业在业务和管理上的成功，扩大了华为在消费者心目中的影响力，面对这样一个企业，消费者没有理由不尊敬，并形成"高技术、高品质、高水平"的品牌联想，把这种品牌联想嫁接到华为相关产品上也就顺理成章了。同时，手机终端和通信设备之间的高相关性也是企业品牌延伸到产品品牌的关键因素，消费者有理由相信，一个生产通信设备的优质企业也能够生产优质的手机。

2. 产品品质对品牌的支撑

在华为手机发展史上，也曾有一些经典产品不断涌现，例如 C5600、C8500、荣耀 u8860 等，华为 P6 的出现让消费者有眼前一亮的感觉，据统计，上市仅三个月，P6 就实现 100 万台的销售量，预订量超过 600 万台，并有望达到 1000 万台的销售目标。不断翻新的单机销量是消费者对华为产品品质和良好体验的有力佐证，正是有了一系列经典的产品，才支撑了"华为"手机在消费者市场的发展和壮大。

3. 整合营销传播对品牌的塑造

华为的营销传播分为两个层面——企业层面和产品品牌层面，前者形成"华为"品牌宏观和共性的品牌联想，后者形成具体产品；前者通常是半推半就的被动传播，后者是最近才开始的主动传播。华为手机直到最近才加大广告投入，2013 年 9 月网络推广中华为排名第一，P6 手机的上市进一步展示了华为手机团队的整合营销传播能力，可以说，华为手机借 P6 的上市打了一个漂亮的战役，不仅扩大了品牌的知名度，也提升了消费者对华为手机的联想。目前华为 P10 已上市。

综上所述，华为正是在企业、产品和品牌传播三要素的相互协同下，迅速从一个类似山寨品牌成长为一个全国乃至全球知名的手机品牌，各层次消费者不再怀疑华为手机的品质，也无须担心华为带来的山寨形象，可以在潜意识认同"用华为，我骄傲"。(资料来源：杨义平. 从山寨到名牌——华为手机的华丽转身[OL]. http://www.emkt.com.cn/article/603/60356.html, 2013-12-02)

问题思考：

1. 华为手机品牌的竞争优势体现在哪些方面？

2. 手机行业竞争激烈，华为公司要想进行品牌不断维护和升级应采取怎样的品牌策划？

 技能训练

1. 2012 年，广药集团与加多宝公司就"王老吉"这一商标的归属权问题，闹上了法庭，最终加多宝输掉了这一商标的使用权。在接下来的几年里，广药集团又以"虚假宣传"为由，将加多宝告上法庭，2015 年，加多宝公司先后失去了"怕上火喝……""十罐凉茶七罐加多宝"等多条广告语的知识产权，更为关键的是加多宝还失去了标志性的红罐包装的使用权，不得不改为金罐包装，这对加多宝公司可谓是一个致命的打击，加上近些年来和其正等诸多凉茶市场争夺者的出现，加多宝的生存变得越发艰难。如果你是加多宝的营销人员，你该如何为加多宝重塑自身品牌出谋划策？

2. 低碳经济是当下的热门话题，低碳生活、低碳消费等概念已被人们广泛接受。化妆品的制造原本就是一个信任危机的"雷区"，在低碳营销的风口浪尖上，企业实践与全球化的消费趋势能否结合，打出"低碳"牌的化妆品品牌营销之路会面临怎样的命运？假如你就是国内某知名化妆品公司的营销总监，请结合所学内容，谈一下你将如何制订公司化妆产品品牌的低碳营销策划。

3. 近年来，微信发展势头迅猛。随着大众关注度和热爱度的不断提升，微信营销价值也进入到了全面开发期。如果你是一家品牌服装企业的形象策划部门领导，现在企业欲加入到微信营销中，需要设计一个全新的企业标识，彰显出企业个性与特色，请问需要做哪些工作？如何做？

4. 近年来，大学之间对优秀生源的争夺越来越激烈，不过最终那些好生源还是被具有好声誉、好形象的大学吸引。如果你是一所形象较一般大学的领导，要提升你所在大学的形象，该如何策划？

第十三章

市场营销管理

◆ **学习目标**

1. 理解市场营销管理的定义
2. 了解市场营销的计划、组织、控制的具体内容
3. 了解市场营销执行的内涵及过程、市场营销控制的内涵
4. 理解市场营销执行过程中的主要问题、市场营销执行的步骤
5. 掌握市场营销执行的技能、市场营销控制类型

◆ **引导案例**

李伟是 X 制药企业的老总,他在医药行业摸爬滚打了十几年,从普通的销售做起,到现在担任这家中型制药企业的老总,他的能力和魄力在业界是有目共睹的,因此也赢得了不少忠实的追随者。公司成立不到 6 年的时间,销售总额已经突破了 4 亿元,实现了利润 5000 多万元,发展的速度是超常规的,但是繁荣背后潜伏着危机。这些年来,X 公司的发展也并非一帆风顺,2008 年公司的产品刚投放到市场时,采取快速渗透战略,强调以学术推广、终端促销、创建品牌效应来带动产品销售,这也是当时国外大药厂普遍采用的方式。为此,公司组建了地区型的销售组织,将全国分为 8 个区,共设 34 个办事处,颇有"忽如一夜春风来,千树万树梨花开"的味道,在业界引起一番轰动。但是,公司的股东们对 X 公司的业绩却极为不满,他们认为公司市场开发速度太慢,销售费用太大,财务亏损严重,迫于公司股东压力,以及结合国内药品销售的现状,公司在经过多方论证后从 2010 年开始转变营销体制,采用底价承包制,取消了区域经理,办事处经理改为直接与公司联系,以低价从公司拿货,全权负责当地的销售。

第一节 市场营销计划

市场营销计划是企业营销战略的重要职能之一,也是企业营销战略的最终体现。因为,市场营销管理的中心内容是企业对市场营销活动进行全面的有效的规划和控制,亦就是从满足消费者的需求出发,建立一整套系统的管理秩序和方法,把市场需求变成企业的战略目标,然后编制计划、执行计划来保证市场营销战略目标的实现,保证企业人财物等资源得到最合理的运用。

一、市场营销计划的含义和作用

市场营销计划之所以成为企业营销战略的重要组成部分,是因为市场营销管理的中心内容是企业对营销活动进行全面的有效的规划和控制,也就是以消费者为中心,建立一套系统的管理秩序和方法即营销计划,把市场需求变成企业的战略目标。

1. 市场营销计划的含义

市场营销计划是指企业从满足消费者需要出发制订的,关于企业产品、定价、分销、促销或品牌等营销方面的,对未来一定时期市场营销活动的规划和策略。一般来说,市场营销计划的内容涉及两个基本问题:一是企业营销的最终目标是什么? 二是通过什么方式和手段来实现营销目标?

2. 市场营销计划的作用

中国古代兵法曰:"凡事预则立,不预则废"。这里的"预"就是计划的意思,也就是说,做任何事情只有预先计划才能成功。在现代市场经济条件下,任何企业在开展市场营销活动以前,首先要明确为什么要开展营销,即营销的最终目的是什么;如何开展营销,即通过什么手段达到营销目的。所以,可以说没有营销计划,营销活动和营销管理就是一种盲目的活动,就会导致营销活动的混乱和效益低下。正是市场营销计划的特殊地位,决定了它在市场营销管理中的特殊作用。具体来说,首先,企业营销计划是基于现有市场形势和市场机会基础上制订的,因而不仅能发现和利用市场机会,而且能最大限度地避免和减少市场风险。其次,营销计划的制订是以消费者需求为出发点的,因而能使营销活动变得更经济更合理。再次,营销计划能使企业内部各部门和各方面之间的行动保持协调一致,使众人的努力形成一种合力,从而促使企业营销目标的最终实现。最后,营销计划是对未来市场营销活动的规划和行动策略,因此有利于企业对整个营销活动的有效控制。

二、市场营销计划的内容

在现实的市场营销活动中,市场营销计划的内容是广泛的,有时指企业的整体计划,有时仅仅指企业整体计划的一部分,如产品决策计划。事实上,凡是企业营销活动中制订的与实现营销目标相关的计划都是市场营销计划的组成部分。所以,这里讲的营销计划一般包括以下内容:

(1) 企业计划,指企业全部营销活动的整体计划,包括企业的营销任务、营销目标、发展战略、营销组合决策、投资决策等,但不包括整个业务单位的活动细节。企业计划既可以是年度的计划,也可以是长期的计划。

(2) 部门计划,指企业内部的各部门在企业整个计划指导下制订的分计划,包括营销、财务、质检、生产制造和人事等部门的计划。从时间上说,分计划也有短期、中期、长期计划。

(3) 产品计划,指产品决策计划,包括新产品的开发、老产品的更新换代与淘汰、产品结构调整和产品最佳组合、产品管理和出口产品销售计划等。产品计划的主要内容是围绕特定产品的开发制订相应的战略和具体战术。

(4) 市场信息、调查、预测计划,包括市场信息收集、处理、存贮、传输计划,市场营销信息系统建立规划，市场调研和预测计划等。其主要目的是选择特定的目标市场，找准企业营销的市场机会。

(5) 促销与分销计划，包括人员促销、宣传广告促销、营业推广和公共关系、促销策略组合、分销渠道选择、销售网络建立和发展、流通渠道完善化计划等。其主要目的是缩短产品销售时间，节省销售费用，提高企业的经济效益。

企业市场营销计划是一个完整的计划体系，在现实的市场营销活动中，必须把上述计划全部组织在计划体系之中，进行综合平衡、全面安排，使之能统筹兼顾、相互协调。同时，还要体现市场营销计划体系的目的性、全面性、完整性及系统性，把营销观念、营销方针、目标、战略、市场营销因素及组合等定性计划以及提高企业市场营销竞争能力、市场开拓能力、适应环境能力、提高经济效益能力等方面的措施列入计划，组成综合营销计划。

三、市场营销计划编制程序

市场营销计划的编制，一般包括八个步骤。

1. 确定营销计划编制的基本原则

营销计划编制最基本和主要的是实事求是、一切从中国的实际出发，既要看市场的需要，又要看企业能否实现的现实可能。在具体制订时，要明确本计划的制订目标和建立事项的简短摘要，要求高度概括，用词准确，使上级管理部门及下级执行部门迅速抓住计划的重点，有效地贯彻执行。

2. 分析营销现状

分析营销现状主要包括分析市场现状、产品现状、竞争现状、分销现状、宏观环境现状等。提出关于市场、产品、竞争、分销和客观环境的背景材料和数据，为编制计划提供客观依据。

市场现状，主要分析过去几年目标市场的规模状况和增长趋势，这通过消费者需求、观念和购买行为变化的趋势等方面的数据来进行。

产品现状，主要是分析过去几年产品销售量、价格、利润等指标的变化。

竞争现状，主要分析主要竞争者的规模、目标、市场占有率、产品质量、市场营销策略，并要了解他们的意图和行为。

分销现状，主要分析各个分销渠道上产品的销售量以及每个渠道重要地位的变化。这种变化不仅包括分销商、经销商能力的变化，而且也包括激励他们经销热情所需要的价格和贸易条件。

宏观环境现状，需要分析对营销前景有某种联系的客观环境的主要趋势，如人口因素、统计口径因素、经济因素、技术因素、政治法律因素、社会文化因素等的发展趋势。

3. 分析市场营销机会和威胁

企业市场营销机会是指对企业市场营销管理富有吸引力的领域。在该领域内，企业将拥有竞争优势。企业要获取一种营销机会，必须具备某些条件，而每个企业都有自己的优缺点和一定的生产能力，只有两者相结合，才能形成企业机会。威胁是指环境中一种不利的发展趋势，如果不采取果断的市场营销行动，企业就会面临严重竞争或有被挤出市场的可能。每一个企业只有分析了市场机会与威胁，找出优势与劣势，才能扬长避短。

4. 确定营销目标

营销目标是营销计划的核心部分，是在分析营销现状并预测未来的机会和威胁的基础上确定的。

企业的营销目标是指在本计划期内所要达到的目标，一般有两类：① 财务目标，包括利润额、销售额、市场占有率、投资收益率等。② 营销目标。一般而言，营销目标由财务目标转化而成，如利润额、销售额、市场占有率等。如果一个企业的利润目标原来是 500 万元，现在是 750 万元，原来的销售量是 4000 万元，市场占有率是 20%，那么它现在的营销目标，销售量必须达到 6000 万元，市场占有率达到 30%。

营销目标的制订必须注意四个方面：① 各个目标必须以明确而且以能测定的形式表达，并有完成期限；② 各目标应保持内在的一致性；③ 如果有可能，目标必须分层次地加以说明；④ 这些目标既有可行性，能够达到，又具有足够的挑战性，能激发员工最大的工作热情。

5. 制订营销战略

营销战略是企业用以达到营销目标的基本途径或手段，包括目标市场的选择、产品市场定位、市场营销组合、市场调研等主要决策。

企业营销的每一个目标都可通过各种途径去实现。如企业的利润指标增加，既可以通过提高单位产品销售价格，也可以通过扩大产品销售量去取得。营销战略就要从这些途径中选择最佳方案。提高单位产品销价，可能会引起销售量下降，扩大产品销售量又可能会受企业生产能力制约等，这就需要企业注意各方面的分析，保证计划的可行性。

6. 落实行动方案

落实行动方案是指将营销战略转化为具体的行动措施。企业确定了营销目标和方向以后，还需要解决手段和工具的问题。行动方案就是解决如何做、谁来做、什么时候做的问题。它以行动的时间、空间、人力、步骤、经费为要素，规定着哪些行动能导致目标的实现，防范那些背离和干扰目标的行动，克服混乱和浪费。

7. 编制预算表

根据行动方案编制预算方案，收入方列出销售数量及单价，支出方列出生产、实体分销及市场营销费用，收支差即为利润或亏损。上级主管部门负责该预算的审查、批准和修改。批准后，此预算即成为购买原料、安排生产、支出营销费用的依据。

8. 组织实施和检查控制

这是营销计划编制的最后环节，用来监控整个计划过程，基本做法是将计划规定的目标和预算按季度、月份来制订，这样便于主管部门对计划执行情况随时监督检查。

第二节　市场营销组织

一、市场营销组织及其特点

市场营销组织是指企业内部涉及市场营销活动的各个职位及其结构。市场营销计划的落实必须通过营销组织来进行,没有高效运行的营销组织做保证,再好的计划都可能达不到预期的目的,甚至成为一堆废纸。因此,建立与企业内外环境要求相适应的市场营销组织,是确保企业各项营销职能营销措施顺利实施的保证。

一般而言,以市场营销观点为经营指导思想的企业,其营销组织具有系统性、适应性的特点。所谓系统性,是指企业内部各职能部门,如市场营销部门、市场调研和预测部门、生产部门、财务和人事等部门组成一个完整的系统。市场营销部门起着指挥和协调各部门的作用,各职能部门的活动均以顾客为基础和出发点,来制订策略、计划,并通过从整体上满足消费者的需求,以实现企业利润目标。适应性是指企业的营销组织机构必须适应外界环境的变化,对瞬息万变的市场环境能作出迅速的反应和决策。如果企业营销组织不能根据外部环境的变化作出决策,就会坐失良机。

二、市场营销组织的基本形式

多年来市场营销从简单的销售功能,演变成一个具有复杂功能的整体活动,营销组织也随之不断发生演变。目前常见的营销组织有以下几种:

1. 职能式组织

职能式组织是最古老最常见的市场营销组织形式,通常是在市场营销副总经理指导下负责协调各营销职能专家之间的关系。当企业只有一种或很少几种产品或者企业产品的营销方式大体相同时,按照营销职能设置组织结构比较有效,但是随着公司产品种类增多和市场扩大,这种组织形式会失去其有效性,因为没有一个职能部门对其具体产品或市场负责,每个职能部门都在为获得更多的预算和有利的地位而竞争,致使营销副总经理经常陷入难以调节的纠纷之中。

2. 地区式组织

当一个企业面临的市场范围很大,而且各地的需求差异也比较大,那么建立地区式组织,有助于市场开发和管理。该组织形式包括一名负责全国销售业务的销售经理、若干名区域销售经理和地方经理。其组织结构主要的优点是便于掌握该地区市场情报,实行有针对性的营销策略,其主要的缺点是有可能造成区域地区割裂和整个企业内部有害竞争,容易造成不必要的资源浪费。这种营销组织必须与其他的组织类型结合起来,才能将具体的营销活动落在实处。

3. 产品管理式组织

企业经营多品种或多品牌的产品,并且各种产品之间差别较大,则适用于按产品系列或品牌设置营销组,组织采用产品管理式组织,即在企业内部增设产品经理,负责各种产品的策略规划与修正,收集有关销售用户和中间商的反应,改进产品,以适应市场需要等。产品管理式组织,组织形式的优点是产品经理能够有效的协调各种市场营销职能,并对市场变化作出积极反应,同时由于有专门的产品经理,那些较小品牌产品不会受到忽视。但该组织形式也存在一些缺陷,如缺乏整体观念,各产品经理之间容易发生摩擦,由于产品经理的权力有限,不得不依赖于同广告推销、产品开发等其他职能部门的合作,这就造成了部门之间的矛盾冲突。产品经理通常只能成为本产品的专家,而很难成为智能专家,多头领导。如产品的广告经理就可能面临接受产品经理和公司广告经理的双重领导。

4．市场管理式组织

若企业拥有单一的产品线，而面对多样化的市场，且不同的市场有明显差异，则一般是采用市场管理式组织，由一名市场主管经理管理几名市场经理开展工作所需要的职能性服务，由其他职能部门提供报表，并保证其职责主要是负责制订所辖市场的长期计划和年度计划，分析市场趋势及所需的新产品。他们比较注重长远的市场占有率，而不是眼前的获利能力。市场管理式组织的优点在于企业的市场营销活动是按照满足各类不同顾客的需求来组织和安排的，这有利于加强企业销售和市场开拓工作，其缺点是容易出现多头领导和责权不清的现象。

5．产品市场式组织

这是一种矩阵式组织，是产品与市场结合起来的组织形式，面向不同的市场。生产多种产品的企业在选择企业组织形式时经常面临两难的选择，是采用产品管理式，还是市场管理式。为了解决这一难题，有的企业建立一种既有产品经理，又有市场经理的矩阵式组织。产品经理负责产品的销售利润和销售计划，为产品寻找更广泛的用户，市场经理则负责开发潜在的市场，着眼市场的长期需要，而不是推销眼前的某种产品。这种组织形式多适用于多元化经营公司，其缺陷是管理费用高，容易产生内部冲突，存在权力和责任界限不清的问题。

6．事业部式组织

随着产品品种的增加和企业经营规模的扩大，企业常常将各产品部门升格为独立的事业部，各事业部下设职能部门。根据企业是否设立营销部门，一般有三种形式，公司总部不再设营销部门，营销职能完全由各事业部自己负责；公司总部设立适当规模的营销部门，主要承担协助公司最高层评价营销机会，给事业部提供营销咨询指导服务、宣传和提升企业整体形象等职能；公司总部设置具有强大功能的营销部门，直接参与各事业部的营销规划工作，并对计划实施过程加以监控。因此，各事业部营销部门实际是营销计划的执行部门。

三、市场营销组织的设计

由于各种市场营销组织的形式适用条件不同，企业营销管理部门在设计、选择和评价组织形式时通常要遵循以下六个方面：

1．分析营销组织环境

任何一个营销组织都是在不断变化着的社会经济环境中运行的，并受这些环境因素的制约。由于外部环境是企业的不可控因素，因而营销组织必须随着外部环境的变化而不断调整。市场是建立营销组织时应考虑的最主要因素，企业所面临的市场越不稳定，市场营销组织也就越需要改变，必须随着市场变化及时调整内部结构和资源配置方式。若市场由几个较大的细分市场组成，就需要为每个分市场任命一位市场经理，如果市场地理位置分散，需按区域设置营销组织。市场规模大范围广，就需要庞大的营销组织、众多的专职人员和部门，市场范围窄，销售量有限，营销组织规模自然有限。

2．企业规模

企业规模越大，市场营销组织越复杂，大公司需要较多的各类市场营销专职人员、专职部门以及较多的管理层次。反之，企业规模较小，市场营销组织就相对简单，往往只有一个或几个人进行营销管理活动。

3．产品类型

产品类型也影响到营销组织形式，尤其是在工作侧重上有所不同，工业品组织结构倾向于人员推销，消费品组织结构则较重视广告、分销等。

4．企业所处行业和市场阶段

原材料加工企业的营销职能主要是储存、运输；服务业的营销职能主要是同顾客的沟通和形象塑造。创业阶段的营销组织采用集权形式，进入正规化的阶段后则多用分权制的组织结构。

5．确定组织内部活动

市场营销组织的内部活动主要有两种类型，一是职能型活动，涉及市场营销组织的各个部门，范围相当宽泛。企业在制订战略时，要确立各个职能部门在市场营销组织中的地位，以便开展有效的竞争。二是管理性活动涉及管理任务中的计划、协调和控制等方面，且通常是在分析市场的基础上制订市场营销战略，然后再确定相应的市场营销活动和组织的专业化类型。假定一个企业容易控制成本，产品都在相对稳定的市场上销售，竞争战略依赖于广告或人员推销等技巧性活动，那么该企业就可建立设计职能式组织。同样，如果企业产品销售区域很广，并且每个区域的购买者行为与需求存在很大差异，那么他就会建立地区式组织。

6．建立组织职位

建立组织职位时必须以营销组织活动为基础，企业可以把营销活动分为核心活动、重要活动和附属活动。在设计组织结构时必须注意两个问题。一是把握好分权化程度，才能使上下级之间更好的沟通；二是确定合理的管理宽度及确定每一个上级所能控制的合理下级人数。假设每一个职员都是称职的，那么分权化程度越高，管理宽度越大，则组织效率就越高；配备组织人员，为充分发挥职能人员的积极性和创造力这一环节，要注意人员配置数量和人员适当轮岗问题，特别是要避免组织创新过程中人员岗位的轮换，以保证组织的活力；审查与评价营销组织中任何一个组织都是存在冲突的，在冲突中才能不断完善和发展。因此，从市场营销组织建立之时起，市场营销经理就要通过定期审查组织的适应性、先进性以及组织缺陷和人员之间的矛盾等方面，及时发现各种问题，为企业组织改革与创新提供依据。

四、营销组织的演变

市场营销组织是为了实现企业的目标而制订和实施市场营销计划的职能部门，它是指企业内部涉及营销活动的各个职能及其结构。每个企业都应根据市场竞争的特点和自身的实际情况，建立起富有效率的营销部门体系，面向市场，担负起组织和实施企业各项营销活动的任务，成为联结企业内部其他职能部门，实现整个企业经营一体化的核心。

现代企业的市场营销部门是企业组织结构长期演化的产物，随着市场营销观念的发展，企业的市场营销部门大体经历了五个阶段：

(1) 单纯的推销部门。20 世纪 30 年代以前，西方企业基本是以生产观念为指导，其内部的市场营销组织大部分属于这种形式。一般来说，每个企业几乎都是从财务、生产、推销和会计四个基本职能部门发展起来的，财务部门管理资金筹措，生产部门管理产品制造，推销部门管理产品销售，会计部门管理来往账务计算成本。此时，推销部门通常有一位副总经理，负责管理推销人员，并兼管若干市场调研和广告促销工作。推销部门的任务是销售生产部门生产出来的产品，生产什么销售什么，生产多少销售多少，产品的生产库存管理等完全由生产部门决定。推销部门对产品的种类、规格、数量等问题几乎没有发言权。

(2) 具有辅助性职能的推销部门。20 世纪 30 年代以后，市场竞争日趋激烈，大多数企业开始以推销观念为指导思想，需要一些经常性的市场营销调研广告和其他促销活动，这些工作也逐渐演变成推销部门的专门职能。当这些工作量达到一定程度时，许多企业开始设立市场营销主管的职能职位，全盘负责这些工作。

(3) 独立的市场营销部门。随着企业规模和业务规范进一步扩大，原来作为辅助性职能的市场营销工作，诸如市场营销调研、新产品开发促销和顾客服务等的重要性日益增强，市场营销成为一个相对独立的职能。作为市场营销主管的市场营销副总经理同负责销售工作的副总经理一样，直接由总经理领导，推销和市场营销成为平行的职能。在具体的工作上，两个职能及其部门之间需要密切的配合。

(4) 现代市场营销部门。虽然推销和市场营销两个职能及其机构之间需要互相协调和默契配合，但最终却容易形成一种敌对和互不信任的关系。一般来说，推销副总经理着重眼前销售量的多少，难免趋向于短期行为。市场营销副总经理着眼于长期效果，自然侧重于安排适当的计划和制订市场营销的战略，以满足市场的长期需要，解决推销部门和市场营销部门之间的矛盾和冲突的过程，形成了现代市场营销组织形式的基础，市场营销组织的形式开始发展到市场营销副总经理，全面负责下辖所有市场营销职能机构和推销部门的阶段。

(5) 现代市场营销企业。仅仅有了上述现代市场营销部门的企业，并不就是现代市场营销企业，现代市场营销企业取决于企业所有的管理人员甚至每一位员工对待市场营销职能的态度。只有所有的管理人员和每一位员工都认识到企业一切部门和每一个人的工作都是为顾客服务，市场营销不仅仅是一个职能、一个部门的称谓，而是一个企业的经营哲学，这个企业才算成为一个以顾客为中心的现代市场营销企业。

第三节　市场营销控制

市场营销控制是对市场营销计划执行情况的监督和检查，其目的是指出计划实施过程中的缺点和错误，以便加以纠正和防止重犯，并采取必要的对策，保证营销战略目标的实现。营销控制包括年度计划控制；赢利能力控制；战略控制和市场营销审计。

一、年度计划控制

年度计划控制是指企业在本年度内采取控制步骤,检查实际绩效与计划之间是否有偏差,并采取改进措施,以确保市场营销计划的实现与完成。年度计划是由企业高层管理者和中层管理者负责控制的,其目的在于确保企业达到年度计划规定的销售、利润及其他目标。年度计划控制的中心是目标管理,控制的要点是:

(1) 管理者必须把年度计划分解为每月或每季的目标;

(2) 管理者随时跟踪掌握营销情况;

(3) 管理者必须对任何严重的偏离作出判断;

(4) 管理者采取措施或改进实施方法或修正目标本身,弥合目标与实际执行结果之间的差距。

这一控制方式适用于企业及企业内各个层次,区别在于最高主管控制的是整个企业年度计划的执行结果,而企业内各部门控制的只是各个局部计划执行的结果。

二、赢利能力控制

赢利能力控制是通过分析不同产品、销售地区、顾客群、销售渠道、订单大小等分类的实际获利情况,从而使企业决定哪些营销活动应当适当扩大、哪些应缩减,以至放弃。

要实行赢利能力控制,首先要确定市场营销成本,营销成本直接影响企业利润。一般说,企业营销成本包括五个方面:① 直接推销费用,包括直销人员的工资、奖金、差旅费、培训费、交际费等;② 促销费用,包括广告媒体成本、产品说明书、印刷费、赠奖费用、展览会费用、促销人员工资等;③ 仓储费用,包括租金、维护费、折旧、保险、包装费、存货成本等;④ 运输费用,包括托运费用等;⑤ 其他市场营销费用,包括市场管理人员工资、办公费用等。其次分析企业获利能力表。将销售收入减去销售成本及其他费用即得利润。

现以某企业为例对其经营产品获利情况进行分析(见表 13.1)。

表 13.1　产品获利能力分析表　　　　　　　单位:万元

	产品 A	产品 B	产品 C	产品 D
销售收入	28	35	60	42
制造成本	15	23	38	29
毛利	13	12	22	13
费用	8	14	15	12
净利	5	−2	7	1
销售收益率	17.9%	−5.7%	11.7%	2.4%

从表 13.1 中可知各产品的获利情况,其中只有产品 B 是亏损的,若企业要求销售收益率在 5% 以上,则产品 A、C 已完成。对于产品 B、D 应进行详细分析,是由于销售价格太低、费用太高,还是制造成本分摊不合理? 必须找出产品收益低的原因,再采取相应的对策。如降低销售费用和制造成本,若经过这种措施以后仍未能扭转亏损,那就舍弃

它们。

三、战略控制和市场营销审计

市场营销战略是指企业根据自己的市场营销目标，在特定的环境中，按照总体的策划过程所拟定的可能采用的一连串行动方案。战略控制是指市场营销管理者采取一系列行动，使实际市场营销工作与原规划尽可能一致，在控制中通过不断评审和信息反馈，对战略不断进行修正。

营销审计是战略控制的主要工具。任何企业必须经常对其整体营销效益作出缜密的回顾评价，以保证它与外部环境协调的发展。因为，在营销这个领域里，各种目标、政策、战略和计划过时，不适合当前市场情况是常有的事，因此，企业必须定期对整个营销活动进行审计。

营销审计是对企业的营销环境、目标、战略和活动所作的全面的、系统的、独立的和定期的检查，其目的在于确定问题的范围和机会，提出行动计划，以提高企业的营销业绩。

市场营销审计主要由六个方面组成。

(1) 营销环境审计，主要是经济、技术、政治、社会文化等宏观环境的审查，以及直接影响企业营销的因素，如市场、顾客、竞争者、经销商等的检查分析。

(2) 营销战略审计，主要考察企业营销目标、战略以及当前及预期营销环境适应的程度。

(3) 营销组织审计，主要审查营销组织在预期环境中实施组织战略的能力。

(4) 营销系统审计，包括对企业营销信息系统、计划系统、控制系统及新产品开发系统的审查。

(5) 营销效率审计，检查各营销单位的获利能力和各项营销活动的成本效益。

(6) 营销职能审计，对营销组织的每个因素，如产品、定价、渠道和促销策略的检查评价。

在市场营销活动中，市场营销审计的执行过程与企业其他审计(如财务审计)是相同的，只是由于环境的迅速变化，市场营销审计更加经常化，它可以由企业内部人员来做，也可以聘请外部专家进行，以减少本身的偏见，更能正视企业的现实，同时专家们的专业知识和经验能够给企业提供帮助。

复习思考题

1. 为什么要对市场营销活动进行管理？
2. 市场营销计划的主要内容有哪些？
3. 市场营销计划编制的程序是什么？
4. 市场营销组织有哪些基本类型？
5. 市场营销控制的基本方式有哪几种？

◇ **案例讨论**

　　谷歌是 1998 年由两位斯坦福大学的博士研究生拉里佩奇和谢尔盖布林组建的一家搜索引擎公司。谷歌代表着 10 的 100 次方，它意味着该公司可以帮助用户在网上找到大量有用的数据。谷歌的目标是整合全世界的数据，让他们随时随处都可以被便利的获取，而且更加有用。从一开始，谷歌公司就努力成为一家优秀的企业。其给员工提供舒适的工作环境，有较强的道德意识，有著名的公司信条：不做坏事。谷歌公司通过坚持经营核心业务，并且不断创新而成为互联网搜索，搜索引擎领域的市场领先者。

　　随着谷歌公司发展成为网络用户在线搜索信息的主要平台，该公司成功的吸引了大量的广告商，谷歌公司主要依靠为广告商提供搜索广告来盈利。这种搜索广告通常以小的文本框形式出现在搜索结果的周围，广告商按照使用者点击的次数付费。谷歌在搜索广告项目中，把搜索界面的部分空间投放由几个关键词链接的广告。谷歌公司通过拍卖方式把重要的关键词和页面卖给出价最高的竞标者。谷歌公司最近又增加了一个新项目：AdSense，任何网站均可免费申请加入谷歌公司的 AdSense 项目，成为谷歌的内容发布商。作为内容发布商可以在自己的网站上显示相关的谷歌广告，谷歌根据会员网站上显示的广告被点击的次数来支付佣金。除了为广告商们提供在线广告以外，谷歌公司还通过提供工具为广告商增加价值，以便他们可以更好的对广告进行定位并了解广告的营销效果。谷歌为广告商提供了免费的搜索分析系统，该系统可以提供一份自定义的报告或相关的指标数据，详细描述互联网用户是怎样找到这个网站的，他们浏览或点击的是什么广告，他们从事了什么活动以及产生了多少流量。谷歌公司的客户折扣店能够识别出访客在哪里出现了问题，是什么问题使他们放弃购买的。然后据此修改自己的网站，并且更新了关键字搜索以后，该公司的销售额在一周以内增长了 14%。

　　谷歌公司支持这样一种营销模式，持续监视和优化广告资源和预算，这种模式能够提供实时的数据，从而可以对网络营销活动进行实时的改进和完善。谷歌公司把上述这种方式称为营销资产管理，意思是需要向资产组合中的资产管理那样对广告进行管理，而且要根据市场条件的状况对广告进行管理。与实施几个月之前所制订的营销计划不同，企业可以利用所收集的实时数据来优化营销活动的效果，并使企业可以对市场做出快速反应。在过去的十多年时间里，谷歌公司不仅提供了搜索方面的服务，而且还提供大量的其他服务、应用程序和工具，因为谷歌 97% 的收益来源于在线广告，所以新的广告空间对于谷歌公司的成长来说十分重要。

　　谷歌公司的产品和服务可以分为五种类型：分别是桌面产品、移动产品、网络产品、硬件产品和其他产品，其中桌面产品包括可以独立使用的应用程序，如谷歌地图、谷歌浏览器、谷歌 youtube 以及桌面扩展产品。移动产品包括为手机提供的全部应用程序。网络产品主要分为以下几个部分，广告交流和发布开发、地图搜索引擎和统计数字。谷歌公司的产品开发始源于谷歌实验室，在这里可以找到待实验的新产品清单，接下来会进入 beta 测试阶段，这时，谷歌公司会邀请用户进行早期的原型测试，一旦产品通过了测试，并且准备向社会大众发布，就进入到了谷歌核心产品的黄金阶段，例如谷歌语音(目前正处于 beta 测试阶段)为客户提供一个谷歌手机号码，可以与家庭、办公室和手机号码联系起来，用户可以自由选择，决定在有电话打来的时候连接到哪一部电话上。由于谷歌语音的复杂性和受欢迎程度,用户只在收到邀请时才能注册使用,谷歌公司并没有在传统广告上投入很多钱。

最近,谷歌公司正在准备吸引微软产品的使用者,希望他们使用谷歌公司的云计算应用程序,而不是微软的操作系统和办公软件。通过 google 功能,用户可以从网页浏览器中获取自己的文件和应用程序,而不是实际拥有实体的基础设施和软件。2009 年谷歌为一个微软浏览器的代替品推出了第一个电视广告,同时,谷歌公司在移动通信领域也做了一次豪赌: 在 2008 年向市场投放了 android(安卓)移动操作系统。之后,谷歌公司与苹果公司的产品开始了正面的竞争,尽管许多人都更喜欢苹果公司的平台,但也有评论家肯定了安卓的优势,更重要的是安卓是免费的、开源的,并且有几百万美金投资为后盾,这表明谷歌公司希望和自己的合作伙伴一起开发和设计安卓系统。

此外,在美国,苹果公司只支持 at&t 网络。与此同时,大量的竞争对手则支持安卓系统。如果谷歌公司能够让大量的消费者使用智能手机,那么其在移动广告方面能挣很多钱。一名分析师指出,谷歌公司正在试图使自己占有先机,当移动广告成为一种主流的时候,谷歌公司就成为主要的竞争厂商,移动显示将是谷歌公司重要的增长领域。

谷歌公司的目标是在网络上接触到尽可能多的顾客,而无论他们是采用计算机上网还是使用手机上网,上网的用户越多,谷歌公司的广告就卖得越好。谷歌公司的新产品也能满足这个目标,并让顾客的网络体验更加个性化。例如,谷歌公司开发了一个程序,它允许用户在谷歌地图上标记自己当前的位置,点击本地标签就可以获取有关本地餐馆、酒吧和娱乐场所等方面的信息。谷歌自创建以来,谷歌公司及其品牌就取得了巨大的成功。

谷歌公司在 2009 年的一次一小时的断电,就让全世界的网络流量下降了 5%。在 2009 年,谷歌公司在美国搜索引擎市场占有 65%的份额,明显高于雅虎 20%的市场份额。从全球范围来看,谷歌公司也具有主导优势,占有 89%的市场份额,而雅虎只有 5%,MSN 只有 3%。2008 年,谷歌公司的盈利达到了 210 亿美元,并被评为世界上最知名的品牌之一,其品牌价值高达 860 亿美元。

问题思考:

谷歌系统的营销管理优势有哪些?

技能训练

1. 某公司总经理自创业以来一直都亲自主管营销工作。随着公司规模的扩大,他所直管的营销队伍从 5 人增加到了 80 多人。最近,总经理发现公司的营销人员有些散漫,对公司的一些做法有异议时也不像从前那样直接找总经理本人沟通,常常采取背后议论的方式。这种情况是以前所没有过的。对此.总经理感到比较困惑,但又找不到确切的原因。从管理的角度看,你认为产生这种状况的根本原因是什么?

A. 市场规模增长太快,营销人员太多,产生了鱼龙混杂的情况

B. 总经理对营销人员关心不够,致使营销人员内心产生了看法

C. 总经理直管营销队伍的方式已无法适应公司日益扩大的规模

D．公司管理层次太多，阻碍了总经理与营销人员间的直接交流

2．某公司不同品牌产品由不同部门负责生产和销售，请问该公司是按什么方式划分组织部门的？

A．职能　　B．顾客特点　　C．不同产品　　D．不同区域

3．潍坊亚星公司是一家合资企业，在使用了先进的技术和设备之后，劳动生产率大大提高，生产成本大大降低，市场需求也比较正常，但是企业的效益却没有提高。经过仔细分析，管理人员发现，生产环节取得的效益却在购、销两个环节"漏"出去了。为此，企业加强了对购销环节的管理。你认为，在购销这两个环节，应当采取的措施是：

A．将现在的采购人员和销售人员全部更换，选择思想觉悟高的人来担任

B．将采购和销售活动纳入公司高层管理者的直接控制之下

C．将大宗的采购与销售纳入公司高层管理者的直接控制之下

D．实行价格控制，即对采购的原料限制其最高价，对销售产品限制其最低价，由采购人员和销售人员进行自我控制

4．奔达公司生产一种新型自行车，为赢得市场，做了精心的策划工作，同时也准备根据市场反馈情况及时调整有关部门的经营策略，如价格策略、宣传策略等。对此，你认为下列哪一项措施最有利于改进对新型自行车市场销售业绩的反馈控制？

A．加强原材料的进货检验

B．提高公司对新品销售变动影响因素的分析能力

C．改进销售公司的通信条件

D．加强销售宣传工作

5．某公司销售部经理被批评为"控制得太多，而领导得太少"。据此，你认为该经理在工作中存在的主要问题最有可能是什么？

A．对下属销售人员的疾苦没有给予足够的关心

B．对销售目标任务的完成没有给予充分的关注

C．事无巨细，过分亲力亲为，没有做好授权工作

D．没有为下属销售人员制订明确的奋斗目标

6．在某企业所在的行业中，少数几家大厂商之间为争夺不断增长的产品潜在市场，竞争十分激烈。最近，该企业领导发现，尽管目前企业产品的市场销售增长率较高，但市场占有率却几乎没有什么提高。为此，企业领导决定采取各种有效措施大幅度提高产品的市场占有率。在以下关于该企业这一决策可能后果的表述中，哪一条最为恰当？

A．企业产品的销售增长率及市场占有率均有进一步提高

B．企业产品的销售增长率上升而市场占有率变化不确定

C．企业产品的市场占有率上升而销售增长率下降

D．企业产品的销售增长率上升而市场占有率下降

第十四章

市场营销发展动态

❖᳁᳁᳁᳁᳁᳁᳁᳁᳁᳁᳁᳁᳁᳁᳁᳁᳁᳁❖

◆ 学习目标

1. 了解网络营销的特点与职能
2. 了解体验营销的特征与形式
3. 了解口碑营销的影响因素
4. 了解关系营销的基本模式
5. 了解微信营销的营销模式与优缺点
6. 了解大数据营销的概念与用途

◆ 引导案例

手机银行，大家广为熟知，只要办理一家银行的银行卡，在申请单上面手机银行对应框内打勾即可开通。手机银行是客户通过编辑发送特定格式短信到银行的特服号码，银行按照客户指令，为客户办理查询、转账、汇款、捐款、消费、缴费等相关业务，并将交易结果以短信方式通知客户的新型金融服务方式。

以工商银行为例，手机银行有4个特点，即服务面广，申请简便；功能丰富、方便灵活；安全可靠、多重保障；7*24小时服务，资金及时到账。

该案例中，手机银行使用什么市场营销方式？这需要我们学习市场营销发展新动态。

第一节 网 络 营 销

1. 营销与网络营销

营销是通过预测客户的需求，来引导满足客户需求由生产者流向客户，以实现组织目标的一系列的活动过程。营销的目的在于确认客户的需求并很好地满足这些需求。营销从客户需求开始，这里的客户既包含直接的消费者，也包含工商企业、非营利组织、政府机构等。

网络是一个双向交流和通信的工具，是一个典型的信息场所、一个没有时间和区域的虚拟信息世界。由消费者、商家、产品、服务等要素来构造出这个名副其实的虚拟市场。

网络营销是一种以上网寻找其他企业或客户在网上发布的各种信息或者将自己的信

息放在网络上,供其他企业或客户查阅、订购和成交的方式进行的营销方式。它是营销和网络的有机结合体,既要有客户的存在,也需要网络的构建。因此网络营销又称网上营销、在线营销。营销、网络与网络营销特点见表14.1。

表 14.1　营销、网络与网络营销特点

中文名称	营　销	网　络	网络营销
英文名称	Marketing	Internet	Internet Marketing
实质	活动过程	信息场所	营销方式
实现目标	实现企业市场目标	进行双向交流和通信	实现企业市场目标
形式	现实环境下	虚拟环境下	虚拟环境下

广义地说,凡是以网络为主要手段进行的,为达到一定营销目标的营销活动,都可称之为网络营销(网上营销)。网络营销贯穿于企业开展网上营销的整个过程,从信息发布、信息收集、网上交易、售后服务都是网络营销的重要内容。

狭义地说,网络营销是通过有效地利用网络这一技术,最大程度满足顾客需求,以达到开拓市场,增加盈利能力,实现企业市场目标的过程。该过程由网络客户调查、网上消费者行为分析、网络市场定位、网上营销策略制订、网上营销策略实施、网上营销信息反馈等环节组成。

此外,网络营销还需将内容、场景和基础设施结合起来,以达到一种以特殊吸引力的内容和发展新的市场交易场景的市场向心力效果。

2．网络营销的特点

(1) 虚拟性。网络营销是一种没有实物和现场环境的氛围下依附于网络虚拟空间进行的商业活动。

(2) 国际性。网络营销是一种打破地域限制的可随时随地提供全球化营销服务的空间交易。

(3) 互动性。网络营销是一种产品设计、商品信息提供以及服务以便它们之间有效互动的最佳工具。

(4) 服务性。网络营销是一种可对研发、设计、生产、销售等方面提供全方位服务,以达到客户得到体贴化服务的效果。

(5) 成长性。网络营销是一种由于网络使用者数量增多导致市场影响力增强而极具开发潜力的市场渠道。

(6) 整合性。网络营销是一种企业借助网络将不同的传播活动进行统一设计规划和协调实施,以消除用统一传播方式向客户传达信息时信息不一致的消极影响方式。

(7) 超前性。网络营销是一种兼备渠道、促销、电子交易、互动客户服务以及市场信息分析与提供多种功能的营销工具。

(8) 高效性。网络营销是一种能够适应市场供求关系,及时更新产品来满足客户心理的需求媒体。

(9) 经济性。网络营销是一种可替代实物交换,节约人工成本从而减少多次交换带来损耗的信息交换方式。

(10) 技术性。网络营销是一种建立在高技术为基础条件的市场网络形式。

网络营销特点见图 14.1。

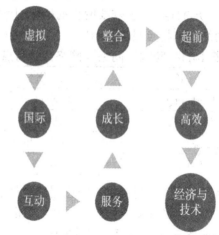

图 14.1　网络营销特点

3. 网络营销的职能

网络营销的职能如图 14.2 所示。

图 14.2　网络营销的职能

(1) 网络宣传。网络宣传是网络营销的基本职能。它不仅利用网络可以高效率低成本的优点，也利用网络时空上不受限制虚拟化的优势，达到企业与客户之间的双向交流，以便及时有效地传递并获取有效信息。

网络可促使企业内部和区域宣传转向外部和国际宣传，充分发挥网络的威力，达到扩大市场影响力的目的。

(2) 网络市场调研。网络市场调研是网络营销的有效职能。它不仅仅为企业开展市场调研提供便利场所，也为企业制订营销策略组合提供重要依据。

企业开展市场调研有以下两种基本方式：① 借助 ISP 或专业网络市场调研公司进行调研，即企业制订调研内容和方式，将调研信息委托相关网站，就可以实时地在委托的网站获取调研数据及调研进展信息。② 企业在自己的网站上进行市场调研。

对企业感兴趣的客户可通过企业自己的网站更加深入的了解，以便客户获取有效信息使得调研过程中能够进行双向交流。

(3) 网络分销。网络分销是网络营销的渠道职能。它不仅为企业建立虚拟专用网络，将分销渠道的内部网融入其中，以便企业(商家)及时了解自己产品的分销状况和最终销售情况，也为网络加强了制造商和最终客户之间的紧密联系，制造商和最终客户之间的沟通，使得网络分销在网络营销过程中更加顺畅。

(4) 网络销售。网络销售是网络营销的方式职能。它不仅是网络(企业)面向个体客户进行销售，更是一种企业与企业之间的网上交易方式，它具有高效率低成本的市场交易特征，为销售创造实现消费新需求的机会。

(5) 网络营销服务。网络营销服务是网络营销的服务职能。它将不同产品的相关产品服务的信息放在网络站点上以便客户获取信息并保存。网络具有双向互动的特性，使得客户能够直接与企业有效沟通。

(6) 网络营销集成。网络营销集成是网络营销的运用职能。它是对网络的综合运用，是网络对传统商业关系的整合，为企业确立市场营销的核心地位的充分条件。在这种模式下，各种类型的企业通过网络联系在一起，相互融合而发挥各自的优势，从而形成共同发展的伙伴关系。

◇ 案例 14.1

耐克公司的网络营销竞争策略

1. 发现消费者的需要

耐克公司采取消费者个性化产品生产营销模式，把企业的生产和消费者的需求结合起来，在企业和市场中建立了良好的交流纽带。耐克为其客户建立数据库和个人信息的专用档案，把客户所需要的信息储存下来，为其生产所需要的产品，追踪客户的动态，做好产品的售后服务，而这一切都来源于耐克的网站和数据库服务。

耐克的官方网站提供了 NIKE ID 的个性化定制服务，顾客可以根据自己的喜好和款式定制只属于自己的鞋子或者衣服，加上独一无二的自定义 LOGO，给年轻人留下充分的想象空间，发挥他们旺盛的激情。

2. 明星效应

在各种杂志以及社交场合看见穿着耐克品牌衣服的各种明星早已不是什么新鲜的事情，耐克公司包装的体育明星早已为他们带来无比巨大的利润。

从 1984 年开始，耐克公司开始包装乔丹，这个动作无疑是非常成功的，当乔丹夺得总冠军的最后一扣，耐克把乔丹的这个扣篮做成了广告，耐克成为了市场的领先者，当年战胜阿迪达斯、彪马等三大巨头体育用品企业夺得了销售榜的首位。

3. 非奥运赞助商的耐克

作为世界级的体育用品商，奥运会是一个向世界展示自己的绝佳机会，耐克将自己的王牌放在互联网上，巧妙地避开了与阿迪达斯的奥运会赞助商的争夺，借助拥有两亿网民的腾讯，刮起了网络奥运的暴风。

耐克运用病毒式的网络营销手段以腾讯作为媒介，将自己的理念和品牌形象通过即时、互动的网络信息传输方式覆盖到了每一个网民，耐克的网络营销成本以及效果，绝不亚于作为奥运赞助商的阿迪达斯。

4. NIKE 的网络广告战略

2009 年中国网络广告市场规模突破 200 亿的大关，网络时代的网络广告成为众多商家的新宠，但是好的网络广告却是不可多得的。

耐克网络广告的特点是简洁、精炼。在短短几秒时间内将耐克勾标志重复呈现在用户眼中，一次又一次使用户难以忘记这个文化标志。而在广告中加入明星形象更能吸引上网者的关注。

通过以上分析发现，耐克公司选择了合适的营销宣传方案，反映产品或服务的种类和本质以及消费者的独特个性。通过对耐克公司的营销策略进行分析，发现其营销方面采取了如下的手段：发现消费者的需要、明星效应、病毒式网络营销、简洁的广告等。

第二节 体 验 营 销

一、体验营销的概念

体验营销(Experience marketing)通过看、听、用、参与的手段，充分刺激和调动消费者的感官、情感、思考、行动、联想等感性因素和理性因素，重新定义、设计的一种营销方式。

体验营销是指企业通过采用让目标客户观摩、聆听、尝试、试用等方式，使其亲身体验企业提供的产品或服务，让客户实际感知产品或服务的品质或性能，从而促使客户认知、喜好并购买的一种营销方式。

这种方式以满足客户的体验需求为目标，以服务产品为平台，以有形产品为载体，生产、经营高质量产品，拉近企业和客户之间的距离，如图14.3所示。

图14.3 体验营销概念图

二、体验营销的基本特征

1. 客户的主动参与

客户的主动参与是体验营销区别于商品营销和服务营销的一个显著的特征。离开了客户的主动性，体验是难以产生的，而且客户参与程度的高低也直接影响体验的产生。

2. 以客户体验需求为中心

企业在提高产品本身的使用价值时，应该开展各种沟通活动，增强客户的体验需求，从而使客户在物质上和精神上得到双重满足。

体验营销要求企业切实站在客户的立场，从客户的感官、情感、思考、行动及联想五个方面进行产品和服务的设计思考，提供可以满足不同体验诉求的产品和服务。

3．认为客户是理性和感性的结合体，是有性格的个体

体验营销的出发点则是客户同时受感性和理性的支配，客户是有性格的个体，能够作出购买判断而非把购买决策看作解决一个问题的过程，非常理性地分析、评价，最后决定购买。

4．体验营销重在体验，次在营销

体验营销中体验活动都应该有一个体验"主题"，来吸引客户的消费心理，更加注重客户在消费过程中的体验。在安全前提下做出能够吸引客户的潜力体验需求。

三、体验营销的主要原则

体验营销的主要原则如图 14.4 所示。

1．适用适度原则

体验营销要求产品和服务具备一定的体验特性，客户为获得购买和消费过程中的"体验感觉"，往往不惜花费较多的代价。该原则主要指体验营销模式的适用范围和行业选择，主要涉及社会伦理规范、社会道德标准、社会文化要求的软约束问题。

图 14.4 体验营销主要原则

2．合理合法原则

体验营销能否被客户接受，与地域差异关系密切。各个国家和地区由于风俗习惯和文化的不同，价值观念和价值评判标准也不同，评价的结果存在差异。因此，体验营销活动的安排，必须要适应当地市场的风土人情，既富有新意，又符合常理。

3．经济性原则

经济性原则指投入与产出、经营效率与效益。企业的重要目标之一就是盈利，因而在进行体验营销的过程中，应关注企业财务报表。既要关注当前的投入产出率，又要兼顾企业的长期发展。

四、体验营销相关形式

体验营销相关形式如图 14.5 所示。

图 14.5 体验营销相关形式

1．知觉体验

知觉体验即感官体验，将视觉、听觉、触觉、味觉与嗅觉等知觉器官应用在体验营销上。感官体验可为公司与产品提高识别度、引发客户购买动机和增加产品的附加价值等。

2．思维体验

思维体验即以创意的方式引起客户的惊奇、兴趣、对问题进行集中或分散的思考，为客户创造认知和解决问题的体验。

3．行为体验

行为体验是指通过增加客户的身体体验，指出他们做事的替代方法，替代的生活形态与互动，丰富客户的生活，从而使客户被激发或自发地改变生活形态。

4．情感体验

情感体验即体现客户内在的感情与情绪，使客户在消费中感受到各种情感。通过实践自我改进的个人渴望，使别人对自己产生好感，从而建立对某种品牌的偏好。

◇ 案例 14.2

"打哈欠会传染"的体验营销

根据纽约州立大学的研究，看到别人打哈欠，有70%的人也会有跟着打哈欠的反应。

由巴西球王贝利开设的咖啡粉公司 Café Pelé 根据这个有趣的现象，在巴西的地铁月台上架设了数字广告牌。荧幕上有一位男子不停地打着哈欠，就像传染病一般，月台上的人们纷纷不由自主地开始打哈欠。就在此时，Café Pelé 派出推销女郎端出热腾腾的咖啡，让大家感受到 Café Pelé 的提神作用。以下是该案例的营销效用。

1．善用等待时间

在城市紧凑的步调中，没有人喜欢等待，因此该时机最适合做产品销售，而 Café Pelé 也抓准了等待商机，推出有趣的活动，成功吸引潜在客户的注意力。

2．结合生活经验

"打哈欠会传染"是许多人都曾经历过的生活体验。Café Pelé 巧妙地将疲惫、打呵欠与咖啡联系起来，透过电子广告牌，利用打呵欠传染的效果，引发通勤族的生理反应，也让月台上的旅客们会意后相视而笑。

3．抓住时机推出体验营销

好的营销，需要在对的时间点、瞄准对的消费者、推出对的活动。Café Pelé 抓住通勤族在月台上等待联系起来，观察到通勤族打呵欠的反应后，实时端出咖啡，立刻为通勤族消除疲惫。Café Pelé 创造好的时机点，让消费者实际体验 Café Pelé 的效果，成功建立提神的品牌形象。

4．创造消费者需求

消费者不仅重视产品或服务的功能，更重视的是在体验过程中，是否符合自己心理的需求与偏好。而 Café Pelé 也聪明地先创造情境，引发通勤者的疲惫反应，创造消费者的需求，再进一步地提供服务满足消费者。

五、体验营销新分类

体验营销新分类如图 14.6 所示。

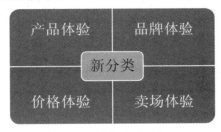

图 14.6　体验营销新分类

1．产品体验营销

产品最核心的意义是颠覆传统，重新定义，让客户体验满意指数上升，赋予产品更多的创新度，让产品具有无声胜有声的包装来吸引更多潜在客户的眼球，从而使得客户有个难忘的体验。

2．品牌体验营销

让品牌化与体验有机结合起来，当品牌相当于体验时，最好的体验就是品牌名称，这时品牌具有人性化，更加能够突出品牌视觉上的冲击感，亮出品牌的兴奋点，使品牌运作更加新颖化。

3．价格体验营销

价格因素能够影响到客户的购买能力，首先，客户需要对产品有个认知价值，来判断自己心理上是否能够接受其价格；再次，客户需要对产品的功能分解和进行产品生命周期分析，来推断自己是否愿意购买该产品；最后，客户希望产品有天天低价的体验营销。

4．卖场体验营销

卖场的选址是根据市场中一个目标市场来进行的，该卖场应该具备一定的体验中心，一定的主题以及氛围来进行卖场的体验营销以吸引客户的到来，增强市场占有率。

◇ 案例 14.3

星巴克咖啡的体验营销

星巴克运用体验营销成功地塑造了咖啡界的著名品牌，几乎没有做广告，就成为全球咖啡消费潮流的领导者，销量每年都以 20% 的速度增长，直接威胁到雀巢咖啡的传统经营模式，使得这个曾经只是美国西雅图的一个小咖啡屋，发展成为今天国际上最著名的咖啡连锁店品牌。

现在星巴克咖啡公司是世界上顶级的特制咖啡零售商、制造商和商业品牌。公司除了在北美、英国、欧洲大陆、中东和太平洋地区设有 5800 多个销售网点以外，还通过其专门机构销售咖啡和茶叶产品，包括其网上销售商店 Star-bukcs.com。2003 年，星巴克总公司的营业收入已达 30 亿美元以上，其中品牌价值超过 18 亿美元。这一切预示了体验营销的无尽潜力。

星巴克的"体验营销"方式是使它拥有独特魅力的一个法宝。深厚的文化底蕴、不懈的品位追求、时时处处体贴入微的服务、舒适优雅的消费环境带领顾客体验着不同的人文、异国风情和流行时尚。在星巴克咖啡馆里，为顾客提供的不仅仅是可口的咖啡，而是致力于顾客的体验。

世界各地每个城市的星巴克咖啡，陈设不见得一样，建筑形式也各不相同，但都是营造都市闹中取静的幽雅环境，有精选的轻音乐，有轻松闲适的聊天欲望，传达的是一种轻松、温馨的氛围，提供的是雅致的聚会场所、创新的咖啡饮用方式和过程，形成客人和咖啡师之间、客人和客人之间的互动，从而把星巴克咖啡演绎成了一种情感经历，将普通人变为咖啡鉴赏家。

总之，以顾客的体验为核心的咖啡文化，有了相当的认同和忠实的客户队伍。

第三节 口 碑 营 销

一、口碑营销的概念

口碑营销是一种企业努力使客户通过其亲朋好友之间的交流将自己的产品信息、品牌传播开，以成功率高、可信度强为特点，口口传播为途径的营销方式。

从企业营销的实践层面分析，口碑营销是企业运用各种有效的手段，引发企业的顾客对其产品、服务以及企业整体形象的谈论和交流，并激励顾客向其周边人群进行介绍和推荐的市场营销方式和过程。

二、口碑营销的特征

口碑营销的特征如图 14.7 所示。

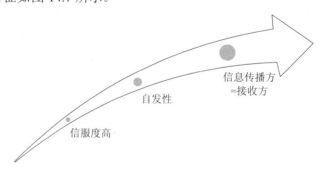

信息传播方
=接收方

自发性

信服度高

图 14.7 口碑营销的特征

1. 口碑传播信服度高

口碑传播建立在客户对产品、服务及观念满意的基础上，因此，能够被人们广为传诵的产品或服务，一般来说，都形成了较高的客户满意度。从消费观念方面来看，信息的传播者所传播的信息对接收方而言是比较容易相信和接受的。

2．口碑传播的自发性

口碑具备强大的传播力，在传播信息者与信息接收者之间存在一定的可信度，也建立双方之间的信任关系，以致形成在人群中自发、主动向外界扩散的效果。

3．信息传播方也是接收方

当信息被一方传播后，另一方就会被接收，就会产生反馈信息以及检测信息的机会，形成信息不断循环、不断反馈、不断修改的流通过程。

三、口碑营销的影响因素

口碑营销影响因素如图 14.8 所示。

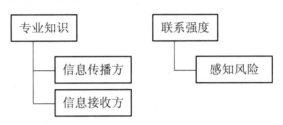

图 14.8　口碑营销的影响因素

1．信息接收者的专业知识

信息接收者的专业知识越多，受传播口碑信息的影响程度就越低，或者说专业知识水平较高的消费者感知到的口碑影响力较低。

2．信息传播者的专业知识

信息传播者的专业知识越多，那么接收者更愿意从传播者那里听取口碑信息，从而直接影响信息接收者最终的购买决策。

3．联系强度

联系强度的基础是非制度化的信任，有了这样的信任，人们才会愿意投入情感，使其双方之间关系相辅相成，从而推动和加强联系强度。

4．感知风险

感知风险是一个主观上的期望损失，可分为财务风险、功能风险、社会风险、心理风险以及时间和安全上的风险。感知风险与消费者的人体特征有关，即不同的的人在购买同样的产品时，感知到的风险水平也是不同的。

四、口碑营销的步骤

口碑营销的步骤如图 14.9 所示。

1．鼓动

产品消费的主流人群是最先体验产品的可靠性、优越性的受众，也会第一时间向周围朋友圈传播产品本身质地、原料和功效，或者把产品企业、商家 5S 系统、周密的服务感

图 14.9　口碑营销的步骤

受告诉身边的人，鼓动他人跟着去关注某个新产品。

口碑营销一方面能够调动一切资源来诱导消费者购买欲望；另一方面，可打造口碑营销组合，扩大受众群及潜力消费群，开展"一对一"、"贴身式"组合口碑营销战术，以降低运营成本，来扩大消费。

2. 价值

任何一个希望通过口碑传播来实现品牌提升的企业必须设法精心修饰产品，提高健全、高效的服务价值理念，以便达到口碑营销的最佳效果。当某个产品信息或使用体验很容易为人所津津乐道，产品能自然而然地进入人们茶余饭后的谈资时，可以认为产品很有价值。因此也易于口碑的形成。

传播有价值的产品是企业一个合理的导向，让市场尝鲜者有关注的侧重点和对产品的正确的理解才能充分表达企业产品的价值。

3. 回报

当消费者通过媒介、口碑获取产品信息并产生购买欲望时，他们希望得到相应的回报，如果盈利性企事业单位提供的产品或服务让消费者的确感到物超所值，就能顺利将产品或服务理念推广到市场，实现低成本获得高收益的目的。

五、口碑营销中应注意的问题

口碑营销中应注意的问题如图 14.10 所示。

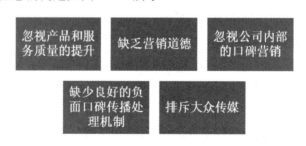

图 14.10　口碑营销中应注意的问题

1. 忽视产品和服务质量的提升

没有让顾客满意的质量和服务，良好的口碑只能是空谈。有的企业没有将精力放在提高产品的核心竞争力上，只一味地进行铺天盖地的广告宣传和大量的促销活动，往往没有取得很好的效果。有的企业虽然曾经有过良好的口碑，却固步自封，忽视了对产品和服务质量的提升，最终只能被激烈的市场竞争所淘汰。

2. 缺乏营销道德

有的企业用所谓的"实际效果"来宣传，请了许多名人却丝毫没有"名人效应"，请了许多顾客"现身说法"，却给人以"托"的嫌疑。相反，有的企业在宣传的过程中对自己产品的缺点毫不避讳，实事求是地宣传产品的功能，却更能赢得顾客的信任、带来良好的口碑。

营销道德是企业口碑营销的前提。企业应首先保证宣传内容的客观性和真实性，不能过分夸大自己的产品和服务。否则，很可能带来负面的口碑传播。

3．忽视公司内部的口碑营销

很多企业在进行营销过程中常将营销片面地理解为外部营销，公司内部的口碑营销容易被忽视。实际上，如果企业的员工带着不满的情绪在为企业工作，效果是可想而知的。当这些员工在向朋友谈到自己的企业时总是抱怨不断，他们作为信息源发出的负面口碑的效果要远比一般消费者大得多。而且，这种对企业的抵触情绪必将对企业的正常生产带来影响。

4．缺少良好的负面口碑传播处理机制

口碑是一把双刃剑，既可以为企业带来口碑效应，也会由于负面口碑的传播带来负面影响。现代企业，即使是一些大企业也往往容易忽视负面口碑传播的严重性，没有一套及时、正确地处理危机的机制，常常会使企业的危机愈陷愈深。

在国内，很多企业在危机发生时最常用的做法是大门紧锁，拒绝一切采访，试图用各种手段蒙蔽消费者，甚至连公司的很多内部职工都不知道到底发生了什么。这样"遮丑"的结果只能是适得其反，使企业的形象和信誉更加受到消费者的质疑。

5．排斥大众传媒

口碑营销专家迈克尔·卡佛基(Michael Cafferky)曾指出："口碑是头脑中的低技术方法，但它却诉诸市场中所有高科技噱头来实现。"可见，传统营销手段仍是企业营销的一个重要的方面，口碑不是万能的，企业的口碑营销应将二者有机地结合起来。

六、成功条件

口碑营销成功条件如图 14.11 所示。

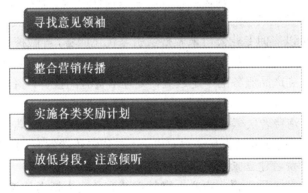

图 14.11　口碑营销成功条件

1．寻找意见领袖

病毒式营销中的"病毒"，不一定是关于品牌本身的信息，但基于产品本身的口碑可以是"病毒"，这就要求你的产品要足够酷，要有话题附着力，这样才容易引爆流行，掀起一场口碑营销风暴。

在这里，消费者的口碑既是关于产品本身，又是传播速度极快的"病毒"。重要的是，它总是限量供应，要购从速。拥有它的人就是时尚达人，仿佛一夜之间便与众不同，身价倍增，他们当然更愿意在亲朋好友间显摆，高谈阔论一番。

2. 整合营销传播

传统的广告理论认为，消费者购买某个产品，要经历关注、引起兴趣、渴望获得产品进一步的信息、记住某个产品到最后购买五个阶段，整个传播过程是一个由易到难、由多到少的倒金字塔模型。

互联网为消费者的口碑传播提供了便利和无限时空，如果消费者关注某个产品，对它有兴趣，一般就会到网上搜索有关这个产品的各类信息，经过去伪存真、比较分析后，随即进入购买决策和产品体验分享过程。

在这一过程中，可信度高的口碑在消费者购买决策中起到关键作用，这在一定程度上弥补了传统营销传播方式在促进消费者形成购买决策方面能力不足的短板。然而，要让众多消费者关注某个产品，传统广告的威力依然巨大。

因此，口碑营销必须辅之以广告、辅助材料、直复营销、公关等多种整合营销方式，相互取长补短，发挥协同效应，才能使传播效果最大化。

3. 实施各类奖励计划

天下没有免费的午餐，这样的道理或许每个人都明白，但人性的弱点让很多人在面对免费物品时总是无法拒绝。给消费者优惠券、代金券、折扣等各种各样的消费奖励，让他们帮你完成一次口碑传播过程，你的口碑营销进程也会因此大大提速。

销售成衣的电子商务企业对这一套可谓轻车熟路，只要消费者购买了产品，大概都能获得一张优惠券，如果把网站推荐给朋友，与朋友分享网站购衣体验，当然还有更多意想不到的收获。让大家告诉大家，消费者就这样不由自主地成了商家的宣传员和口碑传播者。

4. 放低身段，注意倾听

口碑营销的主要工作之一与其说是将好的口碑传播出去，不如说是管理坏口碑。遗憾的是，世界上还没有管理口碑的万能工具，但这不妨碍营销人员朝这个目标努力。

营销人员当然可以雇佣专业公司来做搜索引擎优化服务，屏蔽掉有关公司的任何负面信息。但堵不如疏，好办法是开通企业博客、品牌虚拟社区，及时发布品牌信息，收集消费者的口碑信息，找到产品服务的不足之处，处理消费者的投诉，降低消费者的抱怨，回答消费者的问题，引导消费者口碑向好的方向传播。

值得注意的是，消费者厌倦了精心组织策划的新闻公关稿、广告宣传语，他们希望与品牌有个平等、真诚、拉家常式的互动沟通机会。在营销传播领域，广告失去了一位盟友，但品牌多了一个与消费者建立紧密关系的伙伴。

被誉为比尔·盖茨一号广播小喇叭、微软前博客负责人斯考伯说："再不经营博客，企业将沦为二流角色。"再不放低身段，倾听来自消费者的声音，历史性的口碑营销机遇也会与你擦肩而过。

◇ 案例 14.4

淘宝第一美女——"水煮鱼皇后"

"水煮鱼皇后"是淘宝千千万万卖家中的一个，她的小店主要经营服装、时尚用品等。店主年纪轻轻，月入两万，可谓集美貌、智慧、财富于一身。她的网络人气很高，被网友们封为"淘宝第一美女""月入两万、淘宝第一美女"的定位诱发了全方位的口碑。

阿里巴巴、酷六、全球购物资讯网等多家媒体纷纷邀请水煮鱼皇后做专访报道；土豆网、新浪播客竟然邀请水煮鱼皇后参加新春节目。网友们在热烈的讨论她的事迹、论坛中有其很多美丽身影的照片、视频，更有一群铁杆粉丝还为她布置维护了个人贴吧。淘宝第一美女甚至可以称得上淘宝的品牌形象符号，吸引更多的买家、卖家涌入淘宝交易。

在网络上，丑事传千里，好事不出门，塑造一个正面的品牌形象比炒作一个负面的形象要困难许多。但当"美女牌"在网络中泛滥之时，水煮鱼皇后不搞怪，不出丑，不脱衣，不哗众取宠，但依旧能够以正面形象脱颖而出。

这是美誉度、品牌度、知名度兼收，不可多得的案例。究其原因，是因为水煮鱼皇后"月入两万"。但凡在网络开店的用户，最关注就是收入，"月入两万"的宣传点自然能够引人眼球。任何红人的产生都必然满足网络用户的心理期望。

打美女牌的口碑营销，往往犯一个错误，最后的结果是"火了美女，丢了品牌"，出现这种情况是因为在策划时，并没有有力的挖掘出美女本身与品牌诉求点的链接 button，所以常常为美女做嫁衣，难以回归品牌。

由于添加了"月入两万"的概念与定位，鲜活、可感、有力的阐释了"淘宝能让店主发家致富"的宣传点。"第一美女"的定位是侧翼，"月入两万"才是真正的冲锋队，水煮鱼皇后这样才美有所得、美有所属。

最后，口碑营销不应该是"一招鲜，吃遍天"的单打独斗，而应该是融合了博客、论坛、视频、贴吧多种形式的组合拳。淘宝第一美女的招牌也是全方位的发力推广得到奠定的。

第四节 关 系 营 销

一、关系营销概念

关系营销是把营销活动看成是一个企业与消费者、供应商、分销商、竞争者、政府机构及其他公众发生互动作用的过程，其核心是建立和发展与这些公众的良好关系。关系营销的关系层可分为三个层次，一是企业内部员工关系；二是同顾客关系；三是同股东、中间商、供应商、政府、竞争者、社会组织等形成的关系。如图14.12 所示。

关系营销是依据"建立良好的关系，有利交易自会随之而来"的基本原理，不再把市场营销看做个别的、不连续的、短暂的、突然开始、匆匆结束的一个个纯粹的交易活动，而是看做一种连续性

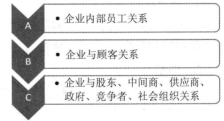

图 14.12　关系营销关系层

的、长期的、稳定的、互利的伙伴关系，并通过建立、发展和保持这种良好关系获得长远利益。

著名的美国营销专家菲利浦·科特勒认为，"关系营销是买卖双方之间创造更亲密的

工作关系与相互关系的艺术"。关系营销着眼于建立良好稳定的伙伴关系，最终建立起一个由这些牢固、可靠的业务关系组成的"市场营销网"，以追求各方面关系利益最大化。

二、关系营销的特征

关系营销的特征如图 14.13 所示。

图 14.13　关系营销的特征

1．双向信息沟通与交流

在关系营销中，沟通应该是双向而非单向的。只有广泛的信息交流和信息共享，才可能使企业赢得各个利益相关者的支持与合作。

2．协同合作

一般而言，关系有两种基本状态，即对立和合作。只有通过合作才能实现协同，因此合作是"双赢"的基础。

3．双赢

关系营销旨在通过合作增加关系各方的利益，不是通过损害其中一方或多方的利益来增加其他各方的利益，而真正的关系营销是达到关系双方双赢的一种境界。

4．亲密

关系营销能否得到稳定和发展，情感因素也起着重要作用。因此关系营销不只是要实现物质利益的互惠，还必须让参与各方能从关系中获得情感的需求满足。

5．控制

关系营销要求建立专门的部门，用以跟踪顾客、分销商、供应商及营销系统中其他参与者的态度，由此了解关系的动态变化，及时采取措施消除关系中的不稳定因素和不利于关系各方利益共同增长因素。

6．反馈

关系营销应该建立一个反馈的循环，用以连接关系的双方，企业可以由此了解环境的动态变化，根据关系方提供的反馈信息改进产品和技术。

三、关系营销的基本模式

关系营销的基本模式如图 14.14 所示。

图 14.14　关系营销的基本模式

(一) 关系营销的中心——顾客忠诚

(1) 企业要分析导致顾客全面满意的七个因素及其相互间的关系：欲望、感知绩效、期望、欲望一致、期望一致、属性满意、信息满意；欲望和感知绩效生成欲望一致，期望和感知绩效生成期望一致，然后生成属性满意和信息满意，最后导致全面满意。

(2) 从模式中可以看出，期望和欲望与感知绩效的差异程度是产生满意感的来源，所以，企业可采取下面的方法来取得顾客满意：提供满意的产品和服务；提供附加利益；提供信息通道。

(3) 顾客维系：市场竞争的实质是争夺顾客资源、维系原有顾客、减少顾客的叛离，要比争取新顾客更为有效。维系顾客不仅需要维持顾客的满意程度，还必须分析顾客产生满意程度的最终原因。从而有针对性地采取措施来维系顾客。

(二) 关系营销的构成——梯度推进

贝瑞和帕拉苏拉曼归纳了三种建立顾客价值的方法：

一级关系营销(频繁市场营销或频率营销)：维持关系的重要手段是利用价格刺激，对目标公众增加财务利益；

二级关系营销：在建立关系方面优于价格刺激，增加社会利益，同时也附加财务利益，主要形式是建立顾客组织，包括顾客档案和正式的、非正式的俱乐部以及顾客协会等；

三级关系营销：增加结构纽带，同时附加财务利益和社会利益。与客户建立结构性关系，它对关系客户有价值，但不能通过其他来源得到，可以提高客户转向竞争者的机会成本，同时也将增加客户脱离竞争者而转向本企业的收益。

(三) 关系营销的模式——作用方程

企业不仅面临着同行业竞争对手的威胁，而且在外部环境中还有潜在进入者和替代品的威胁，以及供应商和顾客的讨价还价的较量。企业营销的最终目标是使本企业在产业内部处于最佳状态。

双方的影响能力可用下列三个作用方程表示:"营销方的作用力"小于"被营销方的作用力","营销方的作用力"等于"被营销方的作用力","营销方的作用力"大于"被营销方的作用力"。引起作用力不等的原因是市场结构状态的不同和占有信息量的不对称。

在竞争中,营销作用力强的一方起着主导作用,当双方力量势均力敌时,往往采取谈判方式来影响、改变关系双方作用力的大小,从而使交易得以顺利进行。

四、关系市场营销和交易市场营销的区别

交易市场营销下,除产品和企业的市场形象之外,企业很难采取其他有效措施,与顾客保持持久的关系。而在关系市场营销情况下,企业与顾客保持广泛、密切的关系,价格不再是最主要的竞争手段,竞争者很难破坏企业与顾客的关系。

交易市场营销强调市场占有率,在任何时刻,管理人员都必须花费大量费用,吸引潜在顾客购买;关系市场营销则强调顾客忠诚度,保持老顾客比吸引新顾客更重要。关系市场营销的最终结果,将为企业带来一种独特的资产——市场营销网络。

五、关系营销的价值测定

(一) 附加利益——让渡价值

消费者在购买选择是围绕两种利益展开的,一是产品本身的核心利益,二是购买品牌所带来的附加利益。顾客让渡价值从数学意义上说,即是整体顾客价值和整体顾客成本之差。关系营销可增加顾客让渡价值。

改善对价值的感知:大多数企业在一定程度上受到互补产品的影响。所谓互补产品,是指顾客配合企业产品一起使用的产品。这使得企业应该考虑:控制互补产品是否获利。

(二) 成本测定——顾客分析

1. 顾客盈利能力

关系营销涉及吸引、发展并保持同顾客的关系,其中心原则是创造"真正的顾客"。企业的顾客群体可能在产品的使用方式、购买数量、作用重要性等方面有很大不同,所以我们需要对以下几个方面的顾客素质进行分析:相对于公司能力的购买需求、顾客的增长潜力,顾客固有侃价实力,顾客的价格敏感性等。

2. 顾客维系成本

科特勒对维系顾客成本进行研究,提出四个步骤来测定:① 测定顾客的维系率即发生重复购买的顾客比率;② 识别各种造成顾客损失的原因,计算流失顾客的比率;③ 估算由于不必要的顾客流失,企业将损失的利润;④ 企业维系顾客的成本只要小于损失的利润,企业就应当支付降低顾客损失率的费用。

3. "漏桶"原理

在环境宽松时,企业不注意维系顾客,使得顾客就像漏桶里的水一样流走,这样,当买方市场形成时,企业就会受到惩罚。进攻性营销的成本大于防守营销成本,因此,最成

功的公司应修补桶上的洞,以减少顾客流失。

(三) 评价标准——顾客份额

1. 关系营销水平

(1) 基本型,销售人员把产品销售出去就不再与顾客接触。

(2) 被动型,销售人员鼓动顾客在遇到问题或有意见时与公司联系。

(3) 负责型,销售人员在产品售出后,主动征求顾客意见。

(4) 能动型,销售人员不断向顾客询问改进产品用途的建议或者关于有用新产品的信息。

(5) 伙伴型,公司与顾客共同努力,寻求顾客合理开支方法或者帮助顾客更好地进行购买。

2. 市场份额与顾客份额的比较

(1) 时点与事段:以往对销售效果的测量,是"以特定时期内某一选定市场上发生交易的多少"作为标准;而今天则以"在一定时期内和一定区域内所获得的顾客份额的多少"来衡量。

(2) 静态与动态:销售收入=使用人的数量×每个人的使用量=(新顾客+原有顾客×顾客维系率)×每人的使用量。顾客维系率是一个动态概念,说明企业在一段时间内的顾客变化。关系营销的绩效体现在维持原有的顾客,而不是靠吸引新顾客来增加顾客数量。

(3) 现状与预期:希望提高顾客份额的企业,首先应了解顾客有可能产生的潜在需求。关系营销是以顾客份额所带来的长期利益来衡量企业的成败,这一变化始于信息技术在企业营销计划与活动中的广泛运用。

六、关系营销的原则

关系营销的原则如图 14.15 所示。

图 14.15 关系营销的原则

1. 主动沟通原则

在关系营销中,各关系方都应主动与其他关系方接触和联系,相互沟通信息,了解情况,形成制度或以合同形式定期或不定期碰头,相互交流各关系方需求变化情况,主动为关系方服务或为关系方解决困难和问题,增强伙伴合作关系。

2. 承诺信任原则

在关系营销中各关系方相互之间都应做出一系列书面或口头承诺,并以自己的行为履行诺言，才能赢得关系方的信任。承诺的实质是一种自信的表现，履行承诺就是将誓言变成行动，是维护和尊重关系方利益的体现，也是获得关系方信任的关键，是公司(企业)与关系方保持融洽伙伴关系的基础。

3．互惠原则

在与关系方交往过程中必须做到相互满足关系方的经济利益，并通过在公平、公正、公开的条件下进行成熟、高质量的产品或价值交换使关系方都能得到实惠。

七、关系营销的形态

关系营销的形态如图 14.16 所示。

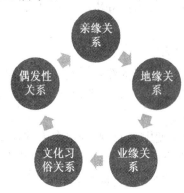

图 14.16　关系营销的形态

1．亲缘关系

该营销形态指依靠家庭血缘关系维系的市场营销，如父子、兄弟姐妹等亲缘为基础进行的营销活动。这种关系营销的各关系方盘根错节，根基深厚，关系稳定，时间长久，利益关系容易协调，但应用范围有一定的局限性。

2．地缘关系

该营销形态指以企业营销人员所处地域空间为界维系的营销活动，如利用同省同县的老乡关系或同一地区企业关系进行的营销活动。这种关系营销在经济不发达，交通邮电落后，物流、商流、信息流不畅的地区作用较大。在我国社会主义初级阶段的市场经济发展中，这种关系营销形态仍不可忽视。

3．业缘关系

该营销形态指以同一职业或同一行业之间的关系为基础进行的营销活动，如同事、同行、同学之间的关系，由于接受相同的文化熏陶，彼此具有相同的志趣，在感情上容易紧密结合为一个"整体"，可以在较长时间内相互帮助，相互协作。

4．文化习俗关系

该营销形态指企业及其人员之间具有共同的文化、信仰、风俗习俗为基础进行的营销活动。由于企业之间和人员之间有共同的理念、信仰和习惯，在营销活动的相互接触交往中易于心领神会，对产品或服务的品牌、包装、性能等有相似需求，容易建立长期的伙伴营销关系。

5．偶发性关系

该营销形态指在特定的时间和空间条件下发生突然的机遇形成的一种关系营销，如营销人员在车上与同坐旅客闲谈中可能使某项产品成交。这种营销具有突发性、短暂性、不确定性特点，这种偶发性机遇又会成为企业扩大市场占有率、开发新产品的契机。

八、关系营销的具体措施

关系营销的具体措施见图14.17。

1．组织设计

通过有效的关系营销活动，使得企业目标能顺利实现，企业必须根据正规性原则、适应性原则、针对性原则、整体性原则、协调性原则和效益性原则建立企业关系管理机构。该企业除协调内外部关系外，还将担负着收集信息资料、参与企业决策的责任。

图14.17 关系营销的具体措施

2．资源配置

企业资源配置主要包括人力资源和信息资源。人力资源配置主要是通过部门间的人员转化、内部提升和跨业务单元的论坛和会议等进行。信息资源配置方式主要是：利用电脑网络，制订政策或提供帮助削减信息超载，建立"知识库"或"回复网络"以及组建"虚拟小组"。

3．效率提升

关系营销是在传统营销的基础上，融合多个社会学科的思想而发展起来的，吸收了系统论、协同学、传播学等思想。关系营销学认为，对于一个现代企业来说，除了要处理好企业内部关系，还要有可能与其他企业结成联盟，企业营销过程的核心是建立并发展与消费者、供应商、分销商、竞争者、政府机构及其他公众的良好关系。

第五节　微　信　营　销

一、微信营销概念

微信是一款手机通信软件，支持通过手机网络发送语音短信、视频、图片和文字，可以单聊及群聊，还能根据地理位置找到附近的人，带给朋友们全新的移动沟通体验。

微信营销(WeChat Marketing)是网络经济时代企业面临的营销模式的创新，是伴随着微信的火热产生的一种网络营销方式。微信不存在距离的限制，用户注册微信后，可与周围同样注册的"朋友"形成一种联系，用户订阅自己所需的信息。商家通过提供用户需要的信息，推广自己的产品，是点对点的营销方式。

二、微信营销的特点

微信营销的特点如图14.18所示。

图 14.18　微信营销的特点

1．点对点精准营销

微信拥有庞大的用户群，借助移动终端、社交和位置定位等优势，每个信息都是可以推送的，能够让每个个体都有机会接收到这个信息，继而帮助商家实现点对点精准化营销。

2．形式灵活多样

(1) 漂流瓶：用户可以发布语音或者文字然后投入大海中，如果有其他用户"捞"到，则可以展开对话。

(2) 位置签名：商家可以利用"用户签名档"这个免费的广告位为自己做宣传，附近的微信用户就能看到商家的信息。

(3) 二维码：用户可以通过扫描识别二维码身份来添加朋友、关注企业账号；企业则可以设定自己品牌的二维码，用折扣和优惠来吸引用户关注，开拓 O2O 的营销模式。

(4) 开放平台：通过微信开放平台，应用开发者可以接入第三方应用，还可以将应用的 LOGO 放入微信附件栏，使用户可以方便地在会话中调用第三方应用进行内容选择与分享。

(5) 公众平台：在微信公众平台上，每个人都可以用一个 QQ 号码打造自己的微信公众账号，并在微信平台上实现与特定群体的文字、图片、语音的全方位沟通和互动。

3．强关系的机遇

微信的点对点产品形态注定了其能够通过互动的形式将普通关系发展成强关系，从而产生更大的价值。企业应用一切形式与消费者形成朋友的关系，你不会相信陌生人，但是会信任你的"朋友"。

三、微信营销的优点

1．高到达率

营销效果很大程度上取决于信息的到达率，这也是所有营销工具最关注的地方。与手机短信群发和邮件群发被大量过滤不同，微信公众账号所群发的每一条信息都能完整无误地发送到终端手机，到达率高达 100%。

2．高曝光率

曝光率是衡量信息发布效果的另外一个指标，信息曝光率和到达率完全是两码事，与微博相比，微信信息拥有更高的曝光率。

在微博营销过程中，除了少数一些技巧性非常强的文案和关注度比较高的事件被大量转发后获得较高曝光率之外，直接发布的广告微博很快就淹没在了微博滚动的动态中了，除非你是刷屏发广告或者用户刷屏看微博。

而微信是由移动即时通讯工具衍生而来，天生具有很强的提醒力度，比如铃声、通知中心消息停驻、角标等，随时提醒用户收到未阅读的信息，曝光率高达 100%。

3．高接收率

目前，微信用户已达 3 亿之众，微信已经成为或者超过类似手机短信和电子邮件。

微信营销的缺点：微信营销所基于的强关系网络，如果不顾用户的感受，强行推送各种不吸引人的广告信息，会引起用户的反感。凡事理性而为，善用微信这一时下最流行的互动工具，让商家与客户回归最真诚的人际沟通，才是微信营销真正的王道。

四、微信营销的模式

微信营销的模式如图 14.19 所示。

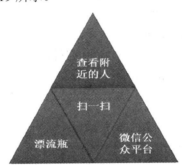

图 14.19　微信营销的模式

1．草根广告式——查看附近的人

产品描述：微信中基于 LBS 的功能插件"查看附近的人"可以使更多陌生人看到这种强制性广告。

功能模式：用户点击"查看附近的人"后，可以根据自己的地理位置查找到周围的微信用户。在这些附近的微信用户中，除了显示用户姓名等基本信息外，还会显示用户签名档的内容。所以用户可以利用这个免费的广告为自己的产品开展营销。

营销方式：营销人员在人流最旺盛的地方 24 小时运行微信，如果"查看附近的人"使用者足够多，这个广告效果也会不错。随着微信用户数量的上升，可能这个简单的签名栏会变成移动的"黄金广告位"。

2．品牌活动式——漂流瓶

产品描述：移植到微信上后，漂流瓶功能基本保留了原始简单、易上手的风格。

功能模式：漂流瓶有两个简单功能：① "扔一个"，用户可以选择发布语音或者文字然后投入大海中，如果有其他用户"捞"到则可以展开对话；② "捡一个"，"捞"大海中无数个用户投放的漂流瓶，"捞"到后也可以和对方展开对话，但每个用户每天只有 20 次机会。

营销方式：微信官方可以对漂流瓶的参数进行更改，使得合作商家推广的活动在某一时间段内抛出的"漂流瓶"数量大增，普通用户"捞"到的频率也会增加。

"漂流瓶"模式本身可以发送不同的文字内容甚至语音小游戏等，如果营销得当，也能产生不错的营销效果。而这种语音的模式，会让用户觉得更加真实。但是如果只是纯粹的广告语，会引起用户的反感。

3. O2O 折扣式——扫一扫

产品描述：二维码发展至今其商业用途越来越多，所以微信也就顺应潮流结合 O2O 展开商业活动。

功能模式：扫描二维码图案，微信会帮你找到相关企业的链接，确认加入后，你将可以获得成员折扣、商家优惠抑或是一些新闻资讯。

营销方式：移动应用中加入二维码扫描，然后给用户提供商家折扣和优惠，这种 O2O 方式早已普及开来。而类似的 APP 在应用超市中也多到让你不知如何选择，坐拥上亿用户且活跃度足够高的微信，价值不言而喻。

4. 互动营销式——微信公众平台

产品描述：对于大众化媒体、明星以及企业而言，微信开放平台+朋友圈的社交分享功能，已经使得微信作为一种移动互联网上不可忽视的营销渠道，随着微信公众平台的上线，则使这种营销渠道更加细化和直接。

五、微信营销的营销策略

1. "意见领袖型"营销策略

企业家、企业的高层管理人员大都是意见领袖，他们的观点具有相当强的辐射力和渗透力，对大众言辞有着重大的影响作用，潜移默化地改变人们的消费观念，影响人们的消费行为。微信营销可以有效地综合运用意见领袖的影响力和微信自身强大的影响力刺激消费需求，激发大众购买欲望。

2. "病毒式"营销策略

微信的即时性和互动性、可见度、影响力以及无边界传播等特质特别适合"病毒式"营销策略的应用。微信平台的群发功能可以有效地将企业制作的视频、图片或是宣传的文字群发到微信好友。

企业可以利于二维码的形式发送优惠信息，这是一个既经济又实惠，更有效的促销好模式。更多顾客主动为企业做宣传，激发口碑效应，将产品和服务信息传播到互联网和生活中的每个角落。

3. "视频、图片"营销策略

运用"视频、图片"营销策略开展微信营销，首先要在与微友的互动和对话中寻找市场，发现市场。为特定市场潜在客户提供个性化、差异化服务，借助各种技术，将企业产品、服务的视频、图片等信息传送给潜在客户，为企业赢得竞争的优势，打造出优质的品牌服务，使微信营销更加"可口化、可乐化、软性化"，更加吸引消费者的眼球。

六、微信营销的作用

微信营销的作用如图 14.20 所示。

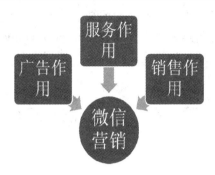

图 14.20 微信营销的作用

1．广告作用

与微信公众平台的口号"再小的个体，也有自己的品牌"一样，品牌的传播已经成了不可或缺的一部分。随着 2015 年 1 月 12 号微信的第一条微信广告发布出来，微信广告功能被无限估值。

2．服务作用

微信企业号可以很好地与微信粉丝用户进行交流，成为企业服务客户的一个窗口。比如用户可以在微信服务号进行业务咨询、投诉及售后服务等。

3．销售作用

微信推出的微店应用直接促成了销售，形成了一股微店销售风，成就了一大批人的创业。

◇ 案例 14.5

小米客服营销 9∶100 万

小米的"9:100 万"的粉丝管理模式：据了解，小米手机的微信账号后台客服人员有9名，这 9 名员工每天的工作是回复 100 万粉丝的留言。

虽然小米自己开发的微信后台可以自动抓取关键词回复，但小米微信的客服人员还是会进行一对一的回复。小米通过这样的方式大大地提升了用户的品牌忠诚度。相较于在微信上开个淘宝店，对于类似小米这样的品牌微信用户来说，做客服显然比卖掉一两部手机更让人期待。

当然，除了提升用户的忠诚度，微信上做客服也给小米带来了实实在在的益处。黎万强表示，微信使得小米的营销、CRM 成本开始降低，过去小米做活动通常会群发短信，100 万条短信发出去，就是 4 万块钱的成本，微信做客服的作用可见一斑。

◇ 案例 14.6

1号店游戏式营销

1 号店在微信当中推出了"你画我猜"活动，活动方式是：用户通过关注 1 号店的微信账号后，1 号店每天就会推送一张图片给订阅用户，用户可以发送答案来参与到这个游戏当中来。如果猜中图片答案并且在所规定的名额范围内，就可以获得奖品。

其实"你画我猜"的概念是来自于火爆的 App 游戏 Draw Something，并非 1 号店自主研发，只是 1 号店首次把游戏的形式应用到微信营销活动中来。

第六节 大数据营销

一、大数据营销概念

大数据营销是指基于多平台的大量数据，在依托大数据技术的基础上，应用于互联网广告行业的营销方式。大数据营销衍生于互联网行业，又作用于互联网行业。依托多平台的大数据采集以及大数据技术的分析与预测能力，能够使广告更加精准有效，给企业带来更高的投资回报率。

大数据营销的核心在于让网络广告在合适的时间，通过合适的载体，以合适的方式，投给合适的人。同时也在虚拟和现实的世界中不断交互，从而形成一种建立在大数据基础上的营销模式。

二、大数据营销的特点

大数据营销的特点如图 14.21 所示。

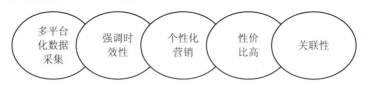

图 14.21　大数据营销的特点

1．多平台化数据采集

大数据的数据来源通常是多样化的，多平台化的数据采集使企业对网民行为的需求更加全面而准确。多平台采集可包含互联网、移动互联网、广电网、智能电视等，未来还有户外智能屏等数据。

2．强调时效性

在网络时代，网民的消费行为和购买方式极易在短时间内发生变化。在网民需求点最高时及时进行营销非常重要。网络通过技术手段充分了解网民的需求，并及时响应每一个网民当前的需求，使其在决定购买的"黄金时间"内及时接收到商品信息。

3．个性化营销

在网络时代，广告主的营销理念已从"媒体导向"向"受众导向"转变。以往的营销活动以媒体为导向，选择知名度高、浏览量大的媒体进行投放。大数据技术可以做到当不同用户关注同一媒体的相同界面时，广告内容有所不同，大数据营销实现了对网民的个性化营销。

4. 性价比高

和传统广告"一半的广告费被浪费掉"相比，大数据营销在最大程度上，让广告主的投放做到有的放矢，并可根据实时性的效果反馈，及时对投放策略进行调整。

5. 关联性

由于大数据在采集过程中可快速得知目标受众关注的内容，以及可知晓网民身在何处，这些有价值信息可让广告的投放过程产生前所未有的关联性。即网民看到上一条广告即可与下一条广告进行深度互动。

三、大数据来源的分类

1. 自有类

目前企业利用的大数据的种类之一是自有类数据，即企业基于自身网络平台开发和挖掘的一类数据。在中国，自有类数据的开发进程尚不完善，目前运营较好的自有类数据平台主要始创于欧美国家。

2. 第三方平台类

除了自建的大数据收集平台，企业现在获取数据更主要的渠道就是通过与门户网站、电商网站、搜索引擎、社交网站、移动支付等第三方平台合作来取得。京东与腾讯达成的微信平台合作协议不仅弥补了京东在移动端的薄弱环节，更为其导入了可观的客户流量。

四、大数据营销的主要用途

大数据营销的主要用途如图 14.22 所示。

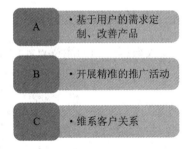

图 14.22　大数据营销的主要用途

1. 基于用户的需求定制、改善产品

消费者在有意或无意中留下的信息数据作为其潜在需求的体现是企业定制、改善产品的一项有力根据。ZARA公司内部的全球资讯网络会定期把从各分店收集到的顾客意见和建议汇总并传递给总部的设计人员，然后由总部作出决策后再立刻将新的设计传送到生产线，直到最终实现"数据造衣"的全过程。

利用这一点，ZARA 作为一个标准化与本土化战略并行的公司，还分析出了各地的区域流行色并在保持其服饰整体欧美风格不变的大前提下，做出了最靠近客户需求的市场区隔。同样，在 ZARA 的网络商店内，消费者意见也作为一项市场调研大数据参与企业产品的研发和生产，且由此映射出的前沿观点和时尚潮流还让"快速时尚"成为了 ZARA的品牌代名词。

2. 开展精准的推广活动

基于大数据的精准推广活动可大致分为三类：

(1) 企业可以通过大数据的分析，定位到有特定潜在需求的受众人群，并针对这一群体进行有效的定向推广以达到刺激消费的目的。

红米手机在 QQ 空间上的首发就是一项成功的"大数据找人"精准营销案例。通过对海量用户的行为(包括点赞、关注相关主页等)和他们的身份信息(包括年龄、教育程度、社交圈等)进行筛选后,公司从 6 亿 Qzone 用户中选出了 5000 万可能对红米手机感兴趣的用户作为此次定向投放广告和推送红米活动的目标群体并最终预售成功。

(2) 针对既有的消费者,企业可以通过用户的行为数据分析他们各自的购物习惯并按照其特定的购物偏好、独特的购买倾向进行一对一的定制化商品推送。

Turge 佰货的促销手册、沃尔玛的建议购买清单、亚马逊的产品推荐页无一不是个性化产品推荐为企业带来可预测销售额的体现。

(3) 企业可以依据既有消费者各自不同的人物特征将受众按照"标签"细分(如"网购达人"),再用不同的侧重方式和定制化的活动向这类人群进行定向的精准营销。

对于价格敏感者,企业需要适当地推送性价比相对较高的产品并加送一些电子优惠券以刺激消费;而针对喜欢干脆购物的人,商家则要少些干扰并帮助其尽快地完成购物。

3. 维系客户关系

召回购物车放弃者和挽留流失的老客户也是一种大数据在商业中的应用。中国移动通过客服电话向流失到联通的移动老客户介绍最新的优惠资讯;餐厅通过会员留下的通讯信息向其推送打折优惠券来提醒久不光顾的老客户消费。

Youtube 根据用户以往的收视习惯确定近期的互动名单,并据此发送给可能濒临流失的用户相关邮件以提醒并鼓励他们重新回来观看。大数据帮助企业识别各类用户,针对忠诚度各异的消费者实行"差别对待"和"量体裁衣",这是企业客户管理中一项重要的理念基础。

五、大数据营销的注意点

大数据营销的注意点如图 14.23 所示。

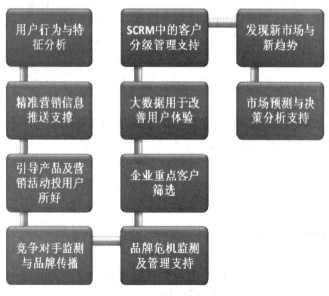

图 14.23　大数据营销的注意点

1．用户行为与特征分析

只有积累足够的用户数据，才能分析出用户的喜好与购买习惯，甚至做到"比用户更了解用户自己"。

2．精准营销信息推送支撑

精准营销总在被提及，究其原因，主要就是过去名义上的精准营销缺少用户特征数据支撑及详细准确的分析。

3．引导产品及营销活动投用户所好

如果能在产品生产之前了解潜在用户的主要特征以及他们对产品的期待，那么企业的产品生产即可投其所好。

4．竞争对手监测与品牌传播

品牌传播的有效性亦可通过大数据分析找准方向。企业可以进行传播趋势分析、内容特征分析、互动用户分析、正负情绪分类、口碑品分析、产品属性分布等，可以通过监测掌握竞争对手传播态势，并可以参考行业标杆用户策划，根据用户声音策划内容，甚至可以评估微博矩阵运营效果。

5．品牌危机监测及管理支持

在品牌危机爆发过程中，最需要的是跟踪危机传播趋势，识别重要参与人员，方便快速应对。大数据可以采集负面定义内容，及时启动危机跟踪和报警，按照人群社会属性分析，聚类事件过程中的观点，识别关键人物及传播路径，进而可以保护企业、产品的声誉，抓住源头和关键节点，快速有效地处理危机。

6．企业重点客户筛选

从用户访问的各种网站可判断其最近关心的东西是否与你的企业相关；从用户在社会化媒体上所发布的各类内容及与他人互动的内容中，可以找出千丝万缕的信息，利用某种规则关联及综合起来，就可以帮助企业筛选重点的目标用户。

7．大数据用于改善用户体验

要改善用户体验，关键在于真正了解用户及他们所使用的你的产品的状况，做最适时的提醒。

8．SCRM 中的客户分级管理支持

大数据可以分析活跃粉丝的互动内容，设定消费者画像各种规则，关联潜在用户与会员数据，关联潜在用户与客服数据，筛选目标群体做精准营销，进而可以使传统客户关系管理结合社会化数据，丰富用户不同维度的标签，并可动态更新消费者生命周期数据，保持信息新鲜有效。

9．发现新市场与新趋势

基于大数据的分析与预测，给企业家提供洞察新市场与把握经济走向都是极大的支持。

10．市场预测与决策分析支持

对于数据对市场预测及决策分析的支持的问题，早就在数据分析与数据挖掘盛行的年

代被提出过。只是由于大数据时代上述规模大及类型多对数据分析与数据挖掘提出了新要求。

更全面、更及时的大数据，必然对市场预测及决策分析提供更好的支撑。似是而非或错误的、过时的数据对决策者是灾难。

◇ **案例 14.6**

阿迪达斯的"黄金罗盘"

看着同行大多仍身陷库存泥潭，叶向阳庆幸自己选对了合作伙伴。他的厦门育泰贸易有限公司与阿迪达斯合作已有 13 年，旗下拥有 100 多家阿迪达斯门店。他说，"2008 年之后，库存问题确实很严重，但我们合作解决问题，生意再次回到了正轨。"

在最初降价、打折等清库存的"应急措施"结束后，基于外部环境、消费者调研和门店销售数据的收集、分析，成为了将阿迪达斯和叶向阳们引向正轨的"黄金罗盘"。

现在，叶向阳每天都会收集门店的销售数据，并将它们上传至阿迪达斯。阿迪达斯收到数据后，会对数据做整合、分析，再用于指导经销商销售。研究这些数据，让阿迪达斯和经销商们可以更准确地了解当地消费者对商品颜色、款式、功能的偏好，同时知道什么价位的产品更容易被接受。

阿迪达斯产品线丰富，过去，面对展厅里各式各样的产品，经销商很容易按个人偏好下订单。现在，阿迪达斯会用数据说话，帮助经销商选择最适合的产品。首先，从宏观上看，一、二线城市的消费者对品牌和时尚更为敏感，可以重点投放采用前沿科技的产品、运动经典系列的服装以及设计师合作产品系列。

在低线城市，消费者更关注产品的价值与功能，诸如纯棉制品这样高性价比的产品，在这些市场会更受欢迎。其次，阿迪达斯会参照经销商的终端数据，给予更具体的产品订购建议。比如，阿迪达斯可能会告诉某低线市场的经销商，在其辖区普通跑步鞋比添加了减震功能的跑鞋更好卖；至于颜色，当地消费者更偏爱蓝色。

阿迪达斯的这种订货方式，得到了经销商们的认可。叶向阳说："我们一起商定卖哪些产品、什么产品又会热卖。这样，我们将来就不会再遇到库存问题。"

挖掘大数据，让阿迪达斯有了许多有趣的发现。同在中国南部，部分城市受香港风尚影响非常大；而在另一些地方，消费者更愿意追随韩国潮流。同为一线城市，北京和上海消费趋势不同，其中气候是主要的原因。

还有，高线城市消费者的消费品位和习惯更为成熟，当地消费者需要不同的服装以应对不同场合的需要，上班、吃饭、喝咖啡、去夜店，需要不同风格的多套衣服，但在低线城市，一位女性往往只要有应对上班、休闲、宴请的三种不同风格的服饰就可以。两相对比，高线城市显然为阿迪达斯提供了更多细分市场的选择。

实际上，对大数据的运用，也顺应了阿迪达斯大中华区战略转型的需要。

库存危机后，阿迪达斯从"批发型"公司转为"零售驱动型"公司，它从过去只关注把产品卖给经销商，变成了将产品卖到终端消费者手中的有力推动者。而数据收集分析，恰恰能让其更好地帮助经销商提高售罄率。

"我们与经销商伙伴展开了更加紧密的合作，以统计到更为确切可靠的终端消费数据，有效帮助我们重新定义了产品供给组合，从而使我们在适当的时机，将符合消费者口味的产品投放到相应的区域市场。一方面降低了他们的库存，另一方面增加了单店销售率。卖得更多，售罄率更高，也意味着更高的利润。"阿迪达斯大中华区董事总经理高嘉礼对大数据的应用成果颇为满意。

复习思考题

1. 网络营销的内涵是什么？
2. 体验营销的主要原则包括哪些？
3. 口碑营销的影响因素有哪些？
4. 关系营销的基本模式是什么？
5. 微信营销的特点有哪些？
6. 大数据营销的主要用途在哪些方面？

◇ 案例讨论

海尔：计算机网络连接新经济速度

海尔公司通过 BBP 交易平台，每月接到 6000 多销售订单，定制产品品种逾 7000 个，采购的物料品种达 15 万种。新物流体系降低呆滞物资 73.8%，库存占压资金减少 67%。日前，SAP 公司为海尔集团搭建的国际物流中心正式启用，成为国内首家达到世界领先水平的物流中心。

SAP 主要帮助海尔完善其物流体系，即利用 SAP 物流管理系统搭建一个面对供应商的 BBP 采购平台，它能降低采购成本，优化分供方，为海尔创造新的利润源泉。如今，海尔特色物流管理的"一流三网"充分体现了现代物流的特征："一流"是以订单信息流为中心；"三网"分别是全球供应链资源网络、全球用户资源网络和计算机信息网络。"三网"同步运动，为订单信息流的增值提供支持。

在要么触网、要么死亡的互联网时代，海尔作为国内外一家著名的电器公司，迈出了非常重要的一步。海尔公司 2000 年 3 月开始与 SAP 公司合作，首先进行企业自身的 ERP 改造，随后便着手搭建 BBP 采购平台。从平台的交易量来讲，海尔集团可以说是中国最大的一家电子商务公司。

海尔集团首席执行官张瑞敏先生在评价该物流中心时说："在网络经济时代，一个现代企业如果没有现代物流，就意味着没有物可流。对海尔来讲，物流不仅可以使我们实现三个零的目标，即零库存、零距离和零营运资本，更给了我们能够在市场竞争取胜的核心竞争力。"通过 SAP 成功实施的 ERP 和 BBP 项目，海尔物流"一流三网"的同步模式可以实现目标："为订单而采购，消灭库存。"

在海尔，仓库不再是储存物资的水库，而是一条流动的河，河中流动的是按单采购的生产必需的物资，也就是按订单来进行采购、制造等活动。这样，从根本上消除了呆滞物资、消灭了库存。

海尔通过整合内部资源，优化外部资源使供应商由原来的 2336 家优化至 978 家，国际化供应商的比例却上升了 20%，建立了强大的全球供应链网络，有力地保障了海尔产品的质量和交货期。实现三个 JIT(Just In Time，即时)，即 JIT 采购、JIT 配送和 JIT 分拨物流的同步流程。

目前通过海尔的 BBP 采购平台，所有的供应商均在网上接收订单，并通过网上查询计划与库存，及时补货。实现 JIT 采购；货物入库后，物流部门可根据次日的生产计划利用 ERP 信息系统进行配料，同时根据看板管理 4 小时送料到工位，实现 JIT 配送；生产部门按照 B2B、B2C 订单的需求完成订单以后，满足用户个性化需求的定制产品通过海尔全球配送网络送达用户手中。目前海尔在中心城市实现 8 小时配送到位，区域内 24 小时配送到位，全国 4 天以内到位。

在企业外部，海尔 CRM(客户关系管理)和 BBP 电子商务平台的应用架起了与全球用户资源网、全球供应链资源网沟通的桥梁，实现了与用户的零距离对接。目前，海尔 100% 的采购订单由网上下达，使采购周期由原来的平均 10 天降低到 3 天；网上支付已达到总支付额的 20%。在企业内部，计算机自动控制的各种先进物流设备不但降低了人工成本、提高了劳动效率，还直接提升了物流过程的精细化水平，达到质量零缺陷的目的。计算机管理系统搭建了海尔集团内部的信息高速公路，能将电子商务平台上获得的信息迅速转化为企业内部的信息，以信息代替库存，达到零营运成本的目的。

海尔在物流方面所做的探讨与成功，尤其是采用国际先进的协同电子商务系统进一步提升了海尔在新经济时代的核心竞争力，提高了海尔的国际竞争力，给国内其他企业带来了新的启示。

问题思考：

1. 本案例中海尔集团主要采取了什么营销模式？
2. 运用本章所学到六种营销模式给海尔集团提供几点建议。

参 考 文 献

[1] 余春根，熊立. 市场营销学[M]. 成都：西南财经大学出版社，2014.

[2] 余五洲. 不知道这五点，别说你懂"95 后"[J]. 销售与市场，2017(05).

[3] 肖明超. 一张支付宝账单，晒出了哪些消费新趋势？[J]. 销售与市场，2017(03).

[4] 倪自银. 新编市场营销学：理论与实务[M]. 北京：电子工业出版社，2015.

[5] 菲利普·科特勒，凯文·凯勒. 营销管理[M]. 14 版. 北京：中国人民大学出版社，2012.

[6] 杨佐飞. 市场营销策划原理、案例与项目实训[M]. 北京：北京大学出版社，2014.

[7] 李滨. 品牌推广与管理[M]. 西安：西安交通大学出版社，2013.

[8] 特罗特. 创新管理与新产品开发[M]. 4 版. 北京：中国市场出版社，2012.

[9] 罗伯特·G.库珀，库珀. 新产品开发流程管理[M]. 北京：电子工业出版社，2013.

[10] 吴健安. 市场营销学[M]. 5 版. 北京：高等教育出版社，2014.

[11] 菲利普·科特勒. 营销管理[M]. 王永贵，等，译. 14 版. 北京：中国人民大学出版社，2012.

[12] 汤姆·海斯，迈克尔·迈龙. 湿营销[M]. 北京：机械工业出版社，2010.

[13] 余明阳. 中国品牌报告(2011 年)[M]. 上海：上海交通大学出版社，2011.

[14] 郭国庆. 营销营销学通论[M]. 6 版. 北京：中国人民大学出版社，2016.

[15] 徐鼎亚. 市场营销学[M]. 5 版. 上海：复旦大学出版社，2015.

[16] 杨慧，张湘赣. 市场营销学[M]. 湖南：湖南大学出版社，2009.

[17] 李红梅. 市场营销实务[M]. 北京：电子工业出版社，2011.

[18] 万后芬，汤定娜，杨智. 市场营销教程[M]. 3 版. 北京：高等教育出版社，2013.

[19] 高丽华，丛衔. 广告策划[M]. 北京：机械工业出版社，2009.

[20] 罗洪群，王青华. 市场调查与预测[M]. 2 版. 北京：清华大学出版社，2016.

[21] 吕一林，岳俊芳. 市场营销学[M]. 2 版. 北京：科学出版社，2010.

[22] 钱旭潮. 市场营销管理：需求的创造、传播和实现[M]. 北京：机械工业出版社，2009.

[23] 孟韬，毕克贵. 营销策划[M]. 3 版. 北京：机械工业出版社，2016.

[24] 王学东. 营销策划：方法与实务[M]. 北京：清华大学出版社，2010.

[25] 赵静. 企业市场营销策划的重要性及途径探微[J]. 中国商论，2016,(09).

[26] 张延斌. 市场营销学[M]. 天津：南开大学出版社，2016.

[27] 姜旭平. 网络营销[M]. 北京：中国人民大学出版社，2011.

[28] 赵学峰. 汽车市场营销实务. 北京：机械工业出版社，2012.

[29] 施玉梅. 互联网时代微信创业的经营策略[J]. 科技创业月刊，2017,(02).

[30] 俞立平. 网络营销[M]. 北京：中国时代经济出版社，2008.

[31] 刘芸. 网络营销与策划[M]. 北京：清华大学出版社，2011.

[32] 田玲. 网络营销理论与实践[M]. 北京：清华大学出版社，2008.

[33] 沈周俞. 企业微营销[M]. 北京：中华工商联合出版社，2014.

[34] 王易. 微信营销与运营[M]. 北京：机械工业出版社，2013.

[35] 鲁国庆. 基于渠道管理的快速消费品定价策略研究[D]. 上海交通大学，2009(3).

[36] 祖立厂，王召东. 房地产营销策划[M]. 2版. 北京：机械工业出版社，2011.

[37] 网上分销中品牌的重要性与发展趋势[DB]. 366EC. 2012-11-8.

[38] 张卫东，夏清明. 现代市场营销学[M]. 2版. 重庆：重庆大学出版社，2010.

[39] 王婧. 微信公众平台营销策划与管理应用[J]. 网络安全技术与应用，2016，(09).

[40] 李睿. 我国市场营销渠道管理创新研究[J]. 现代商业， 2009, (6).

[41] 中国营销传播网：http://www.emkt.com.cn.

[42] 中国市场营销网：http://www.eem.com.cn.

[43] 现代营销：http://www.xdyx.com.cn.

[44] 中国经营报：http://www.cb.corn.en.

[45] 《商业时代》杂志社：http://www.ectime.com.cn.

[46] 中国管理传播网：http://manage.org.cn.

[47] 行销网：http://www.xingxiao.com.

[48] 网上新观察：http://www.marketingman.net.

[49] 营销人网：http://www.yingxiaoren.net.

[50] 中国营销在线：http://WWW.2332.net.

[51] 新营销：http://www.newmarketing.cn.

[52] 中国网络营销网：http://www.dowww.com.

[53] 营销广角：http://www.haiyijiao.corn.

[54] 数字化营销科研网：http://www.21emarket.net.

[55] 零售网：http://www.retailing.com.cn.

[56] 中国广告杂志：http://chinaad.ad007.com / china-ad.

[57] 中国商业网：http://www.cn-asp.com.

[58] 商场现代化：http://www.scxdh.com.

[59] 中国营销研究中心：http://www.21cmc.net.

[60] 销售与市场：http://www.cmmo.com.cn.

[61] 中华营销网：http://caina.com.

[62] 全球品牌网：http://www www.globrand.com.

[63] 网络营销网：http://www.tomx.tom.

[64] 中国网络营销网：http://www.cnnic.com.cn.

[65] 数字化营销科研网：http://www.21emarket.net.

[66] 中国快速消费品网：http://www.fmcg.tom.ca.

[67] 中国网络广告网：http://www.iadchoice.com.

[68] 中国广告网：http://www.cnad.com.

[69] 中华广告网：http://www.a.com.cn.

[70] 中国公关网：http://www.chinapr.com.cn.

[71] 中国直销传播网：http://www.cnmlm.com.

[72] 中国房地产营销网：http://www.cnfangdichan.tom.

[73]   中国教学案例网：http://www.cctc.net.ca.

[74]   AlskaAirlines：http://alaskaair.com.

[75]   Amazon]corn：http://www.amazon.corn.

[76]   ChicagoTribune：http://www.chicago.tdbune.corn.

[77]   Coca-Cola Company：http://www.cocacola.corn.

[78]   CoverCirlHomePage：http://www.covergid.com.

[79]   DatabaseAmerica：http://www.databaseamerica.com.

[80]   Dell：http://www.dell.com.

[81]   IBM：http://www.ibm.corn.

[82]   Microsoft：http://microsoft.com.